**Erleben und Lernen
Einstieg in die Erlebnispädagogik**

Schriftenreihe erleben & lernen
Herausgegeben von
Prof. Dr. Michael Jagenlauf M. A., Hamburg/Lüneburg
Prof. Dr. Werner Michl M. A., Kempten/Berg

Erleben und Lernen
Einstieg in die Erlebnispädagogik
Bernd Heckmair/Werner Michl

3., erweiterte und überarbeitete Auflage

1998
Luchterhand

Die Deutsche Bibliothek – CIP-Einheitsaufnahme

Heckmair, Bernd:
Erleben und Lernen : Einstieg in die Erlebnispädagogik /
Bernd Heckmair; Werner Michl. – 3., erweiterte und überarb. Aufl. –
Neuwied; Kriftel; Berlin : Luchterhand, 1998
(Schriftenreihe Erleben & Lernen, Bd. 2)
ISBN 3-472-03017-8
NE: Michl, Werner: GT

Alle Rechte vorbehalten.
© 1998 by Hermann Luchterhand Verlag GmbH
Neuwied, Kriftel, Berlin.
Das Werk einschließlich aller seiner Teile ist urheberrechtlich geschützt.
Jede Verwertung außerhalb der engen Grenzen des Urheberrechtsgesetzes
ist ohne Zustimmung des Verlages unzulässig und strafbar. Das gilt
insbesondere für Vervielfältigungen, Übersetzungen, Mikroverfilmungen und
die Einspeicherung und Verarbeitung in elektronischen Systemen.
Umschlag: Reckels, Schneider-Reckels & Weber, Wiesbaden
Satz: Otto Gutfreund GmbH, Darmstadt
Druck: MVR-Druck GmbH, Brühl
Printed in Germany, Januar 1998

Vorwort

Vorwort zur 3., überarbeiteten Auflage

»Alles Unglück auf der Welt kommt nur davon, weil der Mensch nicht in der Lage ist, sich ruhig in einem Zimmer aufzuhalten«, meint der Mathematiker und Philosoph BLAISE PASCAL. Da mag er recht haben, aber PASCAL kannte die Menschen zu gut und wußte, daß Bewegung ein Synonym von Leben darstellt. In Anlehnung an das erste Kommunikationsgesetz von PAUL WATZLAWICK kann man formulieren: Man kann nicht nicht handeln. Die andere Seite dieser Aussage hat JEAN-PAUL SARTRE ausgeführt: »Der Existenzialismus sagt dem Menschen, daß es Hoffnung nur im Handeln gibt und daß die Tat das einzige ist, was dem Menschen zu leben erlaubt.« Diese Hoffnung, aber auch der Zwang zum Handeln begleiteten uns bei der 3. Auflage dieses Buches.
Eine der beiden wichtigen Aufgaben dieser Auflage war die Aktualisierung, der zweite Anspruch galt der Überarbeitung besonders jener Themen, die wir bisher etwas vernachlässigten. Bei der unübersichtlichen Fülle der pädagogischen und erlebnispädagogischen Literatur war es immer unser Ziel, dem Leser einen groben Überblick zu verschaffen. Der Blick auf das Wesentliche mußte dabei unser Prinzip sein, ganz im Sinne des Pragmatismus. Für den aufmerksamen Leser der ersten oder zweiten Auflage stellt sich die Frage, ob es sich lohnt, die dritte Auflage des Buches zu erwerben. Wir möchten diese Entscheidung erleichtern, indem wir hier die neuen und wesentlich geänderten Passagen aufzeigen. Neben ROUSSEAU und THOREAU sehen wir noch zwei weitere Vordenker der Erlebnispädagogik bzw. Wegbegleiter von KURT HAHNS Theorie: MINNA SPECHT und JOHN DEWEY. Dies ist die wesentliche Änderung des ersten Kapitels. Das zweite Kapitel mußte grundlegend umgeschrieben werden, um den aktuellen Diskussionsstand in den englischsprachigen Ländern, speziell in Nordamerika, zu dokumentieren. Im dritten Kapitel haben wir neben einer neuen Definition und weiteren kleinen, aber wichtigen Änderungen uns bereits bekannte, größere Lücken zu schließen versucht. Kapitel 3.2 wurde erweitert um den Abschnitt »Lernmodelle und Programmtypen«, ebenfalls das Kapitel 3.6 mit den Ergänzungen »One plus one« und »Wege in die Wildnis«. Die Themen Behindertenhilfe und Schule haben wir in neuen Kapiteln behandelt (3.8 und 3.10), und die Kapitel 3.9 »Handlungsorientiertes Lernen in der Betriebspädagogik« (früher 3.8) und 3.11 »Die Praxis prägt die Theorie« wurden aktualisiert. Das vierte Kapitel wurde um die erlebnispädagogischen Aktivitäten CITY BOUND und »Initiativübungen und Problemlösungsaufgaben« erweitert. Die Kritik an der Kritik beschäftigte uns erneut im Kapitel 5.1; in 5.4 mußte

Vorwort

einiges zum Verhältnis von Ökologie und Erlebnispädagogik verdeutlicht werden; in 5.5 befassen wir uns mit der »Erlebnispädagogik im wiedervereinigten Deutschland« und in 5.6 mit der Palette der »Zusatzausbildungen im deutschen Sprachraum.« Das sechste und letzte Kapitel schließlich wurde gänzlich überarbeitet. Geblieben sind Kapitel 6.2 und die vier Szenarien, die wir mit zehn Provokationen abgerundet haben.

Gegen Ende der Ergänzungen zur 2. Auflage kamen uns schon starke Zweifel daran, ob eine solche grundsätzliche Überarbeitung unseres Buches notwendig sei. Vielleicht, so unsere Befürchtung, mühen wir uns nur an einer Verschlimmbesserung ab. Das Bessere ist ja oft der Feind des Guten. Andererseits war uns klar, daß dieses Buch nun dringend einer Aktualisierung bedurfte und ein zu verspürender Handlungsdruck in der Luft lag. Dieser Zwang zum Handeln ist gleichsam ein Kennzeichen von natursportlichen Situationen. Wer sich ins Innere einer Höhle gewagt hat, muß wieder zum Ausgang, wer mit dem Kajak in die Ardècheschlucht einfährt, hat sich bereits nach der ersten Kurve für eine fünfstündige Flußfahrt entschieden, wer mit Rucksack und Schlafsack in den Bergen unterwegs ist, muß bei aufziehendem Gewitter nach Schutz suchen. Und wer einen »Einstieg in die Erlebnispädagogik« präsentieren will, der muß die aktuellen Trends und Thesen sammeln und bewerten und so versuchen, Schneisen der Orientierung in den Wildwuchs der Praxis, Publikationen, Konzepte und Theorien zu schlagen.

In den Kinos wird demnächst der Film »Der Garten des Sergiu Celibidache« anlaufen. Im Werbetext dazu heißt es: »Was du denkst ist falsch, du weißt es zwar noch nicht. Erleben ist entscheidend.« Erleben und Erlebnis sind die Kultwörter des ausgehenden 20. Jahrhunderts geworden. Es scheint, daß jetzt in allen Facetten genossen und erlebt werden muß, ganz so, als würde die Welt mit der Jahrtausendwende zugrunde gehen. Vor einem solch dumpfen Hedonismus sollte die Erlebnispädagogik sich hüten. Das wird gelingen, wenn sie ihre grundlegenden Ziele nicht aus den Augen verliert: Lernen, Erziehung, Bildung, Therapie und Training.

Zwei Frauen und zwei Männern gilt unser besonderer Dank! FRANZ-JOSEF WAGNER hat wesentlich zum Gelingen des Abschnitts »Lernmodelle und Programmtypen« im Kapitel 3.2 beigetragen. IRMELIN KÜTHE machte unser immer wieder auf sachliche Schieflagen und Übersetzungsfehler aufmerksam. Mehrere Gespräche mit SIMON PRIEST halfen uns dabei, die aktuelle Methodendiskussion in Nordamerika zu verstehen. Herzlich bedanken möchten wir uns auch bei CORNELIA SCHÖDLBAUER, die der 3. Auflage den letzten orthographischen Schliff gab.

München/Berg im Oktober 1997

BERND HECKMAIR   WERNER MICHL

Vorwort

Vorwort zur 1. Auflage

Die Erlebnispädagogik vermittelt Einstiege – Einstiege in die Kletterwand, Einstiege in das Höhlensystem, Einstiege in das Kajak. Viele Jugendliche entdecken sich zum erstenmal selbst, zeigen auf einmal Interesse an ihrer sozialen und natürlichen Umwelt und entwickeln neue Perspektiven für ihren Alltag. Dieses Buch will Einstiege ins Gespräch über diesen modernen handlungsorientierten Ansatz ermöglichen, soll zur Diskussion, zum Nachdenken und Vertiefen anregen. Keine Einführung liegt hier vor – die durchweg systematische Bearbeitung eines Themas, seine Darstellung in allen Facetten ist Sache von fleißigen Doktoranden oder emsigen Professoren. Den Praktikern fehlt dazu die Zeit, die Muße vielleicht, letztlich auch die Lust. Als Praktiker bieten wir einen Einblick in alle Bereiche der Erlebnispädagogik an, die uns in unseren beruflichen Handlungsfeldern herausfordern, die unsere Freizeit verschönern, die uns abends durch die Fachliteratur beschäftigen und die uns nicht selten nachts im Traum begegnen. Obwohl wir ein breites Themenspektrum aufgreifen, haben wir Vollständigkeit nicht erreicht und auch nicht beabsichtigt. Unsere subjektiven Zugänge brauchen auch nicht verschwiegen zu werden: In unseren Praxisfeldern der Jugendarbeit, der Jugendsozialarbeit, der Hilfen zur Erziehung und der Betriebspädagogik dominieren die Erfahrungen mit kurzzeitpädagogischen Angeboten. Dabei haben wir im Laufe der letzten 15 Jahre viele praktische Erfahrungen mit unterschiedlichsten Zielgruppen gesammelt: mit Kindern, erlebnis- und bildungshungrigen Jugendlichen, Jugendgruppen aus Verbänden, arbeitslosen Jugendlichen, Familien, Auszubildenden, Studierenden der Fachakademien und Fachhochschulen, Fachkräften aus fast allen Feldern der sozialpädagogischen Praxis.

Mit der fortschreitenden Professionalisierung und der Weiterentwicklung des beruflichen Werdegangs nimmt die Verantwortung zu, die Ebene der fachlich-theoretischen Diskussion wird bedeutungsvoller. Dazu kommen die politische Interessenvertretung, die Gremienarbeit, die Teilnahme und Mitgestaltung an Fachtagungen, Fortbildungen. Gleichzeitig nehmen die Kontakte zu den Zielgruppen der Sozialpädagogik und Bildungsarbeit ab. Wir befinden uns beruflich in der Grauzone zwischen Praxis und Theorie, sind Brückenbauer zwischen (sozial-)pädagogischen Berufsfeldern und der Wissenschaft. Genauso ist die Intention dieses Buches zu verstehen.

Vorwort

Unsere Erfahrungen zu Papier bringen – das konnte nur durch die Mithilfe guter Freunde gelingen. Zunächst unserer Partnerinnen, die nicht nur abends, sondern zunehmend auch an Wochenenden und Feiertagen auf uns verzichten mußten. ULRIKE BECKERS, ANGELA EBERHARD und BIRGITT REISENWEBER haben mit kritischen Augen unsere Manuskripte durchgelesen, korrigiert, ergänzt, nachgefragt, verbessert. Vielen Dank dafür. CHRISTINA CROWTHER und ANDREAS BEDACHT haben uns in kurzen, aber wichtigen Passagen des Buches ergänzt. CHRISTINA hat einen Teil des Kapitels über Frauen und Erlebnispädagogik verfaßt, ANDREAS hatte die Idee zum Vergleich erlebnispädagogischer Aktivitäten und leistete zum Text einen wichtigen Beitrag. Die Zusammenarbeit mit Prof. Dr. MICHAEL JAGENLAUF zeigt auf, daß er durch die Herausgeberschaft dieser Buchreihe nicht nur ein Forum für Praktiker und Theoretiker begründet hat, sondern auch eine fruchtbare Zusammenarbeit zwischen der praktischen und universitären Ebene möglich machte.

Viele Fragen und Themen liegen weiterhin brach. Die Erlebnispädagogik ist auf dem besten Wege, sich von einem Orchideenfach zu einem modernen und nicht selten erfolgreichen Konzept für viele pädagogische Aufgaben zu entwickeln. Wir hoffen, mit diesem Buch einen kleinen Beitrag zu dieser Entwicklung leisten zu können.

München, im April 1993

BERND HECKMAIR   WERNER MICHL

Inhalt

Vorworte

1. **Rückblicke: Von Rousseau zur Risikogesellschaft**

1.1 Die Entdeckung der Einsamkeit und der Einfachheit –
J.-J. ROUSSEAU und D. H. THOREAU als Vordenker
der Erlebnispädagogik 3
1.2 »Aus grauer Städte Mauern...« –
Leitlinien der Erlebnispädagogik vor und neben KURT HAHN . . . 18
1.3 Therapie von Gesellschaft und Individuum –
KURT HAHNS Begriff der Erlebnistherapie 22
1.4 Demokratie, Humanität und Gerechtigkeit –
MINNA SPECHTS Erziehung zur Verantwortung und JOHN DEWEYS
pädagogischer Pragmatismus 27
1.5 Vom Risiko des Anfangs zur Risikogesellschaft –
Erlebnispädagogik von 1945 bis heute 35
1.6 Learning by Doing –
Zur Aktualität handlungsorientierter Ansätze 40

2. **Rundblicke: Von Aberdovey bis Zimbabwe**

2.1 Der Weg einer Idee –
KURT HAHNS Erlebnispädagogik auf allen Kontinenten 47
2.2 Weder exotisch noch neu – Experiential Education 48
2.3 Umstritten ist nicht das Ziel, sondern der Weg –
Paradigmen des »Adventure Programming« 51
2.4 Die alpine Gratwanderung auf den Alltag beziehen –
Metaphorik und Parallelität als Strukturelemente von
»Adventure Learning« 52
2.5 Experiential Education ist überall und nirgendwo –
Ein Streifzug durch die Kontinente 57
2.6 Die internationale Entwicklung – Standards, Thesen, Trends . 63

Inhalt

3. Einblicke: Grundlegung der Erlebnispädagogik

- 3.1 Die Innenwelt der Außenwelt der Innenwelt – Zur Psychologie und Soziologie des Erlebens 67
- 3.2 »Where the action is« – Zum Verhältnis von Erlebnis und Erziehung 72
- 3.3 Lernt man nie aus? – Dimensionen des Lernens in der Erlebnispädagogik 82
- 3.4 Abenteuer als ein Weg zur Jugend – Ist die Erlebnispädagogik eine Pädagogik der Pubertät? 89
- 3.5 Wo die wilden Kerle wohnen – Erleben ohne Pädagogen. Ein Blick in die Kinder- und Jugendliteratur 95
- 3.6 Erziehung zwischen Pädagogik, Prävention und Psychotherapie – Erlebnispädagogik in der Jugendhilfe 102
- 3.7 See me, feel me, touch me, heal me – Erlebnis als Therapie .. 110
- 3.8 Leben gewinnen: Erlebnispädagogik in der Behindertenhilfe .. 116
- 3.9 Handlungsorientiertes Lernen in der Betriebspädagogik – Outdoor-Trainings 123
- 3.10 Schule als Lernbelästigung und Erkläranlage? Erlebnispädagogische Praxis in der Schule 135
- 3.11 Die Praxis prägt die Theorie – Erlebnispädagogische Projekte und ihre Träger 142

4. Überblick: Erlebnispädagogische Aktivitäten im Vergleich

- 4.1 Die Entdeckung der Langsamkeit – Bergwandern 153
- 4.2 Sich auf die Spitze treiben – Klettern und Abseilen 156
- 4.3 Abseits des Pistenrummels – Skitouren 159
- 4.4 Die Vertiefung im Dunkeln – Höhlenbegehung 162
- 4.5 Der Tanz auf dem Wasser – Kajakfahren 165
- 4.6 Alle in einem Boot – Schlauchbootfahren/Rafting 168
- 4.7 Land und Leute erfahren – Fahrradtouren 170
- 4.8 »We are sailing...« – Kuttersegeln 171
- 4.9 Die Einsamkeit erleben – Solo 174
- 4.10 Im Dickicht der Städte – City Bound 176
- 4.11 »Spinnenetz«, »Säureteich« und andere Zumutungen – Initiativübungen und Problemlösungsaufgaben 182
- 4.12 Zusammenfassung und Synopse 185
- 4.13 Zu guter Letzt: Noch ein Vergleich ganz anderer Art 188

5. Seitenblicke: Vernachlässigte Themen der Erlebnispädagogik

5.1	Auf dem heißen Stuhl – Erlebnispädagogik in der Kritik	199
5.2	Lust auf Verwilderung – Gefahren und Chancen, Selbst- und Fremdbilder	207
5.3	Das »schwache« Geschlecht? – Frauen und Erlebnispädagogik .	211
5.4	Eine »unvermeidbare Schuld« – Ökologie und Erlebnispädagogik	218
5.5	Erlebnispädagogik im wiedervereinigten Deutschland	225
5.6	Der »Quality Circle« in einer Person – Was muß der Erlebnispädagoge können?	227
5.7	Safety First – Rechtsfragen, Sicherheitsstandards und -maßnahmen	234
5.8	Zwischen Einstimmung und Ausklang – Ein Blick in die Praxis	238

6. Ausblicke: Von Wiederentdeckungen, Wucherungen und Visionen

6.1	Wiederbelebung: Bewegung, Körper und Geschlecht	251
6.2	Wiederentdeckung: Erlebnispädagogik als moderne pädagogische Konzeption	254
6.3	Wucherungen: Die Erlebnispädagogik boomt nicht mehr, sie wuchert	258
6.4	Visionen: Vier Szenarien und zehn Provokationen zur Jahrtausendwende	261

Literatur 269

1. Rückblicke
Von Rousseau zur Risikogesellschaft

»Die Illusion kann man nicht essen«, sagte seine Frau.
»Aber sie ernährt«, erwiderte der Oberst.
GABRIEL GARCIA MARQUEZ, Der Oberst hat niemand, der ihm schreibt.

Geschichtsschreibung ist immer ein Konstrukt. Eine Geschichte der Philosophie, der Psychologie oder der Pädagogik ist schon eine fragwürdige Sache, eine Geschichte der Erlebnispädagogik um so mehr. Unser Unterfangen gleicht also eher einer Spurensuche als einer systematischen Analyse, sowohl bei den Ideen als auch bei den Idolen. Wegbereiter, Wissenschaftler und Wandervögel stehen am Treppengeländer der erlebnispädagogischen Geschichte: PLATON, JOHANN H. PESTALOZZI und KARL POPPER werden in der Fachliteratur ins Feld geführt, zwischen ROUSSEAU und THOREAU haben wir den Bogen gespannt, WILLIAM JAMES und JOHN DEWEY werden in der deutschsprachigen Pädagogik wiederentdeckt, und mit MINNA SPECHT rückt endlich eine bedeutende, lang vergessene Frau ins Blickfeld. Wir versuchen diesen Entwicklungen gerecht zu werden, ohne die Liste der Vordenker ins Unverbindliche zu erweitern. So konzentrieren wir uns also auf vier Männer und eine Frau:
- JEAN-JACQUES ROUSSEAU, der fulminante Theoretiker, der sich seines eigenen pädagogischen Auftrags so jämmerlich entzog.
- DAVID HENRY THOREAU, der Unabhängigkeit, Freiheit, Einfachheit und Einsamkeit in einer Blockhütte am Walden-See suchte.
- JOHN DEWEY, der von WILLIAM JAMES inspirierte Pragmatiker und Pädagoge, beeinflußte nachhaltig die deutsche Pädagogik (GEORG KERSCHENSTEINER: »Schule der Tüchtigkeit« und HUGO GAUDIG: »Was der Tag mir brachte«) und wird zu Recht derzeit wiederentdeckt.
- MINNA SPECHT, bekennende Sozialistin, Leiterin der Odenwaldschule, die zusammen mit KURT HAHN die Leitlinien von Outward Bound Deutschland schuf:
- und schließlich KURT HAHN, der den Begriff der Erlebnistherapie prägte und damit als Urvater der Erlebnispädagogik gilt, dessen Ideen um die ganze Welt gingen und nachhaltig auch die Praxis der deutschen Pädagogik beeinflußten.

1.1 Die Entdeckung der Einsamkeit und der Einfachheit – J.-J. Rousseau und D. H. Thoreau als Vordenker der Erlebnispädagogik

Vor 280 Jahren wurde JEAN-JACQUES ROUSSEAU geboren, vor 130 Jahren starb DAVID HENRY THOREAU. ROUSSEAU und THOREAU haben das philosophische und pädagogische Denken ihrer Kontinente unwiederbringlich verändert und geprägt. Viele ihrer Ideen sind vergleichbar, und es ist kein Zufall, wenn beide die Einsamkeit und Einfachheit entdecken, wenn beide eine Utopie der Erziehung und eine Utopie des modernen Staates entwickeln. ROUSSEAU und THOREAU leben in der städtischen Kultur, sind Denker gegen den Zeitgeist und wollen einen neuen Menschen schaffen. Dazu brauchen sie die Erziehung und die Utopie einer Gesellschaft.

ROUSSEAU oder die Entdeckung der Kindheit

Ist es ein Zufall, daß JEAN-JACQUES ROUSSEAU (1712–1778), der Bewunderer der Natur und der Prediger der Einfachheit, ein heimatloser Gesellschafts- und Lebemensch war, sich in Kabaretts, Kneipen und Kasinos herumtrieb, während er sich nach Vaterland, Freiheit, Geborgenheit und dem natürlichen Leben sehnte? Ein Tiefenpsychologe könnte hinter dieser Sehnsucht den frühen Verlust elterlicher Bindungen vermuten. ROUSSEAUS Mutter stirbt bald nach seiner Geburt, sein Vater kümmert sich kaum um ihn. Mit 16 Jahren verläßt er seine Vaterstadt Genf und zieht in die Welt, so, als gäbe es überall etwas Besseres als den Tod zu finden. Ein unstetes, sprunghaftes Leben beginnt, in dem gleichsam zwei Zeitalter aufeinanderprallen. Die Aufklärung erfährt durch ROUSSEAUS Ideen einen ersten Bruch, und die Romantik nimmt dieser »egozentrischste Denker in der Philosophie« (WEISCHEDEL 1974, S. 192) vorweg. Turin, Venedig, Dijon, Paris und die Provinz sind die wichtigsten Stationen seines rastlosen Weges; Schreiberlehrling, Handwerker, Priesterkandidat, Musiklehrer, Erzieher nur einige seiner ausgeübten Berufe. Immer war er Egozentriker. Sich selbst zu erkennen bedeutete für ihn Erkenntnis der Welt. Daher hat er in seinen »Bekenntnissen« wie in einer Psychoanalyse sein Innerstes schonungslos dargelegt. Hinwendung zum Individuum, horchen auf die inneren Empfindungen – tiefer als alle Vernunft ist die Sprache der Natur, die es zu verstehen gilt. Das ist der Abgesang auf die Aufklärung: Der berühmte Satz von RENÉ DESCARTES »ich denke, also bin ich« wird zu »ich erlebe, also bin ich«.

ROUSSEAUS Denken zeichnet sich, wie sein Lebensstil, durch Sprunghaftigkeit und Intuition aus. Er versinkt in Tagträumereien, läßt den Sommertag vorbeistreichen und genießt die schöpferische Pause. Dann wieder ergreifen ihn Ideen und Eingebungen mit solcher Macht, daß er wie in Trance taumelt, den Tränen und dem Wahnsinn nahe. Auch hier spüren wir das romantische Ideal des Genies. Die 1749 von der Akademie in Dijon gestellte Frage, ob »der Fortschritt der Wissenschaften und Künste zur Veredelung der Sitten beigetragen habe«, versetzt ihn in einen solchen traumwandlerischen Zustand. Es ist seine Lebens- und Schicksalsfrage. Er beantwortet sie mit Verve und Wortgewalt, gewinnt damit den Preis der Akademie und wird über Nacht berühmt. Indem er unerwarteterweise diese Frage verneint, wirft er den Philosophen, Denkern, Intellektuellen und Wissenschaftlern seiner Zeit – VOLTAIRE, DIDEROT, D'ALEMBERT – den Fehdehandschuh hin. Während die Kluft zu den berühmten Denkern seiner Zeit immer größer wird, fällt sein Appell des »zurück zur Natur« – Worte,

Entdeckung der Einsamkeit und der Einfachheit

die ROUSSEAU so nie verwendet hat, die aber wohl die Quintessenz seines Werkes sind – bei Hofe auf fruchtbaren Boden. 1762 erscheinen seine beiden Hauptwerke »Contrat social« (Der Gesellschaftsvertrag) und »Émile« (Emil). Sie bilden die Summe seines politischen und pädagogischen Denkens und passen zusammen wie Schlüssel und Schloß. Die ROUSSEAUsche Staats- und Gesellschaftsphilosophie setzt den neuen Menschen voraus. Dazu braucht sie die enge Liaison zwischen Pädagogik und Politik. Die Suche nach dem besten Staat, diese notwendige und doch vergebliche Utopie von PLATON bis POPPER, kommt immer wieder auf die Erziehung des Menschen zurück und fordert, den in dieser Utopie funktionierenden Menschen zu schaffen.

Die Erschaffung einer Welt in Freiheit kann durch den Gesellschaftsvertrag gelingen. Wer sich dem Gemeinwillen (volonté général) aus freiem Willen unterordnet, gibt zwar seine natürliche Freiheit auf, gewinnt dadurch aber die rechtliche Freiheit, den Schutz und die Geborgenheit der Gemeinschaft. Das Volk ist Souverän und gibt sich seine eigenen, von allen akzeptierten Gesetze. Herrschaft beruht bei ROUSSEAU auf Übereinkunft.

Eine solche Verschmelzung von persönlicher und staatlicher Freiheit braucht den neuen Menschen, wie ihn ROUSSEAU in »Émile« beschreibt. Wer diesen Roman »... über die Erziehung« mit den Augen des Erlebnispädagogen liest, wird einige erstaunliche und aktuelle Parallelen zutage fördern. Die Renaissance ROUSSEAUS – vor 25 Jahren stand sie durch ALEXANDER NEILL und Summerhill und die Hochkonjunktur der antiautoritären Erziehung kurz bevor – und seine Entdeckung als Vordenker der Erlebnispädagogik sind angesagt. Lesen wir diesen berühmten Roman nicht nur als Pädagogen, sondern mit den Augen der Praktiker und Theoretiker der Erlebnispädagogik!

»Alles ist gut, wie es aus den Händen des Schöpfers kommt, alles entartet unter den Händen des Menschen« (ROUSSEAU 1975, S. 9) lautet der berühmte erste Satz des »Émile«. ROUSSEAU nimmt damit die romantische Bewertung der Natur vorweg und leitet so zu einem politisch gefährlichen Verhaltensprogramm an: Wer sich rückwärts wendet, die Einfachheit sucht, nach dem Ursprung ausschaut, die Sprache der Natur verstehen lernt, nähert sich dem Guten. Weder der Staatsbürger noch der Gesellschaftsmensch ist das Erziehungsideal ROUSSEAUS. Sein Ziel ist die Erziehung ohne Erzieher, eine Minimalerziehung, die durch die natürliche Strafe, d. h. die negativen Folgen von unpassenden Handlungen, zum freien Menschen führt. Das Bild der Pflanze, die gepflegt und gehegt, geschützt und gedüngt werden muß, ist Metapher für ROUSSEAUS Vorstellung von Erziehung, die in gleicher Symbolik in der deutschen Reformpädagogik wieder aufgegriffen wird. Drei Dinge erziehen uns, und die Reihenfolge der Erwähnung zeigt ihre Bedeutung an: »Die Natur oder die Dinge oder die Menschen« (Ebd., S. 10). Nur die dritte Form der Erziehung ist durch den Erzieher beeinflußbar, aber auch diese soll nach ROUSSEAU nur dazu dienen, die Erziehung durch die Natur und durch die Dinge zu ermöglichen. Die Erziehung durch den Menschen hat bei ROUSSEAU als einziges Ziel, die Erziehungsgewalt der Natur und der Dinge zu stärken und negative Einflüsse darauf zu verhüten. Der Lauf der Natur und der Dinge wird sich fast gesetzesmäßig seine Bahn brechen, wenn er nicht durch Gesellschaft, Wissenschaft, Kunst und Zivilisation daran gehindert wird. Der Erzieher soll verhindern, daß etwas getan wird. Er ist somit der Anwalt der natürlichen Bedürfnisse des Kindes.

»Leben ist handeln« oder »Learning by Doing«

»Leben ist nicht atmen, leben ist handeln« (Ebd., S. 15). Und: »Man wird gut, indem man das Gute tut. Beschäftigt euren Zögling mit allen guten Handlungen, die seinen Kräften angemessen sind« (zit. nach: BLÄTTNER 1968, S. 107). Emile soll sein Wissen nur durch eigene Erfahrungen erwerben, er lernt aus der Sache selbst, nicht durch die Belehrungen seines Erziehers. Als Kind erforscht Emile seine Umwelt und die Natur, und davon lernt er, als Knabe und Jüngling durch Handwerk und Arbeit. Emile soll nichts durch die Wissenschaften erfahren, sondern sie dann erfinden, wenn er sie braucht. »Anstatt das Kind an Bücher zu fesseln, beschäftige ich es in einer Werkstatt, wo seine Hände zum Nutzen des Geistes arbeiten; es wird Philosoph und glaubt, nur ein Arbeiter zu sein« (zit. nach: BLÄTTNER 1968, S. 104). ROUSSEAU setzt ein Bedürfnis nach Bewegung voraus, einen Tätigkeitsdrang: »Erst durch Bewegung lernen wir, daß es Dinge gibt, die nicht wir sind. Durch unsere eigene Bewegung gelangen wir zum Begriff der Ausdehnung« (ROUSSEAU 1975, S. 41). Die Geborgenheit der Mutter, Liebe, Partnerschaft, die Einbindung in die Natur sind zentripetale Kräfte, Neugier, Bewegungs- und Tätigkeitsdrang ihr zentrifugaler Widersacher. Wer zwischen beiden Polen pendelt, gewinnt eine Vorstellung von der Welt, gewinnt Identifikation, weil er die Grenzen spürt zwischen Ich und Nicht-Ich. Reden, Belehrungen, Bücher lehnt ROUSSEAU zunächst ab. Angeblich haßt er Bücher, um sich mitzuteilen braucht er aber doch dieses Medium. Emile soll schließlich doch ein Buch lesen, weil dieses Buch ROUSSEAUS Wunsch erfüllt und weiterentwickelt hat: »Wenn man eine Situation erfinden könnte, wo alle natürlichen Bedürfnisse der Menschen sich in einer für den kindlichen Geist begreiflichen Weise darstellen und wo die Mittel, sie zu befriedigen, leicht erkennbar wären, so müßte man seine Einbildungskraft lebhaft damit beschäftigen.« Ein Buch hat diese Situation vorweggenommen, und Emil wird sich längere Zeit damit beschäftigen: ROBINSON CRUSOE.

Handlung, Erfahrung und Erlebnis empfiehlt ROUSSEAU auch als Unterrichtsprinzip: »Und denkt daran (die Lehrer; die Verf.), daß ihr in allen Fächern mehr durch Handlungen als durch Worte belehren müßt. Denn Kinder vergessen leicht was sie gesagt haben und was man ihnen gesagt hat, aber nicht, was sie getan haben und was man ihnen tat« (ROUSSEAU 1975, S. 80). Der Knabe soll die natürlichen Folgen seiner Handlungen am eigenen Leib erfahren. Wenn er die Fensterscheibe zerbricht, so mag der kalte Wind Tag und Nacht hereinblasen und das Kind sich eine Erkältung holen, »denn es ist besser, daß es verschnupft, als närrisch wird« (Ebd., S. 80).

Leben heißt Erleben

Die Erziehung der Aufklärung bestand aus Förderung der Vernunft, Lernen im Unterricht, Erwerb des Wissens, Training der Denkfunktionen. ROUSSEAU erkennt, daß zur menschlichen Existenz mehr gehört: Erfahrung durch die Sinne und den Körper, Sensibilität für inneres Empfinden, Gewahrwerden der Gefühle. Nicht der Wissenschaftler ist sein Erziehungsziel, sondern jener Mensch, »der die Freuden und Leiden dieses Lebens am besten zu ertragen vermag« (Ebd., S. 15). ROUSSEAU geht es darum, die Freude am Leben zu lehren: »Nicht wer am ältesten wird, hat am längsten gelebt, sondern wer am stärksten erlebt hat. Mancher wird mit hundert Jahren begraben, der bei seiner Geburt gestorben war. Es wäre ein Gewinn gewesen, wenn er als Kind gestorben wäre, wenn er wenigstens bis dahin gelebt hätte« (Ebd., S. 16). Eine noch heute verblüffende und radikale Aussage, doch wer bestimmt, wer was am stärksten erlebt hat? Der Gentechniker ERWIN CHARGAFF (1988, S. 40) hatte diese Worte ROUSSEAUS wohl nicht gekannt, als er äußerte: »Sie müssen ja bedenken, was allein die Menschheit dadurch verliert, daß im Durchschnitt jeder Mensch des Westens drei Stunden am Tag durch das Fernsehen amputiert bekommt. Was das bedeutet: im Monat, im Jahr, in der Lebenszeit. Insofern kann man ungefähr sagen: Die Menschen werden gar nicht so alt, sie vegetieren so alt und diese Zeit muß man abziehen von ihrer Lebensdauer, um ihre wirkliche Lebensdauer zu kriegen.« Es ist ein in diesem Zeitalter der Aufklärung unbekanntes Lebensgefühl, das in den Worten ROUSSEAUS mitschwingt. Das Gefühl ist das Ursprüngliche im Menschen und nicht der Verstand, so philosophiert ROUSSEAU gegen den Zeitgeist. Wer wie ROUSSEAU von der Selbstliebe als angeborenem Trieb ausgeht, der will es sich gutgehen lassen, will die Welt genießen, will alles erleben, was im Diesseits möglich ist: »Leid, stirb oder werde gesund. Vor allem aber leb bis zu Deiner letzten Stunde« (ROUSSEAU 1975, S. 59).

Unmittelbares Erleben durch die Sinne

Die Welt wird nicht durch Sprache und Vernunft erlebt und erfahren, sondern durch die Sinne. Wir werden mit Empfindungen geboren und erforschen die Welt mit unseren Sinnesorganen, mit Händen, Augen, Ohren, Nase und Zunge. Erstrebenswerte Gegenstände werden aufgesucht, andere werden vermieden. Erst daraus werden Urteile, Maßstäbe, Vorstellungen, Ideen und letztlich Moral und Sittlichkeit entwickelt.

Durch das unmittelbare sinnliche Erlebnis folgt das Kind seinen wahren Bedürfnissen, die von der Natur vorgezeichnet sind. Der Erzieher soll vermeiden, daß Lernprozeß und Lernfeld gestört werden, er soll Emile dazu bringen, die Sinne in rechter Weise zu gebrauchen, denn die »Empfindungen sind die ersten Bausteine seiner Erkenntnisse... . Das Kind will alles berühren, alles anfassen. Verhindert diese Unruhe nicht.... Es lernt Wärme, Kälte, Härte, Weichheit, Schwere, Leichtigkeit der Körper kennen und Größe, Gestalt und alle anderen Eigenschaften beurteilen, indem es sie betrachtet, befühlt, belauscht« (Ebd., S. 41).

Handeln in freier Natur, statt Wissen aus Büchern zu erwerben, eigene Erfahrungen sammeln, statt Erfahrungen anderer übernehmen, den Augenblick packen – Erlebnis und Unmittelbarkeit tragen als die zwei wichtigsten Säulen die Erziehungsutopie ROUSSEAUS: »Man muß sich mit der Gefahr selbst vertraut machen, um zu lernen, sie nicht mehr zu fürchten« (Ebd., S. 119).

Leitlinien Rousseauscher Pädagogik

Die ROUSSEAUsche Philosophie hat den Boden für die Französische Revolution bereitet, seine pädagogischen Ideen haben uns einige Entdeckungen beschert, mit denen ROUSSEAU seiner Zeit weit voraus war.

Der Egozentriker ROUSSEAU sah sich und jeden Menschen als Prinzip des Lebens. Er strebte für sich und alle Menschen Glück, Zufriedenheit und Selbstverwirklichung an und forderte ein Recht des Kindes auf sein Eigenleben. »Da spielen Lausbuben im Schnee, blau, verfroren und mit klammen Fingern. Sie könnten sich wärmen gehen, aber sie tun es nicht. Zwingt man sie dazu, so empfinden sie den Zwang hundertmal mehr als die Kälte« (Ebd., S. 65). Das Kind braucht Zeit und Zurückgezogenheit um reifen zu können, Erziehung gelingt nicht ohne Muße. Die Kindheit, so ROUSSEAU an anderer Stelle (S. 89), »ist der Schlaf der Vernunft«, aus dem das Kind nicht zu früh geweckt werden darf. Wenn Nichtstun mit Glücklichsein einhergeht, so ist das Grund genug für den Erzieher, nicht einzugreifen und seine »negative« Erziehung als Erfolg zu betrachten.

ROUSSEAU entdeckt die Lebensphase der Kindheit, aber die kindliche Seele zu verstehen ist nahezu unmöglich. Jeder Mensch ist ein eigener Kosmos: »Keiner von uns ist Philosoph genug, um sich ganz in ein Kind hineinzuversetzen« (Ebd., S. 99). Alle Phasen der Entwicklung müssen durchlebt, erlebt, vollendet werden, damit das Kind zum Menschen reifen kann. Das Kind vergleicht ROUSSEAU mit einem jungen Wilden (Ebd., S. 117), der sich ausleben muß. Klettern, springen, kriechen, laufen soll Emile lernen.

Der Verhaltensforscher LEYHAUSEN (1968, S. 66) vertritt die Ansicht, »daß sehr viele Kinder zu guten und brauchbaren Menschen heranwachsen, nicht wegen, sondern trotz der Erziehung, die sie genießen«. Da spricht die Stimme des Volkes! Wir hoffen, daß LEYHAUSEN weiß, was gute und brauchbare Menschen sind. Seine Definition von Erziehung scheint ebenfalls sehr begrenzt zu sein. An diesen Grundfesten der Pädagogik hat ROUSSEAU – immerhin vor 200 Jahren, daher ist ihm eher zu verzeihen – im »Émile« auch gerüttelt. Der Anwalt des Kindes tut zwar wenig, aber sein Bestes, wenn er das Umfeld des Kindes von Störungen freihält. Die Erziehung ergibt sich nach dem teleologischen Prinzip der Natur und der Dinge: Die Ziele der Erziehung werden nicht durch den Menschen gesetzt, sondern sind von der Natur vorgegeben. Das Kind erzieht sich scheinbar selbst. Auch ist es unter Altersgenossen viel besser aufgehoben und lernt mehr in der wilden Horde der Kinderspielgruppe als im stillen Klassenzimmer.

Entdeckung der Einsamkeit und der Einfachheit

ROUSSEAU hat auch den Tiefenpsychologen den Weg geöffnet, als er sich auf die Suche nach den echten Bedürfnissen und nach den Gefühlen begab. Als ROUSSEAU die Bedürfnisse der Geborgenheit, der Nahrung und der Sexualität entdeckte und formulierte, kommentierte dies VOLTAIRE mit dem Satz, daß er wenig Lust hätte, auf allen vieren zu kriechen. Diese natürlichen Bedürfnisse aber müssen nach ROUSSEAU in den Phasen der Kindheit erlebt werden, um dann zu den echten Bedürfnissen vordringen zu können, die im sittlich-religiösen Bereich liegen.

Fassen wir zusammen! ROUSSEAU postuliert ein Eigenrecht auf die Lebensphase Kindheit. Erlebnis, Erfahrung und Abenteuer sind notwendige Lernprinzipien. Das unmittelbare Lernen über die Sinne und nicht belehren und unterrichten entspricht der Lebenswelt des Kindes. Wer handelt, lernt besser und mehr, und wer gut handelt, wird ein guter Mensch, so die einfache Logik ROUSSEAUS. Die eigene Befindlichkeit, Zufriedenheit und Glück und die Fähigkeit, die Freuden und Leiden des Lebens zu ertragen, sind ROUSSEAUS Maßstab von guter Erziehung. Damit hat er die Grundmauern zum Gedankengebäude der Erlebnispädagogik errichtet, 100 Jahre später hat dann DAVID HENRY THOREAU diese Arbeit weitergeführt.

DAVID HENRY THOREAU: Nicht reden über handeln, sondern reden und handeln

ROUSSEAU blieb zeit seines Lebens ein Schreibtischtäter, gab seine Kinder ins Findelhaus, um seine Erziehungsutopie entwickeln zu können. Ganz anders dagegen THOREAU!

Während eine europäische Erziehungsgeschichte ohne ROUSSEAU, eine amerikanische Philosophiegeschichte ohne THOREAU unvollständig bleibt, ist das THOREAUsche Gedankengut im europäischen Kulturraum einer seltsamen Vergessenheit preisgegeben. Nur gelegentlich leuchtet die Persönlichkeit dieses Propheten und Poeten, Philosophen und Pädagogen im Pantheon der Unsterblichen auf. So vor 25 Jahren, als THOREAU als Prophet der 68er Generation herhalten mußte, oder als bekannt wurde, daß MAHATMA GHANDI THOREAUS Buch »Über die Pflicht zum Ungehorsam gegen den Staat« fast immer im Reisegepäck hatte. In der bundesrepublikanischen Bildungslandschaft sind THOREAUS Leben und Werke nur oberflächlich bekannt. Er ist als Ökologe, Erlebnispädagoge, Erzieher, Naturphilosoph und Naturbeobachter jederzeit zu entdecken, und seine zwei wichtigsten Bücher (»Walden oder das Leben in den Wäldern« und »Über die Pflicht zum Ungehorsam gegen den Staat«) versprechen auch heute noch einen Lesegenuß.

Wie bei ROUSSEAU so ist auch THOREAUS Denken zutiefst moralisch begründet, stellt doch die Erziehungslehre ROUSSEAUS bzw. die Lebenskunst THOREAUS nur die Kehrseite einer Medaille dar. Auf ihrer anderen Seite befindet sich der Ungehorsam und das Leiden am ungerechten Staat und die entsprechende Lehre vom gerechten Staat. Im Falle THOREAUS ist der gerechte Staat der nicht vorhandene.

Die Natur ist die große Erzieherin und Lehrmeisterin. Während ROUSSEAU im »Émile« die Erziehung durch die Natur, die Dinge und den Menschen sozusagen am Reißbrett entwirft, liefert THOREAU ein praktisches Beispiel der Lebenskunst. Am 4. Juli 1845, dem amerikanischen Unabhängigkeitstag, zieht er in eine selbstgebaute Hütte am Walden-See in der Nähe seiner Heimatstadt Concord. Das Evangelium der Einfachheit und Einsamkeit ist aber kein romantischer Rückzug in die Natur, sondern baut auf einem durchaus komplexen Gedankengebäude auf, das zu einem nicht geringen Teil durch die besondere historische und persönliche Situation von THOREAU zu erklären ist. Zweieinhalb Jahre später beendet THOREAU sein Walden-Experiment und verdingt sich als Hilfskraft im Hause des Philosophen RALPH WALDO EMERSON. Wer hinter Walden einen romantischen Rückzug vermutet, wird von THOREAU und seinen Biographen eines besseren belehrt. Das »Leben in den Wäldern« stellt ein psychologisches Experiment dar, eine durchaus komplexe Reduktion, eine radikale Auseinandersetzung mit dem »American Dream«. Es ist der philosophische und praktische Gegenentwurf dazu. Nichts ist dem Zufall überlassen. Daß dieses Experiment zufällig am 4. Juli beginnt, dem amerikanischen Unabhängigkeitstag, wie THOREAU dem unbedarften Leser suggeriert, kann bei dem Autor des Pamphlets »Über den zivilen Ungehorsam...« ausgeschlossen werden. Den Leser in Widersprüche zu verwickeln und in Fallen zu locken, ist vielmehr als Methode THOREAUS zu verstehen.

Die Grundmotive, Grundfragen und Hypothesen für das »Walden«-Experiment lauten:

Wie erlangt man wirkliche Freiheit? Ist der Sieg des Menschen über die Natur nicht ein Pyrrhussieg? Was sind die eigentlichen Lebensbedürfnisse? Das Wunder des Kosmos ist in der kleinsten Naturerscheinung gegenwärtig und erfahrbar. Die Natur vermittelt eine spirituelle Botschaft, die hinter den materiellen Erscheinungen verborgen ist. Erforsche die Natur, erkenne dich selbst, und du erkennst Gott – das sind drei Variationen des gleichen Themas.

Schließlich ist Walden auch ein ökonomisches Experiment. THOREAU will beweisen, daß durch Reduktion von unnötigen Bedürfnissen mit wenig Geld eine einfache und solide Lebensgrundlage aufgebaut und erhalten werden kann.

Das Walden-Experiment spiegelt die äußere Distanz von THOREAU gegenüber dem »American way of life« wider und korreliert mit der inneren Distanz seines Denkens. Der Geist des Amerika der ersten Hälfte des 19. Jahrhunderts war geprägt von Aufbruchstimmung und Naturbeherrschung, von Technik und Industrialisierung, von Naturwissenschaft und Fortschritt, von Expansion und Eroberung. THOREAU bleibt der große Skeptiker.

THOREAU gilt als der Vater der Ökologiebewegung, als Mentor des zivilen Ungehorsams, als Lehrer der Einfachheit und Einsamkeit, als genauer Beob-

achter der Natur, als Naturphilosoph, Poet und Prophet. Seine Entdeckung als Urvater der Erlebnispädagogik steht noch aus.
Es war ein kurzes Leben, gebunden an seine Heimatstadt Concord. Nur wenige Reisen führen THOREAU aus Massachusetts hinaus. Aber er bereut sie. Die Erinnerung an die Erkrankung bleibt stärker haften als die Erinnerung an die Erlebnisse der Reisen: »Alles was ich auf meiner Reise nach Kanada bekam, war eine Erkältung« (KLUMPJAHN, KLUMPJAHN 1986, S. 26). Reisen mag bilden, aber es ist nicht die Voraussetzung für Bildung. IMMANUEL KANT, der wohl bedeutendste deutsche Philosoph, hat seine Heimatstadt Königsberg nie verlassen. Obwohl THOREAU Tausende von Seiten mit Tagebuchnotizen vollgeschrieben hat, sind es nur die Erlebnisse einer Nacht im Gefängnis, die er wegen Steuerhinterziehung verbüßen mußte, und die zweieinhalb Jahre Einsamkeit am Walden-See, die immer wieder durch lange Spaziergänge nach Concord unterbrochen wurden, die unser Bild von THOREAU prägen und die den Inhalt seiner zwei bedeutendsten Bücher bilden. Aber verfolgen wir den Lebensweg THOREAUS!

In Concord geboren, in Concord gestorben

1817 wird THOREAU in Concord/Mass. geboren. Nach dem Studium an der Harvard University gründet er 1838 eine Privatschule. Nur selten verläßt er seine Heimatstadt; von seinen Reisen kehrt er gerne zurück. Mit seinem Bruder JOHN, der auch an der Schule unterrichtet, unternimmt er eine zweiwöchige Flußfahrt an den Flüssen Concord und Merrimack. Eine weitere Reise nach Kanada im Jahr 1850 und ein Ausflug in die Wildnis von Maine, 1857, führen ihn aus seiner Heimatstadt Concord heraus. 1841 wird die Thoreausche Privatschule wegen der Erkrankung von JOHN geschlossen. Ein Jahr später stirbt sein Bruder JOHN THOREAU, was DAVID HENRY in eine schwere Depression führt. Seine Stelle als Tutor auf Staten Island bei New York verliert er, weil er sich weigert, die Prügelstrafe an sechs Schülern zu vollziehen, und ihnen statt dessen einen symbolischen Klaps gibt. Im Juli 1845 zieht er in seine selbstgebaute Blockhütte am Walden-See, der einige Fußstunden entfernt von seiner Heimatstadt liegt. Dieser Rückzug in die Natur ist ein Experiment im mehrfachen Sinn: eine Selbstheilung, eine ars moriendi, ein Gegenentwurf zur herrschenden Gesellschaftsphilosophie, der dann später, neben dem Marxismus, zur zweiten klassischen Protestform des 19. Jahrhunderts wurde.

Zweieinhalb Jahre später beendet er das »Walden«-Experiment und verdingt sich als Hilfskraft im Hause des Freundes und Philosophen RALPH WALDO EMERSON. Wegen Steuerverweigerung muß er 1846 eine Nacht im Gefängnis verbringen. Dieses Erlebnis ist Grundlage zu einer zweiten berühmten Schrift neben »Walden«. Erstmals veröffentlichte er diese Gedanken 1848 in dem Essay »Widerstand gegen die Staatsregierung«. Ab 1850 ist er als Landvermesser tätig. Er hält Vorträge über seine Lebensthemen und entwickelt sich allmählich zum entschiedenen und später fast militanten Gegner der Sklaverei. 1858 trifft er JOHN BROWN, den Führer der Anti-Sklaverei-Bewegung, der vor Gewalt nicht zurückschreckt. Ein Jahr später wird JOHN Brown hingerichtet. THOREAU verteidigt BROWNS Überfall, der einen Sklavenaufstand auslösen sollte, schreibt JOHN BROWN eine charismatische Persönlichkeit zu und vergleicht ihn mit JESUS CHRISTUS. Wenig später stellt THOREAU seine Aktivitäten ein, hält keine Vorträge mehr und beendet 1861 seine Tagebucheintragungen. Am 6. Mai 1862 stirbt DAVID HENRY THOREAU im Alter von 44 Jahren an einem Lungenleiden.

Unmittelbarkeit als Prinzip

Das immer wieder aufgesuchte Ziel THOREAUS war die ursprüngliche und unmittelbare Hinwendung zum Leben ohne Mittler. Er beklagte den Verlust der Unmittelbarkeit durch den herrschenden Zeitgeist, durch Luxus, Bequemlichkeit, Mode, Zivilisation und Technik. Er suchte nach den ursprünglichen Bedürfnissen des Menschen und versuchte in seiner Blockhütte am Walden-See ein bedürfnisloses Leben zu führen, um zum eigentlich Wichtigen vorzustoßen. Alles andere, wie Mode, ist überflüssige Einbildung: »Der Oberaffe in Paris setzt eine Reisemütze auf, und alle Affen in Amerika tun das gleiche« (THOREAU 1971, S. 36). Luxus ist ein Hindernis auf dem Weg zur Erkenntnis: »Das meiste von dem, was man unter den Namen Luxus zusammenfaßt, und viele der sogenannten Bequemlichkeiten des Lebens sind nicht nur zu entbehren, sondern geradezu Hindernisse für den Aufstieg des Menschengeschlechts« (Ebd., S. 26).

Dieser Meinung war übrigens auch J.-J. ROUSSEAU, als er sich bei der Preisfrage der Akademie von Dijon, ob der Fortschritt der Künste und Wissenschaften dazu beigetragen hat, die Sitten zu verderben oder zu reinigen, geist- und wortreich für die erstgenannte Möglichkeit entschied. Auch der technische Fortschritt ist allemal dahingehend zu hinterfragen, ob er ein Fortschritt für die Menschheit bedeutet: »Wir beeilen uns stark, einen magnetischen Telegraphen zwischen Maine und Texas zu konstruieren, aber Maine und Texas haben möglicherweise gar nichts Wichtiges zu besprechen« (Ebd., S. 61).

THOREAU wählt also für zweieinhalb Jahre die freiwillige Armut und die Einsamkeit der Wälder des Waldensees, lebt das Leben eines Philosophen, Heiligen und Einsiedlers, um der Wirklichkeit näherzukommen. »Ich zog in den Wald, weil ich den Wunsch hatte, mit Überlegung zu leben, dem eigentlichen wirklichen Leben näherzutreten, zu sehen, ob ich nicht lernen konnte, was es zu lehren hatte, damit ich nicht, wenn es zum Sterben ginge, einsehen müßte, daß ich nicht gelebt hatte« (Ebd., S. 184). Er suchte, nebenbei gesagt, neben diesem eigentlichen Leben am Walden-See regelmäßig einmal pro Woche das nahe gelegene Städtchen Lincoln auf, um dort Vorträge zu halten. Auch das gellende Pfeifen der Eisenbahn stellte für THOREAU keine Störung dar, sondern eine durchaus angenehme Erinnerung an die Zivilisation. Eine summende Telegrafenleitung, die er Windharfe nannte, versetzte ihn in Trance. Trotzdem, vom wirklichen Leben hat THOREAU durchaus eine Ahnung und eine Vorstellung, ebenso wie der von ihm bewunderte Pfarrer und Philosoph RALPH WALDO EMERSON, die er erfahrbar machen will durch sein Experiment. Was R. W. EMERSON in seinem Aufsatz »Nature« durchdacht hatte und womit er den Neuengland-Transzendentalismus begründete, wollte THOREAU an sich erleben und erfahren. THOREAUS Philosophie brauchte nicht bis zur Weltrevolution getrieben werden, sie war heute oder morgen oder übermorgen, jedenfalls so bald wie möglich, in den Wäldern, in der Natur, verwirklichbar.

Der Neuengland-Transzendentalismus

EMERSON war der Hauptvertreter des amerikanischen Transzendentalismus, dessen Grundgedanken auf die deutsche Philosophie des Idealismus zurückgehen. THOREAU setzt dieses Denkgebäude in die Praxis um und baut dadurch sein Fundament. Entgegen der herrschenden Naturwissenschaft gibt es, so EMERSON und THOREAU, keine Trennung in Subjekt Mensch und Objekt Natur. Wer die Natur erforscht, erkennt sich selbst und letztlich den göttlichen Urgrund. Die Natur ist mehr als materielle Erscheinung, in ihr offenbart sich der immaterielle Seinsgrund. Die Natur besitzt heilende Kraft, ist für die Transzendentalisten ein erlösendes Sakrament. Auch THOREAU verklärt zunächst die Natur, sieht z. B. die Indianer als ideale Naturmenschen. Aber bald korrigiert er sich, sein Pragmatismus, sein logischer Verstand, seine Skepsis, sein Realitätssinn lassen Verklärungen nicht zu: Er ist Transzendentalist und Naturforscher, Philosoph und Pragmatiker, Aufklärer mit Achtung vor der Natur. Sein Innenleben und die Einflüsse der Naturerlebnisse darauf beobachtet er genauso akribisch wie den Flug des Nachtfalken oder das Verhalten der gestreiften Eule im Winter.

Der Walden-See fordert THOREAU als Poeten: »Die Ufer sind die Lippen des Sees, auf welchen kein Bart wächst. Er leckt sie von Zeit zu Zeit ab« (Ebd., S. 184) und Pragmatiker heraus: »Es ist merkwürdig, wie lange die Menschen an die bodenlose Tiefe eines Sees zu glauben pflegen, ohne sich die Mühe zu machen, ihn zu messen... Ich nahm die Tiefenmessung mühelos mit Bindfaden und einem ungefähr anderthalb Pfund schweren Stein vor, dabei konnte ich genau sagen, wann der Stein den Grund verließ, weil ich dann um so fester anziehen mußte, ehe das Wasser darunterfloß, mir zu helfen.« (Ebd., S. 280) Er entzauberte die Natur als Aufklärer und verzauberte sie wieder als Poet. Die äußere Distanz THOREAUS von der Zivilisation korrespondiert mit seiner Ergriffenheit und oft auch inneren Distanz bei der Betrachtung der Dinge.

In den Augen der Transzendentalisten ist die amerikanische Gesellschaft moralisch krank. Der unnötige Luxus weniger auf Kosten vieler, die Zerstörung der Natur, die Vernichtung der indianischen Kultur, die Sklaverei und die Schnellebigkeit sind nichts anderes als das Spiegelbild einer zerrütteten Volksseele. Wer Natur zerstört, hat eine gestörte Psyche, so die sehr aktuelle und gefährliche These dieser Philosophen. Der Aufbruchsstimmung Amerikas in der ersten Hälfte des 19. Jahrhunderts, dem Glauben an Technik, Naturwissenschaft und Naturbeherrschung, der fortschreitenden Industrialisierung, der Expansion nach dem Westen, der »manifest destiny«, dem Traum von der neuen Zivilisation, dem »American Dream« setzt THOREAU seine Skepsis entgegen:
– »Während die Zivilisation unsere Häuser verbessert hat, hat sie nicht in gleicher Weise auch die Menschen verbessert, die darin wohnen sollen« (KLUMPJAHN, KLUMPJAHN 1986, S. 39).

- »Es genügt nicht, fleißig zu sein, das sind ja auch die Ameisen, wozu seid ihr fleißig?« (Ebd., S. 61)
- »... daß nur einige wenige mit ihr fahren, der große Rest aber überfahren wird« (die Eisenbahn; die Verf.; Ebd., S. 57).

Das Streben nach Reichtum, auf dem die kapitalistisch-industrielle Wirtschaft baut, setzt nach THOREAU einen psychisch kranken Charakter voraus. Die vermehrten Bedürfnisse, die von der Industrie suggeriert werden, haben zusätzliche Arbeit zur Folge, neuer Wohlstand schafft dann neue Bedürfnisse, neue Bedürfnisse bedeuten noch mehr Arbeit, noch mehr Verschuldung und noch mehr Abhängigkeit. Und schließlich: materielle Güter befriedigen materielle Bedürfnisse, aber wer oder was stillt die geistig-seelischen Bedürfnisse?

Nur solange sich Menschen in solche Abhängigkeiten begeben, sind Staat und Politik notwendig. Der weise Mensch braucht den Staat nicht und lehnt ihn ab.

Die Pflicht zum Ungehorsam gegen den Staat

Wenn die Menschen dazu reif sind, und dazu braucht es eine vernünftige, neue Erziehung, dann ist »die beste Regierung... die, welche gar nicht regiert« (THOREAU 1968, S. 7). Handeln, hier und heute, fordert THOREAU in seiner Kampfschrift. THOREAU geht es wie allen Staatsphilosophen von PLATO bis POPPER, von MORUS bis MARCUSE um den gerechten Staat bzw. um das Leben in Gerechtigkeit: »Ich mache mir das Vergnügen, mir einen Staat vorzustellen, der es sich leisten kann, zu allen Menschen gerecht zu sein, und der das Individuum achtungsvoll als Nachbarn behandelt; einen Staat, der es nicht für unvereinbar mit seiner Stellung hielte, wenn einige ihm fernblieben, sich nicht mit ihm einließen und nicht von ihm einbezogen würden, solange sie nur alle nachbarlichen mitmenschlichen Pflichten erfüllten« (Ebd., S. 97).

THOREAU war zeit seines Lebens ein nüchterner Eremit und Einzelgänger. In seinen Schriften spiegelt sich die Entdeckung des Individuums und des Individualismus wider. Soziale Experimente, wie z. B. die nahe von Concord gegründete »Brook-Farm«, die sich gegen Sklaverei, für Vegetarismus und Frauenemanzipation einsetzte und eine urchristliche bzw. urkommunistische Gemeinschaft bildete, lehnte er ab. Gleich eine neue Gemeinschaft schaffen zu wollen, schien ihm als Hybris, denn zuerst mußte jeder einzelne an sich selbst arbeiten. Sowohl die »Brook-Farm« als kollektivistisches Experiment, als auch Walden als individualistisches sind ökonomisch gescheitert.

THOREAU wollte zunächst Walden als ökonomisches Experiment verstehen: »Es lohnt sich nicht, Eigentum zu erwerben, es würde sehr bald wieder verloren sein. Man muß irgendwo taglöhnen oder pachten, muß eine möglichst kleine Ernte ziehen und sie bald aufessen« (Ebd., S. 57). Geld verdirbt den Charakter, aber »die Lebensbedürfnisse der Seele kosten kein Geld« (THOREAU 1971, S. 319). Sie kosten doch etwas, wenn auch wenig, das zeigte THOREAUS Experiment. Wie ROUSSEAU, die Frühsozialisten und auch MARX und ENGELS, sah THOREAU den Ursprung des Verbrechens in der Tatsache des Eigentums: »Ich bin überzeugt, daß Diebstahl und Räuberei unbekannt wären, wenn alle Menschen so einfach lebten wie ich. Diebstähle und Raub kommen nur im Gemeinwesen vor, wo die einen mehr als genügend, die anderen aber nicht genug haben.« Da mag ein Körnchen Wahrheit dabei sein, aber die Realität hat diese These längst entkräftet. Auch läßt sich das Rad der Geschichte nicht zurückdrehen. Als Staatsphilosoph, politischer Denker und Ökonom bleibt THOREAU ein Romantiker, den die Wirklichkeit überholt hat, als Pädagoge, Psychologe und Poet ist er immer wieder neu zu entdecken.

Thoreau, der Pädagoge: Von der Erziehung zur Selbsterkenntnis

THOREAU will als Leiter einer Privatschule nicht das große Geld verdienen, sondern seine pädagogischen Ideen und Ideale verwirklichen. Er will Partner der Schüler sein, von ihnen lernen und sie unterstützen. Das Jahrhundert des Kindes, das ELLEN KEY 1900 ausrief, nimmt er ebenso vorweg wie viele Ideen der Reformpädagogik, die vor ihm freilich schon JEAN-JACQUES ROUSSEAU gedacht hatte. Vom alltäglichen Geschäft der Erziehung wendet er sich allerdings bald ab und prüft die idealen Voraussetzungen der Erziehung an sich selbst, als er sich darum bemüht, wie ein Kind zu handeln, zu fühlen und zu denken: »Jedes Kind fängt im gewissen Sinn die Welt von vorne an und ist am liebsten im Freien, selbst bei Nässe und Kälte« (Ebd., S. 119). Dies ist das Experiment des Lebens, das THOREAU für 2 $^1/_2$ Jahre wagt und das er als Erziehungsmethode fordert: »Ich meine, sie (die Studenten; die Verf.) sollen nicht nur Leben spielen oder dieses bloß studieren, während der Staat sie bei diesem kostspieligen Spiel unterstützt, sondern es in Ernst leben vom Anfang bis zum Ende. Wie sollen junge Leute besser das Leben erlernen können, als indem sie sich sofort am Experiment des Lebens versuchen« (Ebd., S. 60).

Immer geht es um Unmittelbarkeit und Augenblick, um eigene Erfahrung, um Lernen durch Versuch und Irrtum, um möglichst reale Situationen. Kindheit ist Wiederholung der Phylogenese, Kinder sollen Jäger und Sammler sein dürfen, sollen ihre eigenen Interessen und Fähigkeiten entdecken können: »Man kann nur den Jungen bemitleiden, der nie eine Flinte losschießen durfte; er ist darum nicht humaner, nein, seine Erziehung wurde schwer vernachlässigt« (Ebd., S. 212). Dem Einsiedler, Einzelgänger und Erzieher THOREAU geht es selbstverständlich letztlich darum, daß jeder seinen eigenen Weg findet. Dazu ist der Erzieher da. Seine Zöglinge hat er vor dem Verlust der Kindlichkeit zu bewahren, denn »die Kinder, die das Leben spielen, erfassen seine Gesetze und Beziehungen richtiger als die Erwachsenen, die nicht fertigbringen, es würdig zu leben, sich aber durch Erfahrung, d. h.: das Fehlschlagen ihrer Pläne, für weise halten« (Ebd., S. 103). Neben der Natur, an der Erwachsene und Kinder jederzeit und kostenlos lernen können, ist es die städtische Kultur, die ihr Geld und damit ihre Zukunft in die Erziehung investieren sollte. THOREAUS Plädoyer gilt letztlich einer Volkshochschule. Warum sollten nicht die Ideen ABÄLARDS oder PLATOS in Concord gelehrt werden? Bildung ist immer Weltsicht, nicht der Klatsch von Boston oder von Neuengland. Natur und Kultur sind also die großen Erzieher, so THOREAU, der Naturbeobachter. Die großen Geister des 19. Jahrhunderts sollen nach Concord geholt werden, koste es, was es wolle. Die Bildung des Menschen ist wertvoller als alle Gebäude und alle Brücken und Denkmäler von Concord.

THOREAU will den neuen Menschen schaffen: aufrichtig soll er sein, einfach, wahrheitsliebend, vertrauenswürdig und weise. Ein künstlicher Mensch also, genauso wie ihn ROUSSEAU in seinem »Émile« schaffen wollte. Hehre Ziele, die THOREAU fordert, Ziele, die dazu dienen, über sich selbst hinauszuwachsen. Allein das Bemühen darum erhöht den Menschen, auch wenn das Ziel nicht erreicht wird. Trotzdem: Nach THOREAU bleibt der Mensch, der nicht über sich hinauswachsen will, ein armseliges Wesen.

Thoreau, der Psychologe: »Im Stillen Ozean der Einsamkeit«

Wenngleich als ökonomisches Experiment mißlungen, so ist Walden doch der gelungene Versuch der Selbsttherapie. Sein Lebensweg der Einsamkeit und Einfachheit, seine Erlebnisse in der Natur befreien THOREAU von den schweren Depressionen, die ihn nach dem Tod seines Bruders JOHN befielen. Erlebnis als Therapie? Erlebnistherapie – fast 100 Jahre später prägte KURT HAHN diesen Begriff: »... die Vermittlung von reinigenden Erfahrungen, die den ganzen Menschen fordern und der Jugend den Trost und die Befriedigung geben: Wir werden gebraucht« (KNOLL 1986, S. 84).

Der Weg in die Einsamkeit der Wälder ist für THOREAU auch eine Reise nach innen. Weiter Reisen bedarf es nicht, denn in jeder Naturerscheinung ist das Wunder des Kosmos erfahrbar, und diese wiederum ist nur ein Spiegelbild des seelischen Lebens. THOREAU ist Heimatdichter in mehrfachem Sinn, er schreibt eine »home cosmography«. Die Selbstverwilderung ist heilsam, weil dann das menschliche Leben im Einklang mit der Natur steht: »back to the roots« oder »zurück auf die Bäume« oder »zurück zu den reinen Quellen des Ursprungs«.

THOREAU beobachtet Fauna und Flora Neuenglands einerseits mit den Augen des aufgeklärten Wissenschaftlers des 19. Jahrhunderts: »Wenn wir alle Naturgesetze kennten, so bedürfte es nur einer Tatsache oder der Beschreibung einer tatsächlichen Erscheinung, um daraus alle einzelnen Schlußfolgerungen zu ziehen« (THOREAU 1971, S. 305 f.). Das hat der Naturforscher CHARLES DARWIN getan, als man ihm eine Blüte aus Madagaskar zeigte und er den dazu passenden Käfer bis in alle Einzelheiten beschrieb. Nach DARWINS Tod wurde dieser Käfer gefunden, und DARWINS Beschreibung traf haargenau zu. Für THOREAU gibt es aber klare Grenzen der Naturwissenschaft: »Die Inhumanität der Naturwissenschaft beunruhigt mich – so etwa wenn ich in Versuchung gerate, eine seltene Schlange zu töten, nur um ihre species zu bestimmen. Ich bin der Auffassung, daß dies nicht der Weg ist, wahres Wissen zu erlangen.« (KLUMPJAHN, KLUMPJAHN 1986, S. 46)

THOREAU will aber nicht nur Natur beobachten, er ist von Natur auch ergriffen, er ist der Erforscher der Seele, des Unbewußten. Während das Amerika seiner Zeit die Außenwelt erforscht, stellt er diesem Schein des Lebens, in Anlehnung an den von ihm bewunderten SOKRATES, das eigentliche Sein gegenüber. Es geht um die weißen Flecken auf der Landkarte des Seelenlebens – auch hier ist THOREAU seiner Zeit voraus. Ein Tiefenpsychologe des 19. Jahrhunderts, der allen unnötigen zivilisatorischen Ballast auf dem Weg zum Unbewußten abwerfen will, der die Unmittelbarkeit des Erlebens sucht, der über die ars vivendi, der Kunst des Lebens, zur ars moriendi, der Kunst des Sterbens, gelangt, der die Ergriffenheit des Augenblicks als Meilenstein auf seinem Weg zur Selbstheilung und Selbstverwirklichung nutzt. »An einem hellen Frühlingsmorgen sind dem Menschen alle seine Sünden vergeben. Ein solcher Tag bedeutet Waffenstillstand für das Laster.« »... Gott selbst kulminiert im gegenwärtigen Augenblick und wird nicht göttlicher sein im Verlaufe aller Äonen« (THOREAU 1971, S. 305 f und S. 104).

Als Psychologe wechselt er die Standpunkte und Perspektiven, so wie er als Wanderer die unterschiedlichen Blickwinkel wahrnimmt: »... für den Wanderer ändert sich ein Bergumriß mit jedem Schritte; und er sieht eine unendliche Anzahl von Profilen, obgleich nur eine absolute Form vorhanden ist. Selbst gespalten oder durchbohrt wird der Berg in seiner Ganzheit nicht erfaßt« (Ebd., S. 284).

Thoreau, Poet und Prophet: Von der »Blüte des Augenblicks« zu »Walden Two«

Nicht nur seine ungewöhnlichen Ideen, auch seine poetische Kraft haben THOREAU vor dem Vergessen bewahrt. Der amerikanische Psychologe B. F. SKINNER (1948) hat mit »Walden Two« eine Vision der Zukunft beschrieben, die THOREAU abgelehnt hätte. Auch die zahlreichen Landkommunen, die Walden genannt wurden, die »Walden-Clubs«, haben nicht seinem Denken entsprochen, denn THOREAU wandte sich gegen kollektivistische Formen des Lebens. MAHATMA GHANDI und MARTIN LUTHER KING beriefen sich bei ihren gewaltlosen Aktionen auf THOREAUS Pamphlet über den zivilen Ungehorsam. Für HERMANN HESSE hat die amerikanische Literatur kein lesenswerteres Buch hervorgebracht als »Walden«. Die Popsängerin JOAN BAEZ verweigerte die Steuern mit dem Hinweis auf THOREAUS »Civil Disobedience«, Wehrdienstverweigerer sandten kommentarlos THOREAUS Buch zu. Alle, die das einfache Leben entdeckten, stießen früher oder später auf »Walden oder das Leben in den Wäldern«.

THOREAU ist also zu entdecken: als Poet und Philosoph, als Psychologe und Pädagoge. Der ökologischen Bewegung kann er viele Impulse geben, für die Erlebnispädagogik darf er, wie JEAN-JACQUES ROUSSEAU, als Wegbereiter im wahrsten Sinne des Wortes gelten.

1.2 »Aus grauer Städte Mauern...« – Leitlinien der Erlebnispädagogik vor und neben Kurt Hahn

Die Reformpädagogik ist zu einem Objekt der Wissenschaft und der Fachöffentlichkeit geworden, sie wird wiederentdeckt, gefeiert, kritisiert. Dem prüfenden wissenschaftlichen Blick entzieht sie sich jedoch zusehends: Ihre relativ klare zeitliche Eingrenzung als eine fruchtbare pädagogische Epoche von 1890–1933, ihre räumliche Begrenzung zunächst auf den deutschsprachigen, dann auf den europäischen Raum, und die bis vor kurzem klare inhaltliche Gliederung in Bewegungen zerfließen vor den Augen des kritischen Betrachters. Dazu hat vor allem OELKERS (1989) beigetragen, der in seiner Arbeit nachweist, daß diese zeitliche und räumliche Einordnung zwar praktisch war, aber der historischen Realität nicht gerecht wird. Der durch die Klassiker der reformpädagogischen Geschichtsschreibung vorgegebene Orientierungsrahmen der Reformpädagogik (NOHL 1970, RÖHRS 1983, SCHEIBE 1969), ihre Einteilung in diverse Bewegungen, ihre Fundierung durch die Kulturkritik der 2. Hälfte des 19. Jahrhunderts wird im folgenden aber als brauchbare Fiktion aufrechterhalten, wenngleich zunächst eine Begriffsgeschichte der Reformpädagogik ansatzweise versucht werden soll.

Der Begriff des Erlebens spielt in nahezu allen reformpädagogischen Bewegungen eine zentrale Rolle. Als KURT HAHNS historisches Verdienst kann gelten, daß durch seine Theorie der Erlebnistherapie die verschiedenen Fäden einer Pädagogik des Erlebens wohl eher unbewußt als beabsichtigt verknüpft werden. Diese historischen Fäden oder Wurzeln reichen über die Reformpädagogik hinaus bis weit ins 19. Jahrhundert hinein. Die herkömmliche Einteilung in Bewegungen versucht aus dem subtilen Zusammenspiel von Ideen ein geographisches (Landerziehungsheimbewegung), thematisches (Kunsterziehungsbewegung) oder soziales (Frauen-, Jugendbewegung) Raster zu bilden. Zunächst aber zu den zentralen Begriffen oder Ideen der Reformpädagogik: Erlebnis, Augenblick, Unmittelbarkeit, Gemeinschaft, Natur, Echtheit und Einfachheit.

Erlebnis wird zum Modewort des beginnenden 20. Jahrhunderts. HUGO GAUDIG verwendet in der Einleitung zu seinem Buch »Was der Tag mir brachte« siebenunddreißigmal das Wort Erleben. WILHELM DILTHEY beschreibt in einer Abhandlung das Verhältnis von Erlebnis und Dichtung, HENRI BERGSON stilisiert das Erlebnis zur einzigen Wirklichkeitskontrolle hoch, die ein Individuum besitzt (vgl. dazu: OELKERS 1992, S. 99 ff.). HELMUT HARRINGA, einer der wichtigsten literarischen Helden der Jugendbewegung, wird sich erst im Urlaub auf der Insel Amrum, fern dem Moloch der Großstadt Hamburg, seines Lebens bewußt. Ein Glücksgefühl durchströmt dort HELMUT HARRINGA: »Ich lebe«, tönt es in ihm (POPERT 1911, S. 245). Die pädagogischen Persönlichkeiten der Reformpädagogik setzen an der Erlebnisarmut der Schule an. Der Bremer Volksschullehrer FRITZ GANSBERG versuchte, das »Leben« in die Schule zu holen

(BIENZEISLER 1987). Im Prinzip des erlebnishaften Lernens verlangte GANSBERG vom Lehrer eine spannende Aufbereitung des Unterrichtsstoffes mit möglichst direktem Lebensbezug. In seinem Buch »Streifzüge durch die Welt der Großstadtkinder« stellt er das Großstadtleben in den Mittelpunkt des Unterrichts und zeigt in ganzheitlichem Ansatz, daß daraus Erkenntnisse für die Physik, Heimatkunde, Sachkunde etc. zu gewinnen sind. Andere Pädagogen führten ihre Schüler von der Schule ins »wahre Leben«, das sich nach Meinung der Reformpädagogen nicht in der Großstadt, sondern in der freien Natur abspielte. MARTIN LUSERKES »Schule am Meer« steht für diesen Ansatz (GIFFEI 1987).

Der Begriff des Augenblicks, verbunden mit Plötzlichkeit, Eingebung, Intuition und Ergriffenheit, soll dem Erlebenden Identität verleihen; er ist ein weiteres zentrales reformpädagogisches Prinzip. Im Augenblick verschmelzen Zukunft und Vergangenheit, den Augenblick erlebe ich – ich erlebe, also bin ich. Die Auseinandersetzung mit den aktuellen Anforderungen vermittelt dem Individuum die Grenzlinie zwischen Ich und Nicht-Ich: »Das große Ziel des Erlebens ist Empfindung – zu spüren, daß wir da sind, wenn auch mit Schmerzen. Es ist diese verlangende Leere, die uns antreibt zu spielen – zu kämpfen – zu reisen – zu unmäßigen, aber scharf empfundenen Unternehmungen aller Art, deren hauptsächlicher Reiz die Erregung ist, die sich untrennbar mit ihrer Ausführung verbindet« (LORD BYRON; zit. nach: AUFMUTH 1984, S. 146). In einem anderen Kultbuch der bündischen Jugend – neben »HELMUT HARRINGA« – beschreibt der umstrittene Schriftsteller Ernst JÜNGER (»In Stahlgewittern«) die unentrinnbare, totale und oft tödliche Auseinandersetzung mit dem Augenblick in den Schlachten des 1. Weltkrieges.

Damit ist eng die Kategorie der Unmittelbarkeit verbunden. Der bewegten Jugend erschien das großstädtische Leben schal, langweilig und mittelbar. Alles war vorgeformt, aufbereitet, gefiltert durch die Welt der Erwachsenen. Das eigentliche Leben, so die bürgerliche Jugend der Jahrhundertwende, fand dort statt, wo weder Erwachsene noch Großstadt das unmittelbare Erleben verhindern, also in der freien, ursprünglichen Natur. In Anlehnung an die Jugendbewegung suchten die Pädagogen des beginnenden 20. Jahrhunderts nach Unmittelbarkeit und bemerkten zunächst nicht, wie schnell allein die Suche danach, geschweige denn der Versuch, sie als pädagogisches Arrangement herbeizuführen – sie ad absurdum führen kann. Aber der Verzicht auf diese Suche hätte womöglich einen schwerer wiegenden pädagogischen Verlust bedeutet, nämlich einen Stillstand in der Entwicklung der pädagogischen Ideen. Vor diesem Dilemma steht auch, nebenbei gesagt, die moderne Erlebnispädagogik.

Mit den Chiffren der Echtheit und Einfachheit wollen wir unsere kleine Exkursion in die reformpädagogische Ideengeschichte fortsetzen. Echte Erziehung konnte nur auf dem Lande, in natürlicher Umgebung, so ein reformpädagogisches Axiom, wirken und nicht in der Großstadt. Der romantische Rückzug in die Einfachheit sollte pädagogisch nachvollzogen werden. »Herr, laß uns einfältig werden...«, so heißt es in der 5. Strophe in einem Schlaflied von MATTHIAS CLAUDIUS. Die Suche nach Einfachheit und Echtheit führt zurück zu ROUSSEAU und THOREAU, die Suche nach dem einfachen Leben erhält auch ihre Impulse von der Völkerkunde. So wirkte sich das 1902 von dem Ethnologen HERMANN SCHURTZ herausgegebene Buch über Altersklassen und Männerbünde in Afrika stark auf die Gemeinschaftsidee der Jugendbewegung aus. HANS PAASCHE, ein Völkerkundler und Literat, schuf den Forschungsreisenden LUKANGA MUKARA, der »ins innerste Deutschland« reist, und PAASCHE formuliert durch die Augen dieses Exoten eine Kritik der überkommenen bürgerlichen Kultur: »Diese Stadt vergrößert sich und dann müssen mehr Wagen fahren und immer mehr. Dann braucht man Häuser, in denen die Wagen untergestellt werden und wieder Menschen, die diese Häuser bauen, bewachen, zählen und darüber schreiben. Weil aber die Menschen in solcher Stadt und bei solcher Beschäftigung verrückt werden, muß man große Häuser außerhalb der Stadt bauen, in die man die Verrückten einsperrt... Die aber, die noch nicht verrückt sind, müssen, um nicht völlig verrückt zu werden, sehr oft aus der Stadt hinaus fahren, um in der Steppe und im Urwald zu schreien, Blumen abzureißen, Tiere aufzuspießen oder zu verscheuchen« (PAASCHE 1976, S. 29 ff.).

Gemeinschaft ist ein Prinzip der Reformpädagogik, das in nahezu allen damals aktuellen pädagogischen und psychologischen Theorien eine zentrale Rolle spielte, in der Erlebnistherapie HAHNS ebenso wie in der Individualpsychologie ALFRED ADLERS. Waren zunächst überschaubare soziale Gebilde wie Kinderspielgruppe, Wanderburschen, Pfadfindergruppe, Schulklasse usw. gemeint, so wurden bald daraus »echte« Gemeinschaften der wahrhaft gleich Empfindenden, die Gemeinschaft der Deutschen, des Volkes. Reformpädagogik war immer auch Pädagogik der Gruppe und konnte so letztlich durch den Nationalsozialismus gut umfunktionalisiert werden. HAHN hat die Ideen der Einfachheit und Echtheit, der Natur und des Erlebens, der Unmittelbarkeit und des Augenblickes nicht für seine Erlebnistherapie erfunden, sondern diese Prinzipien in neuer Weise zueinander in Beziehung gesetzt und Gewichtungen vorgenommen. Daher unterscheidet er sich nur in Nuancen von anderen pädagogischen Denkern seiner Zeit und deren Vorläufern, die alle die Bedeutung des Erlebnisses erkannt, aber anders in ihr Theoriegebäude eingebunden haben.

Es ist Mode geworden, einen Blick in die Geschichte der Erlebnispädagogik zu werfen und diese dann gleichsam als Steinbruch zu benützen, aus dem politisch »braunes« Gestein ebenso wie pädagogisches Edelmetall geschlagen werden kann. Je nach Neigung werden diese historischen Entwicklungslinien zu idealistisch eingeschätzt oder werden polemisch nachgezeichnet. Jede herkömmliche Geschichtsschreibung der Reformpädagogik – und damit auch die Geschichte der Erlebnispädagogik – beginnt mit der Kulturkritik des ausgehenden 19. Jahrhunderts. Die Namen PAUL DE LAGARDE, JULIUS LANGBEHN und FRIEDRICH NIETZSCHE werden damit verbunden. OELKERS (1989) hat auf die Fragwürdigkeit und Willkür dieser Namensauswahl hingewiesen. Wer sich weiterhin am Schema der Klassiker der reformpädagogischen Geschichtsschreibung

(NOHL, RÖHRS, SCHEIBE) orientiert, muß sich neben dem grundsätzlichen Einwand von OELKERS auch mit detaillierter Kritik (EWALD 1989) auseinandersetzen.

So hat EWALD nicht unrecht, wenn er PAUL DE LAGARDE und JULIUS LANGBEHN als präfaschistische oder zumindest völkische Denker einordnet. Diese dunklen Seiten haben sicherlich zuwenig Beachtung gefunden. Das gilt aber in gleicher Weise für viele Pädagogen des Zeitraumes von der Jahrhundertwende bis 1933. Eine historische Einordnung von LANGBEHN, LAGARDE und NIETZSCHE muß sich aber auch auf ihre Rolle als Kulturkritiker des ausgehenden 19. Jahrhunderts beziehen: Sie stellten in erster Linie das veraltete preußische Bildungs- und Schulsystem in Frage, beklagten die Verwissenschaftlichung, wandten sich gegen Spezialistentum, setzten auf Ganzheitlichkeit und Volksbildung. Ihre Zielgruppe war die Jugend, der die neuen Ideale zu vermitteln seien.

Ein weitaus eindeutigerer historischer Bezug zur Erlebnispädagogik ist für die Lebensphilosophie nachzuweisen, durch die eine neue Metaphysik des Fin de Siècle geschaffen wird. HENRI BERGSON (1859–1941) entwirft in seinem Hauptwerk »Schöpfer und Entwicklung« eine umfassende Theorie des Lebens als dauerhaften schöpferischen Prozeß. Die rationalistische, mechanistische, naturwissenschaftliche Weltauffassung kann nach BERGSON das Prinzip des Lebens nicht erklären. Nur das innere Erleben und das Bewußtwerden dieses Erlebens, etwa durch Intuition, bedeutet Teilnahme am schöpferischen Lebensimpuls. Konkrete Anschauung, Unmittelbarkeit, Gefühl und Intuition sind die eigentlichen Erkenntnisprinzipien. Für GEORG SIMMEL (1858–1918) strebt das menschliche Leben zu aktiver Auseinandersetzung mit seiner Umwelt, um sich zu bestätigen, zu reproduzieren, zu steigern und sich zu überwinden. Mehr als bisher angenommen hat die Lebensphilosophie Reformpädagogen wie WILHELM DILTHEY, EDUARD SPRANGER, HUGO GAUDIG, MARTIN LUSERKE u. a. geprägt. Für die Erlebnispädagogik stellt sie letztlich ein philosophisches Fundament dar.

HERMANN LIETZ hatte durch sein Buch »Emlohstobba« seine Erfahrungen im englischen Landerziehungsheim Abbotsholme (Emlohstobba ist ein Palindrom) für die deutsche Pädagogik fruchtbar gemacht. Erlebnispädagogische und sportliche Aktivitäten galten als wichtiger Ausgleich zum Unterricht. Die Tradition der Landerziehungsheimbewegung, die die herkömmliche Schule überwinden wollte, wurde von KURT HAHN aufgenommen und weiterentwickelt.

Den wohl entscheidendsten Impuls für die Entwicklung der Erlebnispädagogik lieferte die Kunsterziehungsbewegung. Der Hamburger Kunstpädagoge A. LICHTWARK stellte die Bildbetrachtung in den Mittelpunkt seines Unterrichts. Es war nicht sein Ziel, große Maler oder Kunsttheorien zu vermitteln. Im Mittelpunkt seiner pädagogischen Bemühungen stand die Schöpfung eines Kunstwerks durch die Hand des Laien und seine Wirkung auf ihn. Welches Bild spricht mich an, welche Gefühle löst es in mir aus, warum stößt es mich ab oder fesselt mich – die subjektive Welt des Betrachters und sein inneres Erlebnis regiert vor der »hehren« Kunst und ihren großen Namen.

In der Wandervogelbewegung entdeckt sich die Jugend selbst. Nahezu alle

Intellektuellen der Jahrgänge 1880–1920 nahmen an dieser bürgerlichen Jugendbewegung teil, die sich durch Wandern von den Zwängen der Erwachsenenwelt und der Zivilisation befreien wollte. Die deutsche Reformpädagogik ist ohne den Wandervogel nicht denkbar. So wie heute GREENPEACE und ROBIN WOOD die Techniken der Natursportarten beherrschen müssen, um ihre umweltpolitischen Ziele medienwirksam verfolgen zu können, so entdeckte die bürgerliche Jugendgeneration das Wandern als befreiende Methode der Selbsterziehung. Die Jugend will »... aus eigener Bestimmung, vor eigener Verantwortung, mit innerer Wahrhaftigkeit das Leben gestalten«, so lautet die berühmte Meißnerformel der deutschen Jugendbewegung (LAQUEUR, 1978, S. 43). Die Jugend versteht sich als eigene Lebensphase, entdeckt die Freizeit als Erlebnisfeld, verlangt ein Eigenrecht, setzt neue Maßstäbe und neue Werte. Sie begeistert sich für ein neues Menschenbild, in dem Gefühle, Ganzheit, Erlebnistiefe, Kreativität vorherrschen. Die Romantik mit all ihren Gefahren wird wiederentdeckt, das Singen, das Gespräch am Lagerfeuer, die Erziehung durch Gruppe, Bund, Gemeinschaft, das Naturerlebnis und das Wandern. Im historischen Geflecht der Erlebnispädagogik dürfen die Jugendverbände nicht fehlen – darauf gehen wir später ein.

Die Streitfrage, ob die Reformpädagogik nationalsozialistische Erziehungsformen vorbereitet hat oder nicht, wird nach wie vor mit offenem Ausgang diskutiert. Sicher ist jedoch, daß sich die nationalsozialistischen Pädagogen der erlebnispädagogischen Methoden mit Erfolg bedient haben. Der Mißbrauch von Dingen zeigt ihre Möglichkeiten auf, er ist aber keinesfalls der Maßstab für richtiges oder falsches Handeln.

1.3 Therapie von Gesellschaft und Individuum – Kurt Hahns Begriff der Erlebnistherapie

KURT HAHN war weder studierter Pädagoge noch Politiker mit Mandat. Trotzdem – oder vielleicht gerade deshalb – hat er die Pädagogik in einem ihrer Teilbereiche entscheidend beeinflußt. HAHN profilierte sich in der verworrenen Zeit nach dem Ersten Weltkrieg als politischer Berichterstatter, Redenschreiber und Berater. Inspiriert wurde er bei seinen zahlreichen Reisen durch England von der britischen Tradition demokratischen Handelns. Er war engster Vertrauter des letzten deutschen Reichskanzlers MAX VON BADEN, der sich nur 40 Tage an der Macht halten konnte und zwei Jahre nach seinem Abdanken, unterstützt durch HAHN, das Landerziehungsheim Schule Schloß Salem am Bodensee gründete. KURT HAHN wurde als Leiter der Schule zum charismatischen Pädagogen, der es verstand, Schüler, Kollegium und Umfeld für sich und seine Ziele einzunehmen.

Da HAHN keine konventionelle Karriere als Lehrer, Erzieher oder beispielsweise Sozialwissenschaftler durchlief, sondern sich als politisch engagierter – heute würde man sagen – Idealist mit pädagogischen Ansprüchen entwickeln konnte, fällt die Einordnung und Würdigung von Person und Werk mitunter schwer. Angetan von einem, an PLATO angelehnten, harmonischen Staatsverständnis und einer daraus abgeleiteten Vision, durch Erziehung den dazu adäquaten (Staats-)Bürger hervorzubringen, war sein pädagogisches Verständnis in erster Linie das eines Pragmatikers. Er war weit davon entfernt, »das Rad neu erfinden« zu wollen, und bediente sich – was seine pädagogische Praxis anbelangte – der uneinheitlichen und teilweise recht schillernden Modelle der Reformpädagogik. RÖHRS schreibt hierzu, daß sich HAHNS pädagogischer Ansatz »im Schnittpunkt der geistesgeschichtlichen Linien von PLATO und den englischen Public Schools über die Kulturkritik des ausgehenden 19. Jahrhunderts einerseits sowie vom amerikanischen Pragmatismus in der Gestalt von WILLIAM JAMES bis zu den Landerziehungsheimen – inbesondere in der LIETZschen Prägung – andererseits« (RÖHRS 1966, 91) verorten ließe. Das liest sich wie das Angebot eines Gemischtwarenladens, ist jedoch sicher eine methodische Verkürzung. HAHN selbst kokettierte damit, daß seine Pädagogik keineswegs neu oder originell sei, und tatsächlich könnte man sagen, daß sie als konglomerathaftes Strukurkonzept als zwar nicht besonders kreativ, in ihrer Verschachtelung jedoch als spannend und – in jedem Fall – innovativ bezeichnet werden kann.

PLATOS »Politeia« scheint für HAHNS pädagogisches Denken bestimmend gewesen zu sein. Dieses Gleichnis von der »idealen Gemeinschaft«, in der »die Macht der Erziehung das Gute hervorbringt«, hat ihn zu seinen – wie er es nannte – »pädagogischen Werkstätten« inspiriert (HAHN 1958, S. 89). Werkstatt – oder moderner ausgedrückt: »Workshop« – steht heute für eine sich mehr experimentell denn theoretisch entwickelnde Arbeitsform und trifft HAHNS Stil ziemlich exakt. In unbefangener Weise fügte er Unfertiges und Bewährtes aneinander, ließ Überflüssiges weg und veränderte, was ihm veränderungsbedürftig erschien.

Ebenso einprägend wie PLATOS »Politeia« waren für HAHN »Wilhelm Meisters Wanderjahre« von GOETHE sowie jene Versuche einer »pädagogischen Provinz«, die – trotz aller Probleme und Rückschläge – bis in die Gegenwart reichen: PESTALOZZIS Erziehungsanstalten und die Landerziehungsheime von REDDIE über LIETZ bis hin zu den progressiveren Konzepten WYNEKENS und GEHEEBS (SCHWARZ 1968, S. 22).

HAHN plädierte – ganz im Geiste der »pädagogischen Provinz« – für eine Trennung der Kinder von ihren Eltern, da viele Eltern nicht fähig seien, die verantwortungsvolle Aufgabe der Erziehung zu übernehmen. »Wer über 30 Jahre alt ist, dessen Seele wird hart wie Gips, sagt JAMES«; es gebe jedoch »seelische Erschütterungen, die diesen Gips noch aufklopfen können« (HAHN 1958, S. 9). JAMES' »moralisches Äquivalent des Krieges« (JAMES 1911, zit. nach SCHWARZ 1968, S. 35) wird von HAHN aufgegriffen und (pädagogisch) »operationalisiert« in einer Zeit, in der die »Faszination des Fronterlebnisses« noch keinen Beigeschmack des Perversen hatte.

Die »pädagogische Provinz« verstand HAHN jedoch nicht wie PLATO oder später GOETHE als geschlossene Veranstaltung mit selbstgewählter Isolation zur Außenwelt. In den von HAHN gegründeten Landerziehungsheimen und OUTWARD-BOUND-Bildungsstätten waren Berg- und Seenotrettungsübungen, Feuerwehreinsätze und Hilfsdienste bei umliegenden Bauernhöfen nicht aufgesetztes Beiwerk, sondern konstitutives Element einer Pädagogik, die sich weltoffen und partizipativ verstand. HAHN brachte sich damit in gewisser Weise in eine Gegenposition zu großen Teilen der Landerziehungsheimbewegung, die ihre Zöglinge von der »kranken Zivilisation« fernhalten wollten.

In der Blütezeit der Landerziehungsheime scheint – vielleicht gerade weil die Ganzheitlichkeit so im Vordergrund stand – ein bestimmter Erziehertypus dominiert zu haben: REDDIE, der Leiter der »Public School« Abbotsholme, wurde charakterisiert als Autorität, die »so völlig seine Schüler beherrscht und formt, daß die drauf und dran sind, wenigstens vorübergehend ihre Persönlichkeit zu verlieren« (ARNOLD-BROWN in: RÖHRS 1966, S. 190). Der 1990 produzierte Kinofilm »Der Club der toten Dichter« von PETER WEIR, als Film über Erziehung ein Kassenerfolg, gibt hier – zumindest streckenweise – Anschauungsunterricht. HAHN war ebenso wie der Held des Films eine charismatische Persönlichkeit, dessen Aura von seinen Zeitgenossen bewundert wurde; Kritiker wendeten dagegen ein, daß die Ausstrahlung HAHNS von den Schwächen seines Erziehungsmodells ablenken würde.

Die Landerziehungsheimbewegung hat sich in ihrem Menschenbild von der Kulturkritik um die Mitte des 19. Jahrhunderts leiten lassen. Die Idealisierung des Kindes wurde auch von HAHN in gewisser Weise vollzogen, wobei sein Weg keiner naiven Romantisierung das Wort redet, sondern ziemlich stringent in Richtung mündiger Staatsbürger weist, der Verantwortung übernehmen soll. »Giftlose Leidenschaften« wie Forschungsdrang, Tatendrang, die »Seligkeit des musischen Schaffens«, die »Sehnsucht nach Bewährung im Ernstfall« (HAHN 1958, S. 73) sollen bei den Jugendlichen gefördert werden, um so die Gefahren schädlicher Einflüsse einzudämmen.

HAHN hat sein Erziehungsmodell als »Erlebnistherapie« bezeichnet. Dies mag auf den ersten Blick verwundern, wird jedoch verständlich, wenn man HAHNS Gesellschaftsdiagnose betrachtet. Folgende »Verfallserscheinungen« waren für ihn feststellbar:

- der »Mangel an menschlicher Anteilnahme«
- der »Mangel an Sorgsamkeit«
- der »Verfall der körperlichen Tauglichkeit«
- der »Mangel an Initiative und Spontaneität«
(SCHWARZ 1968, S. 40f.).

Mit einem erlebnistherapeutischen Konzept sollten diese Verfallserscheinungen bekämpft werden, um so heilenden Kräften zur Entfaltung zu verhelfen.

Zeitlebens war HAHN bemüht, möglichst viele Jugendliche zu erreichen. Nach einer Reihe von Lehrgängen mit Jugendlichen, bei denen körperliches Training im Vordergrund stand, gründete HAHN gemeinsam mit dem Reeder LAURENCE HOLT die erste Bildungsstätte, in der ausschließlich kurzzeitpädagogische Kurse durchgeführt wurden. Als idealer Standort erwies sich das an der Westküste von Wales gelegene Aberdovey. Von LAURENCE HOLT, nicht wie häufig angenommen von HAHN, wurde die »Schule« nach dem englischen Seemannsausspruch »OUTWARD BOUND« benannt, ein Ausdruck, der früher für ein zum Auslaufen bereites Schiff verwandt wurde. Fortan wurde OUTWARD BOUND als Metapher und zugleich als Name für Programme und Einrichtungen HAHNSCHER Prägung verwendet (PIELORZ 1991, S. 277f.).

Teilnehmer an den vierwöchigen Kursen in Aberdovey waren vorwiegend 16- bis 20jährige Schüler, die von Schulen und Firmen entsandt wurden. Die in den Pilotkursen vor Gründung von Aberdovey besonders betonte psychomotorische Ausbildung wurde zugunsten eines ganzheitlichen »Kursdesigns« zurückgenommen. Den vier konstatierten »Verfallserscheinungen« oder »Mängeln« setzte KURT HAHN vier Elemente seiner Erlebnistherapie entgegen:

– Das körperliche Training
Leichtathletische Übungen und – je nach Standort der Einrichtung – verschiedene Natursportarten wie Bergsteigen, Skilauf, Segeln, Kanufahren sowie als Ergänzung Ballspiele und Übungen in speziellen Parcours.

– Die Expedition
Eine mehrtägige Tour, meist in herausfordernden Naturlandschaften, der eine intensive Planungs- und Vorbereitungsphase vorausgeht. Das natursportliche Agieren steht zwar im Mittelpunkt, soll jedoch in alltagspraktische Tätigkeiten wie Versorgen, Entsorgen, Transportieren, Nachtlager vorbereiten etc. eingebettet sein, also nicht dominieren.

– Das Projekt
Die Projektmethode hatte HAHN aus dem gleichlautenden amerikanischen Ansatz (KILPATRICK/DEWEY 1935) adaptiert. Sie soll als thematisch und zeitlich abgeschlossene Aktion handwerklich-technische bzw. künstlerische Anforderungen an die Teilnehmer stellen. Heute würde man sagen, sie soll prozeß- und produktorientiert sein.

– Der Dienst
Der Dienst am Nächsten wurde von HAHN als wichtigstes Element der Erlebnistherapie bezeichnet (HAHN 1962). Je nach Standort werden Erste Hilfe, Berg- und Seenotrettung oder Küstenwache eingeübt. Da in den 40er und 50er Jahren diese Rettungsdienste noch nicht in der heutigen Form professionalisiert waren, hatten die entsprechenden Aktionen nicht nur für die Teilnehmer, sondern auch für die Region, in der der Kurs stattfand, praktische Bedeutung.

Die Intensität der Erlebnisse müßte, so die Überlegung HAHNS, möglichst hoch sein, um möglichst tiefe »Einprägungen« in das Bewußtsein der jungen Menschen zu erzielen. »Heilsame Erinnerungsbilder«, die auch Jahre später noch abrufbar sind, sollten bei späteren »Bewährungsproben« steuernd wirken (HAHN 1945 und 1948; zit. nach: SCHWARZ 1966, S. 44f.).

Die hier in aller Kürze dargestellte »Erlebnistherapie« KURT HAHNS wurde am eingehendsten von HARTMUT VON HENTIG kritisiert. Von HENTIG versucht, die tragende Säule HAHNSCHER Pädagogik ins Wanken zu bringen: die Charakterbildung. Charakter und Gewissen müsse man als »wandelnde Produkte eines Lebensschicksals auffassen« (v. HENTIG 1966, S. 50). Was von HENTIG bei HAHN vermißt, ist das Moment der kritischen Einsicht als Korrektiv von (unverarbeiteter) Erfahrung. Wenn man dem folgt, gerät HAHNS »Erlebnistherapie« in die Nähe behavioristischer Konditionierung.

HAHNS besondere Vorliebe gilt Anekdoten, Gleichnissen und Metaphern. Als vorzüglicher Redner und Geschichtenerzähler gelang es ihm, Menschen in seinen Bann zu ziehen. Es liegt in der Natur dieser – meist fiktiven – Erzählungen, daß die Anteile an analytischem Denken gering, jene an moralischen und verallgemeinernden Botschaften dagegen hoch sind. HAHN war von einem unstillbaren Willen beseelt, junge Menschen auf den rechten Weg zu führen, ihnen »giftlose Leidenschaften« nahezubringen. HARTMUT VON HENTIG wirft ihm denn auch vor, dabei inhaltlich wie methodisch monumental einseitig zu verfahren (v. HENTIG 1966, S. 81). In seinem Bemühen, Verhaltensänderungen zu erreichen, spitzt HAHN Argumentationen zu, polarisiert in Gut und Böse, richtig und falsch, moralisch und unmoralisch anstatt zu relativieren.

Die Ausschließlichkeit, mit der er seiner Haltung treu blieb, ist jedoch auch eine Erklärung für seine Stärke. Wahrscheinlich ist es gerade diese beharrliche Konsequenz, die »positiven Potentiale« im jungen Menschen zu fördern und nichts unversucht zu lassen (»to strive, to serve and not to yield«), die HAHNS Charisma und Wirkung begründeten.

Es paßt in das Bild eines großen Moralisten, daß Sexualität in der Pädagogik HAHNS keinen Platz hatte. Die jüngere Geschichte der Schule Schloß Salem, die HAHN bis fast zu seinem Tod 1974 mitverfolgte und mitgestaltete (vgl. PIELORZ 1991), gibt Hinweise auf die Grenzen einer Charakterbildung, die Schwierigkeiten hat, ihre zwanghaften Fesseln abzustreifen. Wenn Sexualität als Laster, Rauchen als charakterliche Schwäche abqualifiziert wird, dann schürt HAHN eine Eigenschaft, gegen die er immer vehement angetreten ist: Unehrlichkeit. Insofern gilt es, HAHNS Ansatz weiterzuentwickeln, ihn im Durchgang der neueren pädagogischen Theoriebildung fortzuschreiben.

Was zeichnet nun HAHNS Praxis und seine verstreuten, wenig systematischen Theorieversuche aus, was macht seine Erlebnistherapie, die zur Erlebnispädagogik mutierte, heute so attraktiv, speziell für Jugendhilfe und Jugendarbeit, aber auch für die Bildung im allgemeinen?

Zunächst eine negative Abgrenzung: HAHN wandte sich immer gegen eine »Schmeichelpädagogik« und könnte heute von jenen Pädagogen als Kronzeuge bemüht werden, die sich gegen den vielfach diffusen und konturlosen »Beziehungsansatz« aussprechen, der in den 70er und in der ersten Hälfte der 80er Jahre in der Jugendarbeit dominierte. Sicher ist die Modernität einer Erlebnispädagogik HAHNscher Prägung auch mit einer Trendwende zu erklären, die sich quer durch die Reihen der Praktiker in der Jugendarbeit und Jugendhilfe vollzog: die Theoriefeindlichkeit. Daß diese in einer modernen Erlebnispädagogik fehl am Platze ist, soll noch gezeigt werden.

HAHN hat die Natur- und Kulturlandschaften als erste und wichtigste Handlungsfelder seiner Erziehung verstanden. Ernsthaftigkeit (siehe sein Element Dienst) und Unmittelbarkeit der Situationen waren für ihn immer Voraussetzung und Bedingung – und er hatte mit seiner Methode Erfolg, anders als so mancher reformpädagogische Versuch; man denke nur an die vielen gescheiterten Modelle der Schulreform (siehe v. a. OELKERS 1989). Echtheit, Direktheit, Authentizität sind heute, in einer hochtechnisierten, durchmediatisierten Welt mehr denn je gefragt. Die (Wieder-)Entdeckung der Körperlichkeit, das Gefühl, physische und psychische Anstrengungen als lustvoll zu erleben – zumindest im Nachhinein –, sind Ansatzpunkte, über die pädagogische Praktiker HAHN entdecken. Vieles, was Sozialwissenschaftler – und in ihrer Gefolgschaft unzählige Pädagogen – in der kritischen Theorie der späten 60er Jahre in den Bereich Freizeit und Ersatzbefriedigung abdrängten, wurde und wird wieder ausgegraben und genutzt für Bildung und Erziehung. Und an KURT HAHN kommt man hier nicht vorbei!

1.4 Demokratie, Humanität und Gerechtigkeit – MINNA SPECHTS Erziehung zur Verantwortung und JOHN DEWEYS pädagogischer Pragmatismus

Zehn Männer und vier Frauen treffen sich vom 20.–28. Juni 1951 in Gordonstoun, darunter KURT HAHN und MINNA SPECHT. Anschließend besuchen sie die englischen Kurzschulen Eskdale und Aberdovey. In acht Sitzungen geht es um die Zukunft der Jugend in Deutschland. In der achten Sitzung ist man sich einig darin, die »Deutsche Gesellschaft für europäische Erziehung« zu gründen. Damit kehrt die Idee der Erlebnistherapie KURT HAHNS zurück nach Deutschland. Neben HERMANN NOHL, THEODOR BÄUERLE, Landesbischof JOHANNES LILJE ist auch MINNA SPECHT Mitglied im Vorstand dieser Gesellschaft. Doch nicht nur das! Welch bedeutende Rolle sie gespielt hat, zeigt ein Auszug aus dem Protokoll der achten Sitzung vom 28. Juni 1951:

»Frau Specht: Wenn wir gefragt werden, wieweit Kurt Hahn hinter uns steht, so können wir antworten, dass er in England Mitbegründer solcher Schulen sei und dass er nun in Deutschland

	die richtigen Freunde zur Durchführung dieser Aufgabe gefunden habe.
Herr Hahn:	Würde vorschlagen, an Mr. McKittrick ein Telegramm zu senden.
Min. Baeuerle:	Es ist nun notwendig, die Oeffentlichkeit zu informieren. Eventuell auch durch Rundfunkvortrag. Frau Specht solle so gut sein und eine Zusammenstellung ueber die Ziele der Kurzschule vornehmen, die dann gedruckt werden könnte.
Prof. Christiansen:	Min. Baeuerle und Frau Specht moegen solche Denkschrift entwerfen. Ausserdem ein begleitendes Programm zu den Satzungen.
Herr Hahn:	Die Denkschrift solle nicht vor Beendigung der Reise zu den Kurzschulen verfasst werden.
Min. Baeuerle:	Fuer die Satzungen muesse dann als Anlage der Entwurf von Herrn Hahn umgearbeitet werden, was Frau Specht freundlicherweise uebernommen habe.«[1]

MINNA SPECHT hat das »Programm der deutschen Gesellschaft fuer europaeische (sic!) Erziehung« nach der englischsprachigen Vorlage der Kurzschulen KURT HAHNS ins Deutsche übersetzt. Als Sozialistin und soziale Pädagogin, Schülerin von LEONARD NELSON, Leiterin der Odenwaldschule, hat sie sich bereits 1943 im englischen Exil in der Schrift »Gesinnungswandel« (SPECHT 1943) tiefgreifende Gedanken zur Situation der deutschen Jugend nach dem Krieg gemacht. Ihr Weg führte von der sozialistischen Ideologie zur sozialen Idee. Die Erziehung der Jugend zur Demokratie, zu Verantwortung und Mitgestaltung der Gesellschaft war ihr Lebensthema, nicht die Erlebnistherapie. Acht Jahre nach ihrer programmatischen Schrift »Gesinnungswandel« hat sie ihr Lebenswerk in Gordonstoun abgerundet. Und doch ist sie verdrängt worden in die Falten der Geschichte. Die Zeit ist also reif für die Wiederentdeckung einer Vor- und Mitdenkerin der erlebnispädagogischen Idee.

Die sieben Jahre ältere MINNA SPECHT ergreift nach Jahren des politischen Engagements die Pädagogenlaufbahn; hier zeigen sich Parallelen zu KURT HAHNS Lebensweg. Das Seminar der Klosterschule (1896–1899) stößt sie ab, erst später entdeckt sie die Freude am Unterrichten. Sie studiert 1906–1909 in Göttingen und München Geschichte, Geographie, Geologie und Philosophie und von 1912–1914 Mathematik, um sich einer exakten Wissenschaft zu stellen. Hier lernt sie LEONARD NELSON kennen, bekennt sich zum Sozialismus und verbindet Weltanschauung und pädagogisches Konzept. Praxiserfahrungen macht sie bei HERMANN LIETZ (Haubinda) und im Landerziehungsheim Walkemühle. Schon 1931 beginnt ihre antifaschistische Arbeit; 1933 wird die Walkemühle geschlossen. Im dänischen Exil eröffnet MINNA SPECHT eine Emigrantenschule,

---

[1] Ulf Händel hat uns im Dezember 1996 die Sitzungsprotokolle und weitere historische Dokumente zum Fotokopieren überlassen.

die 1938 nach Wales verlegt wird. Dort muß die Schule 1940 geschlossen werden, und fünf der deutschen Lehrer, darunter MINNA SPECHT, werden in ein Internierungslager gebracht. Von 1946 bis 1951 leitet sie die Odenwaldschule und gründet 1951 die Zeitschrift »Kindernöte«. Von 1952 bis 1954 ist sie Mitarbeiterin im UNESCO-Institut für Pädagogik in Hamburg, bis 1959 Mitglied der deutschen UNESCO-Kommission. 1961 ist MINNA SPECHT in Bremen gestorben (nach HANSEN-SCHABERG 1992, S. 4ff.).

Nicht nur die Lebenswege von MINNA SPECHT und KURT HAHN kreuzten sich, auch ihre pädagogischen Konzepte hatten Parallelen. Von welchen pädagogischen Leitlinien ließ sich MINNA SPECHT leiten, und welche Analogien gibt es zur Erlebnistherapie KURT HAHNS? Ihre Bemühungen galten der Reform des schulischen Unterrichts. Dabei schälen sich sieben Leitlinien von brisanter Aktualität heraus.

Den noch heute aktuellen Begriff des entdeckenden Lernens, das die Selbsttätigkeit der Schüler voraussetzt, setzte sie mit aller Radikalität um. Ein junger Lehrer an der Odenwaldschule berichtet davon: »Als ich schon einige Zeit Mitarbeiter war, aber, wie MINNA meinte, immer noch glaubte, der Lehrer müsse neuen Stoff erst einmal darbieten, nahm sie mich in ihren Geschichtskurs der zwölften Klasse mit. Sie ging zur Tafel, schrieb 1848 hin und setzte sich in den Kreis der Mädchen und Jungen um den runden Tisch, kramte irgendein Strickzeug aus ihrer Umhängetasche und wartete. Wir warteten alle, schweigend, in großartiger Disziplin. Nach einer Viertelstunde wurde ich neugierig, die Klasse offenbar nicht. MINNA blickte forschend ringsum und strickte weiter. Nach einer weiteren Viertelstunde wurde ich unruhig und begann, Lehrer wie Schüler zu bewundern. Dann war die Stunde aus und MINNA sagte, als wir nebeneinander den Flur entlang gingen: ›Das war wohl nichts, mein Lieber‹« (OSO 1993, S. 89).

Der Mut zur Lücke, zu dem sie sich bekannte, führte folgerichtig zum Prinzip des exemplarischen Lernens – als Prinzip aktueller denn je in einer Informationsgesellschaft, in der es nicht so sehr um die Frage geht, wie man zu Informationen gelangt, sondern eher darum, wie wertvolles Wissen von Informationsüberschuß getrennt werden kann. »Es hat sich gezeigt, daß das Verweilen bei wenigen Gegenständen das selbsttätige Eindringen in die Probleme eines Faches Lehrern und Schülern nicht nur erleichtert, sondern das Verhältnis zu dem Stoff so lebendig gestaltet, daß schon unsere ersten Erfahrungen Schüler und Lehrer zu freudigen Anhängern der neuen Arbeitsweise gemacht haben. Die 45-Minuten-Stunde wünscht sich niemand zurück.« (ebd., S. 20) Auf ihrer Moskaureise notiert sie in ihr Tagebuch: »Das Problem der Pädagogik: Freiheit! Das erfordert den Glauben, daß im Menschen die Kräfte schlummern, die nur befreit zu werden brauchen, um zur Entfaltung zu kommen.« (ebd. S. 157)

Beispiele und Bilder, Erfahrungen und Erlebnisse veranschaulichen den Unterrichtsstoff, steigern die Merkfähigkeit und machen den Pädagogen als Person greifbar. Man könnte MINNA SPECHTS Methode auch als Anschauungsunterricht bezeichnen: »Wie wir im ISK (Internationaler Sozialistischer Kampfbund, die Verf.) über den Vegetarismus nur dann reden wollen, wenn wir vorher auf dem Schlachthof gewesen sind, so wollen wir, so weit wir es irgend können, allen ›Diskussionen‹ die Beobachtung voranschicken.« (Zit. nach HANSEN-SCHABERG 1992, S. 10)

Aus dem Projektunterricht entwickelte sich die »Werkstudienschule«. Im Projektunterricht wurde die Bildung durch Kopf, Herz und Hand gefördert; die starre Unterrichtsstunde mußte einem flexiblen Zeitverständnis weichen, und die Umwelt wird zum Unterrichtsraum: »In der Gesellschafts- und Wirtschaftskunde dienten vierzehntägige Fahrten durch das Maintal oder durch das Ruhrgebiet dazu, die Mentalität der katholischen Bevölkerung oder das deutsche schwerindustrielle Gebiet kennenzulernen.« (ebd., S. 11) So wurde die Odenwaldschule das »wichtigste Schulmodell der Nachkriegsjahre für eine neue Schule überhaupt« (BECKER, zit. nach OSO 1993, S. 137).

Im Unterricht als auch bei der Konfliktbewältigung wird durch das sokratische Gespräch demokratische Gesinnung eingeübt: »Endlich bleibt das sokratische Gespräch als Weg zur Vertiefung und der Verständigung...« (MINNA SPECHT, zit. nach ebd., S. 21) Ihr Verständnis von Erziehung geht über die Schulpädagogik weit hinaus. Prägend war die erste Begegnung MINNA SPECHTS mit LEONARD NELSON, als dieser der jungen Lehrerin die Frage stellte: »Sie haben gut unterrichtet,... aber haben Sie auch gut erzogen?« (ebd., S. 47)

Für die engagierte Sozialistin war klar, daß Pädagogik und Politik nicht voneinander zu trennen sind. Schon 1943 hat sie sich im englischen Exil mit der Schrift »Gesinnungswandel« Gedanken gemacht über die Erziehung in Deutschland nach dem Krieg. Wie können diese Jugendlichen zu engagierten Demokraten erzogen werden? Wie kann ein neues Deutschland aus den Trümmern entstehen? Wie kann man zum Frieden erziehen? Wie kann das Erbe der Naziherrschaft überwunden werden? Auch hier decken sich ihre pädagogischen Ziele mit dem Konzept der Erlebnistherapie KURT HAHNS.

Das faschistische Erbe zu überwinden, in der Zerstörung Deutschlands zu überleben, aus der Mut- und Hoffnungslosigkeit zu führen und demokratische Tugenden zu fördern, war die übermächtige Herausforderung, der sich MINNA SPECHT und die wenigen aufrechten Pädagogen der Nachkriegszeit stellen mußten. Eine Schule, die sich allein auf den Unterricht zurückzieht, kann diesen Aufgaben nicht gerecht werden: »Und die Frage ist, wohin entlassen wir die Jugend? (nach dem Krieg; die Verf.) Auf die Strassen, in denen es von Leuten wimmeln wird, die sich an die Jugend heranmachen werden? In die Wohnungen, in denen Ratlosigkeit und Tatenlosigkeit eine schwere Belastung für diese Kinder darstellen? Sie zu sammeln zu Spielen, zu Beschäftigungen, zu Unterhaltungen wird auf Unwillen stossen gegenüber solchen ›naiven‹ Zumutungen...« (SPECHT 1943, S. 23) Die Schule, so merkt sie an, wird dem jugendlichen Bedürfnis nach Abenteuer nicht gerecht, noch vermag Unterricht, Spiel und Hobby die durch die Kriegserlebnisse verzweifelte und enttäuschte Jugend zu fesseln. Auf der SPD-Frauenkonferenz am 20. Oktober 1951 bringt es MINNA SPECHT auf den Punkt: »Wollen wir nicht zulassen, daß unsere Jugend eines Tages wieder marschiert, weil ein Trommler sie verführt, dann müssen wir ihr etwas bieten, das dem Verlangen der Jugend nach Bewegung, Entschlußkraft und Wagemut entgegenkommt.« (Zit. nach HANSEN-SCHABERG 1992, S. 11)

Hier verbindet sich SPECHTS soziale und sozialistische Pädagogik mit der Idee KURT HAHNS von OUTWARD BOUND. Vom Überleben zum Erleben: In den ersten Jahren nach dem Krieg geht es den Schülern der Odenwaldschule darum, täglich genug zum Essen zu haben, Holz zu sammeln, um den Winter überstehen zu können. »Unser Überlebenstraining war kein Sandkastenspiel« (OSO 1993, S. 115). Dann steht der Name MINNA SPECHT für die Implementierung der Idee der Kurzschule in Deutschland: »In England ist aus privater Initiative der Versuch unternommen worden, der Jugend zwischen 15 und 25 mehr zu bieten als geistige Schulung. Es gibt dort zwei Schulen, die eine am Meer, die andere in den Bergen... Was bieten diese Schulen? Einmal die Natur, eine ungebrochene, unzivilisierte Natur.... Ich habe die Jungen gesehen, wie sie von einer mehrtägigen Wanderung heimkamen; keine Jugendherberge hatte ihnen geholfen, oft kein Weg, kein Steg. Kameradschaft und das körperliche Training hatte sie zum Erfolg geführt, ihnen gezeigt, was sie aus sich herauszuholen imstande waren. Ich sah ihre Gesichter; sie glühten vor Freude.« (Zit. nach HANSEN-SCHABERG 1992, S. 12) Die Bekanntschaft zwischen der Sozialistin MINNA SPECHT, die sich im Laufe ihres Lebens zur sozialen Pädagogin entwickelte, und dem konservativen KURT HAHN war nicht nur oberflächlich, sondern von großer gegenseitiger Achtung geprägt. 1956 bot KURT HAHN der 77jährigen MINNA SPECHT an, ihren Lebensabend in Salem zu verbringen: »Heute kam ein langes Telegramm von KURT HAHN, ich solle nach Salem übersiedeln. Aber ich will nicht in dem Gastzimmer eines Heims, immer unter Lehrern, meine letzten Jahre verbringen.« (Zit. nach OSO 1993, S. 101)

JOHN DEWEY: Erziehung hat kein Ziel außerhalb ihrer selbst

Ein weiterer Wegbereiter der modernen Erlebnispädagogik harrt hierzulande noch seiner Entdeckung: JOHN DEWEY (1859–1952). Der wohl wichtigste amerikanische Pädagoge dieses Jahrhunderts gilt in den USA und Kanada als Vater des handlungs- und erfahrungsorientierten Lernens. DEWEY war von 1894 bis 1904 Leiter der »Laboratory School« an der Universität von Chicago und wurde später Ideengeber und Mentor der amerikanischen »Progressive Education«. In der Zeit von 1882 bis 1952 bearbeitete er mit unzähligen Aufsätzen und Essays ein breites Spektrum von Themen aus Gesellschaft, Politik und Wissenschaft. Bemerkenswert ist auch sein philosophisches Werk und der Einfluß, den er auf die amerikanische Politik ausübte: 1937 hielt DEWEY den Vorsitz des internationalen »TROTZKI-Komitees«, das die Rolle des damaligen Exilanten TROTZKIS im Machtkampf mit LENIN aufklären sollte. Außerdem engagierte er sich – wie THOREAU hundert Jahre zuvor (!) – gegen die inhumane Praxis autoritär-restriktiver Institutionen des amerikanischen Staates, etwa als 1940 BERTRAND RUSSELL wegen seiner Äußerungen zu Erziehung und Sexualität Lehrverbot am City College von New York erhielt und schließlich angeklagt wurde (OELKERS 1993, S. 512). Daß seine Hauptwerke zu Beginn der 90er Jahre im deutschen Sprachraum allenfalls in Antiquariaten und gut sortierten Bibliotheken aufzustöbern waren, ist angesichts seines internationalen Renommees schwer nachvollziehbar. JÜRGEN OELKERS ist es zu danken, daß DEWEYS wohl bedeutendster Band »Demokratie und Erziehung«, der 1916 erschien, in der deutschen Übersetzung von 1930 nach 65 Jahren wieder aufgelegt wurde.

DEWEYS pädagogischer Pragmatismus hatte in der deutschen, idealistisch geprägten Erziehungswissenschaft seit jeher einen schweren Stand. Schon 1915 polemisierte EDUARD SPRANGER in einem Brief an KERSCHENSTEINER über DEWEYS »Küchen- und Handwerksutilitarismus« (zit. nach OELKERS 1993). Der Münchener Stadtschulrat und spätere Universitätsprofessor KERSCHENSTEINER schuf in dieser Zeit sein Modell der »Arbeitsschule« und ließ sich als einer der wenigen deutschen Reformpädagogen von DEWEY inspirieren. DEWEYS Pragmatismus wirkt auf den ersten Blick technokratisch und theoriefeindlich: »Ein Gramm Erfahrung ist besser als eine Tonne Theorie, einfach deswegen, weil jede Theorie nur in der Erfahrung lebendige und der Nachprüfung zugängliche Bedeutung hat.« (DEWEY 1993, S. 193) Bei genauerem Hinsehen wird jedoch deutlich, daß sein Verständnis von der Beziehung zwischen Erfahrung, Theorie und Handeln nichts mit dem allseits bekannten Trial-and-error-Prinzip gemein hat, mit dem DEWEYS Theorem »Learning by Doing« häufig verwechselt wird: Für ihn wird Theorie durch Handeln, das Erfahrung erzeugt, beständig umgestaltet. Erfahrung ist dabei nicht nur eine empirische Kategorie, sondern auch experimenteller Natur, und gerade das macht DEWEY, wie noch zu zeigen ist, für die Erlebnispädagogik so interessant (ebd., S. 361).

Entwicklung und Wachstum sind die zentralen Begriffe bei DEWEY. Auf diese baut er sein dynamisches und in seiner stoischen Konsequenz manchmal irritierendes Theoriegebäude auf. So heißt es bei ihm etwa: »Vom Wachstum wird angenommen, daß es ein Ziel *haben* müsse, während es in Wirklichkeit eines *ist*« (ebd., S. 76; Hervorhebungen im Original). Was auf den ersten Blick wie ein Paradoxon anmutet, ist für DEWEY erkenntnisleitendes Prinzip: Die Erziehung an sich hat für ihn »kein Ziel außerhalb ihrer selbst« und ist so »ununterbrochene Rekonstruktion« und »beständige Neuorganisation von Erfahrung« (ebd., S. 108). In diesem radikalen Grundverständnis unterscheidet er sich substanziell von so gut wie allen Reformpädagogen. DEWEY ließ weg, auf was kein Pädagoge vor ihm verzichten wollte oder konnte: den ideologisch-moralischen Überbau. Als »moralische Kodierung« (OELKERS) brachte er dann doch noch die *Demokratie* als zwar reichlich abstrakten, aber letztlich doch konturscharfen Leitbegriff ein, der einen Orientierungsrahmen bereitstellt und Richtungen vorgibt.

Verantwortung und pädagogischer Pragmatismus

Neu in die Pädagogik eingebracht hat DEWEY nicht den Entwicklungsgedanken an sich, sondern seine radikale Ausformung. So wendet er sich beispielsweise gegen die – oberflächlich betrachtet – plausible und eingängige Denkfigur *Entfaltung*. Das Wort sagt eigentlich schon alles: Der Erzieher hat eine bestimmte Vorstellung von der sich entfaltenden Persönlichkeit, behandelt das »Endprodukt« wie ein Gärtner seine Pflanzen: Die spätere Form und Größe kann er bereits an den jungen Trieben abschätzen. Seine Pflege wird sich an dieser Vorstellung orientieren. DEWEY begegnet dieser Position, die beispielsweise von KURT HAHN explizit so vertreten wird, mit einem Schuß Sarkasmus: »Die Auffassung, daß Wachstum und Fortschritt nichts weiter seien als Annäherungen an ein endgültiges und unveränderliches Ziel, ist die letzte Schwächeanwandlung des Geistes bei seinem Übergang von einer statischen zu einer dynamischen Auffassung des Lebens.« (ebd., S. 83) Ebenso kritisch setzt sich DEWEY mit den staatlichen und nationalen Interessen an Bildung auseinander. Einerlei, ob durch Entfaltung oder straffe Schulung: Aus dem vorgegebenen Ziel, Menschen zu bilden, werde das Ziel, Menschen zu Staatsbürgern zu machen. So wird DEWEY weder dem nationalkonservativen noch dem sozialistischen Spektrum in der Erziehungswissenschaft gerecht. Und selbst den Liberalen ist er letztlich nicht geheuer. Ein großer Pädagoge setzt sich zwischen alle Stühle, auf daß man ihn schließlich, obwohl ungemein präsent, noch zu Lebzeiten ausgrenzt, ignoriert und totschweigt – zumindest in Deutschland.

In seinen Analysen bezieht sich DEWEY immer wieder auf ROUSSEAU. Grundlegende Wahrheiten über Erziehung hätte niemand besser ausgesprochen. So auch, wenn es darum geht, die Quellen der Erziehung zu bezeichnen: die Natur, die Menschen und die Dinge. Allerdings kritisiert er ROUSSEAUS Konstruktion, die von einem schematischen Nebeneinander dieser drei Einflüsse ausgehe. DEWEY sieht die Wechselwirkung der drei Quellen und das erzieherische Potential, das eben durch ihre Verbindung erst erschlossen werden kann. Den zum Teil kindlich-naiven Naturalismus, der ROUSSEAU von verschiedensten Seiten vorgehalten wird, verteidigt DEWEY in einem historisch-kulturellen Kontext: »ROUSSEAUS leidenschaftliche Behauptung, daß alle natürlichen Neigungen ihrem Wesen nach gut seien, war die Antwort auf die herrschende Auffassung von der völligen Verderbtheit der Menschennatur; (...) es braucht jedoch kaum gesagt zu werden, daß ursprüngliche Triebe an sich weder gut noch böse sind, sondern das eine oder das andere erst werden, je nach den Zwecken, für die sie verwendet werden.« (ebd., S. 156)

DEWEY war zutiefst davon überzeugt, daß Lernen durch Handeln nachhaltiger wirkt als durch Befehle, Verbote, Billigungen, Mißbilligungen: »Die grundlegende Beeinflussung erfolgt durch die Natur der Situation, an der der Jugendliche teilhat.« (ebd., S. 63) Daß DEWEY den Boden für die Humanistische Psychologie von CARL ROGERS, JAKOB MORENO und FRITZ PEARLS bereitet hat, läßt sich anhand der folgenden Worte verdeutlichen (veröffentlicht im Jahre 1916!): »In sozialen Situationen müssen die Jugendlichen ihre Art zu handeln in Beziehung setzen zu dem, was andere tun, und sie daran anpassen. Dadurch wird ihr Handeln auf ein gemeinsames Ziel gelenkt und ein allen Teilhabern gemeinsames Verständnis erzielt. Denn alle ›meinen‹, ›beabsichtigen‹ dasselbe, auch wenn sie verschiedene Handlungen ausführen...« (ebd.)

Trotz seiner »Vorliebe« für Handeln und Tätigsein wandte sich DEWEY gegen die Auswüchse eines reinen Empirismus ebenso wie gegen einen »Sensualismus«, der das »Erkennen« auf die Wahrnehmung von Sinneseindrücken reduziert. Intellekt und Kognition werden bei ihm nicht etwa ausgeblendet, sondern vielmehr neu plaziert: Indem Denken und die Bildung und Überprüfung von Hypothesen die intellektuellen Anteile von Erfahrung strukturieren, erschafft sich Theorie immer wieder neu... – aus den Folgen praktischen Tuns. So ist das »Problemlösen« – eine der Grundfiguren erlebnispädagogischen Handelns – als Methode der »experimentellen Erfahrung« bei DEWEY bereits angelegt.

Wie gezeigt, vertraut DEWEY im Gegensatz zu den meisten reformpädagogischen Klassikern auf die Eigendynamik des über weite Strecken selbstgesteuerten Lernprozesses. Aber worin besteht nun die Aufgabe des Pädagogen, wenn nicht in der Konstruktion und Interpretation der Lerngegenstände? Für DEWEY besteht sie darin, Lerngelegenheiten und Anreize zur Betätigung im alltäglichen Lebenszusammenhang auszuwählen und als Lernfelder zu nutzen. Und wir fügen hinzu, daß auch Lernwelten Chancen für Wachstum und Entwicklung im DEWEYschen Sinne bieten, die für die meisten Kinder und Jugendlichen *heute* nicht mehr den alltäglichen Lebensraum ausmachen: die Natur- und Kulturlandschaft zum Beispiel. Oder die Häuserfluchten der Großstadt.

DEWEY wird heute – wenn überhaupt – in erster Linie als Schulreformer wahrgenommen und in Zusammenhang mit der *Projektmethode* genannt. Dabei war es sein Schüler WILLIAM KILPATRICK, dem wir es zu verdanken haben, daß dieses – aus der technischen Berufsausbildung bekannte – Verfahren einer sorgfältigen theoretischen Fundierung unterzogen wurde (vgl. OELKERS 1993, S. 504ff.). Mindestens ebenso bedeutsam ist aus heutiger Sicht DEWEYS Einfluß auf die berufliche bzw. betriebliche Bildung und Organisationsentwicklung (OE). GAIRING hat darauf hingewiesen, daß DEWEYS rigoroses Entwicklungsparadigma die Plattform für die moderne Organisationsentwicklung geschaffen hat. Ob bei Caritas, Jugendherbergswerk oder der Deutschen Bank: Die aktuellen OE-Prozesse sind ohne DEWEY kaum zu denken. Auch die in den meisten Unternehmen vollzogene Kehrtwende in der Erstausbildung antizipierte DEWEY schon 1916: »Die einzige Form der Ausbildung *für* einen Beruf ist die Ausbildung *durch* den Beruf.« (DEWEY 1993, S. 401; Hervorhebungen im Original) Damit ist gemeint, daß die Produktionsferne der Lehrwerkstätten verhindert, daß die Lernenden den Organismus des Betriebs kennenlernen und sich entsprechende Kompetenzen aneignen können. Wo man auch hinschaut und wie man es auch dreht: DEWEY hat die Theorie der Pädagogik revolutioniert und sich damit vehement gegen die Allgemeingültigkeit gesellschaftlicher Erziehungs- und Bildungsziele gewandt. Seine 1905 geäußerte Prognose, daß die Pädagogik vor ihrer kopernikanischen Wende stehe, hat DEWEY selbst – ganz im Sinne einer *self-fulfil-*

ling prophecy – in die Tat umgesetzt. Auch wenn das manche Lehrer, Bildungsreferenten und Professoren bis heute nicht wahrnehmen wollen.
DEWEYS Ansatz ist verblüffend radikal, indem er die *Erfahrung* als den »Lernort« seiner Pädagogik positioniert. Dabei schreckt er auch davor nicht zurück, die Pädagogik selbst in ihrer Bedeutung abzuwerten. Auf einer der letzten Seiten in »Demokratie und Erziehung« legt ein unscheinbarer Nebensatz diesen Aspekt offen: »Wachsen und Lernen (sind) sozusagen Nebenerzeugnisse gemeinsamer Erfahrung« (ebd., S. 457). Und somit hätte die aktuelle Diskussion um nichtinstitutionalisierte, informelle Lernanlässe eine neue Leitfigur: den Bildungsphilosophen JOHN DEWEY.

1.5 Vom Risiko des Anfangs zur Risikogesellschaft – Erlebnispädagogik von 1945 bis heute

Da eine Aufarbeitung des Verhältnisses Jugend und Gesellschaft in der DDR sowie ihrer historischen, sozialen und pädagogischen Implikationen aus nichtmarxistischer Sicht erst noch zu leisten ist – wobei nicht gesagt sein soll, daß die MARXsche Theorie keine brauchbaren Instrumente hervorgebracht hat –, beschränken wir uns an dieser Stelle auf die Geschichte der Erlebnispädagogik in Westdeutschland. Diese ist – das macht den Versuch natürlich schwierig – nirgends wirklich klar zu verorten, meistens kaum als solche erkenntlich. In verschiedenen Feldern der Jugendarbeit soll einigen Strängen nachgegangen werden, die selbst weder einheitlich noch geradlinig verliefen. Es soll dabei geklärt werden, wann und wo Elemente der Erlebnispädagogik in den einzelnen Ansätzen aufscheinen, unabhängig davon, ob der Begriff selbst verwendet wurde. Die Jugendhilfe wird dabei nur kurz gestreift.

Nach dem Zweiten Weltkrieg versuchten die Alliierten mit Nachdruck, in die Erziehung der Jugend einzugreifen. Es wurde ein Programm zur »Umerziehung« aufgelegt, das die Einprägungen des Nationalsozialismus auslöschen sollte. Jugendverbänden wurde zunächst verboten, sich überregional zu organisieren (FEHRLEN/SCHUBERT 1991, S. 67ff.). Vor dem Hintergrund des gerade überwundenen Nationalsozialismus ist es heute verständlich, daß von den Alliierten Vorbehalte gegen uniformtragende Gruppen, wie beispielsweise den Pfadfindern, bestanden. Trotzdem waren es von Beginn an Fahrten und Lager, also typisch pfadfinderische Aktivitäten in der Tradition ROBERT BADEN-POWELLS, die einen herausragenden Stellenwert in der Jugendarbeit einnahmen (KRAFELD 1984, S. 134). Wenn man in Chroniken der Jugendverbände nachliest, so fällt generell auf, daß Sport treiben, Zeltlager veranstalten und auf Fahrt gehen zumindest bis zur Mitte der 60er Jahre offenbar die Höhepunkte und Sinn stiftende Gemeinschaftsunternehmungen waren. Eine spezifische Jugendkultur konnte sich in den ersten beiden Jahrzehnten der BRD nicht entwickeln.

Die »organisationswilligen« Jugendlichen, also jene, die sich auf die Struktur »Jugendverband« einließen (in diesen Jahren ca. 40% der Population der Jugendlichen; vgl. RAUSCHENBACH 1991, S. 115), nahmen bevorzugt Angebote wahr, die sie zumindest räumlich aus ihrem grauen Alltag befreien sollten und die ihnen häufig – zumindest implizit – mit dem Lockruf »Erlebnis und Abenteuer« »verkauft« wurden.

Im wesentlichen stützten sich die nach 1945 gegründeten bzw. sich neu formierenden Träger der Jugendarbeit auf ein Handlungsrepertoire, das die Jugendbewegung und die daraus hervorgegangenen Bünde bis zu deren Vereinnahmung durch das NS-Regime kennzeichnete. Die Jugendbünde selbst hatten nach dem Krieg nur noch marginale Bedeutung, waren politisch und organisatorisch nicht mehr in der Lage, sich »auf dem Markt« zu behaupten. Der »Wandervogel« war als Bewegung tot, flatterte jedoch mit gestutzten Flügeln quer durch die Jugendverbände. Diese hatten die Rolle der Bünde übernommen, allerdings ohne deren Prinzip der Selbstorganisation weiter zu verfolgen. Es waren Erwachsene, die sich für Jugendliche engagierten, sie in Gruppen zusammenfaßten und für definierte Verbandsinteressen mobilisierten. Regelmäßige »Heimabende«, an denen gesungen und gespielt wurde, sowie Fahrten, die man dort vorbereitete, bildeten den Rahmen – der Verbandszweck wurde den Jugendlichen mit Vorträgen und in Diskussionen nahegebracht. Aus verbandspolitischem Interesse wurden attraktive Inhalte instrumentalisiert, um so Jugendliche zu binden und Nachwuchs für die Organisation zu rekrutieren. Das Selbstverständnis war kein pädagogisch-reflexives, sondern eher ein instrumentelles.

Man würde dem Wesen der damaligen Jugendarbeit nicht gerecht werden, wenn man nun das Etikett »Erlebnispädagogik« auf ein »Freiluftleben« kleben würde, das nicht aus pädagogischen, sondern schlicht aus den angeführten Gründen angesagt war. Hinzu kam, daß die infrastrukturellen und finanziellen Ressourcen knapp waren: Im Zelt wurde übernachtet, weil es kaum Jugendherbergen gab; gekocht wurde selbst, weil es nicht »drin war«, mit der Gruppe Essen zu gehen. Pädagogische Überlegungen spielten in diesem Zusammenhang nur eine Nebenrolle.

Die Jugendverbände begriffen sich auch in ihrem Selbstverständnis, zumindest bis zur Erklärung von St. Martin im Jahre 1962 (Grundsatzgespräch des Bundesjugendrings in St. Martin/Pfalz; vgl. dazu: MÜNCHMEIER 1991, S. 90), nicht als pädagogisch ambitionierte Organisationen. Insofern sind – historisch gesehen – pädagogische Funktionszuschreibungen problematisch. Daß etwa ab Mitte der 60er Jahre eine bildungspolitische Komponente in die Grundsatzprogramme, Profile oder Satzungen der Jugendverbände einging, war weniger ein Resultat pädagogischer Ambitionen. Es waren vielmehr vor allem Legitimationszwänge gegenüber dem Staat sowie eine Professionalisierungswelle, die sich stärker formal denn inhaltlich auswirkten. Der Frage, ob Jugendverbände, die sich generell auf das Prinzip der Ehrenamtlichkeit stützen, überhaupt eine, wie auch immer beschaffene, »Bindestrich-Pädagogik« veranstalten können, wird im Abschnitt 3.4 noch nachzugehen sein.

Evident ist jedenfalls, daß eine Reihe von Jugendverbänden mit ihren – neu formulierten oder bereits bestehenden – pädagogischen Ansprüchen auf Elemente der HAHNschen Erlebnistherapie zurückgriffen. Dies geschah manchmal bewußt, meist jedoch unbewußt. Der überwiegende Teil der Pfadfinderverbände praktizierte (und praktiziert) »Freiluftleben« und verband damit das Bemühen, die Persönlichkeitsentwicklung von Kindern und Jugendlichen zu fördern (vgl. Bayerischer Jugendring 1985; KÖNIG 1989, S. 10ff.; Selbstdarstellungen der Jugendverbände, in: BÖHNISCH 1991). Die Naturfreundejugend, in der Tradition des »Sozialen Wanderns« der Arbeitersportvereine stehend, akzentuiert(e) die ökologische, politische und soziale Perspektive, die sich aus dem jeweiligen räumlichen Umfeld der Natursportarten ergibt. Auch wenn ihr Ansatz dem sozial-integrativen Konzept von KURT HAHN zum Teil diametral gegenübersteht, sind in ihm doch erlebnispädagogische Versatzstücke enthalten. In der Arbeit der sogenannten helfenden Verbände, wie beispielsweise Jugendrotkreuz, Feuerwehr-Jugend oder DLRG-Jugend, kommen zwangsläufig abenteuerliche bzw. erlebnisintensive Übungen und Einsätze vor, machen gerade auch die Faszination für Jugendliche aus. Im Selbstverständnis dieser Verbände allerdings hat die Erlebnispädagogik keinen Platz. Dies gilt übrigens – mit einer Ausnahme (siehe unten) – für alle deutschen Jugendverbände, dem Bundesjugendring und den Landesjugendringen, folgt man den auf 243 Seiten gesammelten Selbstdarstellungen derselben im 1991 erschienenen Handbuch der Jugendverbände (Handbuch der Jugendverbände 1991, 813ff.). Spiegelt dies die Bedeutungslosigkeit der Erlebnispädagogik in den Jugendverbänden wider oder sind Selbstdarstellungen untauglich zur Beurteilung einer pädagogischen Praxis?

Ein Verband, dessen Medium (die Alpinistik) paßgenau in unserem Thema unterzubringen ist, bezieht sich in seinem Selbstverständnis explizit auf die Erlebnispädagogik: die Jugend des Deutschen Alpenvereins (JDAV). Im Anschluß an die sozialen Bewegungen der späten 60er und frühen 70er Jahre, die im übrigen das Selbstverständnis der meisten Jugendverbände veränderte, formulierte die fachlich auf Bergsteigen fixierte JDAV »Erziehungs- und Bildungsziele«. Der Kernsatz darin lautete: »Ziel ist die Persönlichkeitsbildung junger Menschen.« Die »Alpinistik« – vorher quasi Inhalt, Ziel und Methode zugleich – wurde zurückgestuft zum Medium. Vor allem im Rahmen von Aus- und Fortbildungsveranstaltungen für ehrenamtliche Jugendgruppenleiter wurde die »Verzahnung von Alpinistik und Pädagogik« zum handlungsleitenden Prinzip und als solches auch methodisch durchgängig operationalisiert (vgl. HECKMAIR 1986, S. 59ff.). Erlebnispädagogisch gearbeitet wurde – auch wenn man sich begrifflich noch nicht darauf bezog – bereits während der 70er Jahre. Gleiches gilt sicher auch für andere Jugendverbände; leider liegen uns hierzu keine Untersuchungen vor.

Handlungsorientierte Ansätze in der Jugendarbeit, die sich auf die »Aneignung von Räumen«, vor allem im geographischen Sinne, bezogen, beeinflußten direkt oder indirekt die Genese der modernen Erlebnispädagogik. Das »soziale

Wandern« der Naturfreunde und die »Kundschaft« der Pfadfinder wurden schon genannt. Die »Dorfanalyse« in der ländlichen Jugendarbeit verwandte die Katholische Landjugendbewegung zur Stärkung des Alltagsbezugs in der »Provinzpädagogik«. Ansetzend am Lebensumfeld sollten subjektive Bestandsaufnahmen und Zielprojektionen genutzt werden, um jugendliche Identitätsfindung zu fördern und um verändernd wirken zu können. In eine ähnliche Richtung weist das Konzept »Spurensicherung«. Besonders betont wird hier die historische Dimension. Interessanterweise wurden diese Methoden am intensivsten von Geographen dokumentiert und interpretiert. Als »laienwissenschaftliche Forschung« sind sie in der Jugendarbeit noch relativ unbekannt (ISENBERG 1987, S. 9ff.). Die Querverbindungen zur Erlebnispädagogik, aus denen sich Synergieeffekte erzielen ließen, wurden und werden (noch) kaum aufgegriffen.

Inwieweit in der Offenen Jugendarbeit erlebnispädagogisch gearbeitet wurde und wird, läßt sich über ein Studium der einschlägigen Literatur schwerlich feststellen. Während der Jugendzentrumsbewegung, aus der die Offene Jugendarbeit zwar nicht unmittelbar entstand, allerdings wesentliche Impulse erhielt, spielten sich alle wesentlichen Dinge in Räumen ab. Jugendliche hatten sich ihr Zentrum erkämpft, den Mangel an (sozialen) Räumen für sich abgeschafft. Die Bedeutung von Zentren für Jugendliche und ihre befriedende Wirkung erkannten nach und nach viele Kommunen und Kreise. Jugendhäuser wurden gebaut. Aus dem Mangel wurde ein Angebot, das mit kommerziellen Einrichtungen, von McDonalds bis zum Squash-Center, in Konkurrenz tritt. Insgesamt scheint der Trend erkennbar zu sein, daß seit etwa Mitte der 80er Jahre eine Bewegung, die aus dem Haus führt, stattfindet. Gemeinsame Ausflüge, Schlauchbootfahrten, Kletteraktionen in natürlichen Klettergärten schaffen Höhepunkte. Das Haus ist weiterhin Kristallisationspunkt, wird aber stärker geöffnet für Ereignisse, die außerhalb stattfinden. Natürlich ist eine Schlauchbootfahrt per se noch keine Erlebnispädagogik – ein erlebnisorientierter Ansatz jedoch allemal.

Eine recht kontinuierliche Entwicklung durchliefen die von KURT HAHN initiierten Bildungsstätten von OUTWARD BOUND. 1951 wurde ein erster Kurs für Jugendliche aus Flüchtlingsfamilien am Plöner See in Schleswig-Holstein durchgeführt. Ein Jahr später gründete die Deutsche Gesellschaft für Europäische Erziehung die damals noch »Kurzschule« genannte Bildungsstätte »Weißenhaus« an der Ostsee. Ein erster alpiner Standort wurde 1956 in Baad/Kleinwalsertal eröffnet; 1968 folgte die Gründung der »Kurzschule Berchtesgaden«. Im Rahmen von vierwöchigen Kursen durchliefen vorwiegend Schüler und Auszubildende ein Programm, das sich an den HAHNschen Elementen körperliches Training, Expedition, Dienst und Projekt orientierte. »Weißenhaus« wurde 1975 geschlossen; als Ersatz wurde – nach einem Provisorium auf der historischen Bark »Passat« 1985 bis 87 – die Bildungsstätte »KÖNIGSBURG« an der Schlei im Jahre 1988 in Betrieb genommen. 1991 wurde der erste Standort in einem neuen Bundesland eröffnet: OUTWARD BOUND Schweriner See in Mecklenburg/Vorpommern. Der Trägerverein, der sich inzwischen in OUTWARD BOUND – Deutsche Gesellschaft für Europäische Erziehung e. V. umbenannte, ist die vom OUTWARD BOUND TRUST in Rugby/Großbritannien anerkannte deutsche Organisation eines weltweiten Netzwerkes mit über 40 Zentren in 22 Ländern.

Die Geschichte der Erlebnispädagogik ist nicht nur eine Geschichte der Institutionen, sie ist auch eine Geschichte des Begriffes. Daß Sozialpädagogen, Soziologen, ja selbst Politiker (in einer Plenarsitzung des Deutschen Bundestages) zu Beginn der 90er Jahre wie selbstverständlich über Erlebnispädagogik reden, sollte nicht davon ablenken, daß der Begriff erst zu Beginn der 80er Jahre in die (sozialpädagogische) Theoriediskussion eingebracht wurde. ZIEGENSPECK setzte noch 1983 (WEBER/ZIEGENSPECK 1983) das damalige »Unwort« in Anführungszeichen und ein »sog.« davor. Schon die HAHNsche Erlebnistherapie wurde in der Erziehungswissenschaft nur am Rande wahrgenommen. Außer bei RÖHRS (RÖHRS 1966) spielt HAHN in den späten Gesamtschauen und Analysen der Reformpädagogik so gut wie keine Rolle. Eine pädagogische Richtung, die auf Körperlichkeit setzt und den Spielraum Natur zu nutzen sucht, paßte nicht besonders gut in den Zeitgeist der sozialen Bewegungen nach 68. In intellektuellen Kreisen hatte Sport den Beigeschmack des Primitiven, Normierten und Bornierten. Studenten der Sozialpädagogik, die sich dazu bekannten, Sport zu treiben, waren die Exoten im Fachbereich. In diesem Umfeld hatte eine Erlebnispädagogik keine Chance. In den Standardwerken zur Jugendarbeit etwa wurde die Disziplin nicht mal erwähnt. Selbst die pädagogischen Lexika, Wörterbücher und Nachschlagwerke ignorierten die Erlebnispädagogik weitgehend.

In den uns bekannten umfangreichen Bibliographien zur Erlebnispädagogik (JAGENLAUF 1989; BAUMGARTEN 1992) wird der Begriff ab etwa 1984 in den Titeln programmatisch verwandt. Allerdings dominieren Praxisberichte, die von einer eigenartigen – später noch stärker um sich greifenden – Theoriefeindlichkeit geprägt sind, sowie praxisorientierte Theorieversuche, bei denen die Reformpädagogik und KURT HAHN auf 200 Seiten nicht einmal vorkommen (z. B. FISCHER 1985). »Unterhalb« des konstatierten Paradigmenwechsels in der Sozialarbeit scheint sich sowohl in der Praxis der Jugendarbeit als auch in der Sozialpädagogen-Ausbildung eine Trendwende abgespielt zu haben, die Disziplinen wie die Erlebnispädagogik protegiert. Eine Pädagogik zum Anfassen, bei der die Protagonisten glauben, das Hirn ausschalten zu können, ist der langersehnte Gegenpol zu einer (angeblich) kopfgesteuerten Jugendarbeit der 70er Jahre. Es hat sich eine Allianz gebildet aus Pädagogen, die endlich an einem Ansatz Halt zu finden glauben, der sich höchst gegenständlich festmachen läßt, und aus Bürokraten, die ihre »Abwicklung« jahrzehntelanger Ski- und Wanderfahrten als Erlebnispädagogik bezeichnen. »Erleben statt reden« heißt die Devise in Unkenntnis der Potentiale, die in der Erlebnispädagogik stecken. Anders als in den USA oder in Großbritannien kann der deutsche Anwender nicht zurückgreifen auf Studiengänge in Experiential Education und eine Theoriebildung, die sich jahrzehntelang entwickeln konnte. Der Nachholbedarf ist groß – die Geschichte der Erlebnispädagogik hat gerade erst begonnen.

1.6 Learning by Doing – Zur Aktualität handlungsorientierter Ansätze

»Erlebnispädagogik – Mode, Methode oder mehr?«, »Abenteuer – Ein Weg zur Jugend«, »Erlebnispädagogik theoretisch«, »Impulstagung Erlebnispädagogik«, »Erlebnispädagogik in der Jugendhilfe« – das pädagogische Geschäft mit dem Abenteuerthema hat Hochkonjunktur. Kaum eine Bildungsstätte, die sich in den 90er Jahren nicht dem Generalthema des Erlebens zugewandt hat. Auch Fachhochschulen für Sozialpädagogik haben Erlebnispädagogik im Vorlesungs- und Übungsprogramm, wenngleich diese Angebote von den Vertretern der traditionellen Sozialpädagogik noch mißtrauisch beäugt werden. Das Rinnsal der Publikationen zu Abenteuer-, Aktions- und Erlebnispädagogik ist zu einer fast unübersehbaren Flut angestiegen. Freizeit- und Sportpädagogen, ja sogar Angler, haben erkannt, daß sie mit diesem Etikett auf der Höhe der Zeit sind. Erlebnispädagogik, dazu braucht es keine quantitativen Erhebungen, ist in allen pädagogischen Mündern, ist dabei, hoffähig zu werden als Bildungskonzept, als Persönlichkeitstraining und Selbsterfahrung, als letzte Rettung schwierigster Jugendlicher. Solch hohe Erwartungen tun freilich selten gut.

Wie ist diese Aktualität handlungsorientierter Methoden, die fast allesamt in den Bildungsstätten der Jugendarbeit und Verbände ihre ursprüngliche Heimat haben, zu erklären, welche Erwartungen verbinden sich mit ihnen und welche davon können sie einlösen?

»Erleben statt reden« – mit diesem irreführenden Schlagwort wurde ein Buch der 80er Jahre zum Thema Erlebnispädagogik betitelt. Es drückt damit nur aus, was viele (Sozial-)Pädagogen Mitte der 80er Jahre fühlten: Es ist lange genug diskutiert, geredet, geschwafelt worden. Die großen Themen der 70er Jahre wurden mit Grundsatzbeschlüssen, politischen Bekenntnissen und Endlosdiskussionen abgedeckt. Dazu gibt es nichts Neues mehr zu sagen, und die pädagogischen Probleme vor Ort sind auch nicht gelöst worden. Daß dem pädagogischen Handeln eine Analyse der gesellschaftlichen Bedingungen vorausgehen muß, daß legitimes Handeln im Erziehungsfeld nur dann möglich sei, wenn es sich auf die politischen Basisbedingungen der Erziehung richte – diese Axiome einer linken Pädagogik der 70er Jahre waren ins Wanken gekommen, ebenso wie die Behauptung, daß »alles machbar ist«, daß Technik und Emanzipation eine blühende Zukunft versprechen, an der man sogar noch mitwirken kann.

Die sozialen Bewegungen der 80er Jahre – Anti-AKW-Bewegung, Friedensbewegung, Frauenbewegung u. a. – haben aus der Sicht der 90er mehr verändert, als damals geglaubt wurde. Ihre scheinbare Wirkungslosigkeit entmutigte jedoch die junge Generation und so manche engagierte Pädagogen, die häufig in diesen Bewegungen zu finden waren. Obwohl Handeln angesagt war, schien es wirkungslos zu sein. Obwohl man handelte, anstatt zu reden, ver-

Aktualität handlungsorientierter Ansätze

pufften die Impulse großer Demonstrationen in der physischen Undurchdringlichkeit der staatlichen Kontrollapparate und prallten ab an der unempfindlichen Psyche vieler Politiker. Politische und ökologische Bildung schienen auf der Stelle zu treten: Jegliche Formen der Flucht in innere und äußere Reiseziele schienen ehrlicher, lohnender, spannender, effektiver, glaubwürdiger zu sein als berufliche, schulische oder außerschulische Bildung.

In dieses Vakuum sind vor allem in der außerschulischen Bildungsarbeit die handlungsorientierten Ansätze gestoßen: Kulturarbeit, Theaterarbeit, internationale Jugendbegegnung, kreative Techniken und Selbsterfahrung, Erlebnispädagogik, ökologische Bildung. Die Innenwelt der Außenwelt wurde entdeckt – zarte Vorläufer (oder auch Auswirkungen?) der boomenden Psychowelle – und zugleich die Einfachheit und das Erlebnis in den wenigen noch einsamen Lebensräumen unserer Kulturlandschaft. Dabei ging es wohl weniger um die noch vor 15 Jahren klar definierten Ziele einer Pädagogik, aus der sich politisches Handeln ableiten ließ, sondern eher umgekehrt um Handeln als Selbstzweck. Action und Abenteuer als Lösung aus der Lähmung des politisch-ökologischen Ohnmachtgefühls, als Ausdruck neuer Gegenwartsbezogenheit: Leben im Hier und Jetzt. Handlungsorientierte Methoden versprachen Befreiung, verführten vielleicht auch zu Verdrängung und Flucht, als Kehrseite der Medaille. Die großen Utopien und politischen Ziele, der Traum vom besten Staat, hatten sich im Nichts aufgelöst, erreichbare Ziele und notwendige Fiktionen drängten wieder in den Vordergrund.

Carpe diem – pflücke den Tag, nütze ihn! Ein Kultfilm der 90er Jahre (»Der Club der toten Dichter«) greift diesen mittelalterlichen Leitspruch wieder auf und begreift ihn als pädagogisches Prinzip des handelnden Individuums. Ein Probehandeln heute freilich, im geschützten Ort der pädagogischen Provinz bzw. ein Handeln mit der heimlichen Angst der Wirkungslosigkeit. Denn unsere Visionen sind zur Apokalypse geraten, die sich verdrängen, vergessen, aufschieben, aber offenbar kaum vermeiden läßt! Wie kann man handeln angesichts Ozonloch und Klimakatastrophe, angesichts der Ausbeutung jeglicher Ressourcen, angesichts Bevölkerungsexplosion und systematischer Vergiftung des Raumschiffes Erde? Das Lebensgefühl der 90er Jahre neigt im Sinne der zynischen Vernunft dazu, statt politische Utopien individuelle Wohlstandsentwürfe so schnell wie möglich zu verwirklichen. Hier werden handlungsorientierte Methoden gerne angenommen, weil sie ein schnelles Erlebnis versprechen. Sie mißlingen aber auch schnell zu einem Drahtseilakt, der das neue Lustprinzip bestätigt und die Reklamebilder verwirklicht.

Welchen Stellenwert haben handlungsorientierte Methoden in diesem Spannungsbogen zwischen gefährdeten Hoffnungen, verdrängter Zukunft und fragwürdigen Zielen? Dazu einige Thesen:

– Erziehung und Lernen, sei es im Kindergarten, in der Jugendarbeit, in der Jugendhilfe oder in der Erwachsenenbildung, soll Spaß machen, soll spannend sein. Kinder, Jugendliche, Erwachsene finden es dort interessant, wo

»was los gemacht wird«, wo es nach »Action« und »Abenteuer«, nach »Sport, Spiel und Spannung« riecht. Das gilt vor allem für die Jugendarbeit, die ja auf Freiwilligkeit basiert. Das wird aber auch für das KJHG, das Kinder- und Jugendhilfegesetz (SGB VIII), für den Bereich der Hilfen zur Erziehung zutreffen.

- Erfahrungslernen geht zwar von »Action« aus, berücksichtigt aber immer auch die pädagogischen Implikationen, schafft den Zusammenhang zwischen äußerem und innerem Erleben, zwischen Innenwelt und Außenwelt.

- Die Außenwelt wird dabei um so bewußter und differenzierter wahrgenommen, je mehr durch »Learning by Doing« die Lebenswelt von Kindern und Jugendlichen berührt wird – oder umgekehrt: je direkter und konkreter Kinder und Jugendliche die brennenden politischen und ökologischen Probleme durch handlungsorientierte Methoden erfahren können.

- Handlungsorientierte Methoden können, aber sollen nicht immer die Lebenswelt von Kindern und Jugendlichen zum Ausgangspunkt ihrer Aktivitäten nehmen. Genausogut können sie einen anderen Standort schaffen, neue Perspektiven und Rollen anbieten, wie im Spiel ein anderes Raum- und Zeitverständnis ermöglichen. Kinder, Jugendliche und andere »Kunden« handlungsorientierter Ansätze können so von außen auf ihren Alltag blicken und neue Wege und alte Sackgassen erkennen.

- So paradox dies klingt, so haben handlungsorientierte Methoden die Möglichkeit, die pädagogische Dimension der Pause, des Ruhens, der Stille, des Müßiggangs, der Langsamkeit und der Einsamkeit wirksam werden zu lassen. Viele Dinge lassen sich eben durch ihr Gegenteil definieren, und vielleicht sind die körperliche Anstrengung und die Leistung, das äußere Erobern und Erleben nur die Voraussetzung für die pädagogisch wertvollen Augenblicke der Pause und des Miteinander-Redens. Wo Offenheit, Kreativität, Spontaneität gesucht werden, kommt man ohne Muße, Gelassenheit und Langsamkeit nicht aus.

- Wer gemeinsam handelt, den verbindet etwas. So gesehen wird die Brücke zwischen Teamer und Teilnehmer breiter. Jeder wird leichter »greifbar«. Jede Schulklasse erlebt diesen wohltuenden Einsturz der pädagogischen Mauern im Schullandheim, im Skiurlaub oder auf der Berghütte. Das Verhältnis zwischen Lehrer und Schüler hat sich danach meist grundlegend – und meist positiv – verändert.

- Rebirthing, Reflexzonenmassage und andere Modetherapien, Beratung, systemisches Denken, soziales Management und Marketing – hinter diesen Schlagwörtern verbirgt sich oft ein Rückzug von der Lebenswelt Jugendlicher, die dann mittels mehr oder weniger guter Theorien von außen betrachtet wird. Wer Jugendliche nur – und noch nie anders – als durch die beraterische oder therapeutische Brille gesehen hat, wird eine zentrale Funktion der Jugendarbeit nur mangelhaft erfüllen können, nämlich Brückenbauer zwischen den Generationen zu sein. Handlungsorientierte Methoden können die Pädagogen wieder zu dieser ursprünglichen Funktion zurückführen.

– »Der Weg ist das Ziel«! – Diese (fast) schon kitschige Aussage gilt selbstverständlich für handlungsorientierte Ansätze. Ebenso wichtig wie die gelungene Theateraufführung sind die Proben, Krisen, Diskussionen, Wendepunkte, Ideen, die ihr vorausgingen. Wichtiger als das Gipfelkreuz ist die gemeinsame und individuelle Leistung, das neue Gespür für den eigenen Körper, die Gedanken, die das Gehen hervorrief. Nicht das Reiseziel Türkei, sondern der gemeinsame Aufbruch, die Reisefreude, die Beschwerlichkeiten der Reise, die Erlebnisse in und durch die Reisegruppe bleiben im Gedächtnis haften.

– Erfahrungslernen gewinnt immer, wenn es nicht als Selbstzweck angeboten wird. Von sozialen und ökologischen Initiativen wie z. B. »GREENPEACE« und »ROBIN WOOD« kann die moderne Pädagogik viel lernen. Konzeptionen aus dem Bereich der Jugendhilfe, die Erlebnis- und Reisepädagogik mit sozialen oder ökologischen Zwecken verbinden, sind schlichtweg überzeugend.

– Überschaubarkeit, Unmittelbarkeit, Unausweichlichkeit sind Stichwörter für »Experiential Learning«. Das handlungsorientierte Lernen vereinfacht notwendigerweise die komplizierte Wirklichkeit auf in der Regel überschaubare und kontrollierbare Funktionen (vielleicht, weil so der Mut zum Handeln wächst?). Diese Reduktion muß wieder aufgehoben und die Erfahrungen müssen in die Realität integriert werden. Nur so kann die Hoffnung aufgebaut werden, daß wir durch Handeln etwas bewirken können.

Was aber bewirkt Erfahrungslernen bei den Personen, denen unsere Bemühungen, gelten? Kann Erfahrungslernen etwas zur Persönlichkeitsbildung beitragen und wenn ja, werden die dort gelernten Fähigkeiten in den Alltag umgesetzt? Bevor man diese Grundsatzfrage stellt, sollte man den Anlaß der Fragestellung genauer betrachten. Die Öffentlichkeit, die auf schulische und außerschulische Bildung, auf Jugendarbeit und Jugendhilfe, auf Ferien- und Freizeitpädagogik blickt, ist skeptisch geworden. Die Frage nach der Wirkung kam in der außerschulischen Bildung der 70er Jahre überhaupt nicht vor. Das wurde von allen Beteiligten schlichtweg vorausgesetzt. Wer sich heute auf die Frage der Wirkungen handlungsorientierter Ansätze einläßt, kommt leicht in einen Legitimierungszwang, der an herkömmliche Methoden der Bildungsarbeit, wie etwa politische und kreative Bildung, nicht oder kaum herangetragen wird. Trotzdem ist diese Frage für Geldgeber, Träger und auch Pädagogen unumgänglich, wenngleich sie äußerst schwierig zu beantworten ist. Ein streng wissenschaftlicher, empirischer Beweis ist nur in manchen Details (vgl. dazu JAGENLAUF 1990) führbar. In der Regel sind Erziehungssituationen so komplex, daß in Anlehnung an die moderne Physik nur vom deterministischen Chaos der Pädagogik gesprochen werden kann, da unter nahezu identischen Ausgangsbedingungen völlig unterschiedliche Ergebnisse erzielt werden können.

Das ist auch eine flüssige Formel für Erfahrungslernen. Personen, Konstellationen, Ausgangsbedingungen, Stimmungen und Gefühle sind vielfältig und in ihrer Mischung einmalig. Gäbe es formulierbare Gesetze, so müßte wohl das Prinzip der Individualität und Freiheit des Menschen umgeschrieben werden. Wie in der Psychoanalyse ist durch eine gute Theorie die Verhaltensweise eines Individuums in der Rückschau bestens zu erklären, als Vorhersage aber nur mehrdeutig bestimmbar. Die Erlebnisse, die handlungsorientierte Methoden vermitteln, sind so gesehen einmalig und nicht wiederholbar, im Gegensatz etwa zum psychologischen Experiment, das im Labor stattfindet, die Wirklichkeit auf einige wenige Variablen beschränkt und keine weiteren Einflüsse mehr zuläßt, somit also Raum und Zeit standardisiert.

Unsere Erziehungs- und Handlungsziele sind also mehr oder weniger realistische Fiktionen, Hoffnungen, Wünsche, Erwartungen, selten aber klar erreichbare und kontrollierbare Ziele. Die Lernziele Selbständigkeit, Verantwortlichkeit, soziale Kompetenz, Mündigkeit etc. sind Soll-Normen; »Learning by Doing« ist der Versuch, sich diesen Werten anzunähern. Eine nüchterne Betrachtungsweise der Möglichkeiten dieser modernen Methoden tut angesichts mancher Euphorien gut. In nicht wenigen Fällen bleibt aber »Learning by Doing« eine lange Zeit vergessene, verdrängte und von Theoretikern geschmähte Methode des Lernens.

2. Rundblicke
Von Aberdovey bis Zimbabwe

*In der Wurstigkeit gegen alle Probleme liegt die letzte
Vorahnung davon, wie es wäre, ihnen gewachsen zu sein.
Weil alles problematisch wurde, ist alles irgendwie egal.*

PETER SLOTERDIJK, Kritik der zynischen Vernunft

2.1 Der Weg einer Idee – Kurt Hahns Erlebnispädagogik auf allen Kontinenten

Das konjunkturelle Hoch der Erlebnispädagogik in Deutschland wird verständlich, wenn man sich vergegenwärtigt, daß das Pendant in den angelsächsischen Ländern zu den fest etablierten Disziplinen im weiten Feld der Pädagogik zählt. Es ist hierzulande ein Nachholbedarf zu befriedigen bzw. ein inhaltliches Vakuum aufzufüllen, wenn man so will. Die gesellschaftspolitischen, sozialen und ökologischen Entwicklungen begünstigen den momentanen Höhenflug der Erlebnispädagogik zusätzlich.

KURT HAHN konnte sich in Großbritannien auf einen Fundus von Erfahrungen stützen, die er beim Aufbau und in der Leitung von Landerziehungsheimen in Deutschland sammelte. Die ersten erlebnispädagogischen Kurse, die HAHN in Zusammenarbeit mit dem Reeder LAURENCE HOLT 1941 an der Westküste von Wales initiierte, wurden zudem ganz wesentlich vom Geist britischer Seefahrt getragen. HOLT hat das in seiner Rede anläßlich der Eröffnung der OUTWARD BOUND School in Aberdovey besonders hervorgehoben: »That spirit that has led her sons to adventure upon the seven seas.«[1] Das Abenteuer hat ohnehin in der pädagogischen Literatur Englands seinen festen Platz. Durch die Tradition der Public Schools, den Landerziehungsheimen und einem staatlichen Schulsystem, das weniger körperfeindlich war als beispielsweise das deutsche um die Jahrhundertwende und während der Weimarer Zeit, waren insgesamt günstige Voraussetzungen für ein pädagogisches Programm vorhanden, das auf körperliche Bewegung in der Natur setzte. Demgegenüber war im Nachkriegsdeutschland alles verpönt, was in seiner Äußerlichkeit an die Rituale von Körperertüchtigung und Volksgesundheit im Nationalsozialismus erinnerte.

HAHNS Verbindungen zu amerikanischen Wissenschaftlern und Politikern, die er während des Ersten Weltkriegs kennengelernt hatte, förderte in den 60er Jahren die Gründung von OUTWARD BOUND Schools in den USA. Für Amerika war diese Art der Erziehung ein Novum. Die Arbeit der Pfadfinder scheint damals in erster Linie auf das Erlernen verschiedener »skills« (Techniken) ausgerichtet gewesen zu sein, weniger im pädagogischen Sinne auf die Persönlichkeitsentwicklung junger Menschen (vgl. dazu: MINER 1966, S. 293 ff.). In Kürze entstanden neben OUTWARD BOUND eine Vielzahl ähnlicher Initiativen und Projekte. Frühzeitig entdeckten auch Wissenschaft und Forschung die noch junge Disziplin der Erlebnispädagogik.

---

[1] (Zit. nach: SCHWARZ 1968, S. 58. *Der Geist, der ihre Söhne antrieb, Abenteuer auf den sieben Meeren zu suchen*)

OUTWARD BOUND Schools wurden in erster Linie im »Einzugsgebiet« des Commonwealth gegründet, und zwar bereits in den 50er Jahren in Afrika, in den 60ern dann in Australien, Neuseeland und Asien. Auf dem europäischen Kontinent konnte sich HAHNS Modell in Deutschland, den Niederlanden und Belgien, später dann in Frankreich und seit Beginn der 90er Jahre in einigen osteuropäischen Ländern etablieren.

2.2 Weder exotisch noch neu – Experiential Education

»Experiential Education« ist das Gegenstück zur »handlungs- und erfahrungsorientierten Pädagogik«, die hierzulande erst in den letzten Jahren reüssierte. Im 1650 Seiten starken Lexikon der »Pädagogischen Grundbegriffe« von 1989 (LENZEN) sucht man den Begriff »handlungsorientierte Pädagogik« noch vergebens. Acht Jahre später stellt BECK unter dem Titel »Handlungsorientierung des Unterrichts« (BECK 1996) 19 Ansätze von ebenso vielen Autoren zu diesem Thema vor. Bis auf eine Ausnahme wurden alle nach 1989 publiziert. Orientieren wir uns also an den Vereinigten Staaten als eine der Hochburgen der »handlungsorientierten Pädagogik«. Die »Association of Experiential Education«, sozusagen die geistige Plattform des Handlungslernens, nimmt für sich in Anspruch, nicht nur die in Nordamerika arbeitenden Organisationen und Personen zu vertreten, sondern auch den »Rest der Welt«. Sie definiert ihren Gegenstand wie folgt: »Experiential Education is a process through which a learner constructs knowledge, skill, and value from direct experiences.«[1](LUCKMANN 1996)

Dieses offene, raumgreifende Verständnis knüpft mit dem Verbum »to construct« an die progressiven Konzepte der Reformpädagogik an und schließt musisch-kreative Ansätze mit ein: vom Theater bis zur Malerei, von der Gestaltarbeit bis zur Tanztherapie. Das Pendant zur Erlebnispädagogik hierzulande heißt jedoch nicht »Experiential Education«, sondern vielmehr »Adventure Education«.[2] Wem der Terminus »Education« zu eng ist, der kann sich auch an den Begriff »Adventure Programming« halten. Letzterer bezieht sich nicht auf Erziehung im engeren Sinne, sondern schließt Formen wie Freizeitpädagogik, Training und Therapie mit ein.

Mit dem Terminus »Adventure Programming« liegt der Fokus auf der Verarbeitung herausfordernder Situationen in einem Kontext von Entwicklung, wobei die Kategorien Körper und Bewegung hinzukommen. Als Arenen dienen Berge und Flüsse, Wälder und Wüsten sowie das »Dickicht der Städte«,

---

[1] Handlungs- und erfahrungsbezogene Pädagogik ist ein Prozeß, bei dem der Lernende sich Wissen, Fähigkeiten und Werte über direkte Erfahrungen erarbeitet.
[2] Hier müssen wir uns gegenüber der 1. und 2. Auflage dieses Buches korrigieren.

»Ropes Courses«, aber auch die banale Rasenfläche, auf der Initiativübungen den einzelnen und die Gruppe fordern.

Alle Techniken, die gelernt werden, um sich in diesen Handlungsräumen zurechtzufinden, sind nur Mittel zum Zweck: »The defining characteristic of adventure education is that a conscious and overt goal of the adventure is to expand the self, to learn and grow and progress toward the realization of human potential.«[1]

Für viele Jugendliche in England und den Vereinigten Staaten beginnt Lernen in der Wildnis, im »Ropes Course« (Seilgarten) oder unter dem Dach des städtischen Hallenbades spätestens in der Schule. Regionale Schulbehörden in England bzw. Institute von Universitäten in den USA betreiben »Adventure Centers«, in denen Schüler mehrerer Schulen im Rahmen von ein- oder zweiwöchigen Kursen, aber auch für einen Nachmittag, »Ropes Courses« begehen, Initiativ- und Problemlösungsspiele durchführen, Orientierungsläufe unternehmen oder Bogenschießen können. Ebenso wie für den deutschen Schullandheimaufenthalt gibt es auch hier Sicherheitsrichtlinien. Allerdings werden vermeintlich riskante Aktionen wie Klettern und Abseilen nicht von vornherein per Dekret ausgeschlossen – und damit in die nicht kontrollierbaren, verbotenen Sektoren von Mutproben abgedrängt – sondern, quasi lehrplanmäßig, angeboten.

»Adventure Programming« bezieht seine spezifische Bedeutung und Wirksamkeit in angelsächsischen Ländern offenbar aus einer zweifachen Verankerung: Auf der einen Seite ist der Sportunterricht (und die Sportwissenschaft) offen für Aktionsformen, die sich nicht in Weiten, Zeiten, Wertungsnoten und Punktergebnissen ausdrücken lassen müssen, und ebenso offen für psycho-soziale Entwicklungschancen in einem weniger reglementierten Handlungsfeld. Zum anderen ist in den Institutionen der öffentlichen und privaten Erziehung anscheinend eine allgemeine Bereitschaft vorhanden, technisch-instrumentelle Lerninhalte, in denen definierbare Fähigkeiten und Fertigkeiten trainiert werden, quantitativ zu begrenzen und damit Platz für handlungsorientierte Lernräume zu schaffen, in denen der Ausgang des Lernprozesses weniger genau curricular zu bestimmen ist und der Akzent auf die Persönlichkeitsentwicklung gelegt wird: »... and the program has become not so much an established and definitive curriculum model as a physically exciting and accepted philosophy toward the education of the total person.«[2]

---

[1] (MILES/PRIEST 1991, S. 1. Als Charakteristikum der Adventure Education kann definiert werden, daß mit dem Abenteuer bewußt und zugleich offen Prozesse in Gang gesetzt werden sollen: sich zu entwickeln, zu lernen und zu wachsen, um die menschlichen Möglichkeiten zu verwirklichen.)

[2] (ROHNKE 1986, S. 68. Das Programm wurde weniger zu einem feststehenden und definierten Kursmodell, sondern vielmehr zu einer – allgemein anerkannten – physisch herausfordernden Erziehungsphilosophie, die den Menschen als ganzheitliches Wesen im Blick hat.)

Eine Erziehung, in der das Abenteuer seinen festen Platz hat, findet sich in Großbritannien, den Vereinigten Staaten, Australien oder Neuseeland in vielen öffentlichen und privaten Sozialisationsinstanzen. Die Palette reicht von der Schule über Universitäten und unzählige freie Träger, die vor allem Programme für den »Endverbraucher« anbieten, bis hin zu fest etablierten – nicht etwa exotischen – Veranstaltern von Outdoor Trainings für Manager sowie zu therapeutisch ausgerichteten Anbietern. »Adventure Therapy« baut auf die heilende Wirkung natursportlicher Aktivitäten, auf körperbezogene Initiativspiele, auf die sinnliche Wahrnehmung und Verarbeitung von Natureindrücken.

»Stress Management Seminars« sind Veranstaltungen von einem oder mehreren Tagen Dauer, in denen persönliche und gruppenbezogene Herausforderungen gesucht werden. »Ropes Courses«, Kletter- und Abseilübungen oder Problemlösungsaufgaben sollen stimulieren und Spannungszustände schaffen. Mit der Bewältigung der gestellten Aufgaben sollen positive Effekte erzielt werden: Steigerung des Körperbewußtseins, der allgemeinen Fitness, Zugewinn an Selbstbewußtsein und Vorbereitung auf potentiell streßbesetzte Situationen im beruflichen und privaten Alltag.

Wenn man die einschlägige Literatur der »Schlüsselregionen« in der Experiential Education, Großbritannien und die Vereinigten Staaten, miteinander vergleicht, so ergeben sich auffallende Unterschiede: In Großbritannien dominiert eine historisch-hermeneutische Fundierung, ausgerichtet an der Vorstellung eines ganzheitlichen Menschenbildes. Gleichzeitig wird die Experiential Education im Konkurrenzdruck eines prosperierenden Marktes ein Stück weit trivialisiert: Die Grenzen zwischen einer ernsthaften Pädagogik und einer beliebigen Freizeitbeschäftigung, die mehr Spaß verspricht als andere, verwischen. Die Anbieter buhlen um ihre Kunden, werben mit Urlaubsgefühlen oder »Incentives« (»Motivationsreisen« für Mitarbeiter und Geschäftspartner) für Firmen. In den Vereinigten Staaten sind die »Action«-Anbieter ebenfalls auf dem Vormarsch. Zugleich hat sich ein breites Spektrum von Trägern etablieren können, das sich in seinem Selbstverständnis vom Freizeitmarkt absetzt und um pädagogische und selbst therapeutische Begründungen bemüht ist. Die Theoriediskussion wird derzeit bestimmt von Rück- und Zugriffen auf klassische und moderne Ansätze der Psychologie.

2.3 Umstritten ist nicht das Ziel, sondern der Weg – Paradigmen des »Adventure Programming«

Den direkten Anschluß an das HAHNsche Bild einer kranken Gesellschaft, die einer erzieherischen Behandlung ihrer noch formbaren Teile bedarf, sucht PUTNAM, ein britischer Theoretiker und Praktiker, der in der amerikanischen Literatur ausführlich rezipiert wurde (PUTNAM 1985). Nach seiner Auffassung sind es zum einen Anpassungsleistungen, die der junge Mensch erbringen soll, zum anderen kann er durchaus konstruktiv-kritisch sein und – bewahrend wie verändernd – als Individuum das kulturelle Erbe an die nachfolgenden Generationen weitergeben. Die komplexen Aufgabestellungen, die beim gemeinsamen Bergsteigen, Segeln, Kanufahren oder während mehrtägiger Touren zu bewältigen seien, ermöglichten vielfältige Erfahrungen. Das Lernen solle schrittweise verlaufen. Nach und nach würden neue Erkenntnisse und Einsichten gewonnen. Diese ließen sich relativ einfach in die Gesamtsicht der Welt bzw. in den Bezugsrahmen des Lernenden einordnen. Ohne zu relativieren, unterstellt PUTNAM per se die Wirksamkeit des Ansatzes. Er zweifelt an keiner Stelle, weder bei den Lernerfahrungen während der Aktionen noch bei deren Übertragbarkeit auf den Alltag. Es ist ein geschlossenes Weltbild, das sich, gestützt auf die pädagogischen Prinzipien von HAHN und DEWEY, nie selbst in Frage stellt und allein deswegen Skeptiker irritiert.

In einem amerikanischen Standardwerk, »Islands of Healing – Adventure Based Counseling« (Project Adventure 1989), wird der nondirektive Beratungsansatz von CARL ROGERS als Grundlage für erlebnisorientierte und selbstreflexible Lernprozesse herangezogen, die Verhaltensänderungen bewirken sollten: »A basic hypothesis of the ABC program (Adventure Based Counseling; die Verf.) is that a series of well designed adventurous activities which focus on success experiences will help a person to break the cycles of failure and bring about an increase in that person's ability to feel good about himself.«[1] Ebenso wie bei HAHN und bei PUTNAM soll abweichendes Verhalten durch eine Serie von Erfolgserlebnissen korrigiert werden. Gesetzt wird auf die »heilende« Wirkung von »Eustress«, einer stimulierenden Form des Stresses, und auf »Peak Experiences«, wie sie CZIKSZENTMIHALYI im von ihm so benannten »Flow« (vgl. CZIKSZENTMIHALYI 1987) beschreibt.

Während PUTNAM bei der Darstellung des Reflexionsprozesses narrativ-unverbindlich bleibt, werden im ABC-Handbuch Roß und Reiter genannt. Die verschiedenen Dimensionen sollen mittels einer Triade verdeutlicht werden:

---

1 (Ebd., S.14. Eine grundlegende Hypothese des ABC-Programms lautet, daß eine Reihe arrangierter, abenteuerlicher, auf Erfolgserlebnisse abzielender Aktivitäten einer Person helfen werden, die Serie ihrer Mißerfolge zu durchbrechen, um so ihre Fähigkeiten zu erweitern und Selbstwertgefühl zu entwickeln.)

Cognition (Thinking) – Affect (Feeling) – Behavior (Doing). Auf dieser Grundlage werden die Elemente eines »Abenteuer-bezogenen« Kurses in komplementärer Weise kombiniert. »The trust building, challenge elements, and empathy provoking experiences address the feeling side of experience. The goal-setting and problem-solving elements of the curriculum address the thinking side of experience. In a typical ABC session of one to two hours, all three aspects will ordinarily be addressed in a planned and integrated fashion.«[1] Mit fast schon penetranter Akkuratesse werden im folgenden die Aktionen wie unterschiedlich geformte Bausteine geordnet, kombiniert und aufeinandergesetzt. Angesichts dieser zwar strukturell plausiblen, aber vielleicht ein wenig bürokratischen Methode fragt sich der unbefangene Erlebnispädagoge hierzulande, ob eine curriculare Aufarbeitung dem Charakter des Gegenstands gerecht werden kann. Auf der anderen Seite kann das ABC-Handbuch als kontrastierendes Beispiel aufzeigen, wie wenig fundiert und durchdacht im deutschsprachigen Raum unspezifische Outdoor-Aktivitäten als Erlebnispädagogik angeboten und dargestellt werden.

2.4 Die alpine Gratwanderung auf den Alltag beziehen – Metaphorik und Parallelität als Strukturelemente von »Adventure Learning«

BACON greift auf die Archetypen des Tiefenpsychologen C. G. JUNG zurück und bezieht diese auf besondere Konstellationen im Handeln: der heilige Raum, Gerechtigkeit, Schicksal, die Mutter, die Familie (BACON 1983). Der Bezug wirkt insgesamt etwas konstruiert, liefert jedoch auch interessante Übertragungen von der Außenwelt zur Innenwelt. In bewußter Konfrontation zu den herkömmlichen Ansätzen der Experiential Education verzichtet BACON auf das Prinzip der Reflexion nach der Aktion. Nach seiner Auffassung muß das pädagogische Setting in seiner Struktur der Alltagssituation des Teilnehmers entsprechen, »isomorph« sein. Der Erlebnispädagoge sollte in metaphorischer Weise Lernsituationen »konstruieren«, die quasi mit der Wirklichkeit verwechselt werden können. Die Originalität BACONS liegt in der Kritik am herkömmlichen »Briefing-Action-Debriefing«: Die Reflexion wäre seiner Auffassung nach nur noch ein Ritual, bei dem sich Teilnehmer und Trainer gegenseitig versichern, was sie zuvor – direkt während des Handelns – gemeinsam gelernt hätten. In einer späteren Veröffentlichung (BACON 1987) un-

---

[1] (Project Adventure 1989, S. 24. Die vertrauensbildenden und herausfordernden Kurselemente sprechen ebenso wie die Einfühlungsvermögen erfordernden Situationen die gefühlsbetonte Seite der Erfahrung an. Die ziel- und problemorientierten Kurselemente zielen dagegen auf die rationale Seite der Erfahrung. In einer typischen ABC-Einheit von 1 bis 2 Stunden Dauer werden alle diese Aspekte integriert und in geplanter und integrierter Form umgesetzt.)

terscheidet er drei Phasen innerhalb einer »Evolutionstheorie« der Experiential Education:

– Das Modell »The Mountains Speak for Themselves«

In den 60er Jahren ist dieses Modell von England in die USA importiert worden. Es unterstellt eine allgemeine Effizienz der »Outdoors« hinsichtlich von Verhaltensänderungen. Die Erlebnisse und Erfahrungen sind »positive, profound and powerful« und werden automatisch in das tägliche Leben des Teilnehmers transferiert (Ebd., S. 7). Es ist nicht notwendig, mit Reflexionen eine Aufarbeitung des Erlebten zu leisten. Hinzu kommt, daß in der Ausbildung der »Instructors« lediglich technisch-instrumentelle Fertigkeiten der Natursportarten und körperbezogene Übungen vermittelt werden, nicht jedoch Techniken und Methoden beispielsweise der Beratung, Therapie oder Gesprächsführung. Insofern sind die Anleitenden ohnehin nicht in der Lage, eine fundierte Aufarbeitung zu leisten.

– Das Modell »OUTWARD BOUND PLUS«

Diese »zweite Generation« baut auf der Vorstellung »The Mountains Speak for Themselves« auf, schließt jedoch die Reflexion der Erlebnisse mit ein: »The second generation instructor not only provides the incremental course challenges which lead to mastery experiences, he actively assists the students' attempts to integrate the meanings of those experiences into their lives.«[1] Ungefähr Mitte der 70er bis Anfang der 80er Jahre hatte das Gros der Instruktoren die Notwendigkeit von Feedback akzeptiert und die »›Imported‹ Techniques« angewandt. Der Raum- und Zeitgewinn der Reflexion birgt nach BACONS Auffassung jedoch die Gefahr in sich, die (eigentlichen) Aktionen in die Zweitrangigkeit abzudrängen. Außerdem könne man das Modell als konventionelle Therapie oder als konventionelles Verhaltenstraining in einem naturnahen Ambiente einordnen und damit seiner Originalität berauben.

– Das »metaphorische Modell«

Als Modell der Zukunft, das in den letzten Jahren auch hierzulande Verbreitung fand, entwickelte BACON eine »Methode«, die über das Spannungsverhältnis Aktion – Reflexion hinausgeht. Er beruft sich auf Kritiker der klassischen Psychotherapie, die die kognitive Einsicht (»insight«) eines Klienten in sein Innenleben nicht als Voraussetzung für Verhaltensänderungen ansehen oder diese Einsicht sogar als Verhinderungsstrategie des Klienten zur Vermeidung von Verhaltensänderungen erkennen wollen. BACON plädiert insofern für ein »Experiential Learning« in der Aktion, nicht in der Nachbesprechung

---

[1] (Ebd., S. 9. Der Trainer der zweiten Generation arrangiert nicht nur die zunehmenden Herausforderungen, die »hochwertige« Erfahrungen ermöglichen sollen, er unterstützt auch aktiv die Versuche der Kursteilnehmer, die Bedeutung der Erlebnisse auf ihren Alltag zu übertragen.)

der Aktion: »... the primary focus is on setting up the experience so that learning and behavioral change are accomplished in the midst of the course experience. Given that the instruction has made the course acitivity psychologically equivalent to salient life challenges, it is assumed that a success at the course activity automatically transfers and generalizes.«[1]

BACON hat ein Beispiel genannt, wie für ehemals drogenabhängige Jugendliche eine Aktion »maßgeschneidert« werden kann:
Ein »High Ropes Course«, also ein Seilgarten in ca. acht bis fünfzehn Meter Höhe, bei dem eine Reihe von – zum Teil anstrengenden – Balance- und Geschicklichkeitsaufgaben zu bewältigen ist, wird den Jugendlichen vorgestellt. »Ropes Courses« in den USA sind mitunter von beeindruckender Höhe und vor allem auch Länge, so daß große psychische und auch physische Anforderungen von den Probanden bewältigt werden müssen. Der Instructor bereitet die Jugendlichen darauf vor, daß er und seine Kollegen/innen diesmal nicht beratend und helfend zur Seite stehen (»talk the hesitant student over the beam«; Ebd., S. 22.), sondern sie von unten überreden, den Parcours abzubrechen: »Hey Joe, you've done enough« oder »You've already done as much as can be expected of you given your fear of heights...«[2] Die alltäglich lauernde Versuchung wird also mittels einer Übung, die durchaus auch Ernstcharakter hat, parallel zur Alltagsrealität »inszeniert«. Der Transfer, der nach dem Verständnis von BACON bereits während der Übung antizipiert wird, ist bei diesem Beispiel von metaphorischer Konstruktion.

Das »metaphorische Modell« BACONs ist nicht nur ein zukunftsweisender Weg in der Experiential Education generell, sondern – analog auf mitteleuropäische Verhältnisse angewandt – auch eine fundierte Kritik an der »Sozialpädagogisierung« des Erlebnisses. Weit verbreitet ist die Methode, die Intensität des Augenblicks ebenso wie die zermürbende Länge und Schwere einer Tour »totzureden« – in Ritualen, in denen die Selbstdarstellungsmanie der Pädagogen Gelerntes wieder zerschlagen kann. Andererseits gerät BACON an den Rand einer antiintellektuellen, dem Reich der Mythen und Sagen zugewandten Heilslehre, die sich ganzheitlich geriert, jedoch ins Diffuse, schwer Lokalisierbare abzudriften droht. Dabei bedürfte es gerade bei BACONs »metaphorischem Modell« pädagogischer Strategien, die Sensibilität und Systemkenntnis, Intellektualität und vernetztes Denken sowie vor allem soziologische Phantasie (NEGT 1975) zur Konstruktion »isomorpher« Strukturen in den »Outdoors« einschließen. In seiner Ausschließlichkeit und Konsequenz ist BACONs Modell des Meta-

---

[1] (Ebd., S. 24. Es kommt darauf an, die Erfahrungen so zu plazieren, daß die Lernprozesse und die Verhaltensänderungen während des Kurses erreicht werden. Wenn die Einführung in eine Aktivität psychologisch äquivalent zur Lebenslage der Teilnehmer erfolgt, so kann angenommen werden, daß ein Erfolg im Kurs automatisch auf den Alltag übertragen und damit verallgemeinert wird.)
[2] (Ebd., S. 21. Wenn man deine Angst vor Höhe bedenkt, dann hast du schon soviel geschafft, wie man von dir erwarten konnte.)

phorischen trotz aller Vorbehalte Fixpunkt vieler neuerer Theorieversuche und Praxiskonzepte.

GASS, GOLDMANN und PRIEST stützen sich bei ihren Konstruktionen von Trainingsprogrammen für Wirtschaftsunternehmen und Nonprofit-Organisationen auf BACON (GASS et al. 1992, S. 35). Vier besondere Charakteristika kennzeichnen ihr Konzept: Context, Continuity, Consequences und Care.

Unter »Context« wird gefordert, das erlebnispädagogische Setting in seinen Strukturen »parallel« zu den Strukturen des Arbeitsplatzes der Teilnehmer zu entwickeln, um so »isomorphic connections« zu erzielen. Das Charakteristikum »Continuity« steht für den individuellen Lernprozeß des Teilnehmers vor dem Hintergrund des Gesamtgefüges des Unternehmens bzw. der Organisation. »Consequences« umschreibt die Ernsthaftigkeit der Situation, die nachhaltige Lernerfahrungen ermöglichen soll. »Care« schließlich umfaßt die technisch-instrumentelle, fachlich-methodische und pädagogische Kompetenz der »Instructors«, den Grad der psychisch-physischen Belastungen der Teilnehmer sowie die Sicherheitsrichtlinien. Im Gegensatz zu BACON wird von den Autoren die Reflexion (»debriefing«) als unerläßlich angesehen. In der Nachbesprechung sollten

(1) die Lernsituationen in der Aktion erörtert,
(2) die Wirkung der Erlebnisse auf das Gruppenverhalten und auf die Individuen eingeschätzt,
(3) Erfolgs- und Mißerfolgserlebnisse hinsichtlich der objektiven und affektiven Wirkungen analysiert,
(4) die Transferchancen (auf den Arbeitsplatz) eingeschätzt und
(5) die Konsequenzen für Verhaltensänderungen in der Zukunft antizipiert werden (vgl. ebd., S. 41).

Das Autorenteam aus drei Universitäten der Vereinigten Staaten und Kanadas plaziert sein Statement als Gegenpol zu einer – in Europa entstandenen – archaischen Erziehungsvorstellung, die sich auf die Dimensionen Charisma, Natürlichkeit und Einfachheit stützt. GASS et al. sind zwar keine Lehrplantechnokraten, benutzen jedoch auf einer systematischen Folie Kategorien, die an die Schulpädagogik anknüpfen.

MIKE GASS und SIMON PRIEST haben das ursprünglich von BACON erarbeitete metaphorisch-isomorphe Modell zwischenzeitlich ausdifferenziert und in vielerlei Richtungen weiterentwickelt (vgl. z. B. GASS 1991, GASS 1995, PRIEST o. J.; vgl. auch 3.2). Trotz aller Faszination, die dieses Modell zweifellos ausstrahlt, sollten kritische Fragen zu dessen Ethik und Ästhetik nicht ausgeblendet werden: Problematisch am Verfahren ist ohne Zweifel, daß der Pädagoge Metaphern und Isomorphien für die jeweilige Klientel ersinnt und dann mehr oder weniger darauf wartet, daß diese dann während der Aktion mit Leben gefüllt werden. CORNELIA SCHÖDLBAUER weist mit Recht auf diesen Aspekt hin: »Wir designen Kurse. (...) Das darf aber nicht dazu führen, daß wir im Kursdesign die Themen und Problemlagen (der Teilnehmer; die Verf.) so antizipieren, daß wir nur noch die Eier finden können, die wir zuvor versteckt haben.« (SCHÖDLBAUER 1997, S. 48) Und: Metaphern dürfen nicht zu»starren Topoi gerinnen« (ebd., S. 42). Wenn sich der Instructor allein auf seine manchmal vagen Einblicke in das soziale Umfeld der Teilnehmenden verläßt, läuft er Gefahr, seinen eigenen Projektionen aufzusitzen und seine Kientel mit Mißdeutungen und Fehlinterpretationen zu traktieren.

HOVELYNCK (1998) schlägt in die gleiche Kerbe und regt an, das »Modellieren« von Bildern und Vorstellungen den Teilnehmern zu überlassen, um so »generative Metaphern« zu gewinnen: »With a concept of metaphors as participants' guiding images, experiential learning can be understood as a process of metaphor change, and the task of experiential trainers or educators consists primarily of facilitating the development of images that generate new potential, or ›generative metaphors‹«[1] (ebd., S. 2). Der Lernraum sollte nicht durch die Instructors determiniert werden, sondern so offen sein, daß die Teilnehmer ihre eigenen Bezüge, Phantasien und Entwicklungsthemen einbringen können. Der Trainer / Pädagoge ist dabei »Facilitator«, Moderator und sensibler Beobachter, hat das Gespür für die generativen Themen der Individuen und der Gruppe, schafft Platz für deren Bearbeitung, geht vielleicht sogar so weit, während der Aktionen zu intervenieren, um hochschießende Gedanken, Gefühle festzuhalten und für Wachstum und Entwicklung zu nutzen.

Am metaphorischen Ansatz knapp vorbei schießt RANDOLPH DELAY mit seiner Kritik. Im Visier hat er vornehmlich das behavioristische Denken, das sich in zahlreichen Aufsätzen der amerikanischen Outdoor-Pädagogik wiederfindet: » ... the prevailing ideology among many curriculum thinkers, planners, and researchers is ›curriculum as prescription‹. It develops from a belief that every ingredient of a course of study can be defined and the appropriate parts taught in a uniform, systematic sequence. This rather deterministic view tends to assume the teacher (program leader) as the giver of knowledge and the students (participants) as the passive recipients of a common knowledge set.«[2] (DELAY 1996, S. 76) Als gelernter Biologe orientiert er sich am »Radikalen Konstruktivismus«, welcher – verkürzt ausgedrückt – Wirklichkeit nicht als objektive Größe, sondern als »Konstruktion« des jeweiligen Beobachters begreift. Insofern käme es, DELAYS Gedankengang aufgreifend, darauf an, daß die beteiligten Individuen (Lehrer wie Schüler) ihre »verschiedenen Wirklichkeiten« miteinander vergleichen, um sie an gemeinsamen ethischen Prinzipien zu messen.

---

[1] Mit einem Konzept, das die Vorstellungen der Teilnehmer als Ausgangspunkt nimmt, kann Handlungslernen als Prozeß verstanden werden, bei dem Metaphern wechseln. Die Aufgabe der Trainer oder Erzieher besteht dabei vor allem darin, die Entwicklung von Bildern und Vorstellungen zu unterstützen, um so neue Anknüpfungspunkte, d. h. generative Metaphern, hervorzubringen.

[2] Das vorherrschende Denken bei den Konzeptentwicklern und Forschern lautet: Das »Kursdesign« ist Vorschrift! Dahinter verbirgt sich die Vorstellung, daß jedes Element eines Kurses bestimmt werden kann und die Einzelteile in einer einheitlichen, systematischen Weise »doziert« werden. In dieser ziemlich deterministischen Sichtweise ist die Tendenz angelegt, den Pädagogen als den »Wissensgeber« und den Kursteilnehmer als den passiven Rezipienten eines allgemeingültigen Wissensbestandes zu betrachten.

Um im – systemischen – Bild zu bleiben: Jede Bewegung erzeugt eine Gegenbewegung. Die amerikanische Theoriediskussion war und ist vom Bemühen bestimmt, mittels durchgängiger, geschlossener Curricula und ausdifferenzierter Evaluationsverfahren einen hohen Wirkungsgrad zu erzielen. Die Gegenbewegung mißtraut diesem tendenziell gesellschaftskonformen, auf Anpassung zielenden Verständnis und – was noch wichtiger ist – rückt die handelnden Personen und den Prozeß sowie die Rückschau auf ihn wieder in den Vordergrund. Und somit wären wir wieder bei DEWEY angelangt, wenn auch auf Umwegen.

2.5 Experiential Education ist überall und nirgendwo – Ein Streifzug durch die Kontinente

Der Versuch, einen Überblick zur weltweiten Verbreitung der Erlebnispädagogik zu geben, ist fast zwangsläufig zum Scheitern verurteilt. So wurde dieses Thema auf den Erlebnispädagogik-Fachtagungen der letzten Jahre in Deutschland, Österreich und der Schweiz entweder ausgespart oder nur am Rande – meist auch recht oberflächlich – angerissen. Die »Association for Experiential Education« (AEE) stützt sich auf die Achse USA/Kanada – England sowie auf Länder des (ehemaligen) Commonwealth, das heißt auf englischsprachige Regionen. Außerhalb dieser »Hochburgen« der Experiential Education verfügt die AEE nur über relativ wenige Mitglieder. Erst in den letzten Jahren haben unter dem Dach der AEE erste regionale Treffen außerhalb von Nordamerika stattgefunden. Eine wirkliche Vernetzung von Anbietern, Gruppen und Einzelpersonen ist noch nicht in Sicht, zumal der Rahmen AEE über die Erlebnispädagogik, wie wir sie verstehen, weit hinausreicht und insofern der gemeinsame Nenner ziemlich klein ist. Der hier unternommene Anlauf nimmt für sich keineswegs in Anspruch, eine flächendeckende und umfassende Übersicht zu leisten. Versucht wird lediglich ein Streifzug quer über die Kontinente, der sich eher kursorisch denn repräsentativ versteht.

Europa

Der englische »Markt« in der Adventure Education als auch im Management Development Outdoors (MDO) ist immer noch relativ dicht, dünnt jedoch mehr und mehr aus. Eine Studie, die jedoch nur einen kleinen Teil des Marktes erfaßt, nennt 43 Organisationen, die in diesen Feldern tätig sind (OMTRAC 1990). Mindestens 75 % dieser Träger haben nach Aussagen von Insidern vorwiegend kommerzielle Interessen. OUTWARD BOUND UK (United Kingdom) ist immer noch der größte Anbieter (in der englischen OUTWARD-BOUND-Organisation arbeiten 500 Mitarbeiter), hat einen Bekanntheitsgrad von ca. 80% in der englischen Bevölkerung und ist in den Jahren 1993 bis 1996 aufgrund von massiver Konkurrenz (z.B. rein den Profitinteressen der Kunden zugute kommende Trainings von Spezialveranstaltern) nur haarscharf am Konkurs vorbeigeschrammt. Auf der Insel konkurrieren mit OUTWARD-BOUND beispielsweise die Nonprofit-Anbieter Brathay Hall Trust, The Leadership Trust, Lindley Education Trust Ltd. und natürlich viele profitorientierte Organisationen.

Wie flächendeckend und umfassend die erlebnispädagogischen Träger in Großbritannien verteilt sind, erläutert eine Liste mit Anbietern von »Adventure Opportunities« in Suffolk (Suffolk County Council Education Development o. J.), einer kleinen Grafschaft in Ostengland: Allein dort gibt es 95 Organisationen, die erlebnispädagogische Kurse für Schulen anbieten!

In den sehr dicht besiedelten Ländern Niederlande und Belgien ist die unberührte Natur, die so häufig in den einschlägigen Prospekten bemüht wird (aber in Europa so gut wie nicht mehr anzutreffen ist), Mangelware. In Holland werden relativ viele Langzeitprojekte, aber auch kurzzeitpädagogische Kurse mit Segelschiffen auf dem Ijsselmeer gestartet. In den Ardennen tummeln sich sowohl belgische als auch holländische Gruppen. Klettergärten befinden sich meist in privater Hand; man zahlt Eintritt oder kauft sich seinen eigenen und zieht einen Zaun herum. Die Schlüssel für die Eingänge von Höhlen werden von Agenturen gegen Entgelt ausgegeben. Kein Wunder, daß die Niederlande und Belgien neue Handlungsfelder suchen: Erlebnispädagogik im Dickicht der Städte.

Obwohl in jüngster Zeit in Frankreich einige Fortschritte beobachtet werden können, scheint unser westlicher Nachbar eher ein erlebnispädagogisches Entwicklungsland zu sein. Die Leiter der natursportlichen bzw. erlebnisorientierten Kurse des Deutsch-französischen Jugendwerks beklagen sich immer wieder über die mangelnde Bereitschaft junger Franzosen, sich auf körperliche Anstrengungen einzulassen. In Südfrankreich arbeitet eine Reihe von Anbietern mit den Medien Berge, Höhlen bzw. Felsen und Wasser. Zudem nutzen viele deutsche, schweizerische aber auch belgische und holländische Anbieter die bizarre Szenerie etwa einer Calanque-Schlucht oder die unzähligen erschlossenen Kletterfelsen zwischen Seealpen und Pyrenäen.

HARTMUT SOMMER berichtet von einem spanischen Modell (vgl. dazu: BAUER 1985, S. 52 f.), das nach seiner Einschätzung als »Erlebnistherapie« bezeichnet werden kann. In Bemposta, der »Stadt der Jungen«, leben seit Ende der 70er Jahre ca. 2000 Jungen aus 20 Ländern, die in Nordspanien ein Gemeinwesen »völlig selbst gestalten«. Im »Grand Aventura«, dem großen Abenteuer, durchlaufen die Jugendlichen freiwillig innerhalb eines Jahres unterschiedliche Bewährungssituationen: Unter asketischen Bedingungen leben sie drei Monate in einem Felsenkloster, arbeiten anschließend in einem Krankenhaus und bei Atlantikfischern, ziehen schließlich jeweils zu dritt bettelnd durchs Land. Eine Überschrift »Outdoor-Aktivitäten« würde dieses Projekt selbstverständlich ausschließen. Doch sollen an dieser Stelle auch periphere Bereiche der Experiential Education vorgestellt werden.

Osteuropa war lange ein weißer Fleck auf der Landkarte der Erlebnispädagogik. Die staatlichen Trimm- und Körperertüchtigungsagenturen waren zwar häufig outdoor-orientiert, unterschieden sich aber in den Zielen und auch Methoden elementar von dem, was man im deutschsprachigen Raum als Erlebnispädagogik bezeichnet. In der Tschechischen Republik jedoch arbeitet die Vacation School Lipnice bereits seit vielen Jahren mit westlichen Mustern. Sie wurde im Juni 1991 als erste OUTWARD-BOUND-Mitgliederorganisation Osteuropas anerkannt. Pädagogen aus England und Deutschland berichten von dem enormen Enthusiasmus, den die Organisatoren und Pädagogen einsetzen, und von der Aufbruchstimmung, die dort vorherrscht. Die Fakultät für Sportwissenschaft der Karls-Universität in Prag bietet seit dem Wintersemester 1992/93 einen eigenen Studiengang im Bereich Natursport und Outdoor Training an. In Ungarn, Bulgarien, Rumänien und Slowenien haben sich neben OUTWARD BOUND auch andere Anbieter etablieren können. Selbst das Gebiet der ehemaligen Sowjetunion ist kein weißer Fleck mehr auf der erlebnispädagogischen Landkarte: Delegationen der AEE haben seit Beginn der 90er Jahre Entwicklungshilfe geleistet, indem sie Projekte vor Ort mit Material versorgten und auch längerfristige Initiativen zur Qualifizierung einheimischer Pädagogen auf den Weg bringen konnten.

Die Initiativen aus Osteuropa haben eines gemeinsam: Sie haben kaum finanzielle Mittel zur Verfügung. Das führt dazu, daß sie auch touristische Veranstaltungen anbieten müssen, oder daß sie zum Teil mit finanzkräftigen Firmen des westlichen Auslands zusammenarbeiten, um sich auf diese Weise die wirtschaftlichen Grundlagen für ihr Fortbestehen zu sichern.

In den skandinavischen Staaten gibt es eine alte Tradition pädagogischen Handelns in den »Outdoors«. So spielt in Finnland die Erlebnispädagogik in der Jugendarbeit und auch in der Ausbildung von Sozialpädagogen eine bedeutende Rolle. Etablierte Träger wie die Adventure School Tornio und OUTWARD BOUND Finnland sowie die Fakultät für Soziale Arbeit der Universität Tampere können auf eine gewachsene Kultur des Lernens in den Outdoors bauen. Zwischen ihnen und Anbietern und Lehrenden aus dem deutschen Sprachraum konnte sich inzwischen ein reger Erfahrungsaustausch mit regelmäßigen gegenseitigen Besuchen etablieren.

In Norwegen arbeitet seit vielen Jahren eine ganze Reihe von Initiativen in der Gemeinwesenarbeit und nutzt dabei eine am Erfahrungslernen orientierte Konzeption unter Einschluß von Natursportarten. Anknüpfend an diese alte Tradition wird an verschiedenen Hochschulen des Landes das Fach Freiluftleben gelehrt. Es kann wohl auch dem rauhen Klima zugeschrieben werden, daß die norwegischen Unternehmungen große Anforderungen in bezug auf Physis und Psyche stellen. Schweden und Dänemark haben eine sehr aktive Erlebnispädagogik-Szene. Auch hier sind die Kontakte zu deutschen Veranstaltern – vor allem was den maritimen Bereich angeht – relativ eng.

Die Schweiz mit ihren ausdifferenzierten und finanziell gut ausgestatteten sozialen Sicherungssystemen bietet einen guten Nährboden für erlebnispädagogisch arbeitende Initiativen. Es sind vor allem Langzeitprojekte, die den Ton angeben: »Pro Juventute«, eine therapeutische Wohngemeinschaft mit einem ökologisch orientierten Programm, der Verein »Plus – Schweizer Jugendschiff zur See«, »Trek« sowie die »Wildnisschule«, die auch Fortbildungen für Multiplikatoren und eine Zusatzausbildung anbietet (Gottlieb-Duttweiler-Institut 1991). Außerdem gibt es einige Veranstalter, die – mit Schwerpunkt Personalentwicklung – Outdoor Trainings für Unternehmen und Nonprofit-Organisationen anbieten.

Österreich hat aufgeholt in den letzten Jahren. Gab es Anfang der 90er Jahre nur wenige, meist kleinere Initiativen, so kristallisierten sich inzwischen einige regionale Zentren heraus. Erstens Wien: um den Fachbereich Sportwissenschaft der Universität Wien und die Arbeitsgemeinschaft Outdoor-Aktivitäten. Zweitens Linz: um den Verein ARCHE NOAH (vgl. KRESZMEIER 1993). Drittens Innsbruck: um die Jugend des Österreichischen Alpenvereins, die nicht nur vereinsintern aktiv ist, sondern auch eine von Tiroler und Vorarlberger Ministerien bezuschußte Zusatzausbildung für Multiplikatoren anbietet. AMESBERGER dokumentierte ausführlich Programme für zur Bewährung entlassene Straffällige, die der Wiener »Verein für Bewährungshilfe und soziale Arbeit« durchführte. Alpine Mehrtages-Touren, Kletteraktionen und Initiativspiele wurden besonders gründlich vorbereitet und ausgewertet. Stärker als die deutschen Veranstalter greifen die österreichischen Konzeptmacher auf die amerikanische Methodendiskussion zurück und orientieren sich auch in ihren Sicherheitskonzepten an Experten aus den Vereinigten Staaten, z. B. in bezug auf »psychogene Aspekte« sowie auf Anlage und Betrieb von »Ropes Courses« (Amesberger et al. 1991; Amesberger/Siebert 1994).

Amerika

In einer Auflistung des Journals »Training & Development« (3/1991) sind 105 Institute genannt, die Outdoor Management Training in den USA anbieten. Zwischenzeitlich dürfte sich die Zahl vervielfacht haben. SIMON PRIEST, ausdauernder Weltreisender in Sachen Adventure Programming, wähnt die USA auf dem Höhepunkt des Entwicklungszyklus und fordert weitere Innovationen ein, um einen Abwärtstrend, den er für Großbritannien konstatiert, zu vermeiden (PRIEST/GASS 1997, S. 9). Die größten Anbieter sind die »National Outdoor Leadership School« (NOLS), Project Adventure und OUTWARD BOUND mit ca. 200.000 Teilnehmer-Tagen jährlich (Stand 1996). Die Angebotspalette reicht vom vierstündigen Kurztraining für Manager über den einwöchigen Kurs für Schüler bis zur 90-Tage-Ausbildung für den zukünftigen »Instructor«.

Universitäten und andere Fortbildungsträger bieten Ausbildungen in Experiential Education an, wobei jedoch nicht immer die körper- und naturbezogene Variante dieser Fachrichtung (»Adventure Programming«) mit eingeschlossen ist.

Mit den USA vergleichbar ist Kanada. Die exzellenten äußeren Bedingungen – eine weitgehend unberührte und vielfach noch intakte Natur – werden zu ebenfalls recht harten Programmen genutzt.

Australien und Ozeanien

Die dünne Besiedelung und die weitgehende Ursprünglichkeit der Landschaften bieten auch in Australien ideale Bedingungen für naturnahes Erleben ohne zivilisatorischen Ballast. Auf dem fünften Kontinent werden kaum »Centerbased Courses« durchgeführt. Es gibt Depots für Ausrüstung, Verpflegung und Logistik, jedoch so gut wie keine Gebäude mit Übernachtungsmöglichkeiten oder Küchen für die Teilnehmer. Fast der ganze Kontinent wird – je nach Jahreszeit – von den beiden führenden Organisatoren »OUT OF BOUND« und OUTWARD BOUND genutzt. »Strong man – strong country« heißt der typische Wahlspruch der Neuseeländer. Man kann sich leicht vorstellen, was dies für die erlebnispädagogischen Kurse heißt. Im Rahmen der 26tägigen OUTWARD-BOUND-Kurse werden drei bis vier »Expeditionen« durchgeführt. Besonders während dieser Mehrtagestouren zu Fuß, per Segelkutter oder Kanu sind die physischen und psychischen Anforderungen an die Teilnehmer hoch. Geschlafen wird auf einem Stück Isoliermatte mit der Größe von ca. 50 x 50 cm. Vor Regen und Wind sollen Planen schützen. Trotz empfindlich niedriger Temperaturen und sehr starker Niederschlagstätigkeit sind Dinge wie heiße Duschen während der Kurszeit tabu. Eine ganze Reihe von deutschen Pädagogen haben seit Beginn der 90er Jahre für längere Zeit in Australien und Neuseeland bei dort ansässigen Veranstaltern gearbeitet. Übereinstimmend berichten sie, daß der Schwerpunkt vieler Kurse in Richtung körperliche Herausforderung und Durchhaltevermögen zielt. Bei den Instructors dominiere der Typus des technisch-instrumentell ausgerichteten Charismatikers. Pädagogische und psychologische Kompetenzen seien dagegen »down under« oft unterentwickelt oder – legt man europäische Maßstäbe zugrunde – zumindest gewöhnungsbedürftig.

Asien

Es mag vielleicht überraschen, daß körper- und bewegungsorientiertes Lernen in Asien relativ weit verbreitet ist. Dies hängt mit den Einflüssen zusammen, die das United Kingdom auf viele Länder des Erdteils hatte. Unter anderem wird in Singapore, Malaysia, Indonesien, Hongkong sowie in Japan »Adventure Programming« angeboten.

Stärker als andernorts bestimmen in Asien das Aufeinandertreffen verschiedener Kulturen und die daraus resultierenden Umformungen, Konflikte und Entwicklungen die Lernprogramme unter freiem Himmel. Während die westeuropäischen und nordamerikanischen Anbieter auf eine gewisse Unabhängigkeit von staatlichen Institutionen bauen können (dabei allerdings finanzielle Risiken zu bewältigen haben), ist es in Asien der Staat selbst, der die »freien Träger« beauftragt, Lern- und Erziehungsprogramme für bestimmte Zielgruppen anzubieten. Vielfach besteht eine enge Verquickung von Staat und Anbietern, die zwar einerseits Sicherheiten erbringt, aber auch andererseits mit Abhängigkeiten erkauft werden muß. Das Beispiel Malaysia ist typisch für Asien, auch wenn Verallgemeinerungen für diesen riesigen Kontinent natürlich immer problematisch sind. Malaysia ist ein Staat mit vielen unterschiedlichen ethnischen Gruppen. In sich geschlossene soziale Gebilde rivalisieren um wirtschaftliche und politische Macht. Es ist leicht vorstellbar, daß sich daraus große Konfliktpotentiale ergeben. Der Staat unterstützt nun, als eine unter vielen Maßnahmen, Outdoor-Trainings zur Förderung von Toleranz und Integration. Die Kurse selbst finden in faszinierenden Handlungsräumen statt, etwa auf der Insel Borneo, in Ost-Malaysia, mit Dschungel, Bergen mit bis zu 1000 Meter hohen Felswänden, Flüssen, die direkt in den Pazifik münden... Die Kurse werden von einer bunten Mischung von Schülern, Studenten, kleinen Angestellten bis hin zum (weißen) Fabrikdirektor besucht. Wie in so vielen Ländern ist die Klientel auf die Mittel- und Oberschicht konzentriert, auch wenn verhältnismäßig viele Schulklassen staatlicher Schulen die Gelegenheit haben, an Kursen teilzunehmen.

Afrika

Bereits 1951 wurden in Nigeria kurzzeitpädagogische Kurse durchgeführt, die in ihrer Konzeption auf die Elemente der HAHNschen Erlebnistherapie zurückgingen. Besonderen Wert legte man in der Aufbauphase auf das HAHNsche Element »Dienst«. Unter dem Stichwort »Community Development« halfen die Kursteilnehmer beim Aufbau von lokaler Infrastruktur. Die natursportliche Komponente wurde dagegen erst später entwickelt. In Kenia begann man ein Jahr später mit einem ähnlichen Konzept, Sambia und das heutige Zimbabwe bauten Anfang der 60er Jahre nationale Organisationen auf, die Experiential Education anboten (SCHWARZ 1968, S. 104). Mit dem Zurückdrängen der Apartheid-Regimes und der Verbreitung der Demokratie nach amerikanischem bzw. europäischem Muster konnten sich im Laufe der letzten Jahre und Jahrzehnte reformpädagogische Erziehungs- und Bildungsansätze mehr und mehr ausbreiten. Ähnlich wie in Asien agieren die Anbieter häufig im direkten Auftrag des Staates, was zwar einerseits kontinuierliches Arbeiten sichert, andererseits jedoch mit dem Preis von Abhängigkeiten teuer erkauft werden muß. Die Situation ist von Land zu Land sehr verschieden; gemeinsames Charakteristikum vieler erlebnispädagogischer Träger und ihrer Protagonisten ist der Kampf, das vom kolonialistischen Erbe geprägte Verständnis von Erziehung und Bildung mit einer eigenen kulturellen Identität auszustatten.

2.6 Die internationale Entwicklung – Standards, Thesen, Trends

Die Hochburgen des »Adventure Programming« stehen in englischsprachigen Ländern. Der mitteleuropäische Erlebnispädagoge steht nicht (mehr?) staunend und neidvoll diesseits des Atlantiks, um sich von den Theoriediskussionen auf dem nordamerikanischen Kontinent inspirieren zu lassen. Nein: Er ignoriert sie entweder vollends oder beteiligt sich an ihnen und bringt typisch europäische Komponenten mit ein: zum Beispiel die der Philosophie und Literatur (z. B. SCHÖDLBAUER 1997), der Alltagskultur (HOVELYNCK 1995 und 1998), der Gestalttherapie (GILSDORF 1997) oder der urbanen Pädagogik (VAN WELZENIS 1992). Das ehemals kleine Häuflein europäischer Exoten, das den weiten Weg zu den Jahrestagungen der AEE in die USA findet, wird von Jahr zu Jahr größer. Und: Man schaut nicht mehr zu, sondern meldet sich selbstbewußt zu Wort. Gleiches gilt für die internationale Szene der Adventure Therapy. Auf der 1. Internationalen Konferenz im Juli 1997 in Perth (Australien) hielt GÜNTER AMESBERGER, Wien, eines der Grundsatzreferate, während JOHANN HOVELYNCK, Leuven/Belgien, und RÜDIGER GILSDORF, Bad Kreuznach, Workshops moderierten.

Natürlich sind die Bedingungen für viele Spielarten körper- und bewegungsorientierten Lernens in Nordamerika besser als in den verdichteten Lebensräumen des Kontinents. Wenn man außerdem die sozial- und gesellschaftspolitischen Traditionen eines auf Kolonialismus fixierten Staatswesens (USA) und einer (ehemaligen) Seefahrernation mit ausgeprägt egozentrischen Zügen (Großbritannien) als förderliche Grundlagen einer solchen Pädagogik hinzuzählt, dann wird verständlich, warum man die Erlebnispädagogik in Mitteleuropa lange Zeit als schwer zu begreifende Hybridzüchtung aus Erziehung und Freizeit und nicht als eigenständige Disziplin ansah.

Wurde bis Anfang der 90er Jahre kaum ein Text aus dem englischen Sprachraum ins Deutsche übersetzt und veröffentlicht, so wächst seit dieser Zeit die Fachwelt mehr und mehr zusammen. Auf den jüngsten Konferenzen des Kontinents referierten neben den »Locals« die führenden Köpfe aus der nordamerikanischen und britischen Szene. Mit Workshops und Fortbildungen wird Know-how quer durch die Kontinente und zwischen ihnen verschoben und entwickelt; inzwischen wundert sich kein Insider mehr, wenn der Direktor des größten Adventure-Programming-Anbieters Singapurs zur Ausbildung seiner neu eingestellten Instructors für eine Woche einen Referenten aus Kanada einfliegen läßt.

SIMON PRIEST hat auf dem »Internationalen Kongreß ›erleben und lernen‹« im Juni 1997 in Augsburg die verschiedenen Länder und Kontinente in bezug auf ihre Entwicklung verglichen. Er sieht die (süd- und südost)asiatischen sowie einige europäische Länder am Anfang einer steilen Kurve der Entwicklung, während Kanada, Australien und Neuseeland bereits in eine weniger stark expandierende Übergangsphase eingetreten sind. Die USA hat für PRIEST den höchsten Punkt erreicht, während Großbritannien sich im Abwärtstrend befände. Die Briten hätten es versäumt, bewährte Methoden weiterzuentwickeln und neue Ideen zu generieren (PRIEST 1997, S. 8 ff.). Bis auf die Tschechische Republik hat er kein osteuropäisches Land auf seiner »Fieberkurve«. Aber gerade in Osteuropa herrscht Aufbruchstimmung, was die Experiential Education generell und Adventure Programming im speziellen angeht. Noch ist ungewiß, ob die zarten Pflänzchen einer Pädagogik unter freiem Himmel so gut wie ohne finanzielle Ressourcen, aber mit viel Kreativität, gespeist durch tiefe kulturelle Wurzeln, zu stattlichen Büschen und Bäumen heranwachsen können.

3. Einblicke
Grundlegung der Erlebnispädagogik

Verzicht auf Wagnis, einmal zur Gewöhnung geworden,
bedeutet im geistigen Bezirk ja immer den Tod,
eine gelinde und unmerkliche,
dennoch unaufhaltsame Art von Tod,
etwas Geistloses in dem Sinn,
wie ein Mensch stets geistlos wird,
wenn er nicht mehr das Vollkommene will...
MAX FRISCH, Stiller

3.1 Die Innenwelt der Außenwelt der Innenwelt – Zur Psychologie und Soziologie des Erlebens

Nach dem Boom erlebnispädagogischer Methoden in der Praxis der Erziehung fand eine Renaissance des Erlebnisbegriffes in der Psychologie und Soziologie statt. GERHARD SCHULZE (1992) hat es mit seinem Titel: »Die Erlebnisgesellschaft« auf den Punkt gebracht. Nicht nur die Praxis hat damit auf die Erlebnisarmut einer reglementierten und durchorganisierten Welt reagiert, in der sich Jugendliche ihre Kicks durch Drogenkonsum, waghalsige Autofahrten, kleinere Brüche, Schlägereien und S-Bahn-Surfen holen, auch in der Wissenschaft hat man realisiert, daß es ein Streben nach Risiko und Abenteuer gibt, bzw. daß der Erlebniswert der Dinge nun wichtiger geworden ist als der Gebrauchswert. Die Intensität des Augenblickes, die Unmittelbarkeit als Prinzip, ist eben nicht nur von Jugendlichen erkannt worden, die dabei Risiken eingehen, die sich kaum kalkulieren lassen. Sie sind auch in der Wissenschaft salonfähig geworden.

In der modernen Gesellschaft sind individuelle Risiken beinahe ausgeschlossen worden. Dem stehen aber andere globale Risiken entgegen, die um so unberechenbarer sind. In schriftlosen Kulturen gehörte das individuelle Risiko zum alltäglichen Lebensablauf. Diese Gefährdungen waren im Unterschied zu heute sinnlich wahrnehmbar, und damit konnte das Risiko sofort identifiziert werden. DIN-Norm, TÜV und Lokalbaukommission sorgen mit anderen Mechanismen für große individuelle Sicherheit, sie reduzieren die persönlichen Gefährdungspotentiale. Der moderne Bürger hat sich um die Banalität der alltäglichen Gefahr nicht mehr zu kümmern. In seiner vielbeachteten Studie »Risikogesellschaft. Auf dem Weg in eine andere Moderne« (BECK 1986) ist ULRICH BECK diesen gesellschaftlichen Entwicklungen nachgegangen. Die Risiken heute sind global und entziehen sich der menschlichen Wahrnehmung: Schad- und Giftstoffe, Radioaktivität wirken auf Luft, Boden, Wasser, beeinflussen Nahrungsmittel und schaffen damit latente und vor allem komplexe Belastungen für Pflanze, Tier und Mensch.

Politik und Wirtschaft reagieren auf diese globalen Risiken mit einer »symptomhaften und symbolischen Risikobewältigung« (ebd., S. 75). Die Individuen in solchen Gesellschaften legen sich logischerweise – so könnte im Anschluß an BECK gefolgert werden – Konzepte des »Risikomanagements« zurecht, die sich an eben diesem gesellschaftlichen Umgang mit Risiko orientieren. In seinem persönlichen Lebensumfeld neigt der »moderne Mensch« dazu, Risiken nicht wahrnehmen zu können oder zu ignorieren. Ein Beispiel: Bei einer Sportveranstaltung in einer winterlichen Großstadt betrat ein nicht unerheblicher Teil der Zuschauer die offensichtlich nur schwach gefrorene Eisfläche eines Sees. Auch als die ersten Personen durch die Eisfläche brachen und bis zur Hüfte im Wasser standen, ließ sich das Gros der Zuschauer nicht beeindrucken und ging – selbst mit Kleinkindern in Kinderwägen – weiter auf das dünne Eis.

Auf den ersten Blick hat der hier beschriebene Umgang mit – globalen wie individuellen – Risiken einen Hang ins Irrationale. Erklärbar würden derartige Verhaltensweisen allerdings, wenn man die Ereignislosigkeit im Alltag des einzelnen Menschen in die Begründungskonstruktion mit einbezieht. Die Langeweile, Leere und Gleichförmigkeit des Alltags, die auch durch zwölf oder mehr Fernsehprogramme nicht kaschiert werden kann, führt – sozusagen unter der Oberfläche der sinnlichen und sozialen Wahrnehmung – zu einer partiell gesteigerten Risikobereitschaft in banalen Situationen. Jugendliche, die in besonderer Weise unter der Ereignislosigkeit des Alltags leiden, kultivieren und erhöhen ihre Risikobereitschaft zu einer gesellschaftlich unerwünschten Selbstinszenierung: Eine Mutprobe wie das »S-Bahn-Surfen« ist die logische Steigerungsform riskanten Verhaltens, mit der sich zusätzlich ein narzißtisches Bedürfnis nach Selbstdarstellung befriedigen läßt.

Der Soziologe GERHARD SCHULZE hat mit seinem Buch »Die Erlebnisgesellschaft« (1992) großes Aufsehen erregt. Er stellt eine Änderung der Beziehung zu den Gütern und Dienstleistungen fest: Wichtiger als Nützlichkeit und Funktion ist der Erlebniswert der Dinge. Leben wird in den letzten zehn Jahren unseres Jahrtausends als Erlebnisprojekt verstanden. Diese Erlebnisorientierung interpretiert SCHULZE als die moderne Suche nach Glück. Erlebnis ist schließlich eine sehr subjektive Kategorie, und jeder ist für seine Erlebnisse selbst verantwortlich. Sein Leben auf Erlebnisse zu bauen, hält SCHULZE jedoch für ein unsicheres Unterfangen. Es besteht eine grundsätzliche Unsicherheit darüber, welche Ereignisse welche Erlebnisse bringen. Es besteht also ein großes Enttäuschungsrisiko, wie es SCHULZE formuliert. Im Zeitalter der Individualisierung spielt die Selbstentfaltung und die Ästhetisierung des Alltagslebens eine größere Rolle als der Dienst am Nächsten, als soziales oder politisches Engagement. Der moderne Mensch sieht sich einer bisher nicht gekannten Ausweitung von Handlungsmöglichkeiten gegenüber. Dies macht die Entscheidungen aber schwieriger, und der Weg in ein sinnvolles Leben wird komplizierter. Allzu häufig, so SCHULZE, mißlingt das »Projekt des schönen Lebens«. Problematisch wird es nach SCHULZE auch dann, wenn ein Erlebnis zu pädagogischen Zwecken vorgesehen, zur Absicht wird. Die Eindruckstheorie, die auf die prägende Wirkung des Ereignisses setzt und ihm daher eine pädagogische Funktion zuschreibt, die auch in der Erlebnispädagogik eine gewichtige Rolle spielt, beurteilt SCHULZE als zu einfach. Was sich als äußeres Erlebnis eindrückt, ist weniger wichtig als die Art und Weise, wie dieses Erlebnis nun verarbeitet wird. Die Verarbeitung der Erlebnisse wird durch drei Elemente bestimmt:

(1) Jedes äußere Ereignis wird immer erst durch die Integration in einen schon vorhandenen subjektiven Kontext zum Erlebnis. Es besteht also eine Interaktion zwischen Situation und Subjekt.
(2) Dazu kommt die Reflexion, mittels derer ein Subjekt versucht, sich ein Erlebnis anzueignen und auch festzuhalten.
(3) Daß Erlebnisse also für sich selbst wirken (»The Mountains Speak for Themselves«), hält SCHULZE für nicht möglich. Weil sowohl das äußere Ereignis nur begrenzt kontrollierbar ist als auch die Verfassung des Subjekts nicht vorhersehbar, wird die Planung eines Erlebnisses zu pädagogischen oder sonstigen Zwecken immer zu einer gewagten Sache.

Die Erlebnisorientierung wurde notwendig, weil sich die Möglichkeiten der Wahl vermehrt haben. Viele Wahlentscheidungen jedoch haben eigentlich keinen Nutzwert, sondern müssen auf ästhetischen Kriterien basieren. Die Gebrauchswertunterschiede sind relativ bedeutungslos: Es ist letztlich doch wohl egal, welches Waschmittel verwendet wird. So wird Erleben vom Nebeneffekt zu einer Lebensaufgabe. Der moderne kategorische Imperativ lautet: »Erlebe dein Leben«. Soziale Milieus, so SCHULZE, können von Soziologen nun als Erlebnisgemeinschaften interpretiert werden. Es sind nicht mehr Verwandtschaft, Wohnort, Religion, Beruf, Schicht oder andere Kriterien der bürgerlichen Soziologie durch die eine soziale Gruppe definiert werden, sondern es ist die gemeinsame Erlebnisorientierung (Squashspieler, Theaterbesucher, Briefmarkensammler, Bergwanderer, Computerfreak etc.).

Ein weiterer Aspekt der Erlebnisorientierung kommt dazu: Menschen unter schwierigen Lebensbedingungen wissen immer, was sie wollen und was sie zu tun haben. Personen, die den sozialen Aufstieg anstreben, haben Mittelkrisen – finanzielle Mittel und Bildungsmittel müssen beschafft werden. Menschen, die die gesetzten Wohlstandsziele aber erreicht haben, haben Sinnkrisen. Das Problem unserer Gesellschaft besteht eher im Gefühl der Langeweile. Wenn alle Voraussetzungen zum erfüllten Leben vorhanden sind, wird die Lebenslust zum Problem.

Während SCHULZE sozusagen den Weg von der Außenwelt zur Innenwelt geht, vollzieht FELIX VON CUBE (1990) den umgekehrten Weg. Er geht davon aus, daß es ein Streben nach Risiko und Abenteuer gibt. Der Mensch sucht nach F. v. CUBE das Risiko auf, um Sicherheit zu gewinnen. Das Unbekannte wird dann so zum Bekannten, zum Berechenbaren und zum Vertrauten. FELIX VON CUBE folgert (Ebd., S. 12): »Warum ist Klettern so lustvoll? Weil man bei jedem Schritt Unsicherheit in Sicherheit verwandelt.« Weil der Mensch um seine totale Unsicherheit weiß, strebt er in allen Bereichen nach totaler Sicherheit. Nach F. VON CUBE vermittelt z.B. der religiöse Glaube das Gefühl totaler Sicherheit, auch ist Technik nichts anderes als der Versuch, Sicherheit zu gewinnen. Nach VON CUBE gibt es vier Stufen, vier evolutionäre Prinzipien der Sicherheit: Instinkt, Lernen, Denken, Neugier. Während der Instinkt eine gefühlsmäßige Sicherheit vermittelt, wird durch Lernen fremde Information abgebaut. Das Denken ist die logische Durchdringung der Wirklichkeit; der Neugiertrieb schließlich soll Unbekanntes in Bekanntes verwandeln. VON CUBE entdeckt dabei auch ein Lustprinzip bei seinem so konstatierten Neugiertrieb: Das »Flow«-Erlebnis. Er lehnt sich hier an das Buch von CSIKSZENTMIHALYI (1987) an, der bei Kletterern, aber auch bei Tänzern, Chirurgen, Schachspielern und Musikern einen psychischen Zustand festgestellt hat, den er als Flow bezeichnete. Flow ist nach seiner Definition »das holistische Gefühl beim völligen Aufgehen in einer Tätigkeit«. Handlung erfolgt auf Handlung, der Handelnde erlebt ein einheitliches Fließen von einem Augenblick zum nächsten..., kaum eine Trennung zwischen sich und der Umwelt, zwischen Stimulus und Reaktion, oder zwischen Vergangenheit, Gegenwart und Zukunft« (Ebd., S. 58f.). Der flüchtige Zustand, der nur schwer über einen längeren Zeitraum durchgehalten werden kann, ist gekennzeichnet durch »das Verschmelzen von Handlung und Bewußtsein« (Ebd., S. 61). CSIKSZENTMIHALYI hat nach einer ausführlichen Befragung von Kletterern feststellen können, daß offenbar die Gefahr selbst und ihre Überwindung kein hinreichendes Motiv für das Tun der Kletterer sind. Es sind vielmehr »Gefühle der Kontrolle« und des Könnens, die Lustgewinn versprechen (Ebd., S. 113).

In Anlehnung an CSIKSZENTMIHALYI konzentriert sich SCHLESKE (1988) auf eine weniger leistungsbezogene Sinneserfahrung: Sein »Meditatives Laufen« ist nur denkbar, wenn die Aktivität ohne eine Leistungsabsicht, die im Vergleich zu anderen Personen steht, betrieben wird. Bezogen auf die klassischen erlebnispädagogischen Methoden bieten sich Assoziationen etwa zum Skibergsteigen an. Skitouren im Hochwinter mit einer tief eingeschnittenen Aufstiegsspur, die in steter Steigung mit großen Kehrabständen verläuft, können sicherlich zu meditativen Stimmungen animieren. CSIKSZENTMIHALYI und SCHLESKE ergänzen sich in einem wesentlichen Punkt: Es ist die Intensität und Dichte im Erleben einer – im allgemeinen kurzen – Zeitspanne in einer kleinräumigen Umwelt. Die handelnde Person konzentriert sich auf ihre Motorik und registriert sensibel jede Art von Rückmeldung. Die Welt ist überschaubar und steuerbar: Der Akteur ist nicht nur der Herr seiner Sinne, sondern sieht sich auch als den Beherrscher seiner unmittelbaren Umgebung an. Die Peripherie der Außenwelt verschwindet in der Wahrnehmung, mit ihr allerdings auch der Homo sociologicus.

Die Verbindung von Lust und Leistung im Rahmen von Natursportarten hat auch schon ULRICH AUFMUTH (1984) erkannt. Der Bergsteiger und Psychologe AUFMUTH betrachtet die Berge auch als »Herzenslandschaft« (Ebd., S. 14). Er stellt sich die Frage, welchem Vergnügen die Menschen in den Bergen eigentlich nachgehen. Diese Landschaft ist doch letztlich eine einzige »grimmige Antithese des Lebens«, die körperliche Schwerstarbeit verlangt, die uns großen Gefahren aussetzt, die uns mit Unberechenbarkeiten aller Art konfrontiert. Die Frage, warum viele Menschen in den Bergen glücklich sind, kann AUFMUTH überzeugend beantworten: Für das Funktionieren unserer Gesellschaft sind viele Erlebnismöglichkeiten nicht mehr notwendig. Sie gehören aber zum Menschen, sind mit ihm verbunden und können beim Besteigen der Berge wieder ausgeübt werden. Wir entdecken hier den oft vergessenen Körper wieder, wir erleben, daß wir durch Anstrengung vorher nie gedachte Leistungen vollbringen, wir kämpfen gegen den Berg und gegen uns, bzw. gegen den Berg in uns, wir genießen das einfache Leben, wir wachsen zu einer Gemeinschaft von Gleichgesinnten zusammen und leben im Augenblick. Schließlich – und hier nähert er sich, vermutlich ohne es zu wissen, der Theorie von FELIX VON CUBE sehr an – stellt er einen engen Bezug zwischen Lust und Angst fest. Im Gegensatz zur atomaren Bedrohung sind jedoch die Ängste beim Bergsteigen in der Regel überschaubar und gestaltbar. Meistens besteht die Möglichkeit eines Rückzugs, falls die Gefahr übermächtig zu werden droht. Der Bergsteiger hat also die Möglichkeit, seine Angsttoleranz auszuprobieren und auszumessen. Es kann sogar so etwas Ähnliches wie eine Selbsttherapie geschehen. Das Extrembergsteigen ist nach Ansicht von AUFMUTH in der Tat eine Selbsttherapie. Extrembergsteiger beschreibt er als Menschen, die durch übermächtige Leistung, durch Überwindung größter Schwierigkeiten zu einer gewissen inneren Stabilisierung gelangen und die Herausforderungen der Berge immer wieder benötigen, um dieses innere Gleichgewicht halten zu können. Sie sind getrieben von der Sehnsucht nach Grenzsituationen, nach Todesnähe, sie sind auf der ständigen Flucht in die Berge, auf der Flucht vor ihrer inneren Leere. Gefahr, Qual, Besessenheit, Todessehnsucht – all dies läßt den Schluß zu, daß die extreme Bergleidenschaft etwas mit Sucht zu tun hat. Wer sich selbst kaum spürt, braucht mächtige Reize, um seine Grenzen zu erkennen. Die Expedition an die Ränder des lebbaren Lebens läßt diese extremen Bergsteiger erst ihr Leben spüren. Das Erlebnis wird hier zur Therapie.

Ähnliche Ergebnisse ergab auch eine Studie zur Persönlichkeit von Risikosportlern, die von SZCESNY-FRIEDMANN (zit. nach SCHWIERSCH 1990) durchgeführt wurde und die MARTIN SCHWIERSCH für die Erlebnispädagogik auswertete. Die Kernthese dieser Untersuchung lautet: Risikosportler denken und handeln in hohem Maße sicherheitsbewußt. Letztlich sind Risikosituationen für sie »subjektiv kontrollierbare Gefahren... kontrollierbar durch ein Höchstmaß an Handlungs- und Selbstkontrolle« (SCHWIERSCH 1990, S. 9). Risikosportler versuchen offenbar im Rahmen einer Situationsanalyse die Gefahrenmomente, die der Normalbürger mit »Wahnsinn« oder »das wäre Selbstmord«, oder »das sind Verrückte, die das machen«, kommentiert, auf ihren rationalen Kern zu reduzieren und sie mit Kategorien der Leistung und Selbsteinschätzung bzw. der Selbstkontrolle zu operationalisieren. Bezogen auf die Erlebnispädagogik bedeutet das für SCHWIERSCH, daß in dem Lernfeld »Risikosituation« ein aktives, leistungsbezogenes, autonomes Selbstbild gefördert werden kann (Ebd.). Schließlich werden aber auch die Situationen und Handlungen hinsichtlich ihres Risikogehalts sehr unterschiedlich beurteilt. So gilt beispielsweise Sportklettern als überaus riskant. Objektiv gesehen sind die gängigen Spielformen des Sportkletterns, sieht man von Solobegehungen ab, jedoch relativ ungefährlich. Subjektiv aber wird der Anfänger in der Klettersituation mit hohen persönlichen Ängsten konfrontiert sein.

3.2 »Where the action is« – Zum Verhältnis von Erlebnis und Erziehung

Viele Begriffe wollen das Verhältnis von Erlebnis und Erziehung beschreiben: Erlebnispädagogik, Abenteuerpädagogik, Aktionspädagogik, handlungsorientierte Methoden, Erfahrungslernen. Aus der englischsprachigen Fachliteratur werden sie ergänzt durch »Learning by Doing«, »Outdoor Education« und »Experiential Education«. Nach einer Begriffsdiskussion soll eine Definition versucht werden. Einige Charakteristika von Erlebnispädagogik schließen das Kapitel ab.

Relativ unverfänglich und kaum vorbelastet sind die Bezeichnungen »Erfahrungslernen« und »handlungsorientierte Methoden«. Erziehung ist ja immer auch als Handlung oder als Erfahrungsangebot zu verstehen. MAX WEBER definiert Handeln als »ein menschliches Verhalten (einerlei, ob äußerliches oder innerliches Tun, Unterlassen oder Dulden)... , wenn und insofern als der oder die Handelnden mit ihm einen subjektiven Sinn verbinden« (WEBER 1972, S. 1). Handeln unterscheidet sich somit vom Terminus Verhalten, der lange Zeit mit der Theorie des Behaviorismus verbunden war, denn wer den subjektiven Sinn des Handelns erkennen will, muß die innere Erlebniswelt und Motivationsstruktur des Handelnden berücksichtigen. Das Subjekt selbst handelt meist unbewußt oder halbbewußt, und nur ein Bruchteil der Aktion prägt sich als Erlebnis auf der psychischen Leinwand ein. Der Grad der Bewußtheit der Handlung ist durch das pädagogische Setting beeinflußbar, so daß sie sich als entworfene, beabsichtigte oder intendierte Handlung deutlich vom reaktiven Verhalten unterscheidet. Ein solcher Handlungsentwurf beinhaltet Kenntnis der Ausgangslage, Definition der Ziele der Handlung und Vorstellungen über die Mittel, die zu diesem Ziel führen können. Diese allgemeine Beschreibung des Handlungsbegriffes zeigt, daß Erlebnispädagogik nur eine unter vielen handlungsorientierten Methoden ist. In diese Reihe gehören alle kreativen Methoden der außerschulischen Bildungsarbeit, wie die Spurensicherung, das Planspiel, Selbsterfahrungsübungen, die Theater- und Reisepädagogik und viele andere mehr. Handlungsorientierte Methoden verstehen sich als Gegensatz zu den zahlreichen verkopften und rhetorischen Formen der politischen Bildungsarbeit der 70er Jahre.

Der Begriff Erfahrungslernen bezeichnet zunächst jene Lerneffekte, die nicht notwendigerweise pädagogisch intendiert waren. Ganz im Sinne ROUSSEAUS gewinnt das Kind Erkenntnisse durch die aktive und selbstbestimmte Auseinandersetzung mit der Umwelt. Es »fährt« sozusagen in die Welt und erschließt sich somit neue Lebens- und Lernfelder. Ein solches Verständnis von Erfahrungslernen ist für eine genauere Begriffsbestimmung von Erlebnispädagogik recht brauchbar.

Die Verwendung des Begriffes Abenteuerpädagogik ist aus zweierlei Gründen fragwürdig. Zum einen ist sein Gehalt durch die Abenteuerspielplätze und Kinderladenbewegung der 68er Generation schon vorgegeben. Richtigerweise – neben einigen grundfalschen pädagogischen Annahmen – erkannte man damals, daß dem Großstadtkind Spielräume fehlten und daß die vorhandenen Spielplätze der kindlichen Kreativität nicht genügten. ZWILLING (1979, S. 10) merkt an, daß die Kinder auf den herkömmlichen Spielplätzen nicht (die Verf.) »... spielen oder vielleicht nur aus Mitleid mit den Erwachsenen...«. Neben Abenteuerspielplätzen als pädagogischem Angebot zu neuen Erlebnissen entdeckten Kinder und Jugendliche selbständig neue Spielräume in der Großstadt: Hinterhof, Straße, Bordstein, Park, Bürgersteig, Fußgängerzone, U-Bahn-Schacht, Kaufhaus, Abbruchhaus, Müllhalde, Bolzplatz. Der Terminus Abenteuerpädagogik ist schließlich zweitens abzulehnen, weil das Abenteuer pädagogisch nicht planbar und auch nicht als Ereignis mit vollkommen offenem Ausgang eingeplant werden sollte. Die romanischen Sprachen kennen zwei Formen der Zukunft. Eine berechen- und voraussehbare, »future« (frz.), und eine, die auf uns zukommt, eine nicht planbare: »l'avenir« (frz.). Wer sich als Pädagoge in Risikosituationen begibt, darf nur mit dieser ersten Kategorie der Zukunft operieren, denn die zweite kommt, wie gesagt, von selbst.

Die gelegentlich verwendete Bezeichnung Aktionspädagogik verbleibt auf einer zu oberflächlichen Ebene. Es geht ja in der Erlebnispädagogik nicht ausschließlich um Aktion oder »Action«. Die Aktion ist zwar das sichtbare und auffallende, aber wohl kaum das essentielle Moment, eher schon die Kulisse, eine Art pädagogischer Dramaturgie. Die Anstrengung, Leistung, Überwindung soll längerfristig wirksam sein, die Persönlichkeit prägen, das Selbstwertgefühl heben. Kurzum, die Aktion ist einem pädagogischen Ziel unterworfen und ist womöglich nichts anderes als ein Rohbau, der in den Pausen, den Einzel- und Gruppengesprächen seinen Ausbau erfährt.

Auch wenn der Begriff Erlebnispädagogik nicht zufriedenstellt, so hat er sich doch mit einem bestimmten Bedeutungsgehalt eingebürgert, und vor allem verweist er auf eine historische Verbundenheit. Erlebnis ist kein Begriff der pädagogischen, sondern der psychologischen Fachsprache. Psychologie wird in der Regel definiert als die Wissenschaft des Verhaltens und Erlebens, ihre gegensätzlichsten Schulen sind der Behaviorismus (Verhalten) und die Tiefenpsychologie (inneres Erleben). Erlebnis wird als innerer, mentaler Vorgang gesehen, bei dem äußere Reize aufgrund von Wahrnehmung, Vorwissen und Stimmung subjektiv zu einem Eindruck verarbeitet werden. Das Erlebnis wird in der Regel verbal mitgeteilt, der Eindruck durch Sprache als Erlebnis geschildert. Aufgrund der Selektion unserer Sinnesorgane dringt nur ein Bruchteil unserer Wahrnehmung ins Bewußtsein ein, und auch davon beeindruckt uns nur wenig und scheint uns dann berichtenswert zu sein. Der Tiefenpsychologe sensibilisiert seinen Klienten für seine innere Erlebniswelt durch die Aufforderung zur Introspektion. Auch wenn keine spektakulären Ereignisse vorliegen, so wird dann durch Selbsterfahrung das scheinbar Selbstverständliche zum Abenteuer. Die innere Erlebniswelt, die Träume, Tagträume und Phantasien betrachtet die Tiefenpsychologie als Kehrseite einer äußeren neurotisierenden Erlebniswelt. Inneres und äußeres Erleben, das haben die Urväter der Tiefenpsychologie, FREUD, JUNG und ADLER, erkannt, hängen eng zusammen. Dieser Homöostase können auch die Pädagogen zustimmen. Wer sich tief in die Erlebniswelt des anderen Menschen hineindenken oder hineinfühlen will, ist Tiefenpsychologe, wer nur auf Wildheit, Leistung und Abenteuer setzt, ist und bleibt Abenteurer und Aktionist. Nur wer beide Seiten der Erfahrung, die innere Erlebnis- und die äußere Ereigniswelt, ins rechte Maß zueinander bezieht, darf sich zu den Erlebnispädagogen zählen.

Man könnte von einer erlebnispädagogischen Waage sprechen. In der linken Waagschale liegt das Ereignis, das wir als Pädagogen vermitteln. Das Standbein in der Mitte bildet die Persönlichkeit des Individuums, das diese Eindrücke zu einem Erlebnis verarbeitet. Die Position in der rechten Waagschale nimmt der Ausdruck des Erlebten ein, also Erfahrung, Reflexion und Transfer. Neigt sich die linke Waagschale, vernachlässigen wir also Reflexion und Transfer, so haben wir es mit Freizeit- und Ferienpädagogik zu tun, die ja in sich auch den Wert einer sinnvollen Freizeitbeschäftigung hat. Neigt sich die rechte Waagschale, so handelt es sich um den Bereich der Selbsterfahrung. Erlebnispädagogik tariert also das Gleichgewicht von Eindruck und Ausdruck aus. PETER HANDKE hat dieses Gleichgewicht für die Literatur beschrieben: »Gute Literatur kommt aus dem Erleben der Dinge und der Gerechtigkeit diesem Erlebnis gegenüber.« Diese Aussage gilt in gleicher Weise für die Erlebnispädagogik. »... was mich packt, muß Dich noch kaum berühren und umgekehrt, was bei Dir Unschuld ist, kann bei mir Schuld sein und umgekehrt, was bei Dir folgenlos bleibt, kann mein Sargdeckel sein.« (KAFKA 1995, S. 48) In seinem Brief an den Vater beschreibt der sensible und wortgewaltige FRANZ KAFKA den Begriff des Erlebens, zu dem, wegen der Subjektivität, der Ausdruck des Erlebten gehört.

Im nichtpsychologischen Sinne ist Erlebnis nichts anderes als das besondere Ereignis. Der Philosoph ANTON NEUHÄUSLER (1967, S. 56) definiert Erlebnis zunächst als »die Grundweise psychischen Seins, als Innesein von etwas überhaupt.... Erlebnisse sind also empfundene und gefühlte Vorgänge und Zustände der Seele überhaupt«. Im engeren Sinn versteht er darunter ein »Erlebens-Ereignis oder ein Erlebnis-Ganzes, das im Fluß des Erlebens besonders hervorgehoben ist, sei es durch besondere Intensität oder Nachhaltigkeit, sei es auch nur durch besondere Eigenart.« Erlebnis und Alltag sind also schon durch ihre Definition zwei schlecht verträgliche Dinge, es sei denn, dem Alltag sind neue, bislang unbekannte Qualitäten abzugewinnen. Erlebnisse verbindet man eben eher mit dem Neuen, Ungewohnten, Unbekannten, das sich vom Fluß des Alltags abhebt. Erlebnispädagogik schränkte diese Erfahrungen des Neuen ein

Verhältnis von Erlebnis und Erziehung

auf Erlebnisse in der Natur. In Anlehnung an KURT HAHN konnte man bis vor kurzem Erlebnispädagogik definieren als handlungsorientierte Methode, in der die Elemente Natur, Erlebnis und Gemeinschaft pädagogisch zielgerichtet miteinander verbunden werden. Diese Definition schließt jedoch neue Entwicklungen wie Erleben in der Stadt (»CITY BOUND«), Sportpädagogik in eigens dafür gebauten Zentren, Spiel- und Erlebnislandschaften usw. aus. Außerdem geht sie etwas leichtfertig mit dem Begriff Natur um: Wo beginnt Natur und wo hört Kultur und Kulturlandschaft auf? Nun muß zwar nicht jeder Trend oder jede pädagogische Methode unter den Begriff der Erlebnispädagogik subsumiert werden. Moderne Formen der Jugendarbeit behalten, auch wenn sie keine Erlebnispädagogik sind, ihren Wert oder Unwert bei. Hier ein zweiter Definitionsversuch: Unter Erlebnispädagogik verstehen wir eine handlungsorientierte Methode, in der durch Gemeinschaft und Erlebnisse in naturnahen oder pädagogisch unerschlossenen Räumen neue Raum- und Zeitperspektiven erschlossen werden, die einem pädagogischen Zweck dienen.

Das Ringen um sprachliche Klarheit führte schließlich zu dieser Begriffsbestimmung: Erlebnispädagogik ist eine handlungsorientierte Methode und will durch exemplarische Lernprozesse, in denen junge Menschen vor physische, psychische und soziale Herausforderungen gestellt werden, diese in ihrer Persönlichkeitsentwicklung fördern und sie dazu befähigen, ihre Lebenswelt verantwortlich zu gestalten. Damit bleiben wir angreifbar und fordern alle Kritiker auf, diese Definition weiterzuentwickeln oder eine diskutable neue vorzulegen.

Wie ist die Annahme begründbar, daß Erlebnisse eine pädagogische Wirkung erzielen? Wie hängen Erlebnis und Erziehung zusammen? Nicht wenige pädagogische Praktiker setzen im Rahmen der Erlebnispädagogik auf die prägende Wirkung. Der Teilnehmer einer Schlauchbootfahrt, einer Fahrradtour, einer Höhlenbegehung soll im geplanten Erlebnis vom Ereignis ergriffen werden, so wie das Kind im Spiel und der Erwachsene im Ritual aufgeht. Es wird vermutet, daß eine geballte pädagogische Energie in besonderen Erlebnissen liegt, die lange nachwirkt oder nur ins Vorbewußte abgleitet und bei Bedarf ins Bewußtsein gerufen werden kann. Das Erlebnis wirkt also sozusagen von selbst, wird zum Bodensatz der Persönlichkeit und braucht nicht durch ein bewußtmachendes Gespräch oder andere Methoden verstärkt werden. Wer in der Erlebnispädagogik auf die prägende Wirkung von Erlebnissen setzt, vertritt den ROUSSEAUschen Ansatz einer Minimalpädagogik, verzichtet damit aber auch auf eine Reihe von pädagogischen Potentialen und wohl auch gleichzeitig auf eine Kontrolle der Erziehungsziele. Freilich ist eine Evaluation im Rahmen kurzzeitpädagogischer Maßnahmen kaum möglich. Teilnehmer und Leiter sehen sich nicht selten zum erstenmal und unternehmen für ein Wochenende eine gemeinsame Kajakfahrt oder eine Fahrradtour. Mehr als Impulse und Anstöße, die dann nachwirken sollen, sind selten möglich. Andererseits sind Wirkungen erlebnispädagogischer Unternehmungen, auch im Rahmen der Kurzzeitpädagogik, nicht zu unterschätzen. Ein delinquenter Jugendlicher, der an einem dreiwöchigen Segeltörn teilnahm, schlug am Ende der Fahrt einen

Erzieher krankenhausreif. Der Gefängnispsychologe berichtete später, daß der Jugendliche immer wieder vom Segeltörn erzählte und betonte, daß es die schönste Zeit in seinem Leben gewesen sei.

In anderen Arbeitsfeldern der Jugendarbeit, der Jugendverbandsarbeit und in den Einrichtungen der Jugendhilfe werden durch erlebnispädagogische Aktivitäten bestehende Beziehungen zwischen Jugendlichen und Pädagogen aufgegriffen, intensiviert und bekommen so eine neue Qualität. Erlebnispädagogische Methoden werden gezielt eingesetzt, um bestimmten Zielen wie etwa Steigerung des Selbstwertgefühls, Bearbeitung von Verwöhnungshaltungen, Förderung des Gemeinschaftsgefühls, Einübung von Selbstverantwortung näherzukommen. Erlebnispädagogik wird so zum Teil eines pädagogischen Konzeptes, hat eine besondere Aufgabe in der Gestaltung des pädagogischen Feldes. Sie trägt zur zwischenmenschlichen Begegnung und Beziehung bei, weil sie durch die oft notwendige persönliche Nähe neue Sichtweisen der Fremd- und Selbstwahrnehmung eröffnet, weil bisher feste Einstellungen und Urteile ins Wanken kommen können. Erziehung bedeutet letztlich auch den Versuch der Einflußnahme. Der Erzieher hat dabei in der Regel die größeren Chancen, das Verhalten des zu Erziehenden zu beeinflussen, als umgekehrt. Das gilt selbstverständlich auch für die Erlebnispädagogik.

Erlebnispädagogik kann schließlich auch explizit als Bildungsmaßnahme konzipiert werden. Wer mit dem Mountain Bike die Spuren HANNIBALS über die Alpen verfolgt, dabei im Reisegepäck seinen »LIVIUS« verstaut hat und beim abendlichen Lagerfeuer mit den Reisegefährten über den Feldzug HANNIBALS diskutiert, der befindet sich auf einer freilich sehr modernen Form der Bildungsreise. Wer die Wanderungen der Schwabenkinder verfolgt, diesen alljährlichen Weg der armen südtirolerischen Bauernkinder des 18. Jahrhunderts ins Schwäbische Land, um dort gegen Verköstigung zu arbeiten und so die Eltern finanziell zu entlasten, begibt sich auf historische Spurensicherung und macht Alltagsgeschichte begreifbar. Wer in oder nach Höhlentouren auf Grundfragen des menschlichen Lebens stößt, kommt der klassischen Definition von Bildung vermutlich näher als so mancher seminaristische Ansatz an Bildungsstätten. Wenn Bildung definiert wird durch Merkmale wie Muße, Reife, sich Zeit lassen, neue Zeit- und Raumperspektiven entwickeln, heraustreten aus dem zweckbestimmten Alltag, so kann Erlebnispädagogik zu einem wichtigen Mosaikstein in den Programmen der Bildungsstätten werden.

Lernmodelle und Programmtypen[1]

Wenn sich Erlebnispädagogen aus ihrem Tagesgeschäft zurückziehen und zur Entwicklung einer Bildungsmaßnahme, die vorwiegend unter freiem Himmel

---

[1] Die folgenden Überlegungen wurden bereits im Heft 1/1995 der Zeitschrift »Erleben und Lernen« unter dem identischen Titel veröffentlicht. Mitautor von Bernd Heckmair war Franz-Josef Wagner.

stattfinden wird, in Klausur gehen, dann ernten sie nicht selten ungläubige Blicke und fragendes Kopfschütteln. Daß mittels See- oder Topo-Karte eine ungefähre Route zusammengestellt wird und daß nach dem Zustand der Ausrüstung geschaut werden muß, das leuchtet noch ein. Wenn allerdings die Konzeption festgeschrieben und das »Design« des Kurses entwickelt werden soll, stellt sich die Frage, ob es eine eigenständige erlebnispädagogische Methodik überhaupt geben kann? WILHELM FLITNER (1968) hat Methodik als ein kulturell-regelhaftes Verfahren und Arrangement zur Initiierung von Lernprozessen beschrieben. Richten wir mit dieser Definition als Anhaltspunkt einmal mehr unseren Blick auf den amerikanischen Kontinent, wo beim bereits dargestellten Adventure Programming seit vielen Jahren methodischen Fragen nachgegangen wird.

SIMON PRIEST hat auf der Basis von vier Programmtypen (»program designs«) sechs methodische Wege herausgearbeitet und zueinander abgegrenzt (1994), die wir hier vorstellen wollen.

Als Programmtypen definiert PRIEST die vier Bereiche

- Freizeit und Erholung (»recreational programs«) mit Akzent auf affektiven Zielen (»change the way people feel«)
- Bildung (»educational programs«) mit Akzent auf kognitiven Zielen (»change the way people think«)
- Training (»developmental programs«) mit Akzent auf verhaltensbezogenen Zielen (»change the way people behave«) und
- Therapie (»therapeutic programs«) mit Akzent auf therapeutischen Zielen (»change the way people misbehave«).

Die Kategorisierung mag auf den ersten Blick etwas konstruiert, vielleicht sogar banal erscheinen. Sie eröffnet jedoch bei näherem Hinsehen interessante Perspektiven: Greift die Dichotomie »Erlebnispädagogik als Beziehungsarbeit« einerseits und »Erlebnispädagogik als Bildungsarbeit« andererseits nicht zu kurz? Kann mit dieser Einteilung die Diffusion oder gar das Erklärungsdefizit von der Erlebnispädagogik genommen werden?

Es wäre übertrieben zu behaupten, der »Stein der Weisen« sei nun gefunden worden. Allerdings kann festgehalten werden, daß diese Typisierung Arbeitsfelder integriert, die bislang latent von Ausgrenzung bedroht waren: Von erlebnisorientierten Programmen der offenen Jugendarbeit bis zu therapeutischen Langzeitmaßnahmen läßt sich ein großes Spektrum handlungsorientierter pädagogischer Praxis subsumieren. Gemeinsamer Nenner ist die unterstellte Entwicklungsidee (»change the way people feel, think, behave, misbehave«), die sich einen größeren Spielraum als die etwas einengende Definition »Erziehung« schafft. Um Mißverständnissen vorzubeugen: PRIESTS Typisierung zerstückelt nicht etwa das ganzheitliche Erfahrungs- und Lernverständnis, das handlungsorientierte Erziehung immer kennzeichnet. Wenn er bei der Beschreibung der jeweiligen Programmtypen eine Zielkategorie akzentuiert, dann heißt das nicht, daß die anderen Kategorien damit ausgeblendet werden. Das Schema ist als Modell, als Hilfestellung zu begreifen, um Konzepte mit definierten Zielrichtungen besser fassen und einordnen zu können.

Bleiben wir noch einmal bei der Kategorie »Ziel«, die in der amerikanischen Theoriebildung unbefangen angewandt, bei uns jedoch häufig mit Vorbehalten oder sogar Ablehnung bestraft wird: Es sei unkritisch, Ziele in bezug auf die Adressaten zu formulieren. Man würde die Teilnehmerinnen in eine Objektrolle drängen und eine besänftigend-sozialintegrative Position beziehen – so eine fiktive Stimme aus dem »non-direktiven Lager« der Sozialarbeit. Unser Klärungsvorschlag dazu ist eine offene, den Entwicklungsmöglichkeiten des Individuums angemessene Interpretation, die den Begriff Ziel*setzung* durch Ziel*richtung* – oder noch offener: *Entwicklungsthema* – ersetzt. Orientierungsrahmen ist dabei das von SCHULZ VON THUN herangezogene und weiterentwickelte Werte- bzw. Entwicklungsquadrat (SCHULZ VON THUN 1989, S. 38). Diese Hilfskonstruktion unterstellt einen Spannungszustand von Werten bzw. Tugenden, der von Individuum zu Individuum variiert. Nehmen wir beispielsweise den Wert »Vertrauen«. Der positive Gegensatz dazu wäre »Vorsicht«, entwertende Übertreibungen wären die »naive Vertrauensseligkeit« (bezogen auf »Vertrauen«) und das »paranoide Mißtrauen« (bezogen auf »Vorsicht«).

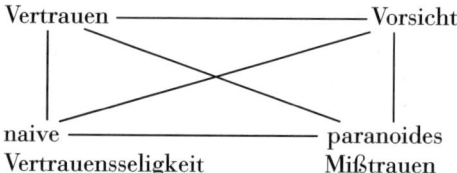

(SCHULZ VON THUN 1989, S. 42)

Für die Erlebnispädagogik hieße dies, daß eindimensional definierte Ziele wie z. B. »Aufbau von Vertrauen« neu formuliert werden müßten. Nicht eine fixe Ziel*setzung*, sondern eine offene Entwicklungs*richtung* wird bestimmt. Nimmt man beispielsweise die Initiativübung »Pendel«[1] oder die alpine Abseilvariante »Ablassen«[2], die beide häufig mit der Formel »Aufbau von Vertrauen« versehen werden, dann würde – übersetzt in die Denkfigur des Entwicklungsquadrats – ein veränderter Fokus notwendig: Anstelle des statischen Postulats »Aufbau von Vertrauen«, bei dem die Persönlichkeitsstrukturen der Adressaten ausgeblendet oder zumindest über einen Kamm geschoren werden, müßte es

---

[1] Beim »Pendel« steht die Gruppe in einem engen Kreis. Eine in der Mitte stehende Person läßt sich mit geschlossenen Augen fallen, wird vom Kreis aufgefangen und sanft weitergereicht.
[2] Beim »Ablassen« bestimmt die sich in der Wand befindende Person – im Gegensatz zum Abseilen – nicht selbst das Tempo, mit dem es abwärts geht, sondern ist von einer zweiten Person abhängig, die über Umlenkung und Bremsknoten die Sicherung übernimmt.

das Ziel sein, die Pole »Vertrauen« und »Vorsicht« auszubalancieren. Dieser Ansatz steht natürlich quer zu Lernzieltaxonomien, wie sie die traditionelle Schulpädagogik auf dem Gewissen hat. Urahne dieses offenen und dynamischen Ansatzes wäre der an anderer Stelle bereits ausführlich gewürdigte DEWEY mit seiner radikalen Auffassung von Wachstum und Entwicklung.

Doch zurück zu PRIESTS Thesen! STEPHEN BACON, Pädagoge aus Colorado/USA, hat 1983 das sog. »Metaphorische Modell« entwickelt (BACON 1983) und einige Jahre später mit einem Vergleich der erlebnispädagogischen Praxis im Wandel der Jahrzehnte Fundamente gesetzt, auf die man heute – nicht nur in Nordamerika – aufbauen kann. Die Arbeit von OUTWARD BOUND USA analysierend und innovativ fortschreibend, unterschied er drei methodische Ansätze (»curriculum models«), die – als offene oder auch geheime Lehrpläne – die Grundlage des pädagogischen Handelns bilden (vgl. vor allem SCHAD 1993 sowie Kap. 2.4 dieses Buches). PRIEST greift BACONS Terminologie auf und präsentiert – unter Einbeziehung einer zwischenzeitlich fortentwickelten Theorie und Praxis – eine weiter ausdifferenzierte Struktur.

Er unterscheidet zwei große Blöcke, die sich auf das Wechselspiel von Aktion und Reflexion, Erfahrung und Entwicklung beziehen. Die ersten drei methodischen Ansätze streben Verhaltensmodifikationen (change the way people...) *nach* den Aktivitäten an, während die Modelle vier, fünf und sechs die entwicklungsfördernden Kräfte bereits *vor*, *während* und *durch* die Lernsituationen nützen.

– Handlungslernen pur (learning and doing)
– Kommentiertes Handlungslernen (learning by telling)
– Handlungslernen durch Reflexion (learning through reflection)
– Direktives Handlungslernen (direction with reflection)
– Metaphorisches Handlungslernen (reinforcement in reflection)
– Indirekt-metaphorisches Handlungslernen (redirection before reflection)

Da schon eine Übersetzung der amerikanisch geprägten Begriffe ins Deutsche sich schwierig gestaltet, sollen die folgenden Erläuterungen das Besondere der einzelnen Ansätze verdeutlichen.

Handlungslernen pur wurde und wird in vielen erlebnisorientierten Programmen praktiziert. Die Teilnehmerinnen genießen (mehr oder weniger) die verschiedenen Aktivitäten, sie lernen neue Techniken wie beispielsweise das Abseilen. Ob sie etwas über sich selbst lernen, über ihre Beziehungen zu anderen oder wie sie mit den Herausforderungen des Alltags umgehen können, wird in keiner Weise thematisiert und gehört auch nicht zum Arbeitsbereich des Pädagogen, der sich auf organisatorische Aspekte, Sicherheitsfragen und die Vermittlung neuer (technischer) Fertigkeiten konzentriert.

Ganz anders gestaltet sich die Aufgabe des Pädagogen beim kommentierten Handlungslernen. Im Anschluß an die Aktivität faßt er (als Experte) die wesentlichen Lernziele zusammen und erläutert den Teilnehmern, wie sie die Erfahrungen umsetzen sollen. Nach einer Bergtour könnte sich das etwa so anhören: »Ihr habt gelernt, daß gegenseitige Rücksichtnahme notwendig ist, um das Ziel zu erreichen. Eure Planung war schlecht, die Etappen zu lang und das Material nicht gut auf alle verteilt. Achtet beim nächsten Mal auf eine gute Vorbereitung und gemeinsame Durchführung, dann geht es bestimmt besser.« Da diese Form der Nachbereitung von den Teilnehmern eher als besserwisserisches Gehabe denn als stimmiges Feedback aufgenommen wird, wirkt sie in der Regel demotivierend.

Beim Handlungslernen durch Reflexion werden im Unterschied zu den beiden anderen Ansätzen die Teilnehmer aktiv an der Aufarbeitung der Lernerfahrungen beteiligt. Zum Nachdenken anregende Fragen wie beispielsweise »Wie ist es euch dabei ergangen? Was habt ihr daraus gelernt? Was würdet ihr beim nächsten Mal anders machen? Kennt ihr vergleichbare Situationen aus eurem Alltag?« sollen die Teilnehmer ermuntern, Gedanken und Gefühle zu äußern und über sich und die anderen mehr zu erfahren.

Das direktive Handlungslernen unterscheidet sich von den bis hierhin vorgestellten Lernmodellen eklatant: Wurden bei den vorherigen Modellen die Erfahrungen *hinterher* ausgewertet, werden jetzt mögliche Entwicklungsrichtungen bereits *vor* der Aktivität thematisiert; während der Aktivität sollen dann die Dispositionen praktisch erprobt werden. Folgende Aspekte können thematisiert werden:

– Rückblick: Was wurde bei den vergangenen Aktivitäten erreicht und gelernt?
– Bezug: Was kann bei der folgenden Aktivität gelernt werden?
– Motivation: Warum ist diese Erfahrung wichtig, welchen Bezug hat sie zum Alltag?
– Funktionsweise: Welches Verhalten bringt voraussichtlich den größten Erfolg?
– Hindernisse: Welches Verhalten wird eher hinderlich/kontraproduktiv sein?

Der Pädagoge führt zum einen ganz gezielt in die Aktivität ein: »Beim Abseilen läßt sich der einzelne, durch Seil und Klettergurt gesichert, die Wand hinunter. Dazu ist ein Zutrauen zur eigenen Person genauso von Bedeutung wie Vertrauen zum Partner, der die zusätzliche Sicherung übernimmt.« Mit gezielten Fragen arbeitet er die seiner Meinung nach wesentlichen Entwicklungsthemen bereits vor der Aktivität heraus: »Was könnte man aus dieser Aktivität lernen? Warum ist es wichtig, dies zu lernen? Welche Vorteile bringen solche Erfahrungen für die Zukunft?«

Auch beim Modell des metaphorischen Handlungslernens wird die Verhaltensänderung bereits vor bzw. während der Aktivität angestrebt. Im Gegensatz zum vierten Modell erfolgt hier eine Einführung, die den Teilnehmern die Aktivität »isomorph« – analog zur Lebenswirklichkeit der Teilnehmer – darstellt. Beim Schlauchbootfahren einer Heimgruppe könnte das etwa so sein: »Wir leben gemeinsam auf engem Raum (Boot) und sind aufeinander angewiesen (alle in einem Boot). Zwar gibt es unterschiedliche Aufgaben (Steuermann,

Schlagmann, usw.), aber wenn jeder macht, was er will, klappt es bei uns nicht (Boot ist nicht manövrierfähig). Wenn jemand aus unserer Wohngruppe aussteigt (das Boot verläßt), wird das für die anderen schwierig – es darf nicht unvorbereitet geschehen (Sprung über Bord).« Eine solche Anpassung erfordert vom Pädagogen eine gute Kenntnis der Lebensumstände der Teilnehmer; gelingt diese Anpassung, ist der Lerneffekt groß, weil die Übertragung unmittelbar erfolgen kann.

Nur sehr selten wird das Modell des indirekt-metaphorischen Handlungslernen angewandt. Gerade weil es am ehesten dann eingesetzt wird, wenn andere Lernmodelle scheitern, kommen hier im Interesse der Teilnehmer verschiedene Paradoxien zum Zuge: »double-bind-Situation«, Symptomverschreibung, Symptomverlagerung, Vorspiegelung von Alternativen. Unter dem Aspekt »double-bind-Situation« könnte bei einer Gruppe, die große Kommunikationsschwierigkeiten hat, die Einleitung zur Übung »Seilquadrat«[1] so aussehen: »In den meisten Gruppen gibt es bei der Übung Seilquadrat verschiedene Lösungsstrategien, die die Teilnehmer unterschiedlich laut äußern. In der Regel hört keiner auf den anderen, es kommen nicht alle Vorschläge zur Sprache. Irgendwann setzt sich einer durch, und viele Teilnehmer wissen im Endeffekt nicht, was eigentlich abläuft. Bei einer Nachbesprechung stimmen alle überein, daß die Kommunikation der Gruppe schlecht war, und sind damit unzufrieden. Es gibt auch andere Möglichkeiten, an diese Aufgabe Seilquadrat heranzugehen ...«

Durch diese Einführung entsteht eine Situation, in der die Gruppe nur gewinnen kann. Denn wenn sie sich genauso verhält wie beschrieben, werden ihre Kommunikationsschwierigkeiten allen noch bewußter und können im Anschluß an die Übung intensiv besprochen werden. Lösen sie die Aufgabe allerdings, indem sie gut miteinander kommunizieren, so zeigen sie damit, daß sie sich auch anders verhalten können, und werden möglicherweise in Zukunft besser miteinander kommunizieren.

Ähnlich wie das fünfte Modell erfordert das indirekt-metaphorische Handlungslernen beim Pädagogen weitgehende Kompetenzen: profundes Wissen über die Teilnehmer und ihre Lebenswelt(en) sowie über therapeutische Verfahren.

Soweit die sicherlich verkürzte Darstellung der sechs Lernmodelle. Auf den mechanistischen Duktus dieser typisch amerikanischen Theoriebildung sind wir im Abschnitt 2.2 ausführlich eingegangen. Wir wollen PRIESTS Typologien an dieser Stelle als Anregungen begreifen, die nicht nur sprachlich, sondern auch inhaltlich erst noch in die einschlägigen sozio-kulturellen Milieus übersetzt werden müssen. Gewiß gibt es einige Vorreiter, die ihre erlebnispädagogischen Arrangements auf Isomorphien gründen oder Metaphern der Teilnehmer, die während der Aktionen oder unmittelbar danach entstehen und artikuliert werden. Sie können begriffen werden als Ressourcen für persön-

---

[1] Beim »Seilquadrat« soll die Gruppe mit verbundenen Augen ein an den Enden zusammengeknotetes (Kletter-)Seil so auf den Boden legen, daß sich daraus ein großes Quadrat ergibt.

liches Wachstum und gemeinsame Entwicklung. Indes mäandert der Mainstream der Erlebnispädagogik noch unschlüssig durch pädagogische Landschaften, deren Topologie in erster Linie organisch-vital und »irgendwie naturnah« gestaltet ist.

Wenn konventionelle Führungen durch die Räumlichkeiten des Deutschen Bundestags vom dafür zuständigen Referenten als praktizierte Erlebnispädagogik bezeichnet werden[1], dann wird damit die ganze Diffusion und letztlich Konfusion im Ringen um den immer noch schicken Erlebnisbegriff deutlich. PRIESTS Vorschlag zur Kategorisierung der Programmtypen kann uns hier weiterbringen, ohne einzelne Ansätze vorschnell auszugrenzen. Seine Lernmodelle sind griffige Haltepunkte, um sich systematisch zu orientieren und sich selbstkritisch zu vergewissern: »Was mache ich wie und mit welchem Ziel?« und »Was habe ich drauf und was nicht?« PRIEST schließt seinen Beitrag mit dem bedenkenswerten Schlußsatz: »The time is right to provide clarity on what we can and can't accomplish through adventure programming« (PRIEST 1994, S. 4) – im Zweifel ist weniger mehr!

3.3 Lernt man nie aus? – Dimensionen des Lernens in der Erlebnispädagogik

Die Erlebnispädagogik hat gegen Vorurteile wie romantischer Rückzug, Entpolitisierung, Minimalpädagogik, ahistorisches Denken zu kämpfen. Hinter der scheinbaren Banalität erlebnispädagogischer Aktivitäten ist jedoch eine Fülle von Lernchancen, hypothetischen Konstrukten, Analysen und Dimensionen verborgen, die im folgenden angesprochen werden sollen.

Am Anfang der Erlebnispädagogik stand die Bildbetrachtung

Die Geschichte der Erlebnispädagogik wird nicht selten als Steinbruch benützt, aus dem das für die jeweilige Theorie passende Gestein geschlagen wird. Eine umfassende historische Analyse steht noch aus. Im folgenden soll kurz einem bedeutenden und bisher vernachlässigten Wurzelstrang der Erlebnispädagogik nachgegangen werden, der Bildbetrachtung.

Die Kunsterziehungsbewegung entstammt der Reformpädagogik. Mit der Bildbetrachtung wollte der Begründer der Kunsterziehungsbewegung, ALFRED LICHTWARK (1852–1914), die schöpferischen Kräfte des Kindes, seine Gefühlswelt, seine Phantasie wecken. Nicht die objektive künstlerische Bedeutung ei-

---

[1] So geschehen bei einer Führung durch den Deutschen Bundestag am 4. 12. 1991 (Bernd Heckmair).

nes Bildes und dessen ehrfürchtige Bewunderung sollte vermittelt werden, sondern die subjektive Befindlichkeit des Kindes stand plötzlich im Mittelpunkt. Was bewirkt das Bild in mir, was löst es aus? Warum gefällt mir das Bild, warum nicht? Woran erinnern mich die Farben? Was hätte ich anders gemalt? Wenden wir diese ursprüngliche Methode der Erlebnispädagogik, die Bildbetrachtung, an und werfen wir einen Blick auf ein Bild in der Höhle von LASCAUX, der »Sixtinischen Kapelle der Urzeit«:

Rechts oben im Bild steht ein Wisent, dem die Bauchdecke aufklafft, aus der die Eingeweide heraushängen. Der Wisent blickt auf die vor ihm stehende Gestalt, ein großer schlanker Mann, der nach hinten umkippt. Mit aufgesetztem Vogelkopf und erigiertem Penis fällt er zu Boden. Daneben liegt die Jagdwaffe des Mannes, Speer oder Pfeil, links neben dem Mann ein stilisierter Vogel, daneben ein flüchtendes Nashorn.

ABBÉ BREUIL, der Entdecker vieler südfranzösischer Höhlenzeichnungen, spricht hier von einer Kampfszene, bei der der tote oder sterbende Jäger den Wisent tödlich verwundet hat; den Vogel auf der Stange interpretiert BREUIL als Totempfahl. Wir wollen diesem vielgedeuteten Bild keine weitere Interpretation anfügen, sondern uns lediglich dazu inspirieren lassen, Dimensionen des Erlebens zu finden. Freilich steht hier »Man, the hunter« (LEE/DE VORE 1968) im Mittelpunkt, obwohl der Ethnologie längst klar ist, daß die Frau durch ihr Sammeln bis zu 80 % der Nahrung bei Sammler- und Jägergesellschaften einbringt. Trotzdem:

– Ist nicht das Jagen, das Reisen und das Töten, um leben zu können, wenngleich schuldig, da man in den Schöpfungsplan eingegriffen hat, eine Grundform menschlichen Erlebens?

– Dazu gehört das Sammeln: die Sicherheit, Nahrung zu finden, versehen mit einer hohen Erfolgsgarantie. Erst die Sammeltätigkeit der Frau ist der Garant für die Ernährung und damit die Grundlage der menschlichen Familie.

– Das Sterben, der Tod – im Bild LASCAUX in dramatischer Weise dargestellt – ist sozusagen das Negativum der Jagd; heute ist Sterben das am meisten verdrängte menschliche Erlebnis. Erlebnispädagogik ist im weitesten Sinne immer eine Annäherung an Grenzen.

– Dagegen steht die männliche Sexualität: Der erigierte Penis zeigt den Zusammenhang zwischen Sexualität, Macht, Kampf, Aggression und Sterben. Sieht man Sexualität – man kann sie sicher auch anders sehen – als den Versuch des organischen Lebens, die Unvergänglichkeit der anorganischen Welt zu erreichen, so ist Heldentum und Ruhm das männliche Prinzip, Gebärfähigkeit das weibliche Prinzip der Unsterblichkeit. Sicher: Sexualität ist mehr, bedeutet Liebe und Partnerschaft, allemal aber gehört Sexualität zu den Grundformen des menschlichen Erlebens.

– Der Vogelkopf des Jägers und der Vogel auf dem Pfahl, so verschieden sie gedeutet werden, sie versinnbildlichen die religiöse Dimension des menschlichen Erlebens, die Fragen woher komme ich, was bin ich, wohin gehe ich.

– Letztes Erlebnis: sich mitteilen. Was wüßten wir über menschliches Erleben, wenn nicht darüber geredet, gemalt, geschrieben, Musik komponiert und gespielt worden wäre? Erleben und Ausdruck ermöglichen Erlebnispädagogik erst. Und weil man intensives Erleben schwer in Worte oder Begriffe fassen kann, ist Erlebnispädagogik auf Malerei, Musik und Dichtung ebenso angewiesen wie die Statistik auf Zahlen.

Jagen und Sammeln, Sexualität, Tod, Geburt, Religiosität, Kunst als Dimensionen des menschlichen Seins und Erlebens!

Die anthropologische Dimension

Bei der Bestimmung der natürlichen Voraussetzungen der Erziehung haben sich in den letzten Jahren zwei wissenschaftliche Disziplinen hervorgetan: die Verhaltensbiologie und die Ethnologie. Die Verhaltensbiologie sieht beim Menschen eine Vielzahl angeborener Verhaltensweisen, die durch besondere Reize ausgelöst werden. Die Ethnologie befaßt sich mit menschlichen Verhaltensweisen in unterschiedlichen Kulturen. Nach einem transkulturellen Vergleich wird dann jener Anteil menschlichen Verhaltens deutlich, der zu Lasten kultureller Bedingungen geht, ebenso wie jener Anteil, der auf angeborene Verhaltensprogrammierungen zurückzuführen ist.

»Man, the hunter«: Seit 2 Millionen Jahren lebt der Mensch auf der Erde, zu fast 99% dieser Zeit ernährte er sich vom Sammeln und Jagen. Sollte die Menschheit an einer atomaren oder ökologischen Katastrophe zugrunde gehen, werden die Archäologen der Zukunft – wir setzen also doch Überleben voraus – feststellen, daß das Zeitalter des Jagens und Sammelns nicht nur am längsten dauerte, sondern auch, daß es die erfolgreichste Anpassung an die Lebensbedingungen dieser Erde war.

Zurück auf die Bäume? Nein, das kann kein Ziel von Erlebnispädagogik sein! Aber der Weltkontakt über den Körper vermittelt Reste unseres Gefühls als Sammler und Jäger, zeigt uns den Reiz von Einsamkeit und Einfachheit. Unsere biologischen Ursprünge können so bewußt werden. Die Sinnesorgane helfen, den Weg zu finden, sich in der Dunkelheit tastend zu orientieren, den murmelnden Fluß zu hören, den Rauch des Lagerfeuers zu riechen. Unsere Gliedmaßen werden gebraucht zum Gehen, Laufen, Springen, Schwimmen, Klettern, Kriechen, zum Bauen des Nachtlagers, zur Zubereitung der Mahlzeit. Erlebnispädagogik kann auf unsere biologischen Wurzeln verweisen, uns zeigen, daß wir eigentlich darauf programmiert sind, täglich 10 bis 20 km zu gehen oder zu laufen, um unsere Nahrung zu erwerben.

Den modernen Menschen fehlt nach KONRAD LORENZ das Abenteuer, und weil es das Konzentrat des Lebens ist (ERNST JÜNGER), werden das Abenteuer und dessen Derivate mit aller Macht gesucht. Besonders von Jugendlichen, denn Risiko, Bewährung, Wagnis, Überwindung, Grenzen sind Bestandteile einer Pädagogik der Pubertät, die Jugendlichen tiefes Erleben ermöglicht, Grenzen auf der Suche nach Identität aufzeigt, zur Entdeckung des Subjekts verhilft, zur Abgrenzung von der Außenwelt beiträgt, beim Abstecken zwischen Ich und Außenwelt behilflich ist. FELIX VON CUBE (1990, S. 11) ruft die Suche nach Risiko gar als Gesetz aus, denn Unsicherheit abzubauen bringt Lust: »Neugier ist ein Trieb! Der auslösende Reiz ist das Neue, Unbekannte, Unsichere. Ist der Reiz nicht vorhanden, suchen wir ihn auf.«

Die religiöse Dimension

Wie bei der Bildbetrachtung ist der Gang zu den Ursprüngen immer auch die Suche nach dem Sinn. Die neueste Armut ist neben der real existierenden der Mangel an Sinn, die eigentliche Not, so muß man mit ein wenig Hybris konstatieren, ist die Notlosigkeit. Wenn das Jugendalter ein Alter der ersten und bedrängenden Sinnfragen ist, dann bietet die Erlebnispädagogik Annäherungen an diese Grundfragen menschlichen Lebens. Die Erlebnispädagogik ist der archimedische Punkt der Pädagogik, weil sie uns aus unserem Raum- und Zeitverständnis hinausführen kann. Sie bringt uns lebensfeindliche Räume nahe wie Berge, Felsen, Höhlen, Schluchten, wildes Wasser. Sie sind die Antithese des Lebens, wie die Wüste: »Sie ist ein Normalzustand unseres Planeten und die Belebung mit Pflanzen und Tieren (ist) ein kurzes Zwischenspiel.« (JÜNGER 1980, S. 529) Und doch suchen die Menschen die Wüste bzw. menschenleere unwirtliche Gegenden und die Einsamkeit. »Dorthin, um Gott zu schauen, zogen sich auch die Propheten immer wieder zurück.« (Ebd., S. 203)

»An den langen Tischen der Zeit zechen die Krüge Gottes« (CELAN 1970, S. 26) ... – Erlebnispädagogik soll unseren schnellebigen Alltag entschleunigen, die Langsamkeit wiederentdecken lernen, die Vergänglichkeit vermitteln, die Ewigkeit spüren lassen, den von Gott gegebenen rechten Augenblick – kairos – ermöglichen. Bei Höhlentouren wird unser Zeitverständnis brüskiert: Was bedeutet eine Stunde beim Anblick eines tausendjährigen Stalagmiten? Das ferne Rauschen des Höhlenbaches, das stille und stetige Tropfen, die tiefe Dunkelheit, die durch unser Licht für wenige Minuten erhellt wird – überall steingewordene Zeit. Ein Hauch von Zeitlosigkeit und von Ewigkeit, dem wir in diesem öden Lebensraum Höhle ausgesetzt sind und der die Hektik unseres Alltags, unser Bedürfnis nach Zeit als Hilfskonstruktion unseres Daseins entlarvt.

Wer solche Lebensräume aufsucht, sich von den Menschen und der Zivilisation kurzzeitig verabschiedet, kann sich auf Wege und Weisen einlassen, über Sinn und Bedeutung des Lebens nachzudenken, und sich auf die Suche nach Gott begeben. Den heiligen Orten aus Menschenhand entsprechen die heiligen Orte der Natur, die gleichsam geladen sind mit spiritueller Energie.

Die Dimension des sozialen Lernens

Schlauchbootfahrten und Segeltörns sind geradezu Archetypen des Gruppenlernens in der Erlebnispädagogik. Der Spaß mit der Gruppe und die Auseinandersetzung in der Gruppe, die Rollenverteilung, all dies eröffnet eine Vielzahl von Feldern sozialen Lernens. Bei Planung, Durchführung und Nachbereitung wird jeder einzelne Teilnehmer in einer bestimmten Rolle, einer meist selbstbestimmten, manchmal notwendigerweise verordneten, gebraucht. Gut zusammenarbeitende Bootsinsassen haben die Chance, in einem Wir-Gefühl eine echte Gemeinschaftsleistung zu erleben. Die Gruppe gibt dem einzelnen Sicherheit und Entlastung, sie kann integrierend wirken oder wertvolle Konflikte schaffen: »Die Krise ist ein produktiver Zustand, man muß ihr nur den Beigeschmack der Katastrophe nehmen« (M. Frisch).

Die moderne Lebenswelt bietet immer weniger Möglichkeiten des sozialen Lernens an. Wir leben in einem Zeitalter der gefährdeten Gemeinschaften und der Individualisierung der Lebenslagen. Die Kinderspielgruppe wird im städtischen Leben ihrer Grundlage beraubt, die Vorschule leidet unter Leistungsansprüchen, die Schule wird nur noch als Zweck- und Übergangseinrichtung angesehen. Das soziale Netz wird durch die Ein-Kind-Familie, den Schwund der nachbarlichen und verwandtschaftlichen Beziehungen auf einige wenige bedeutungsschwere Stränge reduziert. Nicht selten geht der Mangel an sozialem Lernen einher mit materieller und emotionaler Verwöhnung. Manès Sperber (1970, S. 261) meint, daß »wir es jetzt mit der verwöhntesten jungen Generation zu tun haben, die je auf dieser Erde gelebt hat. Für jede heranwachsende Generation war der Weg vom Wunsch zur Erfüllung, je nach der wirtschaftlichen Lage ihrer Familie, immer viel länger als er hätte sein müssen oder als er es für die Erwachsenen war«.

Die Praktiker wissen, daß während erlebnispädagogischer Maßnahmen verwöhnte Lebensstile ungewöhnlich rasch aufgedeckt werden. Unter den realen Anforderungen einer Schlauchbootfahrt bilden sich wie im gruppentherapeutischen Prozeß Rollen und Beziehungsgeflechte, verläuft die Gruppenentwicklung in bekannten und vielbesprochenen Phasen, sind Konflikte und Krisen zu meistern, geht es um Identität und Gruppengefühl, um Selbstbestimmung und Einfühlungsvermögen, um Rücksichtnahme und Hilfsbereitschaft. Den Wattebausch der Verwöhnung behutsam bewußt zu machen und das Lernziel Solidarität zu stecken, können Herausforderungen der Erlebnispädagogik sein.

Erleben und ökologisches Lernen – Umwelt als Dimension

Natursport und Naturschutz miteinander zu vereinbaren ist eine schier unlösbare Aufgabe. Die ökologische Verträglichkeit ist aber heutzutage der Gradmesser jeglicher Erlebnispädagogik. Der handelnde Mensch hinterläßt mehr oder weniger bleibende Spuren in der Natur. Weil der Schaden größer sein könnte als der Nutzen, fordern engagierte Umweltschützer menschenfreie Gebiete oder den Rückzug aus der Natur. Sie übersehen dabei die pädagogische Herausforderung und Chance der Erlebnispädagogik! Nur wer den Wert der Natur am eigenen Leibe erfährt, nur wer sie schätzt, schützt sie auch. Nirgendwo kann die ökologische Problematik deutlicher vor Augen geführt, nirgendwo können die ökologisch-praktischen Fertigkeiten besser eingeübt werden. Keinen Müll zu hinterlassen ist eine Selbstverständlichkeit, fremden Müll mitzunehmen eine verständliche Maßnahme. Bei der Befahrung von Flüssen sind die Brutpflegezeiten zu beachten, von Höhlenerkundungen sollte nicht mehr übrig bleiben als der Fußabdruck unserer Schuhe im Lehm, bei Bergwanderungen läßt sich die Bedrohung der Natur aufzeigen, bei Fahrradtouren kann deutlich gemacht werden, daß es kein effektiveres Fortbewegungsmittel gibt, das zudem so schonend mit der Umwelt umgeht.

Naturferne soll zu Naturnähe werden, »Fernstenliebe« zur Nächstenliebe, Interesse für Natur zu Naturschutz. Die ökologischen Herausforderungen an die Erlebnispädagogik sind Teil der ethischen Dimension: Die Teilnehmer sollen lernen, Verantwortung für sich selbst, für die anderen und für ihre Umwelt zu übernehmen.

Charaktererziehung und Persönlichkeitsbildung als Dimension der Erlebnispädagogik

Was bewirkt Erziehung, was sind die Wirkungen erlebnispädagogischer Aktivitäten? Wenn man Erziehung als den mehr oder weniger gelungenen Versuch betrachtet, Kinder und Jugendliche einem Erziehungsziel näherzubringen, so wird man die folgenden Ausführungen mit der gebotenen Vorsicht aufnehmen.

Durch die Leitsätze »Learning by doing« und »Lernen durch Kopf, Herz und Hand« versteht sich die Erlebnispädagogik als ganzheitliches Bildungskonzept. KURT HAHN, der Begründer der Erlebnistherapie, hoffte auf die charakterbildende Wirkung des Natursports und auf die Prägung der Persönlichkeit durch das Erlebnis. Sein Erziehungsideal war der tatkräftige, humanitär gesinnte Mensch, dessen Beziehungsraum Gemeinschaft und Staat sind. Die bildende Kraft von Erlebnissen in und mit der Natur läßt sich in der Tat dreiteilen.

Lernen durch den Kopf meint die kognitive Funktion, also Zusammenhänge erkennen, Wissen erwerben, Informationen verarbeiten. Am Beispiel Bergsteigen heißt dies: Wissen über Klettertechniken, Wetterkunde, Geologie, Erste Hilfe, Gebrauch von Karten, Bergrettung, Landschaftskunde usw. Lernen mit Herz meint die senso-motorische Dimension. Die innere und äußere Natur sinnlich begreifen, erfahren, ertasten, erfühlen, d. h. die Oberfläche eines Baumes blind ertasten, ein Schlammbad nehmen, die Strukturen einer verwitterten Wurzel nachzeichnen. Wenn wir im Umgang mit unserer natürlichen Umwelt dann wieder Staunen lernen, Freude spüren, Dank ausdrücken, Angst und Bedrohung an uns heranlassen, so begegnen wir der affektiven Dimension. Dazu gehört die kreative Dimension, der schöpferische Umgang mit kritischen Situationen, mit der Natur und unseren Mitmenschen, die praktische Schulung unserer Phantasie. Lernen durch Handeln und mit der Hand bedeutet im Denksystem KURT HAHNS die zentrale Rolle der Handwerker und der handwerklichen Tätigkeit. Im Landerziehungsheim Salem soll es nach dem Konzept KURT HAHNS Bauern und Handwerker geben; dem Verfall der Sorgfalt stellt KURT HAHN die Methode des Projekts gegenüber, in dem die Fähigkeiten, Interessen und Hobbys der Schüler und Jugendlichen – KURT HAHN sagte dazu »Grande Passion« – gefördert werden sollen.

Charakterbildung und Ausformung der Persönlichkeit galten schon immer als die wichtigsten Ziele der Erlebnispädagogik. Fasziniert von den englischen Internaten, baute KURT HAHN das System der Kurzschulen auf, in denen Jugendliche zu verantwortungsbewußten demokratischen Menschen erzogen werden sollten: »... junge Menschen heranzubilden, die argumentieren, ohne sich zu zanken, sich zanken können, ohne sich zu verdächtigen, sich verdächtigen können, ohne sich zu verleumden« (ZIEGENSPECK 1986, S. 3).

Die therapeutische Dimension – Erlebnis in Pädagogik, Prävention und Psychotherapie

KURT HAHN sprach zeit seines Lebens von Erlebnistherapie. Sie sollte gegen die vier Verfallserscheinungen – Verfall der körperlichen Leistungsfähigkeit, Verfall der Sorgfalt, Verfall der Initiativkraft, Verfall der Nächstenliebe – gesetzt werden. HAHN war ein Romantiker, beseelt von der Idee des Helfens und Heilens, überzeugt von den reinen Ursprüngen, auf die man zurückgreifen muß. Die Urväter der Tiefenpsychologie, FREUD, JUNG und ADLER, hatten unabhängig von HAHNS Erlebnistherapie die therapeutische bzw. krankmachende Wirkung bestimmter Erlebnisse festgestellt. HANS ZULLIGER, ein an FREUDS Theorien orientierter Lehrer und Therapeut, unternahm mit seinen Schülern therapeutische Spaziergänge, Bergwanderungen und Höhlentouren. FREUD hat den Stellenwert des Erlebnisses im psychischen Haushalt erkannt und stand mit seinen Gedanken ganz nahe am Theoriegebäude der Erlebnispädagogik: »Ich sage, das Leben verliert an Gehalt und Interesse, wenn der höchste Einsatz des Lebens, das Leben selbst, in seinen Kämpfen ausgeschlossen ist. Es wird so leer und schal wie ein amerikanischer Flirt, bei dem von vornherein feststeht, daß nichts vorfallen darf... . Wir sind genötigt, uns für diese Verarmung des Lebens zu entschädigen und wenden uns hierfür an die Welt der Fiktion, der Literatur, des Theaters« (FREUD 1915).

In der Tat enthalten erlebnispädagogische Aktivitäten großen therapeutischen Nutzwert. Persönlichkeitskrisen, die erst nach zahllosen Analysestunden vom Therapeuten definiert werden können, treten bei einer gemeinsamen

Schlauchbootfahrt womöglich offen und schnell zutage. Gemeinsame Erlebnisse können nicht nur der Anamnese dienen, erlebnispädagogische Settings wirken nicht selten auch therapeutisch. Das vertrauenerweckende Flackern des Lagerfeuers, die Stille der sternklaren Nacht, das gemeinsame Schweigen bei langer Wanderung, die Überwindung einer schwierigen Situation, all das kann von heilender Wirkung sein. Viele der spannenden Übungen der Gestalttherapie leiden an einer manchmal verkrampften Natürlichkeit. Sie gewännen an Effektivität und Authentizität durch einen erlebnispädagogischen Rahmen.

3.4 Abenteuer als ein Weg zur Jugend – Ist die Erlebnispädagogik eine Pädagogik der Pubertät?

Nicht mehr Kind sein und noch nicht erwachsen, so lautete einstmals die klassische Definition des Jugendalters von FRIEDHELM NEIDHARDT. Heute ist Jugend zu einer eigenständigen und langen Altersphase geworden, deren obere und untere Grenzen sich grundlegend verschoben haben. Die Machtbalance zwischen Kindheit, Jugend und Erwachsensein hat sich zugunsten der Jugendphase verändert. Diesen Veränderungen, die von der Jugendsoziologie festgestellt werden, entspricht eine altersmäßige Verschiebung jugendpsychologischer Probleme. Während zur Soziologie der Jugend außerordentlich viel publiziert wurde (Shell-Studie 85, K. ALLERBECK/W. HOAG, 1985, Achter Jugendbericht der Bundesregierung) halten sich die Veröffentlichungen zur Psychologie des Jugendalters in Grenzen. Eine Verschiebung jugendpsychologischer Probleme bedeutet aber nicht unbedingt ihre Änderung.

Je mehr Jugend als eine eigenständige Phase im Leben des Menschen anerkannt wird, um so mehr bemühen sich Erwachsene darum – Jugendarbeiter, Sozialpädagogen, Psychologen, Wissenschaftler – Zugänge zu dieser Altersphase zu finden. Wird die Jugend, je mehr sie sich selbst bestimmt, den Erwachsenen fremd? Vielleicht ist die Zahl der Jugendstudien dafür ein Indikator. ARTHUR FISCHER, der Verfasser der Shell-Studie, antwortete einem eiligen Journalisten auf die Frage, wie denn die Jugend definiert werden könne, lapidar, daß die Jugend erstens jung und zweitens sehr verschieden sei.

Kann die Erlebnispädagogik bzw. das Abenteuer ein Weg zur Jugend sein, wie es die Veranstalter einer bundesweiten Fachtagung im September 1992 formulierten? Ist die Erlebnispädagogik nicht generell eine jugendgemäße Methode, eine Pädagogik der Pubertät? Ist sie ein Schlüssel zum Verständnis Jugendlicher und leistet sie möglicherweise einen besonderen Beitrag zur Vertiefung des pädagogischen Bezuges, gerade weil durch erlebnispädagogische Aktivitäten das Verhältnis von Distanz und Nähe neu definiert werden muß? Mit einigen neueren jugendsoziologischen Daten und mit jugendpsychologischen Erkenntnissen sollen die oben genannten Fragen diskutiert werden.

Jugendsoziologische Daten bieten einen Einblick in die Jetztsituation, sie stellen ein historisches Segment dar. Erst der Vergleich jugendsoziologischer Studien aus mehreren Jahrzehnten zeigt den Wandel der Altersphase der Jugend auf. Sowohl ALLERBECK und Shell-Studie, als auch der Achte Jugendbericht arbeiten durch diese Vergleichsmethode die Charakteristika der heutigen Jugendgeneration heraus. Im folgenden sollen einige Daten, die im weitesten Sinne einen Bezug zur Erlebnispädagogik haben, thesenartig dargestellt werden.

These 1: Jung sein heißt Schüler sein.

ALLERBECK und HOAG vergleichen die Jugendgenerationen von 1962 und 1983. 40% mehr Schüler gab es 1983 und 35% weniger erwerbstätige Jugendliche, bei steigender Tendenz (Ebd., S. 20). Diese Bildungsexplosion verlängert die ökonomische Abhängigkeit, führt aber auch dazu, daß nicht selten Jugendliche mehr wissen und gebildeter sind als ihre Eltern. Es verwundert also nicht, daß das Verhältnis zwischen den Generationen zwar enger, aber auch krisenhafter geworden ist. Schüler sein heißt auch, sich in einer besonderen Lebenswelt aufzuhalten, fern der Realität der Erwachsenen - und Berufswelt. Es ist, als lebe man »fast wie im richtigen Leben«. Eine zweite Welt des Lernens und der Prüfungen, in der sicherlich entscheidende Weichen für den weiteren Lebensweg gestellt werden, die sich aber doch in einigen Aspekten von der Erwachsenenwelt unterscheidet.

Die Erlebnispädagogik kann einen wertvollen Beitrag dazu leisten, dieses Auseinanderdriften der Generationen zu kompensieren. Zum einen fordert sie vom Pädagogen nicht nur Wissen, sondern auch Erfahrung und den ganzen Einsatz der Persönlichkeit. Erfahrung hat mit Reifung, Entwicklung, Zeit und Persönlichkeit zu tun und nicht allein mit Fachwissen. Zum anderen stehen in der erlebnispädagogischen Aktion alle Beteiligten vor der gleichen Herausforderung. Erlebnispädagogik hat also eine demokratische Eigenschaft, das hat bereits FRIEDRICH NIETZSCHE (1962, S. 302) erkannt: »Einige Stunden Bergsteigens machen aus einem Schuft und einem Heiligen zwei ziemlich gleiche Geschöpfe. Die Ermüdung ist der kürzeste Weg zur Gleichheit und Brüderlichkeit - und die Freiheit wird endlich durch den Schlaf hinzugegeben.« Drittens schließlich kann man sich in den erlebnispädagogischen Aktionen mit realen Herausforderungen messen. Fast alle Handlungen haben sicht- oder spürbare Folgen. Zwar haben diese Erlebnisse zunächst mit der Alltags- oder Schul- oder Berufswelt wenig zu tun. Sie bilden aber Eigenschaften heraus, die sich dann im Alltag nutzbringend einsetzen lassen. Darüberhinaus führt uns die Erlebnispädagogik zu neuen Perspektiven und Wahrnehmungen, so daß wir danach unseren Alltag mit anderen Augen betrachten können als vorher.

These 2: Neben Eltern, Schule und Peer-group sind die Medien zu einem neuen Sozialisationsagenten geworden.

Fernsehen, Videos, Walkman, Computerspiele, Stereoanlage und Gameboy – die Medien durchdringen die Freizeit von Jugendlichen und Erwachsenen. Wie die Shell-Studie zeigt, verlieren aber herkömmliche jugendspezifische Freizeitbeschäftigungen nicht an Wert. Sport, Musik und Lesen sind nach wie vor hochgeschätzte Tätigkeiten. Medien werden von Kindern und Jugendlichen wie selbstverständlich benützt. Nicht selten führt der Medienkonsum aber zu einer Mangelerscheinung: Die durch Medien vermittelten Erlebnisse aus zweiter Hand, die durch das Fernsehen verstärkte Überbetonung des Fernbereichs, der Verlust der Unmittelbarkeit, die körperliche Passivität rufen ein Bedürfnis nach direktem Erleben, nach Unmittelbarkeit, nach Erfahrungen im Nahbereich, nach Erlebnissen, die überschaubar, verläßlich, eindeutig und berechenbar sind, hervor – oder sie schaffen wenigstens einen guten Nährboden für diese Bedürfnisse. Auch hier kann die Erlebnispädagogik einen wichtigen Beitrag liefern.

These 3: Der Verlust der sozialen Lernmöglichkeiten muß pädagogisch aufgefangen werden.

Der Achte Jugendbericht spricht von der Individualisierung von Wertorientierungen und Lebensführungen. Wenn die Bedeutung der prägenden sozialen Kräfte Familie, Verwandtschaft, Nachbarschaft, Konfession, Gemeinde u. a. abnimmt, dann wächst zwar der Freiheitsraum des heranwachsenden Individuums, gleichzeitig nimmt aber auch der Druck zu selbstverantwortlicher Lebensführung zu. Die Offenheit, die Pluralität der Werte stellt eine erhebliche Herausforderung an die junge Generation dar: Wenn viele Werte gleich gültig sind, so können sie sehr leicht auch gleichgültig werden. Komplexität und Vielfalt moderner Lebensformen, verbunden mit der Gefahr der Entsolidarisierung, können schnell zu einer Überforderung führen. Der achte Jugendbericht stellt auch eine »Diskrepanz zwischen der materiellen Lage und den Freiheitsräumen junger Menschen auf der einen Seite und den nach wie vor feststellbaren psychischen Belastungen und Störungen« (1990, S. V) fest.

In den Hilfen zur Erziehung (vgl. SGB VIII, §§ 27ff.) ist inzwischen ein erziehungs- und therapieresistenter Typus von Jugendlichen bekannt, der sich durch eine Mischung aus Wohlstandsverwahrlosung, übersteigertem Selbstwertgefühl und Beziehungsunfähigkeit auszeichnet. In erlebnispädagogischen Aktivitäten wird die obengenannte Konstellation umgedreht: Die Intensität menschlicher Beziehungen nimmt oft notwendigerweise zu, die materiellen Ansprüche müssen zurückgeschraubt, soziales Lernen kann nachgeholt werden. Segeltörns und Schlauchbootfahrten, aber auch mehrtägige Wanderungen durch einsame Regionen zeigen recht schnell auf, auf welche materiellen Bequemlichkeiten verzichtet werden kann bzw. muß. Sie decken auch verwöhnte Lebensstile ungewöhnlich schnell auf und bieten so die Möglichkeit, diese Defizite zu bearbeiten.

These 4: Handlungsorientierte Methoden in der Jugendarbeit pendeln notwendigerweise zwischen Krise und Konjunktur.

Die Erlebnispädagogik liegt im Trend. Das galt vor zehn Jahren auch für die ökologische Bildung. Obwohl deren Themen letztlich, so ist zu befürchten, weiter an Aktualität gewinnen werden, interessieren sich weder Jugendliche noch die Profis der Jugendarbeit in besonderer Weise für das Thema Ökologie. Es ist aber Teil des Bildungskataloges geworden. Der Erlebnispädagogik mag ein gleiches Schicksal bevorstehen, auch wenn sich im Rahmen der außerschulischen Bildungsarbeit Jugendliche durch die Angebote der Erlebnispädagogik ansprechen lassen. Solche Angebote, die als Korrektur und Kompensation der individualistischen Konkurrenz-, Konsum- und Leistungsorientierungen erwünscht und nötig sind, andererseits aber auf die gesellschaftlich unmodernen Werte wie Ganzheitlichkeit, Gemeinsamkeit, Gelassenheit, Langsamkeit, Entwicklung, Behutsamkeit, Eindruck und Erlebnis setzen, machen das Dilemma der modernen Jugendarbeit aus.

Ins erlebnishafte oder erlebnisorientierte Lernen darf, kann und muß eine ganze Reihe anderer Bildungsziele verpackt werden. Erlebnispädagogik muß sich messen lassen an ihrer ökologischen Verträglichkeit, an ihrer politischen Dimension, an ihren Ansprüchen an die Persönlichkeitsbildung. Auch so gesehen ist das Abenteuer ein Weg zur Jugend.

Freilich braucht die Erlebnispädagogik keine Defizittheorie zu ihrer Legitimation. Sie ist nicht nur dazu da, gesellschaftliche Fehlentwicklungen zu korrigieren, Mängel der Erlebnisfähigkeit zu kompensieren. Womöglich ist sie nur eine an die Psychologie des Jugendalters besonders gut angepaßte Methode.

These 5: Das Jugendalter ist nach wie vor eine Phase psychischer Krisen, deren Lösung ins Erwachsenendasein führt.

Die Entdeckung des Ich, die allmähliche Entwicklung eines Lebensplanes und das Hineinwachsen in die einzelnen Lebensgebiete sind nach EDUARD SPRANGER (1966, S. 46) die hauptsächlichen Aufgaben des Jugendalters. Diese von SPRANGER als genuine Aufgabe des Jugendalters betrachtete pubertäre Krise ist heute zu einer Teilaufgabe der Jugendphase geworden.

Neben den klar erkennbaren körperlichen Veränderungen spielen sich in der Psyche des Jugendlichen weniger auffällige Prozesse ab. Die Entdeckung des Ich ist verbunden mit der Suche nach Orientierung, dem Wunsch nach Abgrenzung, der Abwendung von bislang gültigen Werten und Normen und einer zunehmenden Hinwendung zu außerfamiliären Gruppen, wie peer-group, Lehrer, Persönlichkeiten des öffentlichen Lebens und Idole. Auf dem Weg zu einem neuen Selbstbild schwankt das Selbstwertgefühl zwischen offener Angeberei und euphorischen Phantasien einerseits, Minderwertigkeitsgefühl und depressiver Niedergeschlagenheit andererseits. Wer sich selbst als Subjekt erkennt, erlebt damit auch die Trennung von der Außenwelt und damit womöglich erstmals das Gefühl der Einsamkeit und Verlassenheit. Das Spektrum der Gefühle bei Jugendlichen ist grundsätzlich sehr breit und wechselt von aggressiv bis apathisch, von dynamisch bis faul, von aufgedreht bis schüchtern, von fröhlich bis depressiv. Fast scheint es so, als solle im evolutionären Sinne aus einer Selektionsbasis der Gefühlswelt ausgewählt werden können, so wie die Lallaute des Babys schließlich zur Sprache führen.

Sich selbst finden wollen bedeutet, sich auf die Suche zu machen, neue Wege nach innen und außen zu erkunden. Die in vielen klassischen Romanen beschriebene erste Wanderschaft ist ein Beispiel für den Versuch, sich selbst in der Ferne zu finden, aber auch, sich abzulenken, sich mit neuen Eindrücken zu betäuben. Durch Ablenkung und Betäubung, durch die Suche nach eigenständigen Betätigungsfeldern, den Aufbau eigener Wertmaßstäbe, die Erschließung eigener Lebensräume ohne Kontrolle und Einmischung Erwachsener, ist der Generationenkonflikt vorgezeichnet.

Erlebnispädagogik kann hier zweierlei bewirken. Erstens ist sie der Schlüssel zu neuen Lebens- und Erlebnisräumen. Im Film »Der Club der toten Dichter« ist die Höhle im Wald, jenseits des Flusses und fern vom Internat zur eigentlichen Heimat der Schüler geworden. Dort haben sie eine Welt für sich geschaffen, eine Welt ohne Lehrer und Eltern und ohne die von Erwachsenen vorgegebenen Zwänge. Zu ihrer geistigen, psychischen und nun auch räumlichen Selbständigkeit sind sie von einem einfühlsamen Lehrer ermutigt worden. Erlebnispädagogik kann bei dieser Erschließung neuer Lebensräume behilflich sein, und sie kann dazu ermutigen, sie zu nützen. Zweitens passen erlebnispädagogische Aktionen zum oben geschilderten pubertären Seelenleben wie ein Schlüssel zum Schloß. Sie führen zur Einsamkeit ebenso wie zur Gemeinschaft, sie tragen zur Abgrenzung zwischen Ich und Außenwelt bei, weil die Anforderungen des Natursports diese Grenzlinien spürbar aufzeigen. Die Lust nach körperlicher Leistung ist auslebbar, ebenso wie die Lust an der subjektiven Gefahr und zum subjektiven Risiko. Die Angst, nicht voll genommen zu werden, und die Sehnsucht nach dem Verstandenwerden können durch gemeinsames Handeln – von Pädagogen und Jugendlichen – besser angesprochen und einer Lösung nähergebracht werden. Gerade im Bereich der Identitätsfindung gelten Grenzerlebnisse als ein erfolgreicher Weg. Die fünf zentralen Fragen des Menschen – Wer bin ich? Woher komme ich? Wohin gehe ich? Was erwarte ich von der Welt? Was erwartet die Welt von mir? – stellen sich wohl kaum in der Routine des Alltags. Ein Ich-Gefühl entwickelt sich erst, wenn die Gewohnheiten des Alltags überschritten und in Frage gestellt werden, wenn eine Notsituation eintritt, wenn Betroffenheit oder Ergriffenheit mit im Spiel sind, wenn Freude, Lust oder Schmerz sich einstellen. Erst im Kontrast zur Normalität läßt sich die eigene Identität in einem psychischen Bezugssystem definieren, und außergewöhnliche Erlebnisse sind ein möglicher Katalysator zu diesem Prozeß. Freilich führen auch andere Wege zu dem gewünschten Ziel der Ichfindung, wie z. B. die Meditation, die Selbsterfahrung, der religiöse Glaube, die weite Reise, die erste Liebe. Erlebnispädagogik ist eine von vielen Möglichkeiten, die sich aber für die Phase des Jugendalters besonders eignet.

These 6: Die Bedeutung des Abenteuers wird besonders sichtbar in jugendlichen Subkulturen.

Wie der Achte Jugendbericht der Bundesregierung festgestellt hat, nimmt der Druck zu selbstverantwortlicher Lebensgestaltung zu. Das Bewußtsein für Gefährdungen und das Gefühl, diesen Gefährdungen relativ machtlos gegenüberzustehen, und die Freiheit der modernen Jugendgeneration sind der Nährboden für die jugendlichen Subkulturen.

Subkulturen greifen die Sinn- und Wertemängel einer Gesellschaft auf und wollen diese vorhandenen oder nur vorgegebenen Lücken durch ein eigenes Sinn- und Wertesystem schließen. Die Defizite im jugendlichen Lebensgefühl, die von einem zahlenmäßig geringen Teil der Jugend so erlebt werden, können mit einigen Schlagwörtern wiedergegeben werden:

– leben ohne echte Gemeinschaft, »like a brick in the wall«, wie es ein Kultfilm ausdrückt;
– leben im »toten Herz der Städte«, in einer zweiten Wirklichkeit und in Erlebnisarmut;
– leben angesichts gefährdeter Hoffnungen, frei nach dem Spontispruch: »Die Zukunft ist auch nicht mehr das, was sie einmal war«;
– leben ohne wissenschaftliches oder logisches Weltbild und ohne Fortschrittsglauben.

Noch nie verfügte eine Gesellschaft über so ausreichende materielle Güter, besaß mehr Wissen oder Technik, noch nie gab es solche Optionen und Chancen. Ein Teil der jungen Generation steht dieser Welt aber eher verloren und fremd gegenüber, sieht die öffentliche Zukunft pessimistisch – im Gegensatz zur privaten, wie viele Jugendstudien zeigen –, sucht nach Orientierung und Halt. Wer von der Welt enttäuscht ist, zieht sich gerne nach innen zurück oder greift nach Unerreichbarem: Selbst- statt Welterfahrung, »Fernsten-« statt Nächstenliebe. In jugendlichen Subkulturen hat zum einen Neoromantik Konjunktur. Die Wiederverzauberung der Welt ist hier angesagt, die Reise zum Ich, die Sehnsucht nach fernen oder alten Kulturen und Mythen. Dahinter steckt das Bedürfnis, die Kompliziertheit der Welt zu vereinfachen, bzw. einen politischen, philosophischen oder religiösen Führer zu finden, der den Weg weist. Zum anderen erleben wir gerade eine Welle jugendlicher Gewalt, die sich durch ganz Europa zieht. Ein ungeahntes Aggressionspotential ist in dieser rechtslastigen Jugendszene vorhanden, die sich in Deutschland durch Gewalt gegen Ausländer, in England durch Randale am Fußballplatz und in Frankreich durch Zoff in den Vororten der Großstädte auszeichnet. Gemeinsame Gewalt stiftet Identität, zeigt klare Feindbilder auf, ist medienwirksam und bewirkt endlich auch Widerstand bei der sonst so toleranten Pädagogengeneration. Jugendliche Subkulturen bieten für einige Jugendliche Notausgänge aus einer für sie unerträglichen Gesellschaft an, die sich dann als Sackgassen entpuppen:

– in der Drogenszene wird Betäubung und das chemische Nirwana gesucht;
– politische Subkulturen rechter und linker Provenienz erleichtern die Be- und Verurteilung der komplexen Welt;
– in neuen Kulten und alten Sekten wird die religiöse Ekstase geprobt;
– in nicht wenigen therapeutischen oder esoterischen Kreisen wird die Selbsterfahrung der Welterfahrung vorgezogen, führt die Selbstsuche zur Vergötzung des Selbst;
– zwischen Stadtindianer und Stadtschamane verwirklichen sich Verwilderungswünsche und Sehnsüchte nach Geborgenheit im archaischen Denken.

Auf der oben beschriebenen Folie bekommt die Erlebnispädagogik im Spektrum der Methoden außerschulischer Bildungsarbeit zusammen mit anderen handlungsorientierten Ansätzen einen besonderen Wert. Das, was Jugendliche häufig suchen – Action und Abenteuer, Verwilderung und Verwegenheit, Einsamkeit und Gemeinsamkeit, Geborgenheit und Ausgesetztsein –, ist in der erlebnispädagogischen Aktion häufig enthalten, nicht als deren Ziel, sondern als Bestandteil. Über gemeinsames Handeln könnte man dann zum Reden kommen, über das Reden zu neuen Strategien und neuen Lebensentwürfen.

3.5 Wo die wilden Kerle wohnen – Erleben ohne Pädagogen. Ein Blick in die Kinder- und Jugendliteratur

Der 8. Jugendbericht der Bundesregierung stellt fest, daß sich die Phase der Jugend stark verändert hat. Sie greift in die Phase der Kindheit hinein und dehnt sich bis weit ins Erwachsenenalter aus. Darüber hinaus ist sie mehr denn je zu einem eigenständigen Lebensabschnitt geworden, gefüllt von vielfältigen Angeboten, schulischen Leistungsansprüchen und breiten Gestaltungsspielräumen. Die jugendsoziologischen Feststellungen lassen eine Entwicklungsphase gänzlich in Vergessenheit geraten: die Kinder- und Jugendgemeinschaft. Sie steht bzw. stand am Ende der Kindheit, stellte den ersten und entscheidensten Schritt weg von der Erwachsenengesellschaft dar. Im Kräftedreieck Er-

Grundlegung der Erlebnispädagogik

lebnis, Spiel und Gemeinschaft wurde der Stellenwert der Selbsterziehung entwickelt. Viele andere Faktoren haben die Ausbreitung der Kinderspielgruppe in der postindustriellen Gesellschaft behindert: Das Großstadtleben läßt wenig Freiräume für eigene Erfahrungen und Erlebnisse, die Einkindfamilie neigt zur Überbehütung, die wilden (Spiel-)Räume sind gezähmt und auf Spielbiotope reduziert, die Ansprüche an Ausbildung und Erziehung, vor allem deren Beschleunigung, lassen wenig Freiräume für die wilden Spiele, und die Ablenkung durch mediale Spiele sind der Entfaltung der Kindergemeinschaft nicht förderlich. Es fehlt heutzutage der »heimliche« Raum und die Unabhängigkeit von der Welt der Erwachsenen und der Medien, die letztlich ja auch zur Welt der Erwachsenen gehört. Damit geht ein Erlebnis- und Freiheitsraum der späten Kindheit verloren, in dem die Welt ohne Hilfestellung der Erwachsenen bzw. ohne pädagogische Bemühungen buchstäblich erobert werden konnte.

Trifft man in der Fachliteratur auf Beschreibungen der Kindheitsphase zwischen dem 6. und 12. Lebensjahr, so stößt man auf Begriffe wie Latenzzeit, kritischer Realismus, Bandenalter, Phase der Moralbildung und magisches Denken (vgl. dazu LANG 1992).

Der von der Tiefenpsychologie geschaffene Begriff der Latenzzeit, der eine Zeitspanne bezeichnet, in der keine augenscheinliche sexuelle Entwicklung zu beobachten ist, gilt mittlerweile als zu vereinfachend oder gar falsch, so daß dieser Terminus keine Bedeutung bei der Beschreibung der Kindheit mehr hat. Für die Entwicklung des Denkens in dieser Phase hat PIAGET die Begriffe kritisches Denken und konkrete Operation geprägt. In diesem Alter beginnen Kinder mit großem Wissensdurst, sich die Dinge ihrer Umgebung anzueignen. Sie wollen wissen, wie etwas funktioniert, sie wollen den Dingen auf den Grund gehen. In dieser Phase entwickelt das Kind auch einen moralischen Realismus, bei dem angenommen wird, daß die moralischen Regeln nicht relativierbar seien. Dieser moralische Realismus tritt jedoch oft in Konflikt mit einem weiteren Charakteristikum dieses Lebensalters, nämlich der Bandenbildung. Zum ersten Mal bekommt die Gruppe der Gleichaltrigen Bedeutung. Die Regeln dieser Gruppe sind oft in besondere Rituale gefaßt: Die Aufnahme verläuft als Probe, die Gruppe hat ein Revier, entwickelt eine eigene Sprache. Hier erfolgt zum ersten Mal eine Auseinandersetzung zwischen Ich-Erfahrung und sozialem Lernen. Neben diesen oben erwähnten rituellen Aspekten entwickelt das Kind auch das magische Denken. Aus diesen Charakteristika der Kindheit lassen sich acht Grundthemen entwickeln (Ebd.):

– Jagen und Sammeln: Jungen und Mädchen entdecken in diesem Alter das Jagen und Sammeln. Wenn Kaulquappen gefangen werden, Netze gebastelt, Fallen gebaut werden, dann bricht ein Grundmuster durch, das lange Zeit als typisch für diese Phase der Kindheit angesehen wurde.

– Eine eigene Behausung schaffen: Die Kindheit ist auch die Zeit, in der durch die Gruppe der Gleichaltrigen eine Distanz zu den Eltern entwickelt wird. Hütten und Lager werden gebaut, kleine Höhlen werden zur Behausung.

Dort, wo vorher die Hexen, Riesen oder Waldgeister gewohnt haben, wird nun Geborgenheit und Behausung gesucht und gefunden.

– Pflegen und Hüten: Kinder haben in dieser Zeit auch das Bedürfnis, innige Zuwendung und Fürsorge auszuleben. Weniger zwar an den jüngeren Geschwistern, auf die sie aufpassen müssen, mehr aber an Haustieren, an Ponys oder Pferden. Hier werden auch die Grundlagen des Pflegens, Betreuens und Versorgens gelegt.

– Entdecken und Erfinden: Der Blick hinter die Kulissen der Erwachsenen oder in die Geheimnisse der Technik wird zur Entdeckungsreise und zur Lust am Erfinden. Auseinanderlegen und Zusammenschrauben dienen dazu, sich die räumliche und gegenständliche Welt anzueignen, sie wird bereist, erforscht und entdeckt.

– Handeln und Herstellen: Die klassischen Handwerkstätigkeiten üben für viele Kinder eine magische Anziehungskraft aus. Handwerkliches Tun dient auch dazu, die kleinen Nebensächlichkeiten des alltäglichen Lebens herzustellen, in den »Handel« mit anderen Kindern zu treten.

– Zusammenleben, Erproben und Erlernen: In der Gruppe der Gleichaltrigen, in der Kinderspielgruppe, in der Bande, werden die ersten wirklichen Freundschaftsbeziehungen geschaffen, werden Grundformen des menschlichen Zusammenlebens eingeübt.

– Körper und Körpererfahrung: Kinder im Alter von 6–12 Jahren eignen sich in dieser Zeit beachtenswerte motorische Fähigkeiten an. Schwimmen, Radfahren, Schlittschuh- oder Rollschuhlaufen, Skifahren, Tauchen, Ballspiele – all diese sportlichen Betätigungen dienen auch dazu, den Körper zu erfahren. Der eigene Körper wird auf eine völlig neue Art entdeckt.

– Die Welt mit Phantasie erobern: Neben der Realwelt leben viele Kinder noch in ihrer eigenen Welt, in der die Phantasie vorherrscht. Phantasie und Wirklichkeit werden verwoben. Phantasie geht in Wirklichkeit über und umgekehrt. An die Stelle der Märchen treten die Sagen und Geschichten, die Erzählungen und Mythen aus früheren Menschheitsperioden. Aus Rapunzel wird Robinson Crusoe.

Ein Blick auf traditionelle Gesellschaften (MICHL 1986) zeigt die wichtige und bislang wenig beachtete sozialisierende Funktion der Kinderverbände auf. Dauer dieser Lebensphase, Art der Spiele, Erlebnisspektrum, Rollenverteilung u. v. a. m. variieren von Gesellschaft zu Gesellschaft und sind in starker Weise abhängig von den ökologischen und ökonomischen Grundlagen einer Kultur. Ein anderer Zugang zur Bedeutung der Kindergemeinschaft wäre ein Blick auf die Kindheitserinnerungen unserer Schriftsteller. Das Genre der Lausbubengeschichten, etwa von LUDWIG THOMA, OSKAR MARIA GRAF, GEORG QUERI oder auch LENA CHRIST (Lausdeandlgeschichten), beschreibt mit deftigem Humor oft schwierigste Kindheitsverläufe. Denn nicht selten verbergen sich hinter dem Lachen Armut, Verzweiflung und Sehnsucht nach dem verlorenen Glück der Kindheit. Ein dritter Weg, den wir kurz verfolgen wollen, führt schließlich in die Kinder- und Jugendliteratur, die häufig ein Sozio- und Psychogramm von Kindergemeinschaften entwirft.

»Die Jugendbande stirbt aus«, so benennt W. Scherf (1975) einen Aufsatz und zeigt, daß man sich durch zahlreiche literarische Zeugnisse ein Bild von dieser Gemeinschaftsform machen kann. Anhand einiger Beispiele aus der Kinder- und Jugendliteratur – die Auswahl ist nicht repräsentativ und hat keinen Anspruch auf Vollständigkeit – wollen wir uns einen Einblick in die pädagogische Leistung der Kindergemeinschaft verschaffen. Damit werden wohl einige Begriffe wie Gemeinschaft, Bande, Horde, Rudel, Gang usw. anschaulicher. Die wichtigste Tätigkeit der Kinderverbände ist das Spiel, bzw. das Erleben in einer spielerischen Atmosphäre. Im folgenden muß berücksichtigt werden, daß viele Merkmale und Charakteristika der Kinder- und Jugendbande aus dramaturgischen Gründen vom Erzähler übersteigert bzw. fallengelassen wurden.

Betrachtet man das »Phänomen der kindlichen Bandenbildung« auf diese Weise, so muß stets beachtet werden, »was als allgemein menschliche Entwicklungsnotwendigkeit und was als kulturanthropologischer Situationsfaktor zu werten sei« (Scherf 1963). Wenngleich die Flegeljahre als Zivilisationsproblem angesehen werden können – Muchow (1963) meint, daß durch sie die Natur als Erziehungsmedium kompensiert wird –, ebenso wie die häufig geschilderten Feindseligkeiten zwischen Kindern und Erwachsenen (vgl.: Bruckner 1964; Held 1951; Lewis 1959; Pergaud 1964 u. v. a. m.), so kann man den Thesen Muchows (1963, S. 14 f.) daß die Kinder »ohne spürbaren Einschnitt in die Erwachsenenwelt hineinwachsen« und daß die eigentliche Kindheit »bei den Primitiven nur vier bis fünf Lebensjahre dauert«, nicht zustimmen. Nach diesen Thesen gäbe es in diesen Gesellschaften auch keinen Platz für die Entwicklung von Kindergemeinschaften, die nach Muchow (Ebd.) als ein zivilisatorisches Produkt zu betrachten seien.

Wenngleich das Interesse an gruppen- und spielpädagogischen Phänomenen anwächst, so gibt es erstaunlich wenig klassische Studien zu dem Thema Kinder- und Jugendbande. Thrashers (1960) Analyse des Bandenwesens in Chicago und Whites (1943) Untersuchungen über ein amerikanisches Slumviertel sind die Klassiker der soziologischen Literatur zu diesem Thema. Labov (1976) hat auf die außerordentliche Bedeutung des Normen- und Wertesystems einer Gruppe hingewiesen, das weit mehr als die individuelle Begabung für den Schulerfolg bestimmend ist.

Seidelmanns (1955) Annahme, »daß die Gruppe der Jugendbewegung als ein Sprung aus der primitiven Lebensform der Horde anzusehen sei«, wird von Muchows Theorie (s. o.) des Flegelalters ergänzt. Schließlich sei noch Zulliger (1961) erwähnt, der sich mit seiner Arbeit der individualpsychologischen Theorie nähert. M. Sperber (1970, S. 48) meint dazu: »Adler berief sich häufig und gerne auf seine Gassenbubenvergangenheit... Er machte stets geltend, daß dies ein der kindlichen Selbsterziehung besonders förderlicher Ort ist, wo man bestimmte soziale Verhaltensweisen trainiert. Da muß man Farbe bekennen, sich dem Kampf stellen, da muß man beweisen, daß man, auch wenn es gefährlich ist, zu denen steht, deren Freund man sich nennt..., so mag es doch noch wichtiger sein, daß ADLER in jenen Gassenbubenjahren sein Wir-Bewußtsein entwickelt haben dürfte.«

Im Gegensatz zur oben erwähnten dürftigen wissenschaftlichen Literatur zu diesem Problem steht eine außergewöhnliche Liste an literarischen Zeugnissen zur Verfügung, die die Bedeutung dieser Thematik für den jugendlichen Leser aufzeigt. Die folgende Auswahl ist daher eher willkürlich und könnte wohl beliebig ergänzt werden; sie enthält vornehmlich Werke, die für den jugendlichen Leser geschrieben wurden. Nicht wenige der geschilderten Kindergemeinschaften sind Kinderbanden, die ihre existentielle Not gemeinsam lindern und gegen die feindliche Welt der Erwachsenen kämpfen (HELD 1951; BRUCKNER 1964; GORKI 1959; LEHMANN 1960; LEWIS 1959 u. v. a. m.). Es ist klar, daß hier Schilderungen von Spielen keine wichtige Rolle spielen, sondern vor allem die Besorgung von Nahrungsmitteln und Geld, die Suche nach Arbeit und Kontakten zu gut gesinnten Erwachsenen.

Freilich agieren die Kinder in einer spielerischen Atmosphäre, die bestimmt ist von lokalen Bräuchen, Traditionen und Ritualen: Jeder, der einer Bande beitreten will – die sich häufig mit einem bedeutungsreichen Namen benannt hat, wie Uskoken, Scugnizzi (allgemeine Bezeichnung der Jugendbanden Neapels), Vorstadtkrokodile, Gemsen, Randalen, Texaner, Rasselbande, Jantschi-Bande, Angler, Haifische – muß meist bestimmte Mutproben durchstehen. Nur wer Mut hat, Kraft oder Geschicklichkeit, nur wer bereit ist, für die Gemeinschaft zu leiden, soll in die Gemeinschaft aufgenommen werden. So stellt sich dies bei den Scugnizzis (BRUCKNER 1964, S. 51) als gegenseitiges Prahlen, Schmähreden und Darstellung des eigenen Mutes dar, was an bestimmte Formen des Potlaches erinnert. Bei dem vor allem durch die nordamerikanischen Indianer bekannt gewordenen Potlach oder Verdienstfest stellte der Veranstalter seinen Reichtum zur Schau. »Er versuchte ferner, einen etwaigen Rivalen dadurch auszustechen, daß er ihm einen Teil seines Besitzes schenkte oder sein Gut selbst vernichtete. Der Gegner mußte sich revanchieren, wenn er sein Ansehen nicht verlieren wollte« (TISCHNER 1959, S. 143). Bevor Branko in die Bande der Uskoken aufgenommen wird (BRUCKNER 1964), muß er das Messerspiel bestehen. In LEONHARD FRANKS (1975) Räuberbande ist das Rauchen der Friedenspfeife ein Aufnahmeritual nach indianischem Vorbild. Um zu den Vorstadtkrokodilen zu gehören, muß Hannes über eine wackelige Leiter auf das Dach eines alten Hauses klettern.

Erst nach diesen Aufnahmeritualen wird das neue Mitglied in die Geheimnisse der Bande eingeweiht. Zunächst in das Geheimnis des gemeinsamen Treffpunktes, zu dem W. SCHERF bemerkt: »Aber eines Tages ist es umgekehrt. Dann haust nicht mehr der wilde Menschenfresser in der Höhle, dann bauen sich die Heranwachsenden ihre eigenen Höhlen und Hütten... Die Bande ist ihr Zuhause geworden.« Die Bande der »Roten Zora« trifft sich in der alten Burg der Uskoken (HELD 1951, S. 83), die Vorstadtkrokodile in der verlassenen Ziegelei (v. D. GRÜN 1976, S. 15); andere Treffpunkte sind der »Treffpunkt Keller« (BLYTON 1961, zit. nach SCHERF 1963), die Ruine einer Windmühle (BOURLIAGET 1957, zit. nach SCHERF 1963) oder das selbstgebaute Haus der Longeverner. Zu diesem neuen Zuhause gehört das Spielfeld, das »Gangland«, wie es THRASHER bezeichnet (zit. nach SCHERF 1975, S. 164), als grundlegende Bedingung der Kinder- und Jugendbande (Ebd.). Die Velraner und die Longeverner etwa verteidigen ihr Gebiet mit Vehemenz: allen Feinden werden die Knöpfe ihrer Kleidungsstücke abgeschnitten, man droht sogar, ihnen »Nase, Ohr und Pimmelchen« (PERGAUD 1964, S. 25 f.) abzuschneiden. Territoriales Verhalten, verbunden mit (kollektiver) Aggressivität, ist nahezu in allen Kinder- und Jugendbüchern zu finden.

Neben dem Spielfeld als Herausforderung zum Abenteuer, zum Erforschen und Gestalten ist die Gegnerschaft nach SCHERF (1975, S. 164 f.) eine weitere notwendige Bedingung zur Entwicklung einer Kinderbande. »Alle Velraner sind Arschlöcher«, schreibt Lebrac, der Anführer der Longeverner, mit Kreide an die Kirchentür (PERGAUD 1964, S. 14). Vor dem Kampf wird der Gegner regelmäßig verhöhnt und entwertet (Ebd., S. 18 und 24). Vor ihrer Flucht in den Wilden Westen will die Räuberbande noch die verhaßte Stadt Würzburg in Brand setzen und die feindliche Welt der Erwachsenen vernichten (FRANK 1975, S. 19 ff.). Ebenso wie bei der Räuberbande wird die Unterdrückung und Erniedrigung der Robinsonbande durch die Erwachsenen (FORSTER 1949, zit. nach SCHERF 1963, S. 148) mittels einer phantastischen Vorstellungswelt kompensiert: »Die Großen sind die Wilden, sie selbst die Helden der Robinsoninsel, fernes, wunderbares Ziel, zu dem man endlich sogar ausreißen kann, als das Maß der Unterdrückung voll ist.« Die Gegner von Zoras Bande (HELD 1951) sind neben den Erwachsenen die Gymnasiasten (Ebd., S. 150 ff.). Auf eine reiche Tradition blickt der Kampf zwischen Realschülern und Gymnasiasten in E. KÄSTNERS Buch »Das fliegende Klassenzimmer« (1975) zurück. Gegnerschaft ist nach SCHERF (1975, S. 165) notwendig; ein Gegner fordert die Selbstwertgefühle, kollektive und individuelle, heraus, wie die zahlreichen Schmähreden und Entwertungstendenzen (s. o.) zeigen, und fördert die »individuellen Kräfte und Möglichkeiten im Wechselspiel des Geltungstriebes« (Ebd.).

Neben den äußeren Voraussetzungen zur Bandenbildung wie Treffpunkt, Spielfeld und Gegnerschaft sind einige innere Voraussetzungen notwendig: Das ist einmal die Fähigkeit, sich von der Familie allmählich lösen zu können; zum anderen die Bereitschaft, etwas für die Gemeinschaft leisten zu wollen, aber auch, sich ihr einzufügen, von ihr zu lernen und sich in ihr zu behaupten.

Wir finden zahlreiche Beispiele von neuen Mitgliedern einer Jugendbande, die wegen ihres Alters, ihrer Kleinheit, ihrer körperlichen Schwäche oder wegen körperlicher Mängel sich zunächst in einer benachteiligten Stellung befinden – obwohl sie auch in dieser Position wichtige Funktionen für die Gemeinschaft ausfüllen und allmählich oder durch eine unerwartete Leistung zu einem wichtigen Mitglied, ja sogar zum Anführer der Gruppe werden. So. z. B. der kleine Uli (KÄSTNER 1975), der sich für unwürdig hält, auf eine Frage zu antworten, dem ständig Streiche gespielt werden (Ebd., S. 98 ff.) und der im Theaterstück ein Mädchen spielen muß. Um sich und den anderen seinen Mut zu beweisen, springt er von einer Leiter (Ebd., S. 110 f.). Von nun an ist »der Junge im Bett nicht mehr derselbe kleine Uli, den sie seit Jahren kannten« (Ebd., S. 140). Obwohl Branko schon beim Messerspiel seinen Mut bewiesen hat (HELD 1951, S. 71), öffnet er die Wasserschleuse, um nicht als feige zu gelten (ebd., S. 169). »Oldshatterhand stottert« und leidet sehr unter seiner Krankheit (FRANK 1975, S. 91): »Das war ein großer Schmerz für ihn, der ihn reizbar und streitsüchtig machte. Unvermittelt konnte er, allen voran, die Räuber zu den gefährlichsten Unternehmungen mitreißen, um dann plötzlich, von einer Minute zur anderen, ohne erkennbaren Grund bedrückt zu werden...« Die Vorstadtkrokodile (V. D. GRÜN 1976) wollen den gelähmten Kurt, der auf seinen Rollstuhl angewiesen ist, zunächst nicht in ihre Gemeinschaft aufnehmen. Erst allmählich erkennen sie, daß Kurt mit seinen besonderen Fähigkeiten und Eigenschaften einen wichtigen Beitrag zur Gemeinschaft liefern kann. Bonbon, der kleine spanische Junge in Andrés Bande, ist dick und nicht besonders schlau, und doch nimmt er eine wichtige Stellung ein (BOURLIAGET 1957). Ein ähnlicher Charakter wird von H. DAMM in dem dummen Neubert geschildert (1957, zit. nach SCHERF 1963, S. 155). Helmut, der »sehr lange krank war, völlig einsam aufwuchs und Gleichaltrige vom Krankenlager aus nur durch das Fenster beobachten konnte«, will sich »überkompensierend zu einem Anführer aufschwingen« (DITTER 1958, zit. nach SCHERF 1963, S. 156). Der kleine »Dienstag« muß »zu Hause die Stellung am Telefon halten, obgleich er doch viel lieber an der Front mitspielen würde« (KÄSTNER 1933, zit. nach SCHERF 1963, S. 164).

Es ließen sich wohl noch zahlreiche weitere Beispiele anführen. Wenden wir uns kurz einem anderen Typus in der Jugendbande zu: dem Führer. Wie wir gesehen haben, ist er oft das Spiegelbild des Neulings, des Kleinsten, des wenig geschätzten Außenseiters, und die tiefenpsychologische Verwandtschaft beider Typen wurde oben an einigen Beispielen aufgezeigt, in denen durch die Überkompensation einer minderwertigen Position eine Führerrolle erreicht wurde. So wird Gino erst als Bettler eingesetzt und überwacht (BRUCKNER 1964, S. 69). Durch seinen Mut wird er schließlich zum Anführer der »Scugnizzis« (ebd., S. 87 f.). Selten jedoch üben die Anführer absolute Autorität aus, wie z. B. der Anführer der »Texaner« (DAMM 1957; S. 19). Kein Anführer kann sich dauerhaft Ungerechtigkeiten und Benachteiligungen anderen Gruppenmitgliedern gegenüber erlauben, will er nicht durch den Druck der Gruppe seine Machtposition verlieren. Zwischen den Polen des Außenseiters und des Führers liegen noch eine Fülle weiterer Typen und Charaktere: Der Intelligenzler, der Verräter, der Intrigant, der Feigling, der Angsthase, der Musterknabe, der Clown, der Stratege usw.

Wir wollen uns noch einigen Erscheinungsformen der Kinderbande zuwenden, die uns z. B. bei den Aufnahmeritualen auf eine erstaunliche Ähnlichkeit zu den Initiationszeremonien schriftloser Kulturen aufmerksam machen. So nehmen die »Gemsen« in BOURLIAGETS Geschichte einen anderen Namen an (1957, zit. nach SCHERF 1963, S. 150). Die Mitglieder der Räuberbande reden sich nur mit ihrem Indianernamen an (FRANK 1975). Die Rasselbande (DITTER 1958, zit. nach SCHERF 1963, S. 156) vergräbt in einem Ritual ihre in einer Kassette verschlossenen gemeinsamen Eide. Geheime Verstecke, geheime Sprache, gemeinsame Tabus, feierliche Eide, ritualisierte Kämpfe, Blutsbrüderschaften – am Ende der Kindheit steht die Eroberung der natürlichen und sozialen Umwelt, stehen prägende Erlebnisse und unwiederbringliche Erfahrungen. Die Kinder- und Jugendgemeinschaft ist nahezu ausgestorben und mit ihr eine Fülle von Lernchancen, Erlebnismöglichkeiten und Erfahrungen, die wir an anderer Stelle durch teure pädagogische Anstrengungen zu kompensieren versuchen.

Je mehr aber gebannt auf die Schwierigkeiten von Kindern und Jugendlichen gestarrt wird und je mehr die Pädagogen an die »Front« gerufen werden, um so mehr könnten die Schwierigkeiten, die Erwachsene mit Jugendlichen (und umgekehrt!) haben, zunehmen. Es gilt, und das ist auch eine Aufgabe von Erlebnispädagogik, Kindern und Jugendlichen Lebens- und Erlebnisräume bereitzustellen und sie dazu zu befähigen, diese Freiräume wahrnehmen zu können. Nichts wäre der Erziehung Jugendlicher so abträglich wie eine Rundumbetreuung durch Schule, Familie und Jugendarbeit. »Wer sein Kind liebt, erzieht es nicht« (Pro Juventute 1982), so lautet ein Leitsatz der Antipädagogik. Man braucht aber kein Antipädagoge zu sein, um dieser Aussage einen Kern Wahrheit zugestehen zu können. Ein Netz für Kinder und Jugendliche zu schaffen, muß nicht die totale Pädagogisierung jugendlicher Lernwelten bedeuten, sondern lediglich die Bemühungen, Kindern und Jugendlichen Lernfelder bereitzustellen und sie dafür zu sensibilisieren. Das Lernen in der Gruppe der Gleichaltrigen wird im Zeitalter der möglichen Entsolidarisierung überlebensnotwendig für diese Gesellschaft sein.

3.6 Erziehung zwischen Pädagogik, Prävention und Psychotherapie – Erlebnispädagogik in der Jugendhilfe

Eine Erziehung, die sich überflüssig gemacht hat, weil das Erziehungsziel erreicht wurde, ist eher ein Glücksfall als ein Unglück und leider viel zu selten in den klassischen Formen der Jugendhilfe, den Hilfen zur Erziehung. Mehr denn je ist dort pädagogische, heilpädagogische, psychologische und therapeutische Unterstützung notwendig. Kann in diesem vielfältigen und engmaschigen Netz der Hilfen, in dieser Mixtur aus Pädagogik, Prävention und Psychotherapie, die Erlebnispädagogik ein sinnvoller Beitrag sein?

Erlebnispädagogik in der Jugendhilfe

Ein Einblick in die derzeitige erlebnispädagogische Praxis im Rahmen der Hilfen zur Erziehung kann eine Antwort auf diese Frage erleichtern. Wer das neue Gesetzeswerk des SGB VIII – wie die Juristen dieses Gesetz exakterweise bezeichnen – oder besser, weil hier die Objekte unserer Bemühungen im Titel enthalten sind, des Kinder- und Jugendhilfegesetzes (KJHG), mit den Augen eines Erlebnispädagogen liest, dem eröffnen sich vielerlei Zugänge, die aufzeigen, daß die Vielfalt erlebnispädagogischer Praxis erste Spuren in der Theorie der Jugendhilfe hinterlassen hat.

Das Kinder- und Jugendhilfegesetz stellt ein differenziertes Leistungsangebot zur Verfügung, das Hilfe anbietet, bevor das Kind in den Brunnen gefallen ist. Junge Erwachsene, die Familie und das soziale Umfeld werden in das Hilfsangebot miteinbezogen. Es berücksichtigt dabei, daß mehr denn je Kinder andere Kinder brauchen. In mehr als der Hälfte aller Familien lebt nur ein Kind, daher fördert das KJHG die Erziehung durch die Gruppe der Gleichaltrigen. Dabei definiert das Gesetz neben dem Ausbau der pädagogischen Einrichtungen wie Krippe, Kindergarten und Hort, auch die Erschließung von Lebens- und Spielräumen für Kinder und Jugendliche als eine neue Aufgabe. Die Gestaltung des räumlichen und sozialen Umfeldes von Kindern und Jugendlichen wird als ursächliche Aufgabe der Jugendhilfe begriffen. Schließlich soll die Jugendhilfe nach § 1 Abs. 4 dazu beitragen, »positive Lebensbedingungen für junge Menschen und ihre Familien sowie eine kinder- und familienfreundliche Umwelt zu erhalten oder zu schaffen«.

Erlebnispädagogik wird an keiner Stelle dieses neuen Gesetzeswerkes explizit erwähnt, sie steht aber als Konzept hinter einer ganzen Reihe von gesetzlichen Ausführungen. So z. B. beim § 11 Jugendarbeit, nach dem »jungen Menschen ... die zur Förderung ihrer Entwicklung erforderlichen Angebote der Jugendarbeit zur Verfügung zu stellen« sind. Im 3. Absatz dieses Paragraphen werden Schwerpunkte der Jugendarbeit genannt, von denen einige eine unmittelbare Nähe zu erlebnispädagogischen Ansätzen zeigen: Naturkundliche Bildung, Jugendarbeit in Sport, Spiel und Geselligkeit, internationale Jugendarbeit, Kinder- und Jugenderholung. Auch bei der Jugendsozialarbeit im § 13 kann Erlebnispädagogik zur dort geforderten »sozialen Integration« beitragen. Im Herzstück des KJHG, den in den §§ 27–35 beschriebenen Hilfen zur Erziehung, lassen sich erlebnispädagogische Projekte vor allem im Rahmen der §§ 29, 30, 34 und 35 einsetzen, d. h. also im Rahmen der Sozialen Gruppenarbeit – hier auch im Rahmen Sozialer Trainingskurse –, der Erziehungsbeistandschaft und der Betreuungshilfe, im Rahmen der Heimerziehung und der sonstigen betreuten Wohnformen und vor allem im § 35 , der Intensiven sozialpädagogischen Einzelbetreuung. Nach dem Stellenwert von Erlebnispädagogik in den Hilfen zur Erziehung zu fragen, ist eher eine rhetorische Übung. Eine kleine Auswahl aus zahlreichen Beispielen der Praxis wird verdeutlichen, daß die Erlebnispädagogik längst ein fester Bestandteil im erzieherischen Spektrum geworden ist.

Abenteuer und Action als Bestandteil der Sozialen Trainingskurse

Als Beispiel für eine ambulante Maßnahme, in der die Erlebnispädagogik eine wichtige Rolle spielt, seien die Sozialen Trainingskurse mit straffälligen Jugendlichen erwähnt. Der Soziale Trainingskurs dauert bei wöchentlichen Gruppenstunden in der Regel ein halbes Jahr und hat die Begleitung und Gestaltung des persönlichen Prozesses jedes Teilnehmers zum Ziel. Dabei zeigt sich die Erlebnispädagogik als ein inzwischen unverzichtbarer Bestandteil. Bei den durch Soziale Trainingskurse angesprochenen Jugendlichen steht die Suche nach lustvollen und erlebnisreichen Höhepunkten, deren Erlebnisintensität mit der Zeit gesteigert werden muß, im Vordergrund. Dies kennzeichnet das persönliche Lebensgefühl dieser Jugendlichen. Das Ziel Lustgewinn überlagert aber die mangelnde Handlungskompetenz und senkt die Hemmschwelle. Bei erlebnispädagogischen Aktionen steht das subjektive Erleben des einzelnen im gemeinsamen Tun im Vordergrund. Die Natur ist für diese Jugendlichen ein Kontrast zu ihrer sonst sehr hektischen Lebenswelt, die oft durch Drogen, Alkohol, Gewalt und Videos ausgefüllt ist. Hier können Zugänge zu einem emotionalen Bereich möglich werden, der vorher bei diesen Jugendlichen lange Zeit unter Verschluß gehalten worden ist. Da die Frustrationstoleranz sehr gering ist, muß bei der Tourenplanung berücksichtigt werden, daß Spaßelemente und erlebnispädagogische Highlights eingebaut werden. Dabei können die Teilnehmer nur schrittweise an die Eigenverantwortung hingeführt werden. Von einem sehr direktiven Handeln also geht es kontinuierlich zur Eigenverantwortung. Die Betonung von Gemeinsamkeit, z. B. im Sinne von »Lagerfeuerromantik«, ist diesen Teilnehmern, die sich durch soziale Ungebundenheit auszeichnen, sehr wichtig. Dabei werden emotionale Bedürfnisse erfüllt ohne die – sonst zwangsweise – Verbindung mit den illegalen Elementen ihrer Subkultur. Zu beachten ist, daß die Teilnehmer zum einen nur sehr bedingt freiwillig an diesen Sozialen Trainingskursen teilnehmen, und zum anderen, daß die meisten Teilnehmer an einen sehr ausgeprägten Alkohol- oder Drogenkonsum gewöhnt sind. Daraus entstehen nicht selten Unlustgefühle und Verweigerungshaltungen, die auch verbunden sind mit einem geringen Durchhaltevermögen. Es ist bei diesen Maßnahmen daher wichtig, sehr schnell einen »point of no return« zu erreichen, einen Punkt also, von dem aus die Rückkehr in die Zivilisation sich sehr schwierig gestaltet.

Erlebnispädagogik in der Heimerziehung

Eine aus Sicht der Autoren gelungene Fortbildung zum Thema »Erlebnispädagogik« beschreibt die gleichnamige Broschüre des Evangelischen Erziehungsverbandes in Bayern e. V. (Ev. Erziehungsverband in Bayern e. V.

1989). Den Spuren der »Schwabenkinder«, der Kinder und Jugendlichen von armen Tiroler Bauern, die im 17.–19. Jahrhundert im Sommer nach Bayern und Schwaben wanderten, um sich dort durch Arbeit freie Kost zu verdienen, sollten Erzieher mit ihren Heimkindern nachgehen. Die Parallelen zwischen Heimkindern und »Schwabenkindern« verführen zu Identifikationen der Teilnehmer mit den historischen Leitbildern: Die zweite Heimat der Schwabenkinder ist der fremde Bauernhof; das Zuhause muß verlassen werden, um überleben zu können; auf dem Weg von Zuhause ins fremde Land mußte bittere Not, Armut, Kälte und Hunger ertragen werden. Freilich stellt das Wandern von allen erlebnispädagogischen Medien die größte Herausforderung dar. Sein Reiz erschließt sich nur allmählich, es verspricht keine Sensationen und Abenteuer. Es galt also, die Lust am Gehen zu wecken, die Lust an der Leistung, das Gefühl der Freiheit. Fünf Gruppen starteten an unterschiedlichen Ausgangspunkten und trafen sich nach fünf Tagen am gleichen Zielpunkt. Das gemeinsame Erlebnis der Wanderung wurde zu einer guten Grundlage für das weitere Zusammenleben zwischen Jugendlichen und Erziehern. Einige Pädagogen bemerkten an ihren Kindern und Jugendlichen bislang unbekannte Fähigkeiten, andere stellten ein verändertes Beziehungsmuster fest – die Blickwinkel beider beteiligten Gruppen hatten sich verändert. Der historische Ansatz, »Auf den Spuren von...«, wurde von den Praktikern der Heimerziehung im Rahmen von Ferienmaßnahmen in modifizierter Form weiterentwickelt.

Das Wandern, das von der bürgerlichen Jugend der Jahrhundertwende als Möglichkeit entdeckt wurde, sich von der Gesellschaft der Erwachsenen nicht nur physisch, sondern auch psychisch zu entfernen, ist sicherlich die archetypische Form der Erlebnispädagogik. Das klassische Medium jedoch ist das Segeln. Mit dem Segelschiff »Outlaw« wurde das Segeln als pädagogisches und psychotherapeutisches Mittel für schwer verhaltensgestörte Kinder und Jugendliche wiederentdeckt. Der Segeltörn wird als therapeutische Maßnahme für verhaltensauffällige, psychisch gestörte, straffällige, drogen- und suizidgefährdete, für körperlich und geistig behinderte Jugendliche eingesetzt. Mehr als 100 Segelprojekte für diese Klientel hat der Lüneburger »Segelprofessor« JÖRG ZIEGENSPECK gezählt. Die Träger dieser Projekte sehen im Segelschiff ein ideales therapeutisches und erzieherisches Medium, das intensive Begegnung und wenig Rückzugsräume bietet. Ein Ort, der frei von gesellschaftlichen Zwängen ist, aber keine Verdrängung von Konflikten erlaubt, bei dem nur Zupacken, Einsatz und Kooperation zum Erfolg führen und der Zusammenhang zwischen Fehlleistung und Mißerfolg klar zutage tritt. Das Institut für psychosoziale Praxisforschung hat 27 Segeltörns von Einrichtungen der Hilfen zur Erziehung unter bestimmten Fragestellungen und Schwerpunkten untersucht (STIEMERT, S., GMÜR, W. 1989): Welchen Beitrag liefern Segeltörns zu den Hilfen zur Erziehung? Wie kann der erlebnispädagogische Ansatz, vor allem das Segeln, auf eine breitere Basis in der Jugendhilfe gestellt werden? Eignen sich Segeltörns in besonderem Maße für sogenannte stark verhaltensauffällige Jugendliche? In welcher Form gelingt der Transfer des Gelernten in den Alltag?

Als Fazit halten die Autoren fest, daß Segeltörns erst dann zu einer erlebnispädagogischen Maßnahme werden, wenn die Erlebnisse und Erfahrungen fachlich genutzt, d. h. besprochen und gedeutet werden. Nicht der Kapitän steht im Mittelpunkt des Geschehens, sondern die Jugendlichen. Je nach Pädagogen/innen werden Schwerpunkte beim Segeln gesetzt, so die Autoren, die in drei unterschiedliche Richtungen tendieren: Entweder stehen körperliche und psychische Anstrengungen im Vordergrund, oder es geht um eine stufenweise, eher vorsichtige Annäherung an die jeweiligen Leistungsgrenzen, oder der erlebnispädagogische Segeltörn soll einen Raum für Selbsterfahrung und Gruppentraining bieten. Die wichtige Frage nach den Wirkungen erlebnispädagogischer Maßnahmen wird mit wenigen Stichworten beantwortet: Erfahrungen und Reflexionsprozesse, Steigerung des Selbstwertgefühls, Aktivierung der Jugendlichen, Segeltörn als Diagnostikum, das Gruppenklima verändert sich zu mehr Zusammengehörigkeit.

Es wird wohl selten ein Erziehungsheim zu finden sein, das nicht erlebnispädagogische Elemente in Freizeitangebote oder Ferienmaßnahmen integriert hat: Wandern, Bergsteigen, Segeln, Radtour, Schlauchbootfahrt, Höhlenbegehung – was als modernes Konzept der Jugendhilfe verkauft werden soll, das ist für die pädagogischen Praktiker nichts Neues, sondern schon ein immer vorhandener Mosaikstein im Spektrum der erzieherischen Bemühungen. Das Neue besteht nicht in den erlebnispädagogischen Methoden, die seit der Jugendbewegung die Jugend bewegen, sondern in der geballten Energie, mit der Erlebnispädagogik in die klassischen Bereiche der Jugendarbeit und in die Hilfen zur Erziehung vordringt und in einigen Fällen schon zu einem elementaren Bestandteil von Konzeptionen von Heimerziehung wurde.

In erstaunlicher Konsequenz wurde dieser Ansatz etwa im Jugenddorf Rendsburg verwirklicht (vgl. ROELOFFS, REITER 1990). Schon zu Beginn der siebziger Jahre wurde dort im Prozeß der Dezentralisierung ein Bauernhof von 4–6 Jugendlichen mit Betreuern renoviert und bewohnt, Segelschiffprojekte folgten, Auslandsreisen führten Jugendliche und Pädagogen bis nach Indien und Nepal, eine Klosterruine auf Mallorca wurde wieder aufgebaut, eine Landvilla wieder hergestellt. Eine stattliche Liste von Reisezielen, die von Afrika nach Alaska führen, von Renovierungsprojekten, von der Verzahnung von Lernen und Reisen, von Schule und Freizeit, die die Autoren dem Leser präsentieren. Ein gut Teil Skepsis verbleibt jedoch: Wie viele Tausende von Kilometern muß man wirklich fahren, um zu ursprünglichen Erlebnissen zu kommen? Oder genügt vielleicht auch das Abenteuer vor der Haustür, das treffend in dem Buch »Schwarzwaldeskimos« (R. FUHRMANN 1981) beschrieben wurde. FRIEDRICH BSCHOR, Arzt, Saharareisender und Drogenexperte, zieht an anderer Stelle (F. BSCHOR 1989, S. 70) ein nüchternes Fazit seiner zahlreichen Reisen mit drogengefährdeten und -abhängigen Jugendlichen: »Für einige unserer Teilnehmer war es, rückschauend gesehen, wahrscheinlich eher vorteilhaft, einer stationären Langzeittherapie entgangen zu sein, anderen wäre möglicherweise in der damaligen Zeit des Experimentierens eher mit einem langen intensiv betreuten Ferienlager auf einer Nordseeinsel gedient gewesen.« G. LÜCK (1990) und die Arbeitsgruppe Erlebnispädagogik des Landeswohlfahrtsverbandes Baden (1990) versuchen die vielfältigen Formen von Erlebnispädagogik in drei Bereiche zu gliedern: Erlebnispädagogik im Heimalltag, fluktuierende und stationäre Projekte.

Abenteuer als der letzte pädagogische Versuch?

Daß die Reihenfolge der Hilfen zur Erziehung im Kinder- und Jugendhilfegesetz keine Rangfolge sein soll, wird immer wieder betont. Das scheint auch nötig zu sein, denn dem unbedarften Leser suggerieren die Hilfeformen, die von der Erziehungsberatung (§ 28) bis zur Intensiven sozialpädagogischen Einzelbetreuung (§ 35) reichen, in der Tat ein Konzept, das die Bandbreite von unverbindlich bis intensiv, von billig bis teuer, von leichten bis schwierigsten Problemlagen ausfüllt.

Im § 35 KJHG heißt es: »Intensive sozialpädagogische Einzelbetreuung soll Jugendlichen gewährt werden, die einer intensiven Unterstützung zur sozialen Integration und zu einer eigenverantwortlichen Lebensführung bedürfen.«

Anders als bei den übrigen Hilfen zur Erziehung schreibt der § 35 weniger die gängige Praxis der Jugendhilfe fest – wenngleich auch hier einige Praxisbeispiele zu nennen sind –, sondern setzt neue Normen für neue Zielgruppen. Gemeint sind einerseits jene Jugendlichen, die sich allen anderen Hilfsangeboten entziehen, wie Punker, Skinheads, junge Obdachlose, rechtsradikale Jugendliche, andererseits sollten – positiv gewendet – Jugendliche gemeint sein, die über den Weg der Intensiven sozialpädagogischen Einzelbetreuung besonders ansprechbar sind. So z.B. Jugendliche mit stark antisozialem Charakter, die neuerdings in der Heimerziehung auffallen. Sie zeichnen sich durch enorme Frühreife aus, geben sich selbstsicher und unnahbar, weisen keinen Leidensdruck auf und zeigen auffallend narzißtische Beziehungsmuster. Konzepte für eine erfolgreiche Behandlung dieser Jugendlichen, sei es im heilpädagogischen oder im psychotherapeutischen Sinne, gibt es noch nicht. Hier könnte der § 35 neue Wege eröffnen.

In der sozialpädagogischen Praxis fächert sich der § 35 (GINTZEL, SCHRAPPER 1991) derzeit in fünf Formen auf: Betreuung in Familien, Mobile Betreuung (MOB), kurzfristige Krisenintervention, längerfristige Reiseprojekte und längerfristige Standprojekte. Neben dem Abenteuer zwischen Alltag und Alaska – diese spektakuläre Seite des § 35 ist in der Öffentlichkeit unter dem polemischen Motto der bezahlten Urlaubsreise bekannt geworden – ist es vor allem die Intensität der Betreuung, die aus der Erziehungsbeistandschaft, aus der Betreuungsweisung oder aus der Sozialpädagogischen Familienhilfe eine Intensive sozialpädagogische Einzelbetreuung macht.

Bei der Betreuung in Familien wird der Sozialpädagoge sehr schnell zum Teil einer oft explosiven Kleinfamilie, der diese Zeitbombe dann entschärfen soll.

Die Mobile Betreuung ist letzlich nichts anderes als Sozialpädagogisch betreutes Wohnen bzw. Sozialpädagogische Familienhilfe mit geringerer Fallzahl. Kurzfristige Krisenintervention durch den § 35 ist offenbar mit kurz- und mittelfristigen Reiseprojekten (6 Wochen bis 3 Monate) gleichzusetzen, im Gegensatz zu längerfristigen, oft sehr spektakulären Reiseprojekten.

Bei diesem »letzten Versuch organisierter Pädagogik« (Ebd., S. 20) sollten Kriterien wie ökologische Verträglichkeit und soziale Nützlichkeit zukünftig strenger angesetzt werden. Reisen allein bildet und heilt schon lange nicht mehr!

Nicht nur die Zielgruppe ist schwierig, auch eine gerechte Behandlung der beteiligten Pädagogen ist eine vertrackte Sache, der weder das Bundesangestelltentarifrecht noch das AVR des Deutschen Caritasverbandes oder ein anderes Gesetzeswerk gerecht werden können. Zur Durchführung dieser Hilfsmaßnahmen ist viel Vertrauen von seiten des Arbeitgebers und des Arbeitnehmers notwendig. Die Kostenberechnung reicht von vertretbaren Tagessätzen von 139 DM für die Betreuung in Familien bis zu Höhen von 310 DM bei einem kurzfristigen Reiseprojekt. Das Maximum scheint aber lange noch nicht erreicht zu sein.

One plus: Intensive Sozialpädagogische Einzelmaßnahmen in der Kritik

Vor fast 30 Jahren hat JEAN-LUC GODARD in dem Film »one plus one« die Entstehung des Songs »Sympathy for the Devil« der Rolling Stones beschrieben. Fast 1000 Jugendliche sind jährlich mit Sozialpädagogen/innen one plus one unterwegs, und es wäre auch ein Kunststück, wenn Jugendliche, an denen Eltern, Psychologen und die gesammelten Hilfen zur Erziehung mindestens 16 Jahre lang versagt haben, nach einem solchen Trip vollkommen integrierbar wären. Der § 35 KJHG (Intensive sozialpädagogische Einzelbetreuung) ist eben der letzte Drahtseilakt der Jugendhilfe, danach beginnt der Abstieg in die Obdachlosigkeit, in die Psychiatrie und in den Knast.

Der SPIEGEL berichtete in dem Artikel »Kamelritt ins Glück« (SPIEGEL Nr. 36/1996) eher hemmungs- als schonungslos, aber jedenfalls scheinheilig, von fünf bis zehn erfolglosen Fällen. Es mag ausnahmsweise zutreffen, daß Pädagogen nur ihre spätpubertären Träume ausleben wollen oder die Jugendlichen schlichtweg therapieresistent sind. Es trifft aber auch zu, was der SPIEGEL nach der massiven Kritik einige Sätze später zugeben muß: »Die Jugendlichen, die auf solche Trips geschickt werden, sind so verstört und traumatisiert, so aggressiv oder depressiv, daß alle konventionellen Therapiemethoden bei ihnen versagt haben.«

Dabei übernimmt der SPIEGEL mit seinen Argumenten kampflos die Lufthoheit über alle Stammtische: Er schürt die Neidkomplexe im Stile von RTL und SAT oder der BILD-Zeitung (»Münchner Jugendamt schenkt Schläger Asienreise«), er bringt das Kostenargument ins Spiel und verschweigt die Kosten-Nutzen-Relation von Kinder- und Jugendpsychiatrie und Jugendknast und möchte dort eine Erfolgsgarantie, wo bislang alle pädagogisch-therapeutischen Bemühungen gescheitert sind. Hier hinterlassen flotte Journalisten einen Scherbenhaufen, ohne nur annähernd pädagogische Auswege aus dem Dilemma der Nichterziehbarkeit aufzuzeigen. Ganz in diesem oberflächlichen Sinne verstärkten reißerische TV-Sendungen die Palette der Vorurteile. Erstaunlich sachlich und unaufgeregt berichtete dagegen der FOCUS (18/1997) über »Das segelnde Klassenzimmer« auf der »Thor Heyerdahl«.

Wege in die Wildnis – Aktuelle Literatur zu »Intensive sozialpädagogische Einzelmaßnahmen«

Spätestens seit dem außergewöhnlichen Buch von ASTRID KRESZMEIER (1993) und dem ein Jahr vorher entstandenen gleichnamigen Film müßte es keine Diskussion um Sinn oder Unsinn therapeutischer Reisen geben. In vielen Publikationen sind der Stellenwert, das oft überwältigende Engagement der Pädagogen, die Erfolge, aber auch die Mißerfolge detailliert beschrieben worden (ALBERTER 1997, FLÜCKIGER 1998, JÖST/GEIST 1996).

Zwei Bücher über die heiß diskutierten Reiseprojekte nach § 35 KJHG, das verspricht die längst notwendige Innensicht und Legitimation dieser aufwendigen Hilfeform. In der Tat liegen bei dem Tagebuch von STEFFI JÖST und MICHAEL GEIST (1996) und dem Bericht von MONIKA FLÜCKIGER (1998) Himmel und Hölle nahe beieinander. Von November 1994 bis Mitte Mai 1995 dauerte ein Projekt, das JÖST und GEIST und zwei 19jährige Mädchen zunächst nach Neuseeland, dann nach Hawai und nach Kanada führte. Neuseeland wurde gewählt, weil hier eine Radreise in unserer kalten Jahreszeit möglich war, das Land genügend Einsamkeit bieten kann, um allen Versuchungen der Zivilisation widerstehen zu können, und die Landessprache den Pädagogen geläufig war. JÖST und GEIST zeigen die Fülle von Vertiefungen, Wende- und Krisenpunkten bei den Mädchen auf, die ihr bisher verkorkstes Leben nachhaltig positiv beeinflußt haben. In der Tat ergeben sich Anhalts- und Angelpunkte, die sonst wohl im verborgenen geblieben wären: Eines der Mädchen wurde vom Vater mißbraucht und dann von ihm in die Psychiatrie abgeschoben. Erst während dieser Reise wurde dieses Geheimnis gelüftet, erst jetzt konnte das Mädchen mit der Pädagogin darüber sprechen. Allein dieser Prozeß legitimiert diesen reisepädagogischen Ansatz.

»BigTrail« dagegen ist eine Langzeittherapie, entwickelt von Sozialarbeitern, Psychologen und Therapeuten in der Schweiz. Im Mittelpunkt der 15monatigen Therapie steht ein etwa dreimonatiger Aufenthalt in der Wildnis Kanadas. BigTrail fordert so von den Jugendlichen und den Teamern den Einsatz aller Kräfte. »Die Arbeit«, so schreibt MONIKA FLÜCKIGER, »war trotz der guten

Startbedingungen sehr anstrengend, oft zum Verzweifeln, manchmal schön und täglich eine Herausforderung.« Die Ernsthaftigkeit dieses Projekts, das Engagement der Pädagoginnen und Pädagogen, die wissenschaftliche Begleitung und die Erfolge sprechen für diesen erlebnispädagogischen Ansatz. Hier wird gezeigt, daß diese therapeutische Form unter bestimmten Voraussetzungen sehr erfolgreich sein kann: Wichtig sind ein schlüssiges Konzept, die Definition der Ziele, erfahrene Pädagoginnen und Pädagogen, therapiewillige Jugendliche, die einen Schritt in die Wildnis in ihnen und in die Wildnis Kanadas wagen wollen. Zwölf Wochen in den weiten menschenleeren Wäldern Kanadas: Nichts läßt sich hier verleugnen oder verdrängen, weder Hunger noch Hitze, weder Regen noch Mücken. Die Wildnis der Wälder ist der direkte Weg zu der Wildnis (Verwilderung) in mir.

Die aktuelle Literatur wird die Perspektive auf Intensive Sozialpädagogische Einzelmaßnahmen nachhaltig verändern. Dort, wo sie begründet und konzeptionell durchdacht sind, gehören sie zum methodischen Repertoire moderner Sozialpädagogik und Therapie. Sie ersetzen nicht die Krisenintervention oder die Drogentherapie vor Ort und nicht die pädagogische Begleitung im Alltag. Sie sind aber selbst auch durch nichts zu ersetzen.

3.7 See me, feel me, touch me, heal me – Erlebnis als Therapie

Wenn sich die Erlebnispädagogik abdrängen läßt in die Randbezirke der Erziehung und in die Grauzone zwischen Pädagogik und Psychotherapie, wie dies auch im Kinder- und Jugendhilfegesetz im Trend zu spüren ist, dann wird bald ein genuin pädagogischer Bereich in eine therapeutische Richtung einmünden. Allerdings gibt es berechtigte Gründe für die Annahme, daß Handeln und Heilen zusammenhängen.

KURT HAHN wandte sich dem Erlebnis und dem Abenteuer zu und versprach sich heilende Wirkungen gegenüber seinen vier Verfallserscheinungen der Gesellschaft. Der Begriff Therapie ist hier aber als Metapher zu verstehen. Schon die Urväter der Tiefenpsychologie, FREUD, ADLER, JUNG, haben erkannt, daß die innere Erlebniswelt nur die Kehrseite einer äußeren neurotisierenden Lebenswelt ist. Erlebnispädagogik und Tiefenpsychologie haben also einen gemeinsamen Knotenpunkt. Auch ist die erlebnispädagogische Aktivität durchaus mit dem therapeutischen Prozeß vergleichbar: (Über-)Identifikation mit dem Pädagogen oder Therapeuten inklusive Übertragung und Gegenübertragung, Widerstände und deren Überwindung, Zusammenbrüche und neue Hoffnungen, Trotz und Trauer, Egozentrik und Wir-Gefühl. Körperliche und psychische Prozesse sind nicht selten miteinander in den therapeutisch nutzvollen Einklang zu bringen. Die Bergtour, die Schlauchbootfahrt, die Höhlenerkundung, der Segeltörn können dann Aufbruch im doppelten Sinn sein: Lange verdrängte Verletzungen, verleugnete Gefühle der Minderwertigkeit, schmerzliche Erinnerungen, unbekannte Ängste brechen urplötzlich in das sonst so geordnete Leben ein und bieten sich einer therapeutischen Bearbeitung an.

An drei therapeutischen Richtungen sollen die Verbindungsmöglichkeiten zwischen äußerem Erlebnis einerseits, Anamnese und therapeutischen Ansätzen andererseits aufgezeigt werden: der Individualpsychologie ALFRED ADLERS (MICHL 1991), der Grenzsituationstherapie von HELMUT SCHULZE (1971) und der »Sensory Awareness« (d. h. Körperarbeit) nach CHARLES BROOKS (1991).

Erleben zwischen Minderwertigkeits- und Gemeinschaftsgefühl

Im Gegensatz zu FREUD sah ADLER den Menschen nicht getrieben, sondern vielmehr gezogen, gleichsam magnetisch angezogen von selbstgesteckten Zielen, bewußten oder unbewußten, nützlichen oder unnützen. ADLER sieht den Menschen als handelndes Wesen, das Ziele erreichen muß, soll oder will. ADLER war kein großer Theoretiker – und hierin ähnelt er KURT HAHN –, ihm war die Praxis wichtiger als die Theorie, er bewertete Ziel und Zweck des Handelns wichtiger als Ursache und Grund. Auf den Lebensleitlinien strebt der Mensch seinem meist unbewußten Lebensziel zu, und alles Handeln dient dazu, dieses gesteckte Ziel zu erreichen. Die Parallelen zwischen Erlebnispädagogik und Individualpsychologie sind erstaunlich, es erscheint gleichsam, als sei diese Psychologie der Gemeinschaft – das ist sie nämlich in Wirklichkeit – für die Pädagogik des Erlebens erfunden worden. Dies läßt sich an einigen individualpsychologischen Konzepten aufzeigen.

Die Minderwertigkeit und deren Überwindung, die Kompensation, sind durch ADLERS Lebensweg vorgezeichnet. Das Hinauswachsen über die scheinbar begrenzten Fähigkeiten, die Überwindung durch Anstrengung, sensationelle Wendungen, wurden von ADLER mit Vorliebe zitiert und selbst erlebt. Es war ADLERS unerschütterliche Überzeugung, daß jeder Mensch über ungleich bessere Möglichkeiten, Fähigkeiten, Leistungsreserven verfügt, als er es selbst von sich vermutet und weiß. Das Gefühl der Minderwertigkeit kann nach ADLER überwunden werden durch besondere Leistungen auf einem anderen Gebiet. Individualpsychologie und Erlebnispädagogik haben beide einen teleologischen Charakter: Sie definieren sich vom Ziel her. Es dominieren die Fragen nach Ziel, Zweck und Folge. ADLER gesteht dem Individuum eine schöpferische Kraft zu, mittels derer es die Zukunft gestalten kann, HAHN schafft dafür den Begriff »Grande Passion«. Zwischen dem Denken ADLERS und dem Ansatz von HAHN gibt es eine ganze Reihe von Parallelen:

– Beiden geht es um »Heilen und Bilden«, wie es ADLER in einem Buchtitel formuliert hat.

– HAHN setzt seine Ansicht von Erziehung gegen die Verfallserscheinungen und die Krise der Demokratie und will, wie ADLER, mehr als heilen. Sein Ziel ist der politisch mündige Bürger.

– HAHN sieht den Verfall der körperlichen Tauglichkeit und setzt körperliches Training dagegen. ADLER diagnostiziert als Fehlform der Erziehung die Verwöhnung bzw. die Verzärtelung.

– Als größte Gefahr sieht HAHN den Verfall des Mitgefühls und den Mangel an menschlicher Anteilnahme. Nichts anderes ist unter ADLERS Gemeinschaftsgefühl zu verstehen.

– HAHN glaubt an ungeahnte Leidenschaften, die im Kind sind und die geweckt werden müssen, ADLER konstruiert eine schöpferische Kraft im Menschen, deren Entfaltung die Aufgabe des Erziehers bzw. des Therapeuten ist.

Zurück zu dem Gefühl der Minderwertigkeit. Auch der Erlebnispädagoge geht von Defiziten soziologischer, psychologischer und/oder persönlicher Natur aus. Vor allem natürlich von Defiziten des Erlebens, denn elementare Erlebnisse sind für das Funktionieren der modernen Gesellschaft nicht mehr notwendig. Der Ausgangspunkt also ist eine Mangelsituation. Was ULRICH AUFMUTH in seinem Buch »Die Lust am Aufstieg« anführt (1984, S. 114), ist die Verbindung von Individualpsychologie und Erlebnispädagogik in Reinform. Der extreme Alpinist sucht nach AUFMUTH die »Situation des äußersten Leidens und der potentiellen Lebensgefahr«. Er sucht gleichermaßen nach Machterlebnissen, weil er sich behaupten muß gegen Minderwertigkeitsgefühle: »Macht über sportliche Schwierigkeiten, Macht über die Widrigkeiten der Natur, Macht über die Qualen des gemarterten Leibes, Macht über die Angst, Macht über die Regungen der Bequemlichkeit, Macht über den hautnahen Tod«. Die Polarität zwischen Macht und Minderwertigkeit wird deutlich am Beispiel der Absturzgefahr des Bergsteigers. Abstürzen bedeutet: Ich habe keinen Halt mehr, ich bin völlig hilf- und machtlos, ich werde wohl sterben. Nicht stürzen heißt dann: Ich habe festen Halt und spüre es am ganzen Körper, ich bin mächtig und stark, ich bin dem Tod überlegen.

Als wohl erster Psychologe hat ADLER auf die Gefahr der Verwöhnung hingewiesen. Neben der Vernachlässigung, der Härte und Strenge in der Erziehung sah ADLER in der Verwöhnung die wichtigste Ursache neurotischer Entwicklungen. Das Kind wird gleichsam in einen Wattebausch gepackt, Enttäuschungen, Prüfungen und Hindernisse werden ferngehalten. Das Kind wird überhäuft mit Zärtlichkeiten, mit Lob und Belohnung, mit Zuwendung und Unterstützung. Im Falle der Verwöhnung kann die Erlebnispädagogik einiges beitragen zur Korrektur des neurotischen Lebensstils. Das verzärtelte Kind zeichnet sich aus durch einen Mangel an Gemeinschaftsgefühl. Teilen, helfen, unterstützen, tolerieren, hat es nicht gelernt, und sein Motto ist: »Ich bin die wichtigste Person und jeder Wunsch hat mir erfüllt zu werden.« Die Verzärtelung soll erhalten bleiben, jede Veränderung beinhaltet die Gefahr, diesen Luxus zu verlieren. Das verzärtelte Kind lehnt sich an die Mutter an, es wird passiv, neue und ungewohnte Ereignisse sollen vermieden werden. In der Erlebnispädagogik kann gelernt werden, daß Handlungsausgänge vom eigenen Verhalten abhängig sind und schwierige Situationen bewältigt werden können. Diese Bewältigung gelingt durch eine gute Zusammenarbeit der Gruppe. Dabei muß jedes Mitglied der Gruppe, auch das verwöhnte Individuum, Selbstverantwortung übernehmen. Erlebnispädagogische Aktivitäten können dazu beitragen, daß Stück für Stück der Wattebausch der Verzärtelung entfernt wird.

ADLER baute auf das Prinzip der Ermutigung. Wenn man davon ausgeht, daß dem neurotischen Lebensstil Entmutigung vorausgeht, dann bedeutet (Lebens-)Mut gewinnen einen Schritt zur Heilung. Der Münchner Individualpsychologe RUDOLF KAUSEN (in: PONGRATZ 1977, S. 90) verbindet mit seiner Aussage zur Ermutigung Individualpsychologie und Erlebnispädagogik: »Auf dieser Basis (einer guten Beziehung zwischen Zögling und Erzieher; die Verf.) kann der Mut wachsen, wenn zunehmend Erfolge erlebt werden. Situationen, in denen eine Bewährung wahrscheinlich ist, lassen sich arrangieren, wobei auf den Grad der Ermutigung zu achten ist, um das Risiko weiterer Mißerfolge gering zu halten. Die heilsamen Erfolgserlebnisse, die das Selbstwertgefühl steigern, setzen echte Leistungen voraus. Dabei können allerdings Anforderungen, die für einen Gesunden gering sind, für seelisch Kranke hoch sein.«

Ein weiterer Schnittpunkt dieser beiden Theorien liegt in dem Konzept des Gemeinschaftsgefühls von ADLER. Erlebnispädagogik bietet zahlreiche Entwicklungschancen im Bereich des sozialen Lernens. Gruppenprozesse gehören als konstituierender Bestandteil zur Erlebnispädagogik. Ähnlich wie im gruppentherapeutischen Prozeß bilden sich Rollen und Beziehungsgeflechte, verläuft die Gruppenentwicklung in Phasen, sind Konflikte und Krisen zu meistern, geht es um Identität und Gruppengefühl. Einfühlungsvermögen, Rücksichtnahme, Hilfsbereitschaft, Verantwortungsbewußtsein sind weitere Teile des erlebnispädagogischen Lernziels Solidarität, das gleichzusetzen ist mit dem ADLERschen Begriff des Gemeinschaftsgefühls.

Heilen durch Handeln – Grenzsituationstherapie

Der Tiefenpsychologe HELMUT SCHULZE hat in den 70er Jahren die wohl engste Verbindung zwischen Psychotherapie und Erlebnispädagogik geschaffen. Er nannte seinen Ansatz Grenzsituationstherapie. Dabei knüpft er zum einen an dem Konzept des Selbstwertgefühls von ADLER an, zum anderen an der Verhaltensbiologie von KONRAD LORENZ. Im Vorwort stellt LORENZ fest, daß das Selbstwertgefühl mit der Zahl der überwundenen Hindernisse steigt. Dem Zivilisationsmenschen, der den gefangenen Tieren im Tiergarten vergleichbar ist, fehlen aber die sichtbaren Gefahren und die tatsächlichen Gefahren, so SCHULZE. Atomkrieg und ökologische Katastrophen seien nur abstrakt erfahrbar.

Der Patient soll in der Grenzsituationstherapie in Situationen gebracht werden, in denen er sich bewähren kann. Objektlose Angst wird zu genau definierter Angst und kann so bearbeitet werden. SCHULZE stellt fest, daß jeder Patient die Grenzsituationstherapie erstens freiwillig und selbstverantwortlich akzeptieren muß, daß zweitens kein wesentliches objektives Risiko eingegangen werden darf und drittens, daß jedes Ereignis zu einem Erfolgserlebnis führen soll. Alles Handeln bewegt sich innerhalb des Grenzbereiches der subjektiven Leistungsfähigkeit der Patienten. SCHULZE ist ein begeisterter Segelflieger. Natürlich stößt er auf ANTOINE DE SAINT-EXUPÉRY: »Die Erde schenkt uns mehr Selbsterkenntnis, weil sie uns Widerstand leistet. Und nur im Kampfe findet der Mensch zu sich selbst. Aber er braucht dazu ein Werkzeug ...« (in: Wind, Sand und Sterne, zit. nach SCHULZE 1971, S. 3). Seine Erlebnisberichte der Segelflüge mit Patienten zeigen, daß diese zum einen als Diagnose dienen, zum anderen als Vorbereitung auf die eigentliche Psychotherapie, die sich dann doch in dem bekannten Rahmen abspielt.

SCHULZE definiert dabei Handeln als Dialog zwischen Ich und Umwelt. Grundlage des Handelns aber ist der menschliche Antrieb. Dieser Antrieb kann durch den Willen aufgeschoben, verstärkt oder auch umgelenkt werden. Das, was das Individuum fühlt und damit innerlich erlebt, ist nach SCHULZE nur ein Bruchteil dessen, was es tut. Daher macht gemeinsames Handeln mehr bewußt als miteinander reden. Vier große Triebe leiten unseren Antrieb und das Handeln an: Sexualität, Nahrungstrieb, Aggression und Flucht. Die Abhängigkeit des Individuums von diesen Trieben soll durch Psychotherapie in Unabhängigkeit verwandelt werden, Unfreiheit wird zur Freiheit. Dabei sieht SCHULZE die Handlungsunfähigkeit als eine moderne Form der Neurose, die aus seelischer Frustration und der materiellen Verwöhnung entsteht. In der Therapie setzt er dagegen die seelische Zuwendung und die materielle Askese. In der Grenzsituationstherapie werden die Klienten vor Konflikte gestellt, die durch Handeln gelöst werden können. Der Prozeßablauf lautet: Konflikte erkennen, Lösungsmöglichkeiten abwägen, Bewältigung durch Handeln, therapeutische Sitzung.

SCHULZE bedient sich bei seiner Grenzsituationstherapie einiger bekannter erlebnispädagogischer Methoden. So nimmt er seine Patienten mit auf Segelflüge, unternimmt mit ihnen Gletscherwanderungen, er geht mit ihnen auf »therapeutische Hochgebirgsstation« und verbringt mit ihnen ein Wochenende auf der Berghütte. Er stellt seinen Patienten Mutproben, wie ein Sprung vom Felsen ins Wasser, ein Sprung in die Sandgrube, ein- bis zweistündiges Schweigen usw. Bei der von ihm entwickelten Grenzsituationstherapie gilt:
– das persönlich vorgelebte Beispiel durch den Therapeuten
– der Patient ist vor eine Entscheidungssituation zu stellen, die er durch Handeln beeinflussen kann
– der Patient muß sich freiwillig zum (subjektiven) Risiko, zur Angst, zum Unangenehmen, zur Entbehrung entscheiden
– der ganze Mensch wird mit Kopf, Herz und Hand zum Handeln aufgefordert.

Erinnerung an den vergessenen Körper – Sensory Awareness

Es gibt eine ganze Reihe von körperorientierten Psychotherapieformen, von denen einige im deutschsprachigen Raum sehr gut, andere gar nicht bekannt sind. Das Spektrum reicht von Neo-Reichianischen Analysen bis zu biodynamischen Psychologieformen, von der Therapie des direkten Körperkontakts bis zur Life-energy-Therapy, bei der östliche Heilmethoden und Akupressur verbunden werden (KRAIKER/PETER 1988, S. 155f.). Zwei weitere Formen sind im deutschsprachigen Therapieraum sehr gut bekannt: die Bioenergetik und die Körperarbeit.

Bei allen diesen Methoden wird der Mensch als ein energetisches System begriffen. Wird dieses im Fluß befindliche energetische System blockiert, so kommt es zu chronischen Muskelspannungen, Fehlhaltungen und Störungen im Körper. Diese körperlichen Störungen korrespondieren mit psychischen Störungen. Der körperorientierte Psychotherapeut beginnt seine Behandlung durch eine ausführliche Diagnostik des körperlichen Verhaltens und versucht so, ein umfassendes Verständnis von der Persönlichkeit und der Problematik des Klienten zu bekommen. Seine therapeutische Arbeit setzt auf der körperlichen Ebene an. Diese Methoden reichen von der Anleitung zu aufmerksamen Beobachtungen von selbstverständlichen Körperfunktionen bis zu massageähnlichen Techniken. Wenngleich derzeit körperorientierte Psychotherapeuten nicht das Erlebnisfeld Natur entdeckt haben, so ist doch auf Grund der theoretischen Voraussetzungen eine solche Erweiterung innerhalb dieser therapeutischen Richtungen möglich.

Die grundlegenden Funktionen des Organismus wie Gehen, Stehen, Sitzen, Liegen, Atmen können eben nicht nur an zahlreichen Experimenten in der angenehmen Atmosphäre eines Raumes langsam neu erfahren werden, sie können auch durch erlebnisorientierte Aktivitäten in der Natur bestens bewußt gemacht werden. Das nach Ansicht dieser Therapeuten verlorengegangene Gefühl für den eigenen Körper kann im Rahmen von Natursportarten womöglich besser wiedergewonnen werden als bei Übungen und Experimenten im Raum. Sensory Awareness bedeutet auch, die eigene Sinneswahrnehmung und die Sinnesbewußtheit zu stärken, die Wahrnehmungsfähigkeit zu fördern, um so schließlich zu authentischer Erfahrung zu kommen. Das Ziel, durch die Sinne die Wirklichkeit bewußter wahrzunehmen, neue Perspektiven der Wahrnehmung anzubieten, ist deckungsgleich mit expliziten Zielen in der handlungsorientierten Pädagogik. Die vielen interessanten Übungen der Körper- und Gestalttherapie leiden nicht selten an einer manchmal krampfhaften Natürlichkeit. Sie gewännen an Effektivität und Authentizität durch einen erlebnispädagogischen Rahmen. Mit geschlossenen Augen durch einen hellen Raum zu gehen ist eine von vielen gestalttherapeutischen Übungen. Diese künstliche Situation wäre im Rahmen einer Höhlenbegehung nicht vorhanden. Dort ist es nicht notwendig, die Augen zu schließen, um Dunkelheit erleben zu können.

3.8 Leben gewinnen: Erlebnispädagogik in der Behindertenhilfe[1]

»*Das Wasser und der Fels*

Stundenlang
schlägt die Welle gegen den Fels
der groß dasteht
und ihr den Weg versperrt
den Weg aufs offene Land
in einen anderen Teil der Welt.

Und mit jedem Schlag
scheint's als hätt' sie's geschafft
und ein kleines Stückchen Felsen
bricht ab.

Doch mit jedem Schlag
verliert sie auch ein Stück
von sich selbst
und es bleibt zurück in dem Fels.

Und das könnte auch das Geheimnis sein
das Wellen
und Felsen vereinen
denn jeder trägt in sich
ein Teil vom andern.«

Behinderte und Nichtbehinderte gehören zusammen wie das Wasser und der Fels. Bei einer internationalen Jugendbegegnung in Estland hat die 22jährige schwer behinderte Marion dieses und viele weitere Gedichte geschrieben, die die deutschen und die estnischen Jugendlichen sehr beeindruckten. Die Reise hatte Marion offensichtlich sehr inspiriert, aber auch die Jugendlichen machten ganz neue Erfahrungen. Einige haben diese Reise fast aus der Perspektive eines Rollstuhlfahrers nachvollziehen können. Und bevor Marion an einem der letzten Abende ihre Gedichte vorgetragen hat, haben einige Jugendliche gemurrt. Ein sonst sehr offenes und nettes Mädchen meinte: »Mußte die denn eigentlich nach Estland mitfahren? Die hätte doch auch in einem behindertengerechten Haus ihren Urlaub machen können. Überall müssen wir auf die warten. Alles ist so kompliziert mit der. Beim Essen kann man gar nicht zuschauen und wenn sie was sagt, dann versteh' ich sie meistens sowieso nicht. Die behindert uns nur!«

---
[1] Überarbeitete Fassung aus dem Buch Michl, W./Riehl, J. (Hrsg.): Leben gewinnen... Alling 1996

Einige waren der gleichen Meinung, andere enthielten sich der Stimme, und es gab auch einige Gegenstimmen. Bald waren wir bei der grundsätzlichen Frage angelangt, ab wann ein Mensch eigentlich als behindert gilt? Wenn er einen Schwerbehindertenausweis bekommt? Wenn er nicht so intelligent ist wie der Durchschnitt? Wenn er besonders häßlich ist? Wenn er besonders hilfsbedürftig ist? Wenn er einen Körper besitzt, der nicht dem Durchschnitt entspricht? Wenn er immer spontan seine Gefühle wie Angst, Traurigkeit, Freude oder Liebe zeigt? Wenn sein Denken unnormal ist? Wenn sein Verhalten außergewöhnlich ist? Wenn er soziale Normen nicht einhält? (Vgl. dazu KARL 1991, S. 4)

Schnell stellten sich weitere neue und bedrängende Fragen und riefen Antworten hervor: Was ist eigentlich normal? Ist das vielleicht nichts anderes als die Mehrzahl der Bevölkerung? Würden die meisten Menschen mit dem Rollstuhl fahren, wäre dann zu Fuß gehen eine Behinderung? Wer bestimmt denn, was normal ist? Ist das vielleicht eine mächtige Mehrheit? Ab wann ist man eigentlich behindert? Wenn man eine Allergie hat, einen steifen Fuß, einen Tic? Was behindert eigentlich? Ist das womöglich nur die Reaktion des sozialen Umfelds? Wer behindert wen und warum? Wäre es nicht denkbar, daß ein Mißbrauch von Macht eine latente Behinderung offenlegt? Und schließlich: Ist unser Leben nicht ein dauerndes Überwinden von Hindernissen, ein Umgang mit Behindcrungen? Sind wir so gesehen nicht alle irgendwie behindert?

So schnell bildet Reisen, durch offene Fragen, durch Thesen, durch Herausforderungen, vor die uns – in diesem Falle – behinderte Menschen stellen. Eine solche Reise mit behinderten und nichtbehinderten jungen Menschen sollte wiederholt werden. An der Georg-Simon-Ohm Fachhochschule erfüllte sich durch das Projekt Radel-Rollfiets-Tour dieser Wunsch (MICHL/RIEHL 1996).

Verbindungslinien in Praxis und Theorie

Eigentlich ist es eine Selbstverständlichkeit, Behindertenhilfe und Erlebnispädagogik miteinander zu verbinden! Die deutschsprachige Fachliteratur allerdings ließ hier viel zu wünschen übrig: Entweder gibt es so wenig praktische Erfahrungen, oder die in der Behindertenhilfe tätigen Pädagoginnen und Pädagogen sind etwas schreibfaul. Ganz anders ist die Situation in den USA. Eine Dia-Show über »Ropes Courses« in den USA, die Irmelin Küthe von OUTWARD BOUND Deutschland zusammengestellt hat, zeigt behinderte Menschen mit großer Selbstverständlichkeit in Aktion. Da schwingt sich ein Rollstuhlfahrer wie Tarzan von Ast zu Ast, ein anderer klettert Bäume hoch, zieht sich über eine wackelige Hängebrücke, balanciert mit dem Rollstuhl von Baum zu Baum. Andere Artikel berichten von Behinderten, die mit Huskies und Hundeschlitten das winterliche Amerika durchqueren. Aufsehen erregte vor kurzem in der deutschen Presse ein Mann, der mit seinem Hund die Appalachen von Nord nach Süd durchquerte. Eine der härtesten Fußwanderungen der Welt! Der

Mann war nicht nur allein unterwegs, konditionsstark und zäh, sondern auch blind. Es ist fast müßig weiter zu überlegen, denn fast alles ist möglich. »Der Rollstuhl bleibt an Land« so beschreibt ANDREAS KLING (1989) seine Segelerfahrungen mit körperbehinderten Jugendlichen in der »Zeitschrift für Erlebnispädagogik«, und GUSTAV HARDER, Leiter der OUTWARD-BOUND Bildungsstätte in Baad/Kleinwalsertal, berichtet von seinen Erfahrungen über eine Erlebniswoche mit geistig behinderten Jugendlichen in »Jugendschutz heute« (1990, S. 14 f.). In Heft 5/94 der Zeitschrift e&l wurden die Ergebnisse einer Fachtagung des Forum Erlebnispädagogik Bayern festgehalten. WERNER MICHL führte Höhlentouren mit lernbehinderten Jugendlichen durch. FRANZ-JOSEF WAGNER (1995) hat sich als einer der ersten dieses verwaisten Themas angenommen. Wieso auch sollen geistig, körper- oder lernbehinderte Jugendliche nicht Schlauchboot- oder Kajakfahren, eine Rad- oder Höhlentour unternehmen, klettern oder Skitouren gehen?

Radel-Rollfiets-Tour von Linz nach Wien

In diesem Projekt fuhren Studierende der Georg-Simon-Ohm Fachhochschule Nürnberg, Fachbereich Sozialwesen, mit schwerstbehinderten Jugendlichen aus dem Wichernhaus in Altdorf mit besonderen Fahrrädern, sogenannten Rollfietsen, von Linz nach Wien (MICHL/RIEHL 1996). Dabei stellten sich grundsätzliche Fragen. Läßt sich die Erlebnispädagogik überhaupt mit der Sonderpädagogik verbinden, wo doch für Rollstuhlfahrer jede Fahrt in die Stadt zum unwägbaren Abenteuer wird, wo jede Bordsteinkante eine fast unbezwingbare Herausforderung darstellt, wo ein Haus ohne Lift unbetretbares Terrain bleibt und eine Straßenbahn ohne Hilfe kaum bestiegen werden kann? Endet da nicht jeder Gedanke an natursportliche Aktivitäten im konkreten Debakel des Alltags, in der schmerzlichen Erkenntnis, daß vieles auf der Welt für behinderte Menschen für immer verschlossen sein wird? Und bestehen nicht berechtigte Zweifel an der so ganz anderen Erlebnisfähigkeit von Menschen mit einer Behinderung? Wo bleibt der Sinn des ganzen Aufwands, wenn das Erlebte, die Mühen, die Leiden und die Freuden, wie im Falle einer behinderten Teilnehmerin mit Erinnerungsschwierigkeiten, nach Tagen wieder gänzlich vergessen wird? Und was bleibt, wenn die Jugendlichen wieder zurückgekehrt sind ins Wichernhaus, wo die Grenzen der Bewegung und des Erlebens allzu deutlich abgesteckt sind? Wird nicht die Enttäuschung über die notwendigen Verzichte und Versäumnisse im Alltag eines behinderten Menschen verstärkt durch die Erinnerung an die Erlebnisse einer solchen Radtour?

Oder sind das alles womöglich nur vorgeschobene Ausreden, Hilfsargumente, die sich damit begnügen, daß behinderte Menschen im Alltag versorgt sind, daß sie bestens betreut, gewissenhaft gepflegt, und schließlich auch erzogen und gebildet werden? Das Gegenteil einer blinden Aktionspädagogik ist eine pädagogische Haltung, die so lange aus Unsicherheit, theoretischen Einwänden, vermeintlichen Unwägbarkeiten mit dem Handeln zögert, bis ihr die Qualität »pädagogisch« verlorengeht und die Haltung zur Unbeweglichkeit erstarrt. Mit welchem Recht werden behinderten Jugendlichen jene Erlebnisse vorenthalten, die den nichtbehinderten Jugendlichen von der Erlebnisgesellschaft und der Erlebnispädagogik mit großer Selbstverständlichkeit geboten werden? Die Frage nach dem erfüllten Leben führt zum Kernpunkt jeglicher sozialen Arbeit. Diese These greift aber zu kurz, denn letztlich ist es eine Frage der pädagogischen Ethik, die von der sozialpädagogischen Fachkraft einen Standpunkt bezüglich ihrer Werteskala verlangt. In der Sonderpädagogik, so könnte man behaupten, ist die Antwort darauf zunächst etwas leichter zu geben als in der Jugendarbeit oder im Bereich der Hilfen zur Erziehung. Denn hier sind die Defizite klarer zu definieren und daher die Ziele deutlicher vor Augen: Leben in Selbständigkeit, sich allein versorgen können, sinnvolle Arbeit und eigene Wohnung. Die Arbeit in den Werkstätten für Behinderte, im Wohnheim und in den Wohngruppen, in den Außenwohngruppen, aber auch im Rahmen der Frühförderung, den Schulen für Körperbehinderte oder geistig Behinderte, den heilpädagogischen Kindergärten und Tagesstätten, den mobilen Betreuungsangeboten, legt täglich davon Zeugnis ab. Letztlich unterscheidet sich der Zielkatalog nicht von dem der Jugendhilfe, er ist nur klarer, dringlicher, deutlicher, und alle Beteiligten – Kinder, Jugendliche, Eltern, pädagogische und psychologische Fachkräfte – sind sich einig darüber, was erreicht werden soll. Die großen Selbstzweifel der Jugendarbeit kommen in der Sonderpädagogik so kaum vor. Vielleicht zeigen sie sich dort darin, daß viele genuin pädagogische Aufgabenfelder recht schnell in andere Arbeitsfelder integriert wurden. »Wozu Jugendarbeit?«, »Das Ende der Erziehung«, »Das Verschwinden der Kindheit« – der Pädagogik-Papst HERMANN GIESECKE und der pädagogische Medienzar NEILL POSTMAN konnten die Praktiker der Jugendarbeit verunsichern, jene der Behindertenpädagogik nicht. Angesichts der Herausforderungen des Alltags, die im Wortsinn oft unumgehbar sind, hätten vielleicht manche nachgefragt: wozu POSTMAN, wozu GIESECKE?

»Soviel Betreuung wie nötig, soviel Selbständigkeit wie möglich«, so lautet ein Prinzip der Behindertenhilfe. Helfen und Heilen, Betreuen und Begleiten, Fördern und Fordern, das sind die Verben, mit denen der professionelle Umgang mit behinderten Menschen umschrieben werden kann. Traditionell hatten Erziehung und Bildung in diesem Arbeitsfeld weniger Chancen, verständlich wohl aufgrund der immensen Anforderungen, den Alltag zu bewältigen: in einer Stadt mit dem Rollstuhl zurechtkommen, trotz starker motorischer Beeinträchtigung schreiben lernen, sich verständlich machen, auch mit gebrochener Sprache. Gibt es – verständlicherweise – Defizite im Bereich der Bildung behinderter Menschen? Brauchen die überhaupt Bildung, ein, wie WILHELM VON HUMBOLDT sinngemäß gesagt hat, nutzloses, man sollte aber besser sagen nutzfreies, Wissen? Könnte da die Erlebnispädagogik ein Impuls sein? Erstaunlicherweise gibt es ja einige Parallelen zwischen Behindertenhilfe und Erlebnispädagogik. Hier wie dort sind klar definierte Ziele zu erreichen, und

Hindernisse sind oft nur gemeinsam zu meistern. Hier wie dort sind unüberwindbare Grenzen zu spüren, und hier wie dort drängen sich Sinnfragen auf. Das Projekt Radl-Rollfiets-Tour wurde verwirklicht. Es war wohl die richtige Idee zum rechten Zeitpunkt; die Studierenden entwickelten ein beispielloses Engagement. 1996 dann folgte das Projekt »Pentathlon«, 1997 ein internationales Projekt mit Jugendlichen aus Deutschland, Österreich und Tschechien. Beim Projekt »Pentathlon« probierten sich die Jugendlichen aus dem Wichernhaus mit Studierenden der Georg-Simon-Ohm Fachhochschule ohne Leistungszwang in fünf Natursportarten aus: Klettern, Höhlentouren, Radel-Rollfiets-Tour, Flußwandern mit Kanu und Segeln. Durch das Projekt Radel-Rollfiets-Tour von Linz nach Wien wurde bestätigt, was man vorher nur annehmen konnte: Das Lernen an der Wirklichkeit enthält ungeahnte Möglichkeiten, auch und gerade für Jugendliche mit schwerer und mehrfacher Behinderung. An einigen Prinzipien, die auch Innovationen für pädagogisches Handeln bedeuten können, soll das verdeutlicht werden.

Erinnerung an Kulturen des Lernens

Die Rollfietstour von Linz nach Wien war in der Tat eine Herausforderung und eine Grenzerfahrung, schwierig, aber nicht unüberwindbar. Freilich sind es subjektive Grenzerfahrungen und freiwillig gewählte Herausforderungen. Niemand wurde gezwungen, alles war freie Entscheidung. Und doch wachsen der Ehrgeiz und die Lust an der Leistung:
– bei den schwerstbehinderten Jugendlichen, die einfach durchhalten wollen, auch wenn Wind und Regen ins Gesicht peitschen und die Hände zu Eiszapfen erstarren;
– bei den jugendlichen Selbstfahrern (zum Teil auf behindertengerechten Fahrrädern), die trotz Sturz und Erschöpfung die Strecke schaffen wollen;
– bei den Studierenden, die sich nur wenige Atempausen gönnen, von morgens sieben bis abends zehn Uhr schuften und trotzdem bester Laune sind.
Herausforderung – allein die Wortwahl ändert die Einstellung! Wie oft spricht man im sozialen Bereich von Problemen, die sich dann unüberwindbar, unlösbar und haushoch vor uns auftürmen. Eine Herausforderung reizt dagegen zur Bewältigung, läßt Lösungen vermuten und ermutigt zum Handeln. Grenzerfahrung – ein Reizwort der Erlebnispädagogik. Man denkt an lebensgefährliche Abseilaktionen, übermächtiges wildes Wasser, Verwilderung und Entbehrung, und doch bedeutet es nichts anderes, als die eigenen subjektiven Grenzen zu überschreiten.

»Challenge by Choice« benennen die amerikanischen Outdoor-Pädagogen das Prinzip der Freiwilligkeit, und das ist der Beginn einer neuen Lernkultur, bei der jeder Teilnehmende, Studierende wie Jugendliche, für den eigenen Lernerfolg selbst verantwortlich ist und den Grad seiner Herausforderung selbst bestimmt. Damit verbunden ist auch die Qual der Wahl, die Notwendigkeit der

Erlebnispädagogik in der Behindertenhilfe

Entscheidung und der Mut, auch einmal Nein sagen zu können. Derjenige hat mehr gelernt, der, wie es einmal ein Jugendlicher ausdrückte, »Respekt vor der eigenen Erschöpfung« hat, als jener, der sich durch steten Aktionismus vor dem Nachdenken und der Reflexion drückt.

Zu solchen Aktionen, wie es die Rollfietstour war, gehört notwendigerweise die Pause, das gemeinsame Abendbrot, das Lagerfeuer, die lange Fahrt im Zug, die Gelegenheit bieten zum Austausch der Erinnerungen und Individuum und Gruppe zusammenbringen. So kann das Erlebte fruchtbar gemacht werden für den Alltag, so wird pädagogische Energie gespeichert. »Nicht für die Schule lernen wir, sondern für das Leben« oder »Jetzt vergessen Sie mal alles, was Sie in der Schule gelernt haben« – offenbar war es schon immer ein Problem der Pädagogik, daß sie sich vom Alltag entfernte, um eine möglichst gedeihliche Atmosphäre zu bieten, die pädagogische Provinz, und um dann erschreckt wahrzunehmen, daß die Wirklichkeit so ganz anders aussieht (andererseits – welch wichtige Nischen haben Pädagoginnen und Pädagogen dieser oft grausamen Welt für Kinder und Jugendliche abgetrotzt!). Die Studierenden entfernten sich mit den behinderten Jugendlichen vom pädagogischen Alltag der Schule, der Tagesstätte, der Heimgruppe, gingen also den Weg vom behüteten Alltag in die rauhe Wirklichkeit. Action & Reflection, Handeln und Reden, Power und schöpferische Pause sind Garanten dafür, daß unsere Bemühungen auch wirksam werden konnten. Mit der Erlebnispädagogik könnte eine neue Kultur des Miteinander-Redens einhergehen, denn wer gemeinsam etwas erlebt hat, der kann sich auch etwas erzählen.

Hätten die Studierenden mehr über Gruppenpädagogik lernen können als bei dieser Unternehmung? Sicherlich nicht! Alle Themen der Gruppenpädagogik haben sie live erlebt: Kommunikation und Kooperation, Ich und die anderen, Konflikte und deren Lösungen, Methoden und Motivation, Kennenlernen und Trennung, Machtkämpfe und Außenseiter. Aus dem Konsum des Wissens in der Lehre, aus der mehr oder weniger intensiven Partizipation am Unterricht entwickelte sich ein aktives Lernmodell der Aneignung, in dem die Gruppe selbst ihre Ziele definiert und in dem im mehrfachen Sinn alles erfahren wird. In der Tat war es sowohl für die Studierenden als auch für die Jugendlichen ein Zugewinn an Erfahrungen, an unwiederholbaren und einmaligen Erlebnissen. Die Vielfalt und Ganzheitlichkeit dieses Eindruckes entfaltet sich in der Ernstsituation. Vielleicht ist das auch zu ernst gesagt: Gemeint ist nur, daß die Lerninhalte nicht aufgesetzt sind, sondern sich als Herausforderung stellen. Der Reifen muß repariert und irgendwie müssen die »Rollis« in ihr Zimmer im zweiten Stock gebracht werden, auch wenn kein Aufzug im Haus ist und die Türen zu schmal sind – dies alles läßt sich nicht wegdiskutieren. Ist die Herausforderung Radel-Rollfiets-Tour angenommen, dann sind die täglichen Aufgaben und deren Lösungen authentisch. Ist es nicht ein Verdienst der erlebnispädagogischen Bewegung, daß sie eine Problemlösekultur eingeführt hat?

Der Blick von außen auf unsere Unternehmung zeigt, daß die Fahrt von Linz nach Wien sicherlich der Kristallisationspunkt aller Bemühungen war. Der zeitliche Aufwand für Vor- und Nachbereitung war jedoch unverhältnismäßig größer. Um eine solche Aktion gewissenhaft vorzubereiten, braucht es Phantasie und Antizipation. Wie im Planspiel werden Probleme vorweggenommen und Lösungen ausprobiert. Zwei Studenten sind in drei Tagen die Strecke vorher abgefahren, um alle Unwägbarkeiten zu klären.

Was Nichtbehinderte von Behinderten lernen

Man kann fast die These aufstellen, daß die Nichtbehinderten mehr als die Behinderten von gemeinsamen erlebnispädagogischen Aktionen lernen können. Durch die unmittelbaren und unausweichlichen Herausforderungen der Radel-Rollfiets-Tour wurde einiges sehr deutlich.

Krankheiten und Behinderungen sind keine Minusvarianten menschlicher Existenz, sondern sind uns als Lebens-, Erlebens- und Lernchancen anvertraut. Es gilt, sie wie eine fremde Sprache zu entschlüsseln und zu verstehen. Behinderte Menschen sind aufgrund ihrer persönlichen Lebenserfahrungen für uns unverzichtbare Zeichen der Orientierung auf unserem Lebensweg hin zu mehr Sinn und Eigentlichkeit. Behinderungen sind aber auch Verdeutlichungen dessen, was wir als nichtbehinderte Menschen alles kennen und leben müssen, aber sehr gerne verdrängen und vergessen: das Phänomen der Grenze und der Umgang mit ihr. Unsere Wünsche und Erwartungen gegenüber Behinderten darf diese nicht verfremden, und unsere Bemühungen um sie dürfen nicht zur Ausübung von Macht und Gewalt in Form von Unterdrückung oder von fürsorglicher Belagerung verkommen. Es ist schlichtweg eine Herausforderung, andere Menschen partnerschaftlich zu behandeln. Behinderte stellen uns mit ihrem Leben gehörig in Frage, verunsichern unsere Werthaltungen und normativen Einstellungen, unsere fraglosen Gewißheiten und weisen auf andere Dimensionen menschlichen Seins hin, die wir sonst landläufig und zu geradlinig verfolgen. Menschen mit einer geistigen oder körperlichen Behinderung haben wie alle Menschen ein Recht auf Erleben, auf Bildung, Bewegung und Begegnung. Weder Emanzipation noch Intelligenz noch Selbstverwirklichung führen allein zum sogenannten Lebensglück, sondern auch die Tatsache, daß wir mit einem Körper in der Welt sind und mit unseren Sinnen die Welt erfassen wollen. Das ist nicht nur unser genetisches Programm, es vermittelt auch Sinnhaftigkeit. Nicht allein die Raschheit des gelebten Lebens oder der Luxus garantieren erfülltes Leben. Auch die »Schritt für Schritt Kultur« eines Beppo Straßenkehrer (ENDE 1973) als eine weiterentwickelte Form der Langsamkeit und ein neues Zeitverständnis sind unverzichtbare Elemente einer Lebensperspektive, zunächst selbstverständlich für behinderte und bei genauerem Blick auch für nichtbehinderte Menschen. Behinderte und Nichtbehinderte gehören zusammen wie das Wasser und der Fels.

3.9 Handlungsorientiertes Lernen in der Betriebspädagogik[1] – Outdoor-Trainings

Die »2. industrielle Revolution«, die mit Automatisierung, Rationalisierung und Computerisierung das Innere der großen Industrie- und Wirtschaftsunternehmen grundlegend veränderte, hatte und hat ihre größten Wirkungen auf die Menschen, die in diesen Unternehmen arbeiten.

Von der Blütezeit des Taylorismus bis weit in die 60er und 70er Jahre hinein wurde die menschliche Arbeitskraft lediglich als störungsanfällige Variable in der arbeitsteiligen Produktion angesehen. Neuere industrie- und organisationssoziologische Studien konnten nachweisen, daß sich mit den weitreichenden Umwälzungen in der Produktion, aber auch in Verwaltung und Dienstleistung, ein Wandel in den sozialen Beziehungen vollzog (vgl. z. B. KERN/SCHUMANN 1986 und ZÜNDORF/GRUNT 1980). Mit dem »Ende der Arbeitsteilung« (KERN/SCHUMANN) – also dem allmählichen Verschwinden einer Arbeitsorganisation, in der kleinste betriebliche Einheiten ein hohes Maß an »repetitiver Teilarbeit« verrichten – entstand also, sozusagen unter der Oberfläche technologischer »Quantensprünge«, eine neue Qualität in den Sozialgefügen der Unternehmen.

Lange Zeit ignorierten die Bildungs- und Personalentwicklungs-Abteilungen diese Entwicklung. Es waren beinahe ausschließlich die fachlichen Qualifikationen der Beschäftigten, die interessierten. Einfühlungsvermögen, Toleranz oder Kooperationsfähigkeit sollte der Mitarbeiter »von Natur aus« mitbringen. Was die Sozialisationsinstanzen Elternhaus, Schule und Freundeskreis versäumt hatten, glaubte man auf dem Betriebsgelände nicht mehr nachholen zu können.

Es sind bis etwa 1980 nur sehr wenige Versuche dokumentiert, bei denen die außerfachliche Interaktion Gegenstand einer betrieblichen Bildungsmaßnahme war. Hervorzuheben ist in diesem Zusammenhang das Lernstatt-Modell, das beispielsweise bei der BMW AG bereits 1975 zum Einsatz kam: Sprachunterricht für ausländische Arbeiter wurde nicht als »funktionale Alphabetisierung« im herkömmlichen Sinn betrieben, sondern auf die jeweiligen Arbeitsplätze und Arbeitssituationen zugeschnitten. Die »Lehrer« waren deutsche Arbeitskollegen, das »Lehrmaterial« waren der Arbeitsplatz sowie alltagskulturelle Bezüge. Die »sozialpsychologische Integration« der »Gastarbeiter« wurde als vorrangiges Ziel angesehen (BMW 1987, S. 9).

Volvo hatte zu dieser Zeit bereits gute Erfolge bei der Einführung von Gruppenarbeit im Automobilbau verzeichnen können. Gruppenarbeit wurde nicht deshalb eingeführt, weil damit auf direktem Wege eine höhere Produktivität wahrscheinlich schien, sondern weil die Arbeitszufriedenheit und damit die Qualität ansteigen konnte; der Krankenstand der Mitarbeiter ging dagegen

---

[1] Der Begriff Betriebspädagogik wird für unterschiedliche Bereiche verwandt; die Abgrenzungen und Überschneidungen sind fließend: DÜRR listet die Sparten Ausbildung, Training, Weiterbildung, Management-Education bzw. -Schulung auf (DÜRR 1989, S. 191)

zurück. Inzwischen wurde Volvos Pioniertat von vielen Autoherstellern kopiert. In Japan gelang es den großen Autowerken, mit der Einführung von Gruppenarbeit eine Konkurrenzsituation zwischen rivalisierenden Teams und damit neue soziale Segmentierungen zu schaffen. Weiter zugespitzt wurde diese Entwicklung zu Beginn der 90er Jahre in den USA: Die Arbeitsgruppen erhielten Freiräume in der Prozeßgestaltung eingeräumt und sollten fortan Verantwortung für Qualität und Produktionszeiten übernehmen. Das führte zwar auf der einen Seite zu einer starken Identifikation mit dem Firmenprodukt und zu Teamgeist in den Arbeitsgruppen, brachte jedoch andererseits einen ungeheuren Leistungsdruck für die Mitarbeiter. Jedem war klar, daß seine Kollegen für ihn mitarbeiten mußten, wenn er krank werden würde... Wettbewerbsanreize der Unternehmensleitung (»Das Team des Monats«) heizten die Stimmung zusätzlich an. Das rückblickend als eher altruistisch anzusehende »Volvo-Modell« wurde abgelöst durch eine moderne, dem Prinzip des »Shareholder-Value« verpflichtete Lösung. Das Team als Leitidee einer neuen Arbeitsorganisation führt also nicht per se zu einer Humanisierung der Arbeitswelt, sondern ist auch und in erster Linie eine elegante Methode, die Produktivität zu erhöhen und die (Arbeits-)Kosten zu reduzieren.

Handlungskompetenz und Verhaltenssouveränität

Es sind im wesentlichen zwei Faktoren, die die »soziale Dimension« in der Binnenstruktur der Unternehmen so bedeutsam werden lassen: zum einen der nach oben geschnellte »Mechanisierungsgrad«, der Arbeitsplätze mit »ganzheitlicherem Aufgabenzuschnitt« (KERN/SCHUMANN 1986, S. 19) schuf, und zum anderen die Arbeitszufriedenheit der Beschäftigten, mit der die Unternehmen eine höhere Produktivität und damit mehr Profit erzielen können.

Aus- und Weiterbildung hat sich infolgedessen an einem umfassenden Qualifikationsbegriff auszurichten. Das Ideal des in allen Situationen handlungskompetenten und verhaltenssouveränen Mitarbeiters macht die Runde. Nicht nur in den Chefetagen ist der Generalist gefragt, ebenso in den Riegen der Facharbeiter, ungelernten Arbeiter u. s. w. (Ebd., S. 320).

In der Betriebspädagogik wird die Förderung sogenannter »Schlüsselqualifikationen« seit einigen Jahren als vordringlich angesehen. Unter Schlüsselqualifikationen werden in erster Linie »personale« und »interpersonale« Qualifikationen wie Initiative, Selbstvertrauen, Vertrauen zu anderen, Kommunikations- und Kooperationsfähigkeit, Verantwortungsbewußtsein, Durchhaltefähigkeit etc. verstanden (vgl. STÖSSEL 1989, S. 45). Fachliche und methodische Stärken eines Beschäftigten können also erst dann im Interesse des Unternehmens zur Geltung kommen, wenn das »psychosoziale Setting« stimmt. Kommt dann noch die Identifikation mit dem Betrieb hinzu, was gegenwärtig im Werbeagentur-Deutsch »Corporate Identity« genannt wird, dann scheint garantiert zu sein, daß der Mitarbeiter »funktioniert«. Damit ist nicht gemeint, daß er/sie sich widerspruchslos in vorhandene Strukturen einfügt. Gefragt ist vielmehr der kritische Typ, der in der Lage ist, verkrustete Strukturen aufzubrechen und – im Verbund mit Kollegen/innen mit »Querschnittsaufgaben« – starre Positionshierarchien in dynamischere Funktionshierarchen zu verwandeln. Angekurbelt werden sollen diese innerbetrieblichen »Evolutionen« von den Personalentwicklern und Weiterbildnern, die in der Regel weniger stark in die vertikal gegliederte Unternehmensstruktur eingebunden sind, sondern oft als Unruhestifter und Erneuerer horizontal in die einzelnen Abteilungen eingreifen können.

Das Personal- und Bildungsmanagement wird im allgemeinen durch Mitarbeiter repräsentiert, die ein hohes Maß an Kreativität und Innovationsfähigkeit einbringen können und aufgeschlossen sind für unkonventionelle Methoden. Damit hätte sich der Kreis zu unserem Thema geschlossen, das in der Sozialpädagogik und Jugendarbeit Erlebnispädagogik heißt, in der Personalentwicklung und Betriebspädagogik aber als Outdoor Training firmiert.

»Azubis« auf Orientierungstour

Jahrzehntelang konzentrierte sich die Erstausbildung (früher Lehrlingsausbildung) auf die Vermittlung technisch-instrumenteller Fertigkeiten. Vor allem in den großen Konzernen wurden die Auszubildenden von der Produktion isoliert und in eigenen Lehrwerkstätten auf ihre künftigen Jobs vorbereitet. Das führte dazu, daß sie die »Wirklichkeit der industriellen Produktion« erst nach ihrer Ausbildung, dann jedoch um so heftiger, mitbekamen. (Die kaufmännischen Ausbildungsgänge verliefen im allgemeinen stärker praxisorientiert.)

Die 1987 vollzogene Neuordnung der industriellen Metall- und Elektroberufe war u. a. eine Reaktion auf diese Defizite. In den veränderten Rahmenrichtlinien wird dann auch die Facharbeitertätigkeit als komplexe Handlungsfähigkeit selbständiger Mitarbeiter definiert, die im Rahmen der Aus- und Fortbildung entsprechend zu fördern sei.

In den großen Unternehmen entstanden Konzepte, die einerseits eine engere Verzahnung von Ausbildung und Produktion mit Hilfe projektorientierter Lernformen gewährleisten und auf der anderen Seite personale und interpersonale Kompetenzen stärken sollten (vgl. dazu: DÖTZ/BORETTY 1988, Volkswagen AG o. J. und Drägerwerk 1988). Hier soll vor allem der zweite Aspekt besprochen werden.

Die Siemens AG setzt beispielsweise auf sog. »sozialpädagogische Wochen« (Siemens 1992), bei denen die Auszubildenden in Gruppen weitgehend selbständig Themen zu bearbeiten haben. Mit der Projektmethode sollen nicht nur Arbeits- und Präsentationstechniken sowie Rhetorik, sondern auch Kenntnisse über Interaktion und Gruppenentwicklung vermittelt werden. Die Veranstaltungen werden meist extern von freien Bildungsträgern, beispielsweise dem Christlichen Jugenddorfwerk, durchgeführt. Erlebnispädagogische Seminare werden nur relativ wenigen Auszubildenden, die besondere Leistungen vorweisen können, »geboten«.

Ein »Motivationsprogramm Freizeitgestaltung«, das den aktiven, kreativen, lernfähigen Mitarbeiter hervorbringen soll, wird bei der Volkswagen AG durchgeführt. Die sozialen Prozesse sollen im wesentlichen am Arbeitsplatz stattfinden und auch dort aufgearbeitet werden. Arbeitsplatz heißt für die Auszubildenden »Lernfeld«, »Ausbildungslabor« und »Technikerzentrum«; VW setzt also auf den »Lernort Betrieb« und verzichtet auf externe Veranstaltungen (Volkswagen AG o. J.).

Bei der Drägerwerk AG werden eine ganze Reihe von berufsübergreifenden Maßnahmen in die Ausbildung integriert: ein Einführungs-Workshop, ein Integrationskurs, ein (mehrtägiges) Planspiel, eine Ausbildungsfahrt und ein erlebnispädagogischer Kurs, der in Kooperation mit OUTWARD BOUND durchgeführt wird (vgl. Drägerwerk AG o. J., S. 54).

Auf den zweiwöchigen Kurs werden die Teilnehmer noch im Unternehmen von den Kolleginnen und Kollegen vorbereitet, die im Vorjahr den Kurs absolviert haben. Bereits dies geschieht in selbstorganisierter Form – die Ausbilder/innen sind dabei nicht anwesend.

Bei OUTWARD BOUND Baad im Kleinwalsertal wird ein vielfältiges »Methodenmix« angerührt, das neben Initiativspielen und Problemlösungsaufgaben Klettern, Abseilen, Schlauchbootabfahrten im Wildwasser, mehrtägige alpine Touren (nach HAHN: Expeditionen) und ein Projekt beinhaltet. Komplementär zu den »harten« Aktivitäten, die bereits im Vorfeld nach »Action« riechen, sind »weiche« Phasen eingebaut, die entweder Kontinuität und Durchhaltefähigkeit einfordern oder die bewußte Wahrnehmung ökologischer, sozialer und psychischer Phänomene ermöglichen sollen. Begleitet werden die 8 bis 12 Personen starken Gruppen von je einem Trainer von OUTWARD BOUND und einem Ausbilder der Drägerwerk AG. Diese werden in einem separaten Kurs auf die Aufgabe vorbereitet.

Besonders akzentuiert werden die Reflexionen, die sich an jede Aktivität anschließen. Hinzu kommen ein Kursmitten-Gespräch und eine ausführliche Auswertungsphase am Kursende. Angewandt werden unterschiedlich Feed-Back-Techniken; moderiert werden diese »Learning Reviews« von OUTWARD-BOUND-Trainern; der Ausbilder von Dräger hat vor allem die Aufgabe, Querverbindungen zum betrieblichen Alltag herzustellen, um so die Lernerfahrungen übertragen zu können. Die Effizienz des Transfers, die bei kurzzeitpädagogischen Maßnahmen nicht unumstritten ist (vgl. BÜHLER 1985), soll durch die Beteiligung der Ausbilder, die die Alltagsbezüge der Kursteilnehmer ziemlich genau kennen, gesteigert werden.

Die Teilnahme an diesem Kurs ist für die Auszubildenden von Dräger obligatorisch. In der Praxis heißt das, daß nur ein Teil der »Azubis« mit positiven Erwartungen in den Kurs einsteigt. Ein nicht unerheblicher Teil der »Azubis« kommt mit Vorbehalten und betrachtet die ihn erwartenden physischen und psychischen Anstrengungen als Zumutungen, die mit entsprechenden Vermeidungsstrategien auf ein erträgliches Maß reduziert werden können.

Die in erlebnispädagogischen Standardwerken geforderte Freiwilligkeit »Challenge by Choice« ist also hier – zumindest partiell – nicht gegeben. Begründen ließe sich die Abweichung von diesem Postulat mit einem Hinweis auf die Beziehung zwischen einem Industrie- oder Wirtschaftsunternehmen und seinen Beschäftigten, das sich weniger durch das Prinzip der Freiwilligkeit als durch ein Gewaltverhältnis in den täglichen Abläufen darstellt. Erlebnispädagogik wird hier also nicht als eine »Inselpädagogik« verstanden, in der zum Beispiel die Langsamkeit entdeckt oder die Teilnahme an einer Aktivität von der jeweiligen Befindlichkeit des einzelnen abhängig gemacht wird. Es besteht vielmehr, formal abgesegnet durch einen Ausbildungsvertrag zwischen Unternehmen und Auszubildendem, in gewisser Weise eine Zwangssituation, der sich der Auszubildende nicht ohne weiteres entziehen kann.

Die Frage ist nun, ob dieses Spannungsfeld lediglich als Zwangskorsett angesehen wird, das den Jugendlichen in seiner Bewegungsfreiheit einschränkt, oder ob für den Jugendlichen im Aushandeln der einzelnen Aktionen, die ja nicht von vornherein in Form und Inhalt fixiert sind, auch Chancen liegen, sich weiterzuentwickeln, Widerstand zu leisten, sich mit guten Argumenten Freiräume zu schaffen. Die von Spöttern bereits früh als »Befindlichkeitspädagogik« bezeichnete Jugendarbeit der 70er Jahre, in der Jugendliche ständig »dort abgeholt werden, wo sie sich befinden«, in der die Etiketten Emanzipation, Selbstverwirklichung und Bedürfnisorientierung nicht wegzudenken waren, würde diesen Eingriff in das Selbstbestimmungsrecht des Klienten wohl als unstatthaft und reaktionär ablehnen. Die Zuschreibung »sozialintegrativer Ansatz« wäre schnell aus der Schublade geholt.

Eine Kategorisierung in das Gegensatzpaar emanzipatorisch versus sozialintegrativ eignet sich kaum zur Einordnung dieses erlebnispädagogischen Modells an der Schnittstelle von Betriebspädagogik und Jugendarbeit. Kennzeichnend für den hier vorgestellten Kurs ist – wie meist in der Erlebnispädagogik – der Herausforderungscharakter der zu bewältigenden Aufgaben. Inwieweit innerhalb eines Kurses Zielsetzungen wie Kritikfähigkeit, Selbstbewußtsein und Hartnäckigkeit gefördert werden, die in der Konsequenz für ein Unternehmen unangenehm werden können, ist im wesentlichen von der Moderation der Trainer, ihren Einstellungen und den methodisch-didaktischen Instrumenten abhängig. Kurse wie der hier kurz dargestellte können keinesfalls per se als sozialintegrativ abqualifiziert werden.

Management unter freiem Himmel: Outdoor-Trainings für Teams und Führungskräfte

Eine etwas bizarre Branche, bestehend aus Weiterbildungsfirmen, Trainingsinstituten und freiberuflichen Trainern, hat sich in den letzten Jahren mit der Fortbildung von Fach- und Führungskräften einen wirtschaftlich expandierenden Markt schaffen können. Weiterentwickelte, zum Teil auch nur neu eingekleidete, Methoden und Theorie-Versatzstücke aus den Erziehungs- und Sozialwissenschaften, wie z. B. Neuro-linguistisches Programmieren (NLP), Mind Mapping oder Inner Coaching, sollen die Führungskraft in ihrem Leitungsverhalten stärken. Die charismatische Führungskraft, die ihre Mitarbeiter fördert, fordert und lenkt, wird offenbar nicht (mehr) geboren, sondern erst zur selbigen gemacht. Die Generalisten in den Stabsstellen der großen Konzerne verfügen zwar über ausreichende Fachkenntnisse; defizitär scheint es dagegen um die individuellen Potentiale bestellt. Dort wo Kooperationsfähigkeit, Einfühlungsvermögen und Toleranz gefragt sind, scheint Nachholbedarf angezeigt zu sein.

In den USA ist Outdoor-Training in der Weiterbildung von Führungskräften bereits seit Jahren relativ weit verbreitet (vgl. Abschnitt 2.6), obwohl es sich noch nicht in breiter Front durchsetzen konnte. In Australien, Südafrika und Asien – dort vor allem in Japan, Hongkong und Singapore – werden seit langem Outdoor-Trainings für Manager durchgeführt. In Europa besteht der stärkste Markt in Großbritannien, während der Kontinent im Begriff ist, aufzuholen. Eine Marktübersicht nennt 35 Anbieter in Deutschland (FAHR 1997), darunter allerdings auch Institute, die Outdoor-Trainings als ein Verfahren unter vielen anbieten und sich deshalb selbst nicht unbedingt als Spezialist auf diesem Gebiet bezeichnen würden (Ebd., S. 14).

Insgesamt gesehen ist die Branche inzwischen erwachsen geworden: Noch zu Beginn der 90er Jahre hatten Trainings unter freiem Himmel den Touch des Exotischen – zumindest im deutschen Sprachraum (vgl. HECKMAIR/WAGNER 1997). Inzwischen erkannten auch die Entscheider in den Strategieabteilungen der großen Konzerne, daß handlungs- und erfahrungsbezogene Lernverfahren besonders geeignet sind, wenn es darum geht, Unternehmen neu auszurichten. Zusätzlichen Rückenwind erhielten die Veranstalter von Outdoor-Trainings von den neuen Themen in der Management-Entwicklung. PETER SENGES Bestseller über die Vorzüge »lernender Organisationen« (1996) war einer der Türöffner: Die in die »outdoors« verlegten Szenarien fungieren ganz im Sinne von SENGE als »Mikrowelten« (Ebd., S. 379 ff.), um – abseits des Alltags im Unternehmen – mit neuem, ungewohnten Verhalten zu experimentieren und nachhaltige Lernerfahrungen zu sammeln.

Die Förderung personaler und interpersonaler Kompetenzen

Outdoor-Trainings unterscheiden sich elementar von jenen Planspielen, in denen in einem konstruierten Arrangement – sozusagen unter Laborbedingungen – die (betriebliche) Wirklichkeit simuliert wird. Damit soll natürlich keine Wertung vorgenommen werden. Die Manager werden in Outdoor-Trainings mit einem für sie weitgehend unbekannten Umfeld konfrontiert, in dem sie, gemeinsam mit anderen, ungewohnte Aufgaben erfüllen sollen.

Ebenso wie im klassischen erlebnispädagogischen Lernprozeß wird mit einem, zugegebenermaßen ebenfalls konstruierten Wechselspiel zwischen Individuum, Gruppe und Natur ein spannungsreiches Lern- und Erfahrungsfeld geschaffen, voll von physischen, psychischen, sozialen und intellektuellen Herausforderungen. Diese Ganzheit soll einen möglichst eindringlichen Kontrast zum beruflichen wie privaten Alltag schaffen, um so alternative Verhaltensweisen zu provozieren. Es geht weniger darum, daß der Manager – von Strapazen gezeichnet – »seine Maske fallenläßt« und sein »wahres Ich« freilegt, vielmehr soll das tradierte Verhaltens- und Handlungsrepertoire der Führungskräfte erweitert werden. Es sind im wesentlichen Spielräume, in denen sich der einzelne in einem unbekannten Umfeld, meist mit fremden Menschen neu ausprobieren kann.

Konstitutiv ist weiter das Wechselspiel von Einfachheit und Komplexität. Intensive Natureindrücke sowie Körpererfahrungen, die aus Ausdauerleistungen resultieren, stehen komplementär zu hochkomplexen Problemlösungsaufgaben, bei denen mit – beinahe ausschließlich elementarer – Technik Gruppenleistungen eingefordert werden: den Oberlauf eines Flusses mit Hilfe einer selbstkonstruierten Seilbrücke zu überqueren; eine Klamm kletternd, schwimmend, von Stein zu Stein springend begehen; mit selbstgebautem Floß einen See befahren...

Während in den erlebnispädagogischen Kursen – trotz gegenteiliger Behauptungen der meisten Veranstalter – die Reflexion nur eine untergeordnete Rolle spielt, hat diese bei Outdoor-Trainings für Führungskräfte zentrale Bedeutung. KÖLBLINGER schätzt die Reflexionsdauer bei Management-Kursen in Deutschland und Großbritannien auf ca. 40% der Zeit, die für Aktivitäten aufgewendet werden. In den USA würde sie sogar ein Mehrfaches der Aktionszeit betragen (KÖLBLINGER 1992, S. 11). Zum Teil arbeiten die Outdoor-Trainer während dieser Auswertungsphasen mit Personalentwicklern des auftraggebenden Unternehmens oder mit anderen externen Spezialisten zusammen. Je nach Zielsetzung des Kurses kommen dabei sozialpsychologische und organisationssoziologische Modelle, eingebettet in ausdifferenzierte feedback-Methoden, zum Einsatz.[1]

Waren Outdoor-Trainings noch vor einigen Jahren kontrastreiche, aber auch entbehrliche Farbtupfer in der Erstausbildung oder in Führungsnachwuchs-Programmen, so sind sie heute mehr und mehr Instrumente der Organisationsentwicklung (OE), die auch Vorstand und oberste Führungsebene mit einschließen. Die Trainings sind in der Regel in mittel- und langfristige OE-Projekte eingebettet. Die Frage des Transfers stellt sich nicht mehr in der Form, wie das noch vor einiger Zeit der Fall war. Denn: Es ist das Gesamtprojekt, das stimmig aufgebaut sein muß – von der Auftaktveranstaltung, die von der obersten Entscheidungsebene getragen werden muß, über Klausuren, Workshops, Seminare etc. bis zum förmlichen Abschluß. Die Outdoor-Trainings haben ihre

---

[1] In diesem Band kann auf die einzelnen Methoden nicht speziell eingegangen werden. Der ebenfalls in der Reihe »erleben & lernen« erscheinende Band »Erlebnispädagogik in Aktion. Methodik und Praxis im Handlungsfeld Natur« von HUBERT KÖLSCH und FRANZ-JOSEF WAGNER wird sich ausführlich mit Methoden und Inhalten beschäftigen.

besondere Funktion und sind ein Teil des Ganzen. Die Prozeßverantwortlichen aus den Abteilungen Unternehmensstrategie, Organisations- und Personalentwicklung sowie Bildung werden – unterstützt von externen Beratern – den Outdoor-Anbieter so weit vorinformieren, daß er in der Lage ist, ein Programm zu entwickeln, das die spezifischen Anforderungen erfüllt.

Wie unterscheiden sich Kurse für Erwachsene von jenen für Jugendliche? Zunächst wird, wie oben ausgeführt, der Reflexion sehr viel mehr Raum und Bedeutung beigemessen. Ein weiterer Unterschied besteht in der verfügbaren Zeit. Trainings für Führungskräfte dauern meist zwischen zwei und vier Tagen. Eine längere Verweildauer ist aus naheliegenden Gründen kaum erreichbar. Das bedeutet zum einen, daß eine möglichst hohe Intensität angestrebt werden muß. und zum anderen, daß längere Touren (Hahns »Expeditionen«) kaum möglich sind.

Inhaltliche Schwerpunkte werden meist in den sogenannten »neuen Natursportarten«, wie z. B. Schlauchbootfahren im Wildwasser (»Rafting«) oder Sportklettern einerseits und in Interaktionsspielen und Problemlösungsaufgaben (vgl. Rohnke 1984 und 1989; Reiners 1991) andererseits, gesetzt. Als ergänzende Elemente kommen Übernachtungen in Biwaks, im Winter auch in Schneehöhlen oder Iglus hinzu.

Die seriösen Veranstalter von Outdoor-Trainings verwenden viel Zeit auf die Vorbereitung der Veranstaltungen. Der verantwortliche Kursplaner verschafft sich in ausführlichen Gesprächen mit dem Auftraggeber einen Einblick in die betrieblichen Strukturen, in die Unternehmenskultur und in die Arbeitsbereiche der künftigen Teilnehmer. In einem zweiten Schritt werden die Zielsetzungen des Auftraggebers aufgenommen, interpretiert sowie präzisiert und auf ihre Operationalisierbarkeit hin überprüft. Nicht jede Zielsetzung eines Unternehmens ist mit den Instrumenten des Outdoor-Trainings angehbar. Der dritte Schritt besteht darin, ein auf die spezifischen Zielsetzungen zugeschnittenes Kursdesign zu erstellen und dem potentiellen Auftraggeber vorzuschlagen. Es kommt dabei weniger auf die Aktivitäten an als auf die methodische Konstruktion und die didaktische Einbettung derselben.

Ein Beispiel:

In einem Unternehmen bestehen seit kurzem interdisziplinär besetzte Arbeitsgruppen aus Ingenieuren und Technikern unterschiedlicher Fachrichtungen, Designern, Betriebswirten, Juristen etc., die an einem gemeinsamen Projekt arbeiten. Das Problem besteht nach Auffassung des Bildungsverantwortlichen nun darin, daß die Handelnden in besonderer Weise voneinander abhängig sind, daß sie Informationen einholen oder einbringen müssen, daß sie die Gesamtaufgabe aus unterschiedlichen – jedoch nicht vertikal, sondern horizontal gegliederten – Perspektiven betrachten. Im Kursdesign müßte also diese Zielsetzung in adäquater Weise, »isomorph« wie Bacon sagt (vgl. 2.3), umgesetzt werden. Es müßte gelingen, den Umgang mit Abhängigkeiten, die Verfügbarkeit und den Transfer von Informationen sowie die verschiedenen Betrachtungsweisen einer Sache transparent zu machen.

Die Abhängigkeit ließe sich beispielsweise mit einer Orientierungstour operationalisieren, bei der eine Kleingruppe ohne jegliche Informationen von einer zweiten Kleingruppe mittels Funkgerät »geführt« wird. Die zweite Kleingruppe verfügt über alle notwendigen Informationen (topographische Karte, Höhenmesser, Fotos von wichtigen Punkten) und weist die 30 Minuten früher gestarteten Kollegen und Kolleginnen mit vorher definierten Funkkontakten (Anzahl und Länge) im – nicht markierten – Gelände ein. Mit einem Diktiergerät werden die Gespräche in den Kleingruppen und bei den Funkkontakten aufgenommen und hinterher ausgewertet.

Eine andere Möglichkeit bestünde beispielsweise darin, aus bereitgestellten Materialien Flöße zu bauen. Mehrere Teams müßten sich über die Verwendung der beschränkten Ressourcen verständigen mit dem Ziel, Flöße zu konstruieren, die alle Beteiligten tragen. Ob sorgfältig geplant und solide gebaut wurde, zeigt sich spätestens dann, wenn die Schwimmfähigkeit der Gebilde samt ihrer Besatzung im Ernstfall, also auf dem Wasser, getestet wird.

Die Aktivitäten werden in einem Programmvorschlag zusammengefaßt, zeitlich aufgegliedert und in den angestrebten Zielsetzungen erfaßt. Ein Kursdesign mit dem Schwerpunkt Teamentwicklung kann beispielsweise wie folgt aussehen:

Zielgruppe:
Nachwuchsführungskräfte

Inhaltlicher Schwerpunkt:
Teamentwicklung und Führungskompetenz

Baustein	**Charakteristik**	**Themen**
1. Tag		
Programmvorstellung; erstes Gruppengespräch	Der geplante Trainingsablauf wird vorgestellt.	Gegenseitiges Kennenlernen; Erwartungen, Chancen und Ziele des Trainings
Kontakt- und Initiativübungen	»warming up«: körper- und bewegungsbezogene Aktivitäten in unbekannten Zusammenhängen	Abbau von Berührungsängsten; Aufbau von Vertrauen
Übungen im »kleinen Seilgarten«	Herausforderung für den einzelnen und die Gruppe	Kommunikation; Kooperation; Moderation

Reflexion: Grundsätze der Teamarbeit; Gruppen-Feedback mit Akzent auf Strategie, Steuerung, Integration aller Teammitglieder und Erfolg

Grundlegung der Erlebnispädagogik

Fortsetzung:

Baustein	Charakteristik	Themen
2. Tag Tourenvorbereitung	– Orientierung – Material – Verpflegung	Planungskompetenz; vernetztes Denken
Orientierungstour zu Selbstversorgerhütte oder Biwak	Informationsbeschaffung und -weitergabe mittels Funkgeräten; wechselseitige Abhängigkeiten in unbekanntem Terrain erfordern eine besondere Qualität der Zusammenarbeit	Umgang mit Abhängigkeiten; Präzision in der Informationsweitergabe; ergebnisorientierte Zusammenarbeit; Motivation
Reflexion: Wahrnehmung von Führungsaufgaben; Bewältigung kritischer Situationen		
Übernachtung in Selbstversorgerhütte oder Biwak	Gemeinschaft; auf engem Raum zusammenleben	Organisationsfähigkeit; Improvisationsfähigkeit; Toleranz
3. Tag Seil- und Knotenkunde	Anpassen der Klettergurte; Erlernen der Sicherungstechnik	Sicherheit; Sorgfalt
Klettern und Abseilen	Die Teilnehmer tasten sich an ihre physischen und psychischen Grenzen heran	Selbstvertrauen; Kooperation; Vertrauen; Verantwortung
Reflexion: Umgang mit unterschiedlicher Leistungsfähigkeit im Team; die Rolle des einzelnen im Team; synergetische Problemlösungs-Strategien		
4. Tag ***Theorie-Input I: Das »4-Phasen-Modell der Teamentwicklung«***		
Problemlösungsaufgabe: »Schluchtüberquerung«	Lösung von Einzelaufgaben als Voraussetzung für das Gelingen der Aktion; Übertragung von Erfahrungen und Wissen auf innerbetriebliches Handeln	Problemlösungsverhalten; Planungskompetenz; Organisation; Kommunikation; Teamarbeit

Fortsetzung:

Baustein	Charakteristik	Themen
5. Tag *Theorie-Input II:* Team als wachsendes System		
Seilgarten und Flying fox	»Höhenluft schnuppern«: Performance und »Kick« zum Schluß	Selbstvertrauen; Umgang mit Angst; Motivation durch die Gruppe; Initiative; Durchhaltevermögen
Trainingsauswertung und »Contracting«	Resümee und Festlegung von gemeinsamen und individuellen Zielen	Transfersicherung; »Blick nach vorn ...«

Erlebnispädagogik als Methode der Sozialen Arbeit vs. Outdoor-Training als »Spielform« der Betriebspädagogik

Die Grenzen zwischen Erlebnispädagogik und Outdoor-Trainings schienen bislang starr und unabänderlich zu verlaufen. Übergänge gab es so gut wie keine. Die Sozialpädagogik und ihre »Disziplinen« auf der einen und die Betriebspädagogik auf der anderen Seite haben sich erst in den letzten Jahren angenähert: Seminare und Zusatzausbildungen, die den Lockruf »Management« enthalten, wurden in der Sozialpädagogik hoffähig; Absolventen sozialpädagogischer Studiengänge drängen in die Bildungsabteilungen der großen Unternehmen; Methoden der Jugendarbeit erleben eine ungewöhnliche Renaissance in den Trainings der Weiterbildungsveranstalter. Die Moralisten in der Sozialarbeit sind auf dem Rückzug. Galt die Liaison mit der Wirtschaft noch vor wenigen Jahren beinahe als obszön, so ist es heute chic geworden, einen Sponsor präsentieren zu können (»Sozialsponsoring«) und sich einen Marketing-Experten zu leisten.

Ob Sozialpädagogen kompetent genug sind, als Outdoor-Trainer zu arbeiten, ist nicht unumstritten. Wenn Management-Erfahrung vorausgesetzt wird, die im Führungskreis eines Unternehmens erworben worden ist (SCHÄFFEL 1992, S. 45), dann wird in der Tat über das eigentliche Ziel hinausgeschossen. Auf der Gegenseite kann mit dem psychologischen und soziologischen Handwerkszeug argumentiert werden, mit dem interaktive und gruppendynamische Prozesse in jedwedem sozialen Gebilde durchleuchtet werden können, vorausgesetzt Ausbildung, Erfahrung und menschliche Reife des Pädagogen sind auf hohem Stand. Außerdem ist jedes Unternehmen im Leitungszirkel anders beschaffen. Nur die intime Kenntnis der Binnenstruktur eines Betriebs würde einen direkten Transfer in die Leitungsebene sicherstellen können – eine Bedingung, die am besten durch die Mitarbeit eines internen Personalentwicklers oder Trainers erfüllt werden kann. Insofern gehen Forderungen nach Management-Qualifikationen der Trainer am Kernproblem, einer möglichst umfassenden sozialpädagogischen bzw. sozialwissenschaftlichen Bildung, die allein mit einem Fachhochschulstudium kaum abgedeckt werden kann, vorbei.

Unternehmen erwarten von einem Weiterbildungsveranstalter, den sie mit der Durchführung eines Outdoor-Kurses beauftragen, ein hohes Maß an Professionalität. Diese beginnt bei der Präsentation des »Produkts« und reicht über Vorgespräche, in denen ein individuelles »Kursdesign« entwickelt werden soll, bis zur Evaluation. Vor allem im Marketing wird es Anbietern aus den klassischen Feldern der Jugend- und Sozialarbeit schwerfallen, mit der kommerziellen Konkurrenz mitzuhalten. Um Outdoor-Seminare für Teams oder Führungskräfte kompetent leiten zu können, ist eine breite Qualifikation und profunde Erfahrung in der Erwachsenenbildung erforderlich. Viele Pädagogen und Psychologen, die sich in den letzten Jahren als Quereinsteiger in die Betriebspädagogik wagten, durchliefen eine Trainerausbildung, um sich auf die spezifischen Bedingungen besser einstellen zu können.

Orientiert man sich an der Übersicht der Fachzeitschrift »Management und Seminar« (Management & Seminar 1992, S. 42f.) und an der Studie von HEIKE FAHR (1997), dann scheint es bislang einzig OUTWARD BOUND gelungen zu sein, sich als gemeinnütziger Veranstalter auf dem deutschen Markt zu behaupten. Zyniker mögen dies als bezeichnend für die immer noch bestehenden Berührungsängste der Sozialarbeit/Sozialpädagogik hinsichtlich einer Zusammenarbeit mit der Wirtschaft interpretieren. Dabei kann der Einstieg in dieses Arbeitsfeld innovative Wirkungen bringen, die Qualitätssteigerungen auch auf der Non-Profit-Ebene erzielen:

– Mit dem Zwang, durchgehend professionell arbeiten zu müssen, können verkrustete Strukturen abgebaut, tradierte Lösungen überprüft und nicht mehr zeitgemäße Standards verändert werden.

– Die Zusammenarbeit mit Trainern aus der Wirtschaft bringt vielerlei Zugewinne. Verfahren und Werkzeuge aus dem methodisch-didaktischen Bereich, die in der Betriebspädagogik der letzten Jahre (weiter-)entwickelt wurden, können adaptiert werden.

– Der finanzielle Spielraum, der mit einer zumindest kostendeckenden Kalkulation geschaffen wird, kann genutzt werden für bessere Ausstattung, Material etc.

Häufig wird eingewandt, eine gemeinnützige Organisation begebe sich bei einer Zusammenarbeit mit einem Industrieunternehmen in ein Abhängigkeitsverhältnis, das die Politik der Organisation notwendigerweise verändere oder zumindest Identitätskrisen hervorrufe. Die Argumentation erscheint zwar auf den ersten Blick plausibel, verkennt jedoch andere Abhängigkeiten, die ohnehin bestehen: Die öffentlichen Hände sind bei der Vergabe von Zuschüssen oder

Sachmitteln nicht selten restriktiver in ihren Auflagen, Bedingungen und Einschränkungen als manches dynamische Industrieunternehmen, dessen »Entscheider« sich auf etwas Neues einlassen wollen. Unabhängig davon sind die Programmacher gut beraten, höchst sensibel mit den Vorstellungen, Wünschen und Änderungsvorschlägen des Geschäftspartners umzugehen. In jedem Fall sollte das verabschiedete Kursdesign inklusive der angestrebten Ziele mit der Politik und dem Selbstverständnis der Organisation übereinstimmen. Wenn hier Kompromisse erwogen werden, gerät das Profil und damit die Glaubwürdigkeit in Schieflage, was sowohl die »Geschäfte« im angestammten Feld als auch auf dem kommerziellen Markt behindern dürfte.

Noch vor wenigen Jahren schien es so, als würden sich die Grenzen zwischen den Anbietern der Erlebnispädagogik aus dem Nonprofit-Bereich und den Veranstaltern kommerzieller Outdoor-Trainings verwischen. Obwohl die öffentlichen Hände immer weniger zu verteilen haben und es für Institutionen der Sozialen Arbeit eigentlich nur ein kleiner Schritt wäre, sich über Programme für privatwirtschaftliche Unternehmen zu refinanzieren, fehlen im Outdoor-Markt Neueinsteiger gemeinnütziger Provenienz. Daß Kontrakte mit der Wirtschaft auch ohne Profilverlust verarbeitet werden können, haben Umweltschutzverbände vorexerziert: Sowohl GREENPEACE als auch der B. U. N. D. waren trotz Angriffen einer nach Trends schielenden Medienlandschaft bislang stabil genug, zusätzliche Finanzspritzen für ihre Sache gewinnbringend einzusetzen. Obwohl die Größenordnungen nicht zu vergleichen sind, könnten die Beispiele aus der Verbandskultur des Umweltschutzes Hinweise geben für eine moderne Politik der erlebnispädagogisch arbeitenden Verbände, Vereine und Initiativen.

3.10 Schule als Lernbelästigung und Erkläranlage? Erlebnispädagogische Praxis in der Schule[1]

Pauschale Urteile werden selten einer Sache gerecht. Das gilt auch für den oft geäußerten Vorwurf der verkopften Schule. Die Sozialpädagogen, Erwachsenenbildner und Erziehungswissenschaftler tun sich da leicht; sie wissen wenig von der Bürde des täglichen Unterrichts. Und doch gibt es ein doppeltes Leiden an der Schule: das der Lehrkräfte am unvermeidlichen Alltag und das der Schüler an der Mühsal des Lernens, das nicht immer Spaß machen kann. Erlebnispädagogik, diese Position sei ganz zu Anfang formuliert, kann diese Verhärtungen des schulischen Lebens nicht gänzlich beseitigen, sie kann aber stets neue Impulse, Abwechslung, Anstöße und Aufbrüche in die Routine des Alltags bringen. Wäre das Außergewöhnliche aber an der Tagesordnung, dann

---

[1] Überarbeitete Fassung des Beitrages: Michl, W.: Die Wiederentdeckung der Erlebnispädagogik. Teil 2: Anregungen für die pädagogische Praxis in der Schule. In: Schulmagazin 7–8/95 S. 82 – 87

würde es sehr schnell zur Gewohnheit. Die Forderungen nach innovativem Lernen, nach ungewöhnlichen Methoden, nach neuer Didaktik und nach Kreativität ohne Ende können mit solcher Leichtigkeit nur von Experten und Expertinnen formuliert werden, die offenbar von der Mühle des pädagogischen Alltags weitgehend befreit sind. Es geht jedoch dabei weder um einen Kreativitätswettbewerb noch um eine stete Innovationssteigerung, sondern um einen spannenden Unterricht, der die Rituale des Alltags gelassen zu unterbrechen weiß und trotzdem eine Kontinuität des Lernens garantiert.

Das Kapitel gliedert sich in fünf Teile. Nach einem historischen Rückblick im ersten Abschnitt soll zweitens die Integration erlebnispädagogischer Elemente in den Unterricht exemplarisch beschrieben werden. Drittens muß man die Vertreter der Schulpädagogik zu vermehrten Kontakten mit der Erlebnispädagogik als Institution und Dienstleistung außerhalb des schulischen Alltags ermutigen. Viertens schließlich wird die Variante des Projektlernens vorgestellt, die derzeit unter den Vorzeichen des »Problem Based Learning« neue Aufmerksamkeit erregt hat. Dann soll noch auf den »Award for Young People« hingewiesen werden, der seit kurzem auch in Deutschland die von der Schule (angeblich) vernachlässigten Schlüsselqualifikationen vermitteln will.

Wandervögel, Wegbereiter, Wissenschaftler: historischer Rückblick

Im Dezember 1994 jährte sich der 20. Todestag von KURT HAHN. Als Leiter des Internats in Salem hat er die vielen Gedankenfäden der Reformpädagogik zu einem Netz verbunden, das er als Erlebnistherapie bezeichnete. Eine Therapie freilich der Gesellschaft, bei der er mehrfache Verfallserscheinungen diagnostizierte. Die Wurzeln der modernen Erlebnispädagogik sind also in der Schule zu finden. Das Leiden an und die Leiden in der Schule waren ein Ursprung der reformpädagogischen Bemühungen. Die Persönlichkeiten der Reformpädagogik, geprägt von der Wandervogelbewegung, oft Wegbereiter neuer Ideen und Mitbegründer einer Pädagogik als Wissenschaft, beklagten die Erlebnisarmut der Schule. So versuchte der Bremer Volksschullehrer FRITZ GANSBERG, das Leben in die Schule zu holen (BIENZEISLER 1987). In seinem Buch »Streifzüge durch die Welt der Großstadtkinder« stellte er das Großstadtleben in den Mittelpunkt des Unterrichts – und ist somit ein noch zu entdeckender Wegbereiter der Erlebnispädagogik in der Stadt, die sich hinter dem Wortspiel »CITY BOUND« verbirgt. Aus diesen Streifzügen will GANSBERG Unterrichtsstoff für möglichst alle Fächer ziehen, für Heimatkunde ebenso wie für den Deutschunterricht, für die Physik in gleicher Weise wie für die Biologie. Ein früher ganzheitlicher Ansatz also.

Andere Pädagogen – eine Geschichte der Reformpädagoginnen harrt dringend der Aufbereitung – führten ihre Schüler ins »wahre Leben«, das sich ihrer Meinung nicht in der Großstadt abspielen konnte, sondern auf dem Lande oder gleich in der Natur. Viele Namen wären zu nennen, an denen die Wurzeln der Erlebnispädagogik in der Schule festzumachen sind: HERMANN LIETZ, MARTIN LUSERKE, GUSTAV WYNEKEN, BERTHOLD OTTO, HERMANN NOHL, PETER PETERSEN, HUGO GAUDIG. Die Machtergreifung 1933 hat auch die Pädagogik entmachtet, und der Umgang mit pädagogischen Methoden, die nur auf das Erlebnis setzen, ist verständlicherweise schwierig geworden, weil die Vernachlässigung der Vernunft bzw. die Diffamierung des Denkens dem Mißbrauch Tür und Tor öffnet.

Nach dem zweiten Weltkrieg konnte diese Methode in der schulischen Pädagogik zunächst nicht mehr Fuß fassen, während die Erlebnispädagogik in der Jugendarbeit, in den Jugendverbänden, in der Heimerziehung seit Mitte der 80er Jahre einen atemberaubenden Siegeszug antrat. Verfolgt man die Fachliteratur, so darf man behaupten, daß die Erlebnispädagogik auf dem besten Weg zurück in die Schule ist.

Sport, Spiel und Spannung

Die allermeisten Beiträge zum Verhältnis von Erlebnispädagogik und Schule setzen im Sportunterricht an. WOLFRAM SCHLESKE hat sich dazu schon 1977 geäußert. Vom Schulsport fordert er »vielfältige, kindgemäße Risikosituationen der exponierten Raumerfahrung und der ungewöhnlichen Lokomotion, des spielerischen und explorativen Umgangs mit Medien, Geräten und Partnern und allerlei wagemutige Unternehmungen in der freien Natur;...« (1977, S. 153 f.). Im einzelnen könnte das zunächst im Indoor-Bereich bedeuten:

»... exponierte Raumerfahrung...«

Die Möglichkeiten der Erfahrung des Raumes fehlen in modernen Sporthallen weitgehend. Wohl aus Sicherheitsgründen sind Geräte wie Sprossenleitern, Kletterstangen und Taue, die in das Erlebnis der dritten Dimension führen, aus Turnhallen weitgehend verbannt worden. In die Höhe klettern, in der Raumdiagonalen kriechen, wie Tarzan am Seil durch die Halle schwingen, aus unterschiedlicher Höhe abspringen, das Treiben in der Turnhalle von einem ruhigen Punkt und von oben zu betrachten, das alles sind lange vergessene und kaum mehr mögliche Erfahrungspotentiale, die aber jetzt wiederentdeckt werden. Findige Sportpädagogen haben pfiffige Lösungen gefunden, in Schulturnhallen entstehen Kletterwände. In der Broschüre Sportabenteuer – Abenteuersport zeigt die Sportjugend Nordrhein-Westfalen (1991), wie sich eine Turnhalle in ein Abenteuer-Setting verwandeln kann. Die Turnhalle wird zu einem Handlungs- und Erlebnisraum, von Lehrern und Schülern gestaltet, in dem Sinneserfahrung und Körpererlebnis verbunden werden.

»... ungewöhnliche Lokomotion...«

Nicht nur Gehen, Laufen, Sprinten oder Springen sind Möglichkeiten der Bewegung, sondern auch Balancieren, Wippen, Schleudern, Schaukeln, Drehen und Rollen, um nur einige Beispiele zu nennen. Dabei ist der Kreativität nur eine Grenze gesetzt: die Sicherheit. Mit Rollbrettern kann man sich beispielsweise sowohl selbst fortbewegen als auch andere ziehen bzw. gezogen werden. Bei den Festen der Jugendarbeit sind Rollbretter inzwischen zum beliebten Spielzeug der Kinder und Jugendlichen geworden. Durch die Sporthalle zu balancieren, auf einer Tibetbrücke oder den aufgehängten Turnbänken, auf Brettern mit wackligem Untergrund, mit Schwimmflossen auf dem Barren, das alles hat einen besonderen Aufforderungscharakter. Sein Gleichgewicht zu behalten, das bedeutet dann, sich erfolgreich zu bewegen. Unterschiedliche Schwierigkeitsgrade garantieren (fast) allen Kindern Erfolg. Als Gruppe oder als Schulklasse auf einer Wippe im Gleichgewicht zu stehen, ist schon eine Leistung, sich dann aber nach Körpergröße, Alter, Entfernung Schule – Zuhause oder anderen Kriterien auf dieser Wippe zu ordnen, ist eine wirkliche Problemlösungsaufgabe. Eine Wippe ist schnell zum Schleuderbrett umgebaut, mit dem sich zuerst Bälle und Medizinbälle, dann auch Personen in die Luft katapultieren lassen. Argwöhnisch betrachten es manche Sportlehrer, wenn Taue und Ringe als Schaukeln genützt werden. Neidisch kann man vor allem auf die Freude der Kinder am Schaukeln werden – eine offensichtlich ungemein lustvolle Tätigkeit. Dabei ist es keine große Schwierigkeit, mit Ringen, Matten und Schläuchen Schaukelgeräte zu basteln (MIEDZINSKI 1990, S. 41 ff. und TREBELS 1983). Viele dieser und anderer Ideen lassen sich oft mit noch viel mehr Spaß in der Schwimmhalle verwirklichen: ins Wasser schwingen, von einer Wippe ins Wasser geschleudert werden, eine Tauchlandschaft unter Wasser erfinden, Geräte für die Fortbewegung auf der Wasseroberfläche bauen. Das Sportprojekt »Traumfabrik« (KÖSTERKE/STÖCKLE 1989) und der Verein bsj in Marburg (BECKER, KOCH, VIETH 1995) hatten hier Pilotfunktion.

»... *allerlei wagemutige Unternehmungen in der freien Natur*...«

Auch draußen – out of doors – kann die Methode Erlebnispädagogik vielerlei Impulse und Anregungen geben: neue und wiederentdeckte Spiele und Sportarten auf dem Sportplatz, Erkundungen der noch unbekannten Teile der Stadt, Spiele, Aufgaben und Übungen in der freien Natur. Freilich tun sich hier zunächst mehr Hindernisse auf. Schon der gewohnte Weg zum Sportplatz ist zeitaufreibend und nervtötend, der nächste See, Wald, Fluß, Klettergarten unerreichbar entfernt, und die dort geplanten Abenteuerarrangements sind gewissenhaften Schulbeamten und ängstlichen Eltern suspekt. Alles Gründe, mit den weniger aufwendigen und eingreifenden Aktivitäten zu beginnen: Small is beautiful und Everything goes.

Auch das scheinbar sture Laufen kann neu entdeckt werden. Dies wurde in einem »Laufprojekt« beschrieben: »Im Vordergrund steht dabei, Spaß und Freude am Laufen zu entwickeln, Selbsterfahrungen und Körpererfahrungen zu machen; Laufen bewußt koordinieren zu können; die eigenen ganz persönlichen läuferischen Fähigkeiten zu erfahren und zu verbessern.« (HILTENSBERGER 1994, S. 7) Dabei wurden Bewegungs- und Wahrnehmungsaufgaben eingesetzt, unterschiedliche Laufuntergründe und Geländeformen getestet und miteinander verglichen, Zeit- und Streckengefühl geschult, Lauferlebnisse verbalisiert und diskutiert.

Der Sportplatz wird zum Spielfeld
Mitte der 70er Jahre wurden neue Spiele wiederentdeckt: New Games. Heute sind die »New Games« schon wieder alt geworden, den Studenten/innen der Sozialen Arbeit jedenfalls sind sie unbekannt. Die Spiele jedoch sind es immer noch wert, gespielt zu werden, sei es der Gordische Knoten (jeder sucht mit verschlossenen Augen zwei Hände, die er festhält; zwei Mitspieler entwirren die Gruppe zu einem Kreis), das Turmbauspiel, bei dem eine Gruppe zu etwa 15 Personen einen möglichst hohen Turm aus Menschen bauen soll, oder das Fließband, bei dem Personen durch eine Allee von verschränkten Händen transportiert werden. Die Erlebnispädagogik kennt viele aktionsreiche Spiele, Problemlösungsaufgaben oder Initiativspiele genannt, die der Einstimmung, der Vertiefung oder der Reflexion dienen (vgl. dazu: REINERS 1991 und GILSDORF/KISTNER 1995). Die Lösungen sind sehr unterschiedlich, je nach den kreativen Möglichkeiten der Gruppe. Die Spiele bieten dem erfahrenen Pädagogen auch gute Einblicke in die Dynamik der Klasse, präsentieren wie im Brennglas die Gruppenstruktur: den Führer, den Opponenten, die Mitläufer, die Außenseiter. Auch fordern diese Problemlösungsaufgaben nicht selten bislang ungewohnte Fertigkeiten heraus, so daß die Dynamik des Gruppenprozesses von neuem beginnen kann.

Natur erfahren und erleben
In den 80er Jahren reagierte die außerschulische Bildungsarbeit mit mehrfachen Innovationsschüben auf die ökologischen Probleme und Herausforderungen (vgl. dazu MICHL 1992 und SCHLEHUFER/KREUZINGER 1997). Die Natur bewußt erleben, sich Zeit nehmen, spielerisch erleben, entdecken und erfühlen, Pflanzen begreifen, riechen und Geräusche der Natur hören: die vergessenen Kimspiele wurden zusammen mit den New Games – und vielen alten vergessenen Spielen – zu Naturerfahrungsspielen umgewandelt.

Diese Übungen können selbstverständlich auch Inhalt von anderen Unterrichtsfächern werden, zum Beispiel des Deutschunterrichts. Gedichte sind im Wald, in der Höhle, am Berggipfel – darum gibt es ein Gipfelbuch –, am Meer, auf dem Segelboot mindestens so gut verortet wie im Klassenraum. Hier drei Anregungen: Auf den Spuren von OSKAR MARIA GRAF (oder eines anderen Schriftstellers; einer Heimatschriftstellerin oder einer Kinderbuchautorin): so könnte man zu Fuß oder mit dem Fahrrad Schülern Literatur nahe- und beibringen. Oder gewagter: Mit dem Mountain-Bike auf den Spuren Hannibals, LIVIUS im Gepäck. Auch für Kinder geeignet: Auf den Spuren der Schwabenkinder, jenen Kindern der armen Südtiroler Bauern, die im Frühjahr von Südtirol ins schwäbische Land wanderten, um dort gegen Kost und Logis auf den Bauernhöfen zu arbeiten. Werden die »Hymnen an die Nacht« von NOVALIS, das »Höhlengleichnis« von PLATON, eine Szene aus »Die Reise zum Mittelpunkt der Erde« oder aus einem Kinderbuch, wie »Die rote Zora«, »Die Höhlenkinder« etc., in einer Grotte gelesen, nicht besonders beeindrucken?

Als drittes und letztes Beispiel für die Integration erlebnispädagogischer Elemente in den Unterricht soll das Fach Biologie dienen. Die Süddeutsche Zeitung vom 20. 8. 1982 berichtet: »*Biologieunterricht einmal anders...*

Daß etwa eine Tonne Pilzmycel auf einen Hektar Wald kommt und als eine Art Müllschlucker alte Substanz abbaut oder sich bestimmte Pflanzen mit einem »Sonnenschutz« aus feinen weißen Flimmerhärchen umgeben – waren nur zwei von den vielen Erfahrungen und Erkenntnissen, welche die Kinder und Jugendlichen von der Exkursion zu den nördlichen Gebieten der Münchner Schotterebene mit nach Hause nehmen konnten. Ein ›lebendes‹ Biologiebuch bot sich den 20 Teilnehmern des dritten Schwanecker Naturtags...« (MICHL 1992, S. 23). Ein anderer Artikel der Süddeutschen Zeitung (19. 12. 1994) beschreibt, wie der bayrische Landwirtschaftsminster REINHOLD BOCKLET die Schüler für den Wald begeistern will. Zum Beispiel am »Baumtelephon«: Der Förster klopft am Ende eines Langholzstapels, und am anderen Ende ist mit dem Ohr am Stamm das Klopfen zu hören. Der Förster wird hier zum Lehrer, der Wald zum Klassenzimmer. Pädagogen und Förster haben gemeinsam einen Leitfaden für Förster entwickelt, der Vorschläge für Waldspiele, Erlebnisprogramme und Unterrichtsführungen enthält. Dazu gibt es einen Requisitenkoffer, der Kindern und Jugendlichen den Wald mit allen Sinnen begreifbar macht. Diese Hilfsmittel sind in allen bayrischen Forstämtern eingeführt und können von Schulen oder privat gegen einen Unkostenbeitrag von 40 DM für den Leitfaden und 220 DM für den Koffer erworben werden. Auch andere Bundesländer sind dem bayrischen Beispiel gefolgt.

Education & Entertainment: Edutainment

Begriffe wie Animation oder Entertainment lösen in der deutschsprachigen Pädagogik ein Naserümpfen aus. Nicht so in Frankreich, wo der Animateur als Experte gilt, der mit Kindern spielt und bastelt, oder in englischsprachigen Ländern, wo klar ist, daß attraktive pädagogische Angebote verkauft werden müssen. Die letzten Ausführungen haben uns bereits vom Unterricht weggeführt; auch entfernen wir uns mit solchen Aktionen zunehmend vom strikten Lehrplan und einer minuziösen Didaktik.

Handlungsorientiertes Lernen in der Schule überbrückt wenigstens zeitweise die Kluft zwischen Schule und Alltag: »... man verfolgt komplexe Anliegen, man muß aus der Schule hinaus, man braucht außerschulische Kompetenz in der Schule.« (BÖNSCH 1994, S. 8) Von projektorientierten Ansätzen berichtet beispielsweise der Schulpsychologische Dienst, Beratungsstelle Bad Kreuznach: von Wandertagen mit Übernachtung im Freien bis zu einem Konzept »Ein Jahr Erlebnispädagogik«. Die »Initiative Praktisches Lernen e. V.« geht davon aus, daß die sogenannten Schlüsselqualifikationen wie Kreativität, Eigeninitiative, Problemlösungsfähigkeit in Schulen durch das Korsett des Lehrplans immer weniger vermittelt werden. Die Begründer des Projekts – allesamt Lehrer, Hochschullehrer, Sozialpädagogen – wollen das praktische Lernen in allen seinen Facetten unterstützen, den Lebensbezug der Schule stärken, Kopf,

Herz und Hand verbinden, Schule als lust- und leistungsorientierten Lern- und Lebensraum verstehen, durch Learning by Doing die Schüler zu den Hauptakteuren machen (WENZEL 1994, S. 48). In einer Brandenburger Schule (Hennickendorf) werden notorische Schwänzer sehr erfolgreich durch die Projektmethode an die Schule gebunden. Unterrichtet wird nicht nach dem Stundenplan, sondern praxis- und projektorientiert. Einen Großteil des Acht-Stunden-Tags verbringen die Kids in der Werkstatt (Süddeutsche Zeitung vom 11. 11. 1994).

Vom »Martins-Paß« zum »Internationalen Jugendprogramm«

1956 begründeten KURT HAHN, Prinz PHILIP, der Herzog von Edinburgh, und Lord HUNT, der Leiter des ersten Teams, das den Mount Everest bezwang, den »Duke of Edinburgh's Award« bzw. den »Award for Young People«. Er wurde bald zu einer internationalen Bewegung. 59 Länder auf der ganzen Welt bieten diese Auszeichnung an. Auch in Deutschland gab es engagierte Versuche, mit dem Martins-Paß dieses Konzept zu realisieren. In dieses Freizeittagebuch, das auch Tips für Freizeit, Schule, Spiel und Spaß und über UNICEF weltweite Kontakte vermitteln sollte, wurden Leistungen in den Bereichen »Helfen, Sport und Spiel, Hobbys und Freizeitgestaltung und Wandern« eingetragen (KOWALSKY 1989, S. 48). Diesen Bemühungen folgte das vom Förderkreis Jugend und Freizeit e. V. in Nürnberg verliehene »Kurt-Hahn-Diplom«. Es verstand sich als notwendige Ergänzung zur schulischen Ausbildung: »Das ›Kurt-Hahn-Diplom‹ (Arbeitstitel) ist ein solches zweites Zeugnis, nämlich die subjektive Ergänzung zum genormten Pflichtzeugnis in Schule und Betrieb« (HOFMANN 1994, S. 29). HOFMANN ist überzeugt, daß die im »Kurt-Hahn-Diplom« erworbenen Schlüsselqualifikationen von »erfahrenen Personalchefs« längst nachgefragt werden (ebd.). In den vier zentralen Erlebnisbereichen Hobby, sozialer Einsatz, Naturerfahrung und Sport müssen dauerhafte Einsätze nachgewiesen werden. Die Einsätze werden durch Fachleute (Lehrer, Trainer, Jugendleiter, Sozialpädagogen) bestätigt. Verliehen wird das Diplom je nach Alter und Einsatzdauer in Bronze, Silber und Gold. Die internationale Award-Asssociation hat aber das im Juni 1994 gegründete »Internationale Jugendprogramm e. V.« bevorzugt. Im »Handbuch Internationales Jugendprogramm« hat KLAUS VOGEL die allgemeinen und besonderen Bedingungen zum Erwerb der Auszeichnungen in den drei Leistungsstufen Bronze, Silber und Gold und in den vier Leistungsbereichen Gemeinschaftsdienst, Naturunternehmungen, spezielle Interessen und Talente und sportliche Betätigungen beschrieben. Zu wünschen bleibt, daß das »Internationale Jugendprogramm e. V.« sowohl an alle Schularten, von der Schule für Erziehungsschwierige bis zum Gymnasium, als auch an jugendliche Randgruppen herangetragen wird. Auch die behinderten Jugendlichen dürfen nicht vergessen werden! Die Übertragung der Award-Idee auf die Situation in Deutschland wird nicht ohne Modifikationen gelingen. Bestimmt liegen Chancen in diesem überschaubaren und entwicklungsfähigen Konzept. Vor allem die Idee des sozialen Lernens erscheint wichtiger denn je. Auch die in jüngster Vergangenheit von Pädagogen geschmähte und gemiedene Zertifikation der Leistungen durch Urkunde, Anstecknadel und festlichen Rahmen enthält Lernpotentiale. Rituale, Feste und Feiern sind ebenso ein pädagogisches Arrangement wie die Nacht im Schlafsack, die Wanderung im Regen oder ein Erzählprojekt im Altersheim.

3.11 Die Praxis prägt die Theorie – Erlebnispädagogische Projekte und ihre Träger

Welches Jugendzentrum, welcher Jugendverband, welcher konfessionelle Träger der Jugendhilfe arbeitet eigentlich nicht mit der »Methode« Erlebnispädagogik? Vor dem Hintergrund dieser – eher rhetorischen – Frage fällt es schwer, einen halbwegs repräsentativen Überblick zur »erlebnispädagogischen Szene« überhaupt erst zu versuchen.

Weniger systematisch denn pragmatisch orientieren wir uns bei dieser selbstgestellten Aufgabe an den drei großen Fachtagungen zur Erlebnispädagogik der Jahre 91 und 92: Ohne Anspruch auf Vollständigkeit sollen in einem Streifzug vorrangig jene kleinen und großen Träger vorgestellt werden, die sich an den Tagungen in Zürich, Baad/Kleinwalsertal und Marburg aktiv beteiligten (siehe auch 2.6). Auf die noch junge Erlebnispädagogik-Szene in den neuen Bundesländern werden wir im Abschnitt 6.1 eingehen.

Das Evangelische Jugenddorf Rendsburg entdeckte 1974 das Segelschiff als pädagogisch zu nutzendes Transportmittel. Erstaunlicherweise war nicht etwa die 1952 bis 1975 ebenfalls in Schleswig-Holstein ansässige Kurzschule Weißenhaus mit ihren über 17000 Teilnehmern, die auf Betreiben von Kurt Hahn gegründet wurde, das Vorbild, sondern Initiativen aus den Nachbarländern Holland und Dänemark (Roeloffs/Reiter 1990, S. 5). Seit 1982 werden »pädagogisch-therapeutische Segeltörns«, seit 1984 auch Reiseprojekte auf dem Landweg und stationäre Aufenthalte durchgeführt. Zielländer bzw. -regionen sind u. a. Indien, Afrika, Süd- und Mittelamerika. Die Projekte des Jugenddorfes sind zeitlich auf 6 bis 12 Monate begrenzt; im Durchschnitt nehmen vier Jugendliche und zwei Betreuer teil. Feste Bestandteile der Projekte sind Vor- und Nachbetreuungsphasen durch jene Pädagogen, die auch »auf Tour« die Verantwortung tragen.

Das Segelschiff-Projekt »Outlaw« des Hamburger Vereins »Jugendschiff Corsar« dürfte auch einer breiteren Öffentlichkeit bekannt sein. Einschlägige Boulevardblätter hatten unter Überschriften wie »Knasties auf Segelurlaub« über die ungewöhnliche Form der Therapie bzw. Pädagogik berichtet. Neben der seemännischen Besatzung waren bis zu 16 Jugendliche sowie vier bis fünf Betreuer an Bord und fuhren gemeinsam Törns im Atlantik und im Mittelmeer. Nach Querelen mit den bezuschussenden Stellen und innerorganisatorischen Problemen endete die – eigentlich wegweisende – Initiative im Jahre 1987 vorläufig (ROELOFFS/REITER 1990, S. 35f.).

Angeregt durch die »OUTLAW« wurden in den 80er Jahren eine ganze Reihe von weiteren Schiffsprojekten gegründet: Der Frachtensegler »UNDINE« transportiert beispielsweise Waren in die skandinavischen Länder und nach Großbritannien. Das Beladen und Löschen sowie die Arbeit an Bord kann von den Jugendlichen auch als Job angesehen werden, da sie Heuerverträge erhalten und nicht »nur« aus therapeutischen Gründen unterwegs sind. Der Reutlinger Verein »ANNA CATHARINA« betreibt drei Segelschiffe, die mit jeweils sechs Jugendlichen und zwei Betreuern fahren. Wie auch beim Projekt »UNDINE« sollen Arbeitsaufträge in Hafenstädten den Ernstcharakter der Fahrten betonen.

»ANNA CATHARINA« aus Reutlingen hat sich nach den positiven Erfahrungen mit ihren »Dickschiffen« noch ein zweites Bein zugelegt: eine Ölmühle an der ligurischen Riviera, die als fester Standort für ein kombiniertes Kuttersegel- und Arbeitsprojekt dient. Jugendliche und junge Erwachsene sollen im Rahmen eines »sozialtherapeutischen Intensivtrainings« auf ein eigenständiges Sozial- und Berufsleben vorbereitet werden. Der achtmonatige Aufenthalt beinhaltet sowohl handwerkliche als auch seemännische Ausbildung, eine 2–3 Wochen dauernde Kuttertour entlang der Rivieraküste sowie Mithilfe bei der Produktion von Olivenöl und Renovierungsarbeiten an der Mühle.

Es scheint so, als hätten in den letzten Jahren sehr viele Erziehungsheime die Erlebnispädagogik als festen Bestandteil in ihre Konzepte integriert. Rein zahlenmäßig dominieren jene Einrichtungen, die natursportliche Aktivitäten, Zeltlager und Reisen mit einer zeitlichen Dauer von jeweils bis zu vier Wochen durchführen. Mehrmonatige Segelschiffs- oder andere Reiseprojekte, die zum Teil therapeutisch akzentuiert werden, werden demgegenüber noch von sehr wenigen Trägern riskiert.

Das Christophorus-Jugendwerk Oberrimsingen arbeitet bereits seit langer Zeit mit erlebnispädagogischen Methoden in der Heimerziehung bzw. im Bereich spezieller Hilfen nach dem Kinder- und Jugendhilfegesetz (KJHG). Die Einrichtung des Caritasverbandes Freiburg betreut in erster Linie Jugendliche, bei denen bereits angewandte Hilfeformen nicht den gewünschten Erfolg hatten und die sozial schwer integrierbar sind. Neben Reiseprojekten nach § 35 KJHG (Intensive sozialpädagogische Einzelbetreuung), bei denen außereuropäische Ziele favorisiert werden, spielen gruppenbezogene Maßnahmen eine wichtige Rolle. Unterwegs auf dem »Camino de Santiago«, einem der bedeutendsten Pilgerwege des Mittelalters, haben sich Jugendliche mit einer schwierigen Wegstrecke quer durch Spanien auseinanderzusetzen, wie sie sie – im übertragenen Sinne – in ihrem Alltag häufig nicht bewältigen konnten. Nach zwei Wochen Trek folgt ein ebenfalls zweiwöchiger Arbeitseinsatz zur Renovierung einer Pilgerherberge. Das HAHNsche Element Dienst kommt hier exemplarisch zum Tragen.

Unter der Trägerschaft des Diakonischen Werkes Karlsruhe werden 9monatige Projekte mit Jugendlichen durchgeführt, die – ähnlich wie die Klientel Oberrimsingens – aus allen konventionellen Jugendhilfemaßnahmen herausgefallen sind. Kernstück des Programms ist ein Hüttenaufenthalt auf einer vollkommen abgeschiedenen norwegischen Insel und die Mitarbeit beim Wiederaufbau des von der einheimischen Bevölkerung verlassenen Fischerdorfes Nyksund. Das Projekt wurde inspiriert von der Praxis des Baseler Vereins TREK, der bei seinen Jugendhilfeangeboten auf längere Wildnisaufenthalte fern von zivilisatorischen Ablenkungen setzt.

Der Verein zur Förderung bewegungs- und sportorientierter Jugendsozialarbeit (bsj) in Marburg entwickelte sich aus einem stadtteilbezogenen Projekt zu einem Träger mit breiter Angebotspalette und überregionaler Bedeutung. Neben den klassischen Natursportarten Klettern, Kajakfahren und Skilauf werden körperbezogene Aktionen in urbanem Umfeld angeboten: Skateboardfahren, Klettern an künstlichen Wänden, Hangeln und Balancieren etc. Originell und faszinierend am Konzept des bsj sind allerdings weniger die ausgesuchten Sportarten als vielmehr die Vorarbeiten, die über eine Tourenplanung im konventionellen Sinne weit hinausgehen: Angeleitet von den Pädagogen und evtl. weiteren Fachleuten stellen die Jugendlichen Sport- und Spielgeräte selbst her. Im Rahmen von sogenannten Bauprojekten werden Kajaks aus Holz gefertigt, künstliche Kletterrouten in ausgebauten Scheunen errichtet und »Half Pipes« und »Fun Boxes« als Sprung- und Wendeelemente für Skateboard-Fahren gebastelt. Der Marburger Verein hat für vier hessische Jugendheime erlebnispädagogische Konzeptionen entwickelt, die auf die jeweilige Situation der Einrichtungen zugeschnitten sind. In einem Modellprojekt werden Mädchen in sozialen Brennpunkten betreut. Körper- und Bewegungsangebote sollen das Selbstbewußtsein der Mädchen stärken und eigenständige weibliche Erfahrungs- und Entfaltungsmöglichkeiten eröffnen. Mit Unterstützung des Instituts für Sportwissenschaften der Universität Marburg werden die Projekte wissenschaftlich begleitet.

In den großen caritativen Fachverbänden wird in den verschiedensten Einrichtungen auf erlebnispädagogische Ansätze zurückgegriffen. Das 1990 ratifizierte KJHG führt eine Reihe von Maßnahmen auf, die für eine Pädagogik unter freiem Himmel wie geschaffen sind. Die Katholische Jugendfürsorge München etwa sieht Fahrradtouren und alpine Unternehmungen als zentrale Bestandteile ihrer Sozialen Trainingskurse, die Jugendgerichte delinquenten Jugendlichen anordnen.

»alp ergo – Verein für Erlebnispädagogik und Ökologie« in Trochtelfingen/Schwäbische Alb setzt seine Schwerpunkte auf Schullandheimaufenthalte und Seminarwochen für junge Erwachsene im Berufspraktischen Jahr. Außerdem führt der Verein Fortbildungsveranstaltungen für Lehrer und Sozialpädagogen sowie Kompaktseminare für Studierende durch. Ausgehend von einem eigenen Selbstversorgerhaus in der Mittelgebirgslandschaft der Schwäbischen Alb werden u. a. Felsklettern, Höhlenerkundungen, Kanuabfahrten

Erlebnispädagogische Projekte und ihre Träger

und Orientierungstouren durchgeführt. Naturschutzanliegen und ökologisches Lernen stehen bei den Programmen im Vordergrund.

»ibex – Verein für Erlebnispädagogik« in Mainz hat sich auf soziale Trainingskurse spezialisiert, die nach dem Jugendgerichtsgesetz als »Alternative« zum Jugendarrest angeordnet werden können. Im Anschluß an zwei Vorbereitungstreffen fahren die Jugendlichen in Begleitung von zwei pädagogischen Mitarbeitern und einem Vertreter der Jugendgerichtshilfe in die Alpen. Ein altes Bauernhaus im Salzburger Land, das der Verein angemietet hat, dient als Ausgangspunkt für Bergtouren, Biwaks und Projektarbeit. Mit acht Nachbereitungsterminen soll der Transfer in die Alltagssituation der Jugendlichen sichergestellt werden.

Weniger therapeutisch denn freizeitpädagogisch ausgerichtet sind die erlebnispädagogischen Projekte des Jugenddorfs Hephata im hessischen Schwalmstadt. Erzieher und Jugendliche bauten beispielsweise gemeinsam ein 22 m^2 großes Floß und errichteten darauf eine wetterfeste Hütte, um anschließend in zweieinhalb Wochen die Weser 360 km flußabwärts bis Bremen zu fahren.

Die Konzeption des Erziehungsheims »Herzogsägmühle« in Peiting/Ostallgäu stützt sich in ihrem Kern vor allem auf erlebnispädagogische Methoden. Unter dem Titel »Intensivpädagogische Projektarbeit« werden Reiseprojekte mit (natur)sportlichem Akzent sowie Vor- und Nachbetreuungen außerhalb der Jugendhilfe-Einrichtung subsumiert. Die Praxis der »Herzogsägmühle« scheint eher pragmatisch nach dem Prinzip »The Mountains speak for themselves« ausgerichtet zu sein.

Auf dem 50 m langen Segelschoner »THOR HEYERDAHL« werden seit 1983 kurzzeitpädagogische Programme angeboten. Das Konzept lehnt sich eng an die HAHNschen Elemente an. Im Kurssystem gehen Jugendliche und junge Erwachsene auf ein- und zweiwöchige Törns. Im Unterschied zu kommerziellen, aber auch gemeinnützigen Veranstaltern, die Segeltörns als »Abenteuer-Urlaub« verkaufen, wird auf der »THOR HEYERDAHL« besonderer Wert auf die Reflexion des Erlebten gelegt.

In Kooperation mit verschiedensten Einrichtungen der Jugendhilfe veranstaltet der »Verein für sozialpädagogisches Segeln« in Reutlingen erlebnispädagogische Kurse am Bodensee. Als Stützpunkt wird ein öffentlicher Campingplatz genutzt, auf dem festinstallierte Großzelte zur Übernachtung zur Verfügung stehen. Gesegelt wird vor allem mit offenen Marinekuttern. Die Initiative hatte bereits 1978 auf ehrenamtlicher Basis Segeltörns für Schulklassen organisiert. Erst 1989 wurde die Arbeit mit der Anstellung eines Sozialpädagogen professionalisiert.

Mitarbeiter des Hamburger Johannes-Petersen-Heims fuhren 1984 und 1985 zusammen mit »massiven Schulverweigerern« als reisende Schule nach Südportugal (ROELOFFS/REITER 1990, S. 43 ff.). Während dreier Monate wurde »gemeinsam intensiv und unerbittlich Schulunterricht praktiziert«. Fast alle Jugendlichen absolvierten anschließend den Hauptschulabschluß. Die Reiseprojekte des Hamburger Kleinheimes wurden in einem fünfteiligen Dokumentarfilm mit dem Titel »Heimkinder« festgehalten, der bereits zweimal im Fernsehen gezeigt wurde.

Die »Jugend des Deutschen Alpenvereins« (JDAV) hatte bereits 1979 ihren Handlungsrahmen »Alpinistik« zum Medium zurückgestuft und pädagogische Zielsetzungen als erste Priorität gesetzt. Konsequenterweise wurden gleichzeitig pädagogische Implikationen mit dem originären Handlungsfeld Bergsteigen verzahnt. Wirksam wurde dies zuallererst in der Qualifizierung der Mitarbeiter: Das integrierte Konzept der JDAV war damals ohne Beispiel in der Mitarbeiterqualifizierung der Jugendverbände. Erlebnispädagogik kam bis Mitte der 80er Jahre zwar nicht als Begriff vor, zog sich jedoch wie ein roter Faden durch die Konzeptionen. Aufgeschreckt durch die ökologischen Schäden im Alpenraum, erklärten die Verantwortlichen des Jugendverbands später die Ökopädagogik zum gleichberechtigten Pendant der Erlebnispädagogik. Die Jugendbildungsstätte der JDAV in Burgberg/Allgäu (ab 1994 in Hindelang) ist – auch über die Organisation hinaus – »Kaderschmiede« für Multiplikatoren, die mit erlebnisorientierten Methoden arbeiten.

Die Jugendorganisation des Bundes Naturschutz (B. U. N. D.-Jugend) verbindet in ähnlicher Weise ihr umweltpolitisches Engagement mit phantasie- und lustvollen Aktionsformen, bei denen Kajaks, Schlauchboote oder Kletterseile eingesetzt werden. Eine einwöchige Schlauchboot-Tour auf der Donau war beispielsweise Ausdruck des Protests gegen die Fertigstellung des Rhein-Main-Donau-Kanals. Nach eigenem Bekunden sind sich die Veranstalter selbst nicht sicher, ob dies nun Erlebnispädagogik ist oder nicht. Ähnlich schwierig gestaltet sich die Einordnung der Aktionen von GREENPEACE und ROBIN WOOD. Eine persönlichkeitsbildende Wirkung, die aus dem Zusammenspiel von Erlebnis, Gemeinschaft und Natur erwächst, kann als wahrscheinlich unterstellt werden.

Auch Jugendverbände ohne fachliche Eingrenzungen, wie beispielsweise die Evangelische Jugend, nehmen für sich in Anspruch, erlebnispädagogisch prononcierte Programme anzubieten. Zum Teil wird dabei auf das »Know-how« von Spezialveranstaltern zurückgegriffen, die die technisch-instrumentellen Voraussetzungen bereitstellen.

Viele Kreisjugendringe organisieren zu den Ferienzeiten – meist in Zusammenarbeit mit Jugendverbänden bzw. deren Jugendleiter/innen – eine ganze Palette an natursportlichen Fahrten. So reicht beispielsweise das Spektrum des Kreisjugendrings (KJR) München-Land von Bergtouren, Trekkings, Fahrradtouren und Höhlenexkursionen über Kajak- und Schlauchbootfahrten bis hin zu Segeltörns. Was in den USA als »Multi Element Course« bezeichnet wird, setzt der KJR München-Land auf seine Weise um: Mit Mountain-Bikes wird von München die Isar entlang bis zum Oberlauf gefahren, anschließend wird im Trekkingstil zur Quellmündung gewandert, um schließlich wieder flußabwärts mit Schlauchbooten nach München zurückzukehren.

»OUTWARD BOUND – Deutsche Gesellschaft für Europäische Erziehung (DGEE)« mit Sitz in Hamburg und Geschäftsstelle in München ist der Träger-

Erlebnispädagogische Projekte und ihre Träger

verein von zur Zeit fünf Bildungsstätten mit erlebnispädagogischer Konzeption: Baad/Kleinwalsertal, Königsburg/Schlei, Kröchlendorff/Uckermark, Schwangau/Ostallgäu und Schweriner See. »OUTWARD BOUND (DGEE)« ist der vom OUTWARD BOUND TRUST in Deutschland autorisierte Rechtsträger von OUTWARD BOUND INTERNATIONAL. 1997 führte der Verein in Kooperation mit Partnern aus Schule, Wirtschaft und Bildungs- bzw. Sozialwesen meist ein- bis zweiwöchige erlebnispädagogische Kurse für 5500 Jugendliche und Erwachsene durch.

Die oben vorgestellten Projekte, Initiativen und Trägervereine spiegeln natürlich nur einen kleinen Ausschnitt der erlebnispädagogischen Szene in Deutschland wider. Bezogen auf die Anzahl und Bandbreite der verschiedenen Organisationen verwundert es trotzdem auf dem ersten Blick, daß sich in der Erlebnispädagogik – verglichen mit anderen pädagogischen Sparten – kaum überregionale Vernetzungen durchsetzen konnten. Ein »Bundesverband Segeln – Pädagogik – Therapie«, der 1992 durch einen »Dachverband Erlebnispädagogik« ersetzt wurde, hatte keine zentrale Bedeutung. Es ist vor allem dem unermüdlichen Einsatz von Prof. ZIEGENSPECK aus Lüneburg zu verdanken, daß zumindest regelmäßige Mitgliederversammlungen stattfinden konnten. Die großen erlebnispädagogischen Fachtagungen der Jahre 91 und 92 in Zürich, Wien, Baad/Kleinwalsertal und Marburg liefen am »Bundesverband« vollkommen vorbei – sie wurden alle von anderen Trägern und Arbeitsgemeinschaften bestritten. Nicht ohne Grund wurde bei den Vorbereitungen zu einer Reorganisation des »Bundesverbands« der Verlust der »alte(n) ›Vorreiter- und Vordenkerrolle‹« (ZIEGENSPECK 1992, S. 29) beklagt. Die harsche und ungerechte Kritik an den intensiven reisepädagogischen Maßnahmen hat dem Bundesverband ein neues Profil beschert. Man setzt sich mit Fragen von Qualitätsmerkmalen und Controlling auseinander. Auch scheint unter dem Vorsitz von HANS-GEORG BAUER die Integrationskraft des Verbandes zu wachsen.

Wahrscheinlich ist es die Unübersichtlichkeit der Szene, in der Jugendarbeit, Jugendhilfe, Freizeitpädagogik und Betriebspädagogik mit strukturell und zeitlich divergenten Programmen durch unterschiedlichste Träger repräsentiert werden, die eine alles übergreifende Organisierung der pluralen Interessen behindert. Kleinere, überschaubare und vor allem offene Arbeitsgemeinschaften wie die »Interdisziplinäre Initiative Erlebnispädagogik«, Augsburg, und das »Forum Erlebnispädagogik«, München, in dem es weder einen Präsidenten noch einen Vorsitzenden gibt, können die pluralen, oft auch auseinanderdriftenden Interessen wohl besser unter einen Hut bringen als starre Apparate.

Mit Blick auf gesellschafts- und sozialpolitische Entwicklungen, die die Sozial- und Bildungsarbeit Westdeutschlands – und mehr noch Ostdeutschlands – außerordentlich herausfordern, ist der Erfahrungsaustausch der verschiedenen Träger, auch mit dem Ausland(!), ungemein wichtig. Mit einem offenen, hochgradig flexiblen Netzwerk sollten – gerade für die weniger erfahrenen Initiativen – Potentiale an Fachlichkeit, Organisations- und Managementkompetenz zugänglich gemacht werden. Gerade die größeren, etablierten Träger tragen hier Verantwortung.

Wir wissen, daß dieses Kapitel notgedrungen unvollständig bleibt. Es gibt drei Entschuldigungen. Erstens: Eine Deutschlandkarte mit derzeit 52 erlebnispädagogischen Projekten, Trägern und Initiativen ist gerade als Diplomarbeit im Entstehen. Zweitens: Dies ist womöglich ein vergeblicher Versuch, das monatlich wachsende Chaos in den Griff zu kriegen. Fast täglich werden erlebnispädagogische Initiativen und Projekte aus der Taufe gehoben und andere stillschweigend wieder eingestellt. Drittens: Wer einigermaßen die sozialpädagogischen Fachzeitschriften, vor allem »e&l. erleben und lernen« verfolgt, kann sich einen guten Überblick über die chaotische und kreative erlebnispädagogische Szene machen.

4. Überblick
Erlebnispädagogische
Aktivitäten im Vergleich

*Genau in dem Augenblick, von dem an
wir nicht mehr geneigt oder befähigt sind zu lernen,
setzt unser psychisches Altern ein.*

MANÈS SPERBER, Alfred Adler oder das Elend der Psychologie

Erlebnispädagogische Aktivitäten im Vergleich

Der Vergleich ist eine wichtige und unentbehrliche Methode der Erziehungswissenschaft. Die Bedeutung des Vergleichs in der Erlebnispädagogik ist bislang kaum erkannt worden, obwohl er hier eine zentrale Rolle spielt. In der erlebnispädagogischen Aktion vergleicht man sich mit einem anderen, mit der Gruppe, mit außenstehenden Personen und fremden Gruppen, mit vergangenen Erlebnissen, mit den Herausforderungen des Natursports. Angesichts der Fülle der verschiedenartigsten erlebnispädagogischen Aktivitäten kann deren Vergleich fruchtbare Ergebnisse bringen, die sich auf die erlebnispädagogische Praxis nutzbringend anwenden lassen.

Wenn wir im folgenden natursportliche Aktivitäten wie Kajak- und Schlauchbootfahrten, Höhlenbegehungen, Bergsteigen und Fahrradtouren vergleichen, gehen wir von folgender Definition von Erlebnispädagogik aus: Wir sprechen dann von der Methode Erlebnispädagogik, wenn die Elemente Natur, Erlebnis und Gemeinschaft im Rahmen von Natursportarten pädagogisch zielgerichtet miteinander verbunden werden. Die Anregung zu dieser Definition entnehmen wir dem historischen Werdegang dieses Begriffs und sehen sie als notwendige Abgrenzung zu erlebnisorientierten Methoden und Formen der außerschulischen Bildungsarbeit (Theaterspiel, kreative Methoden, Selbsterfahrung u. v. a. m.), in denen das Erlebnis ebenfalls von großer Bedeutung ist.

Vergleiche sind nur sinnvoll, wenn sie auf ein Ziel hin ausgerichtet sind und wenn Kriterien als Leitfäden zu diesem Ziel hinführen. Wir vergleichen in der Absicht einer größeren Transparenz erlebnispädagogischer Aktivitäten für Praktiker und skeptische Leser, um die Wirkungsweise von Erlebnispädagogik im einzelnen nachvollziehbar und bewußt zu machen. Dabei legen wir folgende Kriterien und Fragen zugrunde: Charakteristik der Herausforderung, Anforderung an Ausrüstung, technisches Können der Teilnehmer, Lern- und Erfahrungsmöglichkeiten, Planung und Mitbestimmung von Rahmenbedingungen, Anforderungen an die Leitung, ökologische Verträglichkeit. Warum gerade diese Untersuchungskriterien? Bei der Auswahl der Kategorien, nach denen wir die erlebnispädagogische Praxis durchleuchten wollen, leiten uns folgende Überlegungen:

In den Kriterien »Charakteristik der Herausforderung« und »Anforderungsprofil« wollen wir die objektivierbaren Erlebnisfaktoren der verglichenen Natursportarten und die Bedingungen, die an Ausrüstung, technisches Können und Teilnehmer gestellt sind, beleuchten. Aufzeigen wollen wir, daß jeder der beschriebenen Aktivitäten ein ganz eigenes Wirkungs- und Anforderungsprofil zugeordnet werden muß. Erlebnispädagogik kann sowohl präventives Bildungsangebot sein, als auch gezielt die Persönlichkeitsentwicklung fördern. Dieser Einsicht wollen wir unter dem Stichwort Lern- und Erfahrungsmöglichkeiten gerecht werden. Gerade bei erlebnispädagogischen Maßnahmen wird die Kategorie der natürlichen und künstlichen Autorität stillschweigend übergangen. Die Beherrschung der Technik einer Natursportart und deren Anwendung im pädagogischen Feld mag je nach Situation eine nichtdiskutierbare

Entscheidung legitimieren, sie rechtfertigt aber nicht einen prinzipiell autoritären Führungsstil. Jede Pädagogik sollte sich die Art ihrer Arbeitsbeziehungen (hierarchisch oder gleichberechtigt?) vergegenwärtigen, gruppenbildende Strukturen und die charakteristische Art der Leitung reflektieren. Dementsprechend fragen wir die Planungs- und Mitbestimmungsmöglichkeit der Teilnehmer bei Rahmenbedingungen und Strukturen ab. Im Gegenzug erörtern wir die Führungskompetenzen und Verbindlichkeiten, die unserer Meinung nach jeweils unverzichtbar sind für einen verantwortungsvollen Umgang mit Natur und Teilnehmern.

Im Zuge der Konjunktur der neuen »Abenteuerlichkeit« befindet sich so manche Alpinsportart derzeit im Aufwind, der nur allzuschnell zum Fallwind werden kann. Welchen ökologischen Notwendigkeiten müssen Erlebnispädagogen gerecht werden, um die Natur als Bewegungs- und Erlebnisraum mitzuerhalten? Wir stellen die Frage, wie die einzelnen Maßnahmen möglichst ökologisch verträglich durchgeführt werden können.

Eine »Pädagogik der Härte«, in der Muskelkater und Männlichkeit, wunde Füße und inszenierte Wildheit vorherrschen, lehnen wir nicht nur aus Gründen der historischen Unverträglichkeit ab. Sie ist eine der erlebnispädagogischen Sackgassen, weil sie auf einer eindimensionalen und oberflächlichen Ebene verbleibt und einfache Scheinlösungen für komplexe gesellschaftliche Grundmuster vorgibt: der scheinbaren Verweichlichung der Jugend durch körperliches Training entgegenzuwirken. Es gibt ganz subjektive Zugänge zu den Natursportarten, die wir beschreiben und die letztlich aus der Biographie der Teilnehmer zu erschließen sind. »Sich selbst herausfordern«, sich neuen Situationen zu stellen, unvorhergesehene Risiken zu wagen, setzen die Motivation und den Mut voraus, die eingeschliffenen Denk- und Verhaltensmuster des Alltags zu verlassen. Neben der Maxime »die Aktion soll allen Beteiligten Spaß machen«, gehen wir dennoch davon aus, daß Erlebnispädagogik den »Mut zur Überwindung« durchaus braucht und sich diesen »Mut«, die subjektive Sicherheit des Alltags zu verlassen, für pädagogische Ziele zunutze macht.

Bei unserem Vergleich vertiefen wir dort, wo der Teufel im Detail sitzt, bestimmte Gedanken ganz bewußt. Dem Führungsstil der beteiligten Pädagogen/innen wollen wir ebensowenig nachgehen wie der juristischen Verantwortung der Leiter/innen. Manche allzubekannte Erkenntnis erlauben wir uns verkürzt darzustellen. Technik- und Ausrüstungsfragen handeln wir recht stiefmütterlich ab, weil es dazu eine Vielzahl guter oder brauchbarer Lehrbücher gibt. Die Auswahl dieser Kriterien ist also zugegebenermaßen subjektiv und nicht abschließend, sie spiegelt vielmehr einige Dreh- und Angelpunkte unserer erlebnispädagogischen Praxis wider.

Die wohl wichtigste pädagogische Kategorie haben wir beiseite gelassen: die Analyse der Zielgruppe. Wir haben diese Überlegungen ausgeklammert, weil wir die Erlebnispädagogik im allgemeinen als Methode der außerschulischen Pädagogik verstehen, die sich in unterschiedlichsten pädagogischen Bereichen anwenden läßt: Bildungsarbeit, Offene Jugendarbeit, Hilfen zur Erziehung –

insbesondere Heimerziehung –, Lehrlingsausbildung, Prävention und Therapie. Insofern handelt es sich hier um den Versuch, einige Parameter, die sozusagen die Rahmenbedingungen erlebnispädagogischer Aktivitäten liefern, genauer zu bestimmen. Der Transfer auf die jeweilige Zielgruppe und die Ausdifferenzierung der Aktionen ist von den Praktikern vor Ort zu leisten. Jede der beschriebenen Natursportarten birgt in sich erstaunliche Möglichkeiten der kreativen Nutzung. Diese Ausdifferenzierung würde aber den hier gesetzten Rahmen sprengen.

4.1 Die Entdeckung der Langsamkeit – Bergwandern

Das Thema Bergwandern weckt bei vielen Jugendlichen negativ besetzte Assoziationen zwischen Bundhose, rotem Karohemd und Familienausflug mit Zwangscharakter. Über sich selbst hinauszuwachsen, um sich die winzigen Hütten, Häuser, Autos, Dörfer und Probleme einmal »von oben« zu betrachten, beinhaltet in unserer zivilisierten Welt einen ganz eigenen Reiz.

Körperliche Mobilität wird in der Schule nur sehr stiefmütterlich gefördert und dann im Sportunterricht paradoxerweise erzwungen. Die Wanderausflüge der Schulen – vorausgesetzt ein Lehrer ist bereit, die Verantwortung für die Klasse zu übernehmen – gleichen oft lustlosen Pflichtveranstaltungen mit dem Motto »bringen wir's hinter uns!«. Lust an körperlicher Anstrengung, Bewegung und Beweglichkeit? In elterlicher Begleitung oder bei den beschriebenen Schulausflügen artet Bergwandern leider oft in biederes Wandern, Ritual oder Leistungsstreß aus. Gerade Jugendliche aber haben damit ihre Schwierigkeiten, sie befinden sich nicht nur in einer Phase der Suche, der Orientierung und des Umbruchs, sondern haben meist auch mit körperlichen Entwicklungsschüben zu kämpfen.

Das Image des Wanderns war unter Jugendlichen nicht immer so schlecht. In der Wandervogelzeit befreite sich die Jugend durch Wandern von den Zwängen der Zivilisation und der Erwachsenengeneration. Obwohl sich der Reiz des Gehens und Steigens nur langsam erschließt, meinen wir, daß diesem schlechten Image tatsächlich einiges entgegenzusetzen ist. Die Kleiderordnung, die per se den sich aufwärts bewegenden Menschen erst zum richtigen Bergsteiger machen soll, halten wir abgesehen von einigen Zweckmäßigkeiten für ein Klischee. Wandern mit Kindern und Jugendlichen ist eine große pädagogische Herausforderung, weil es im Gegensatz zu Segeln, Klettern und Raften wenig Spektakuläres und wenig Spannung verspricht! Setzen wir die Langsamkeit des Wanderns der Schnellebigkeit unserer Zeit entgegen! Leistung sollte beim Wandern nicht im Vordergrund stehen. Für wichtiger halten wir es zu zeigen, daß jeder seine eigene Geschwindigkeit und seinen eigenen Gehrhythmus hat und findet. Stimmt dieser Rhythmus mit der Atmung zusammen, so kann die

Anstrengung minimiert werden und die Bewegung bekommt einen eher meditativen Charakter. In der Kultur des Zen-Buddhismus war bewußtes Gehen immer Teil der Meditationsausübung und – fast als denkwürdige Parallele zu den sitzenden Tätigkeiten der meisten Berufe heute – Ausgleich zur Versenkung in diversen sitzenden Haltungen.

Jeder Bergwanderer muß seine Kräfte richtig einteilen und wird versuchen, diese möglichst effektiv einzusetzen. Dazu gehört die Kenntnis der eigenen Leistungsfähigkeit oder der Erwerb dieser Kenntnis, die richtige Einteilung der Reserven, die individuell möglichst ökonomische Art des Bewegungsablaufes, gute Organisation (gut gepackter Rucksack, vollwertige Nahrung, vernünftige Zeiteinteilung) und eine realistische Selbsteinschätzung.

Das Training von Bewegungsabläufen kann in einer sehr spielerischen und experimentellen Form geschehen: z. B. gehen mit abwechselnd großen und kleinen Schritten, starker oder schwacher Standbeinwechsel mit schmaler Spur oder relativ breitbeinig, blind führen lassen. Nicht nur Kinder haben Spaß an solchen Übungen und Spielen, die Spaß vermitteln und auch dazu dienen können, sich eine gute Gehtechnik, eine vergessene und verlorene Selbstverständlichkeit, schnell, sicher und ohne schmerzhafte Erfahrungen anzueignen.

Der Schriftsteller PETER HANDKE beschreibt seine Eindrücke des Gehens in folgenden Worten (HANDKE 1987, S. 117): »Gehen. Die Erde treten. Freihändig bleiben. Ganz aus eigenem schaukeln... Nur im Gehen öffnen sich die Räume und tanzen die Zwischenräume! Nur im Gehen drehe ich mich mit den Äpfeln im Baum. Nur dem Gehenden wächst ein Haupt auf den Schultern. Nur der Gehende erfährt die Ballen an seinen Füßen. Nur der Geher spürt einen Zug durch den Körper. Nur der Geher erfaßt den hohen Baum im Ohr – die Stille! Nur der Geher holt sich ein und kommt zu sich... Das Gehen ist das freieste Spiel. Auf jetzt, weg hier. Der Segen des Ortes gilt nur für die Reise.«

Wenig Beachtung wird in der bekannten Literatur einer bewußten Atmung geschenkt. Jugendliche leiden häufig unter Seitenstechen (Milzstechen, erhöhter Sauerstoffbedarf) und anderen Unzulänglichkeiten, die nicht selten auf eine falsche Atmung zurückzuführen sind. Die zweckmäßigste Atemfrequenz und -tiefe, im richtigen Takt ein- und ausatmen, das muß natürlich jeder selbst herausfinden. Die Leiter/innen können sensibilisieren und entsprechende Tips geben. Die Art der Atmung bei dieser Form der körperlichen Anstrengung unterscheidet sich enorm von der Alltagsatmung, aber auch derjenigen anderer Belastungssituationen (z. B. Jogging). Unter Anleitung können durchaus gezielte Atemtechniken ausprobiert werden, vor Experimenten muß jedoch gewarnt werden! Die Kenntnisse der Leiter/innen in für Teilnehmer angstbesetzten Situationen oder bei »schwindligen« Gefühlen erweisen sich als sehr nützlich. Zeit und Muße sollten auch vorhanden sein, um Natur, Landschaft und Wetter genießen und beobachten zu können. Um die Eindrücke richtig wirken lassen zu können, die Stille zu hören, den unbeschränkten Blick wirklich bis zum Horizont schweifen lassen zu können, bietet es sich an, eine geraume Zeit schweigend aufzusteigen bzw. zu wandern.

Bergwandern

Im Sinne ökopädagogischer Vorstellungen bietet der alpine Raum in seiner ganzen sichtbaren Bedrohtheit zahlreiche Möglichkeiten, die »Nebenprodukte« der menschlichen Zivilisation wie Versiegelung und Verbauung der Landschaft, fortschreitende Verkarstung, Folgen des Bergtourismus konkret aufzuzeigen. Schulische Bildung kann in diesem Bereich wenig Betroffenheit und Handlungsfähigkeit erarbeiten. Anders unser Ansatz: »Nur was ich kenne und schätze, werde ich schützen«. Wir halten es für wichtig, der Naturnutz- und Bergsportpraxis die Forderungen des Naturschutzes gegenüberzustellen. Anlässe gibt es beim Wandern/Trekking genug, um z. B. Wegabschneider, sauren Regen, Müllproblematik zu thematisieren. Werden bestimmte Grundregeln eingehalten, so ist Wandern eine der ureigenen Formen des sanften Tourismus. Den Naturschutzgedanken zu transportieren, ohne schulmeisterhaft zu wirken, stellt bei dieser Art von Bildung – je nach Zielgruppe – eine große Herausforderung für die Leiter/innen dar.

Bergwandern/Trekking bietet vielfältigste Planungs- und Mitbestimmungsmöglichkeiten von seiten der Teilnehmer. Das Spezialwissen hält sich in Grenzen und kann recht schnell erworben werden. Bei entsprechenden Voraussetzungen kann auf die dominierende Rolle eines Leiters/Führers gut und gerne verzichtet werden. Die Gruppe »rauft sich zusammen«, findet eigene Entscheidungs- und Regulationsstrategien. So entsteht die Chance für eine recht gleichberechtigte Gruppensituation. Mit dem Ausspruch »Jede Gruppe ist immer nur so gut wie ihr schwächstes Glied« wird dieses schwächste Glied einseitig nur als Hindernis umrissen; andererseits bedeutet das Gruppenprinzip in der Regel Sicherheit für den einzelnen. In einer »guten« Gruppe, in der gegenseitige Rücksichtnahme geübt und jeder mit seinen Fähigkeiten und Möglichkeiten akzeptiert wird, sind Schwierigkeiten oder angstauslösende Situationen, vor denen ein einzelner zurückschrecken würde, leichter zu bewältigen. Die Gruppe bedeutet natürlich auch eine Absicherung im Falle einer Verletzung oder nicht vorhersehbarer Umstände. Je nach Gruppe und Ausgangsposition wird in der Praxis entschieden werden, wer, wann, wo, alleine gelassen werden kann. Entscheidend bei der Bewertung der realen Gefahren erscheint uns, daß es beim (Berg-)Wandern/Trekking in der Regel immer möglich ist, umzukehren oder Ziele neu zu stecken, wenn auch der bewußte Ausschluß von Rückzugsmöglichkeiten – z. B. im Rahmen Sozialer Trainingskurse – durchaus zum pädagogischen Konzept gehören kann.

Die physischen Voraussetzungen, die die Beteiligten mitbringen müssen, sind vergleichsweise niedrig. Wandern oder Trekking erfordern weniger Kraft, sondern Ausdauer und Geschicklichkeit. Nach dem Grundsatz »Jeder mit seiner Geschwindigkeit« ist dieser Natursport keiner spezifischen Altersgruppe auf den Leib geschrieben.

Die benötigte Ausrüstung stellt in den meisten Fällen kein großes Problem dar, fast jeder besitzt Regenkleidung, Rucksack etc. Die leidige Problematik, Turnschuhe ja oder nein, soll hier nicht zur Sprache kommen. Die Materialfrage wird in der einschlägigen Wander- und Bergsportliteratur zur Genüge abgehandelt. Es gibt keine Natursportart, die mit so wenig Aufwand zu realisieren ist. Mit einem Minimum an Technik, Ausrüstung und Kondition besitzt jede Gruppe die Freiheit, aufzubrechen, wohin sie will. Das Abenteuer liegt vor der Haustür. Wer sich auf seine eigenen Füße und ein wenig Ausrüstung verläßt, dem stehen alle Wege offen.

4.2 Sich auf die Spitze treiben – Klettern und Abseilen

Felsklettern gilt, ebenso wie beispielsweise Gleitschirmfliegen, als spektakuläre Natursportart, die einer Leistungselite vorbehalten bleibt. Reportagen in der Boulevard-Presse über riskante Solobegehungen im alpinen Gelände und vor allem die bequem via TV in die Wohnstuben zu transportierenden Kletterwettkämpfe an künstlichen Wänden waren es, die in den letzten Jahren das jugendliche, draufgängerische, mit Thrill und Risiko assoziierte Image begründeten. Anders als das Bergwandern verspricht das Klettern den kurzfristigen Kick, der Adrenalinstöße freisetzt, »ordentlich törnt«. Insofern ist es für den Pädagogen ungleich leichter, für eine Kletterei an einer (bequem zu erreichenden) Felswand zu motivieren, als eine mehrstündige, Anstrengung versprechende, Wanderung zu vermarkten.

Noch vor zwei, drei Jahrzehnten firmierte Felsklettern als alpine Fortbewegungsform, die bei anspruchsvollen Bergtouren neben anderen Techniken eben auch dazugehört. Heute dagegen gilt sie – wenigstens bei vielen Nichteingeweihten – als modische Variante der Akrobatik mit einem Hauch von »Russischem Roulette«. Dabei ist Klettern eine natürliche, in der Grundform dem Gehen verwandte Bewegungsart, die – abgesehen von der Sicherungstechnik – keiner zeitintensiven Einführung bedarf. Entgegen der landläufigen Meinung ist Klettern in sportlichem Stil unter Berücksichtigung der entsprechenden Sicherheitsvorkehrungen objektiv relativ ungefährlich.

Klettern heißt Widerstände bearbeiten: »Ich stemme mich einen senkrechten Riß hinauf. Ich verkeile mich mit meinen Beinen und meinen Händen fest im Fels. Zug um Zug schiebe ich mich nach oben. 70 Kilo hundertmal hinaufgeschoben, bis ich oben bin... mein Gewicht beim Klettern hochstemmen, das ist schwer und ist doch ein weiches Dagegen-Arbeiten. Keines auf Biegen und Brechen. Ich kann den Widerstand regulieren. Ich kann langsamer oder schneller steigen...« (AUFMUTH 1989, S. 127f.) Mit Widerständen flexibel umzugehen, elastisch deren Druckwirkung abzufangen, sie offensiv und entschlossen zu überwinden oder auch einmal zurückzuweichen und nach Auswegen zu suchen, erfordert im Alltag Kompetenzen, die manchen Jugendlichen überfordern. Klettern kann insofern ein Baustein eines Trainingsprogramms sein, in dem das Ausbalancieren von Widerständen – spielerisch – gelernt wird. Folgt man BACONS metaphorischem Ansatz (vgl. 2.4), dann müßten Kletterrouten,

Klettern und Abseilen

aber auch die dazugehörigen Sicherungsverfahren, methodisch auf die jeweiligen Lebenslagen der Teilnehmer abgestimmt werden können.

Die Ernsthaftigkeit der Situation wird den Teilnehmern bewußt, wenn die zu erkletternde Felswand inspiziert wird. Bereits vorher werden sie mit der Ausrüstung (Seil, Klettergurt, Helm, Karabiner, Reepschnüre) und ihrer Anwendung vertraut gemacht. Intensiv geübt werden die Knoten, die zum Anlegen des Klettergurtes und zum Sichern notwendig sind. Die Anleitenden sorgen bereits im Vorfeld für eine ruhige, konzentrierte Atmosphäre, um zum einen die sicherheitstechnischen Abläufe zu garantieren und zum anderen die für das Klettern notwendige Symbiose aus Bewegungsgenauigkeit, Bewegungs- und Atmungsrhythmus und den entsprechenden Rückmeldemechanismen (Tast-, Gleichgewichts-, Muskelsinn) zu ermöglichen.

Die ersten Schritte sollten in leichtem, d. h. nicht sehr steilem und gut griffigem Gelände ausgeführt werden. Die Teilnehmer können sich so an die Beschaffenheit des Felses und an das erste Empfinden einer Exponiertheit gewöhnen. In der Regel bilden jeweils zwei Teilnehmer ein Tandem: Während der eine mittels Seil und spezieller Technik sichert, klettert der andere und umgekehrt. Da der Sichernde auf ein eventuelles Ausgleiten seines Partners reagieren muß, ist beim Ausgeben bzw. Einholen des Seils ständige Konzentration notwendig. Der Kletternde muß sich darauf verlassen können, daß das Seil straff gespannt ist und daß der Partner die Sicherungsvorrichtung richtig bedient. Voraussetzung für das Gelingen ist ein Vertrauensverhältnis zwischen den Handelnden, das sich nach anfänglichem Zögern und vorsichtigem Probieren nach und nach entwickeln sollte. Der Sichernde ist sich aufgrund der eindeutigen Situation seiner Verantwortung bewußt, der Kletternde vertraut auf die Konzentration des Sichernden. Falls sich dieses Vertrauen bei einem Paar nicht entwickeln sollte, ist eine Intervention des Anleiters oder zumindest eine Aufarbeitung im Rahmen der Nachbesprechung notwendig.

Nach einigen (einfacheren) Übungsrouten in eine offensichtlich schwierigere Route einzusteigen – vielleicht sogar als erster der Gruppe – erfordert Selbstvertrauen: Es sind weniger Tritte zu finden, der Fels ist »kleingriffiger«, das Gelände steiler, vielleicht sogar senkrecht oder überhängend. Sich auf einen abschüssigen Tritt zu stellen oder an einer fingerbreiten Leiste hochzuziehen erfordert nicht nur turnerische Qualitäten. Visuelles Wahrnehmungsvermögen und Bewegungskoordination sind genauso wichtig wie Selbsteinschätzung, Mut und Entschlossenheit. Das Potential und die Grenzen der eigenen physischen und psychomotorischen Leistungsfähigkeit werden intensiv wahrgenommen. Da eine Vielzahl von Routen unterschiedlicher Schwierigkeit vorhanden sein sollte, kann sich jeder Teilnehmer ein »Projekt« suchen, das seinen Möglichkeiten entspricht.

Subjektiv erscheint das Klettern als gefährlich. Wer jedoch beim Klettern mit Sicherung von oben (»Top Rope«) von einem Tritt abrutscht oder losläßt, wird sofort von seinem Partner gehalten. Objektiv sind die Gefahren vergleichsweise gering.

Als besonders herausfordernde Aktion, bei der der Umgang mit Angst im Vordergrund steht, gilt das Abseilen an senkrechtem oder überhängendem Fels. Bei dieser Übung, die technisch relativ einfach ist und keinen Kraftaufwand erfordert, läßt sich jeder Teilnehmer aus exponierter, luftiger Position mittels Seil und Bremsvorrichtung zum Boden ab und wird dabei zusätzlich von seinem Partner gesichert. Als signifikanter Augenblick ist dabei der Moment anzusehen, wo sich der Abseilende über die Felskante in die Tiefe manövriert. Er muß bei dieser Aktion mit dosiertem Händedruck die Geschwindigkeit des Abseilens selbst steuern und verfügt somit – anders als beispielsweise beim Bungee Jump, Swing oder Flying Fox[1] – über ein hohes Maß an Selbstkontrolle.

Auch diese Aktion ist, verglichen mit den spielerisch-riskanten Mutproben jugendlicher Cliquen, ungefährlich. Es gilt jedoch, sich zu überwinden, vielleicht sogar – subjektiv – persönliche Grenzen zu überschreiten und neu zu bestimmen.

Mitbestimmungsmöglichkeiten sind beim Klettern selbst stark eingeschränkt. Die Vorgaben müssen strikt eingehalten werden, um die Sicherheit aller Teilnehmer in jeder Phase zu garantieren. Vom (letzt)verantwortlichen Leiter wird ein hohes Maß an Erfahrung und zu jeder Zeit volle Konzentration gefordert. Der Leiter muß sein Metier souverän beherrschen. In jedem Falle sollte er neben faktischen auch formale Qualifikationen einbringen. Eine Übungsleiter-Ausbildung, die z. B. beim Deutschen Alpenverein absolviert werden kann, sorgt für entsprechende Sicherheitsreserven – auch im formalrechtlichen Sinne.

In bezug auf Naturschutz sind die Kletterer in den letzten Jahren in die Defensive geraten. Naturschutzbehörden sperrten eine ganze Reihe von Klettergebieten außerhalb der Alpen ganzjährig oder zumindest während der Brutzeiten bedrohter Vogelarten. Aus Sicht der Sportler sind die Sperrungen vielfach überzogen. Beispielsweise wurden Steinbrüche, die lange Jahre als wilde Müllkippen genutzt wurden, von engagierten Kletterern in mühevoller Arbeit renaturiert und als Klettergebiete erschlossen. Nach getaner Arbeit war es für einige engagierte Naturschützer ein leichtes, unter dem Beifall der Öffentlichkeit Sperrungen zu veranlassen. Die Kletterer, meist ohne Lobby, hatten nur selten Erfolg beim Versuch, diese »Verwaltungsakte« rückgängig zu machen.

---

[1] Bungee Jump: Von einer Brücke oder einem Kran springt der Proband in die Tiefe. Um seine Füße ist ein Gummiseil gezurrt, das ihn kurz vor dem Wasser stoppt und wieder in die Höhe reißt. Aus erlebnispädagogischer Sicht wird diese Übung als reiner »Thrill« meist abgelehnt.
    Swing: Statt einem Gummiseil wird ein weit weniger elastisches Bergseil verwandt. Anders als beim Bungie Jump ist die »Flugbahn« nicht lotrecht, sondern verläuft ähnlich der Bewegung eines Pendels (»Swing«). Erlebnispädagogisch ist die Übung höchst umstritten.
    Flying Fox: Ein fest installiertes oder auch kurzfristig aufgespanntes Seil, das mit einem Gefälle zwischen zwei Punkten fixiert ist, wird von den Probanden »befahren«. Man ist dabei in einen Klettergurt eingebunden und überwindet, meist in rasender Fahrt, einen Graben, eine Schlucht oder Ähnliches. Die Aktion soll Einsichten über den Umgang mit Ängsten bringen.

Neben den Störungen der Fauna sind es vor allem die Zugänge zu den Felsen, die ökologische Probleme verursachen. Wenn die Gebiete intensiv genutzt werden, erodieren große Flächen im Umfeld der Kletterrouten. Die Felsen selbst sind relativ wenig störanfällig – sieht man davon ab, daß Haken gebohrt werden und daß (ökologisch unbedenkliches) Magnesia manche Griffe »verziert«. Selbstbeschränkungen und Renaturierungs- bzw. Sicherungsarbeiten – vor allem bei den Zustiegen – sollten für ein verbessertes Image der Kletterer sorgen und weitere Sperrungen verhindern helfen.

Zusammenfassend läßt sich feststellen, daß Felsklettern zum einen vielfältige Körpererfahrungen, verbunden mit hohen Anforderungen an die psychomotorische Kompetenz des einzelnen, ermöglicht und ein relativ tiefes Vertrauensverhältnis zum sichernden Partner voraussetzt. Trotz dieser sozialen Komponente muß Felsklettern jedoch auch als eher individualistisch und – je nach Zielgruppe und Setting – narzißtisch eingestuft werden, das einseitig leistungsorientierte Verhaltensmuster begünstigen kann. Klettern und Abseilen sollte daher mit anderen, »weicheren« Aktivitäten kombiniert werden.

4.3 Abseits des Pistenrummels – Skitouren

Skifahren und Erlebnispädagogik wirken bei oberflächlicher Betrachtung wie unversöhnliche Gegensätze. Wenn man die »Kunstwelt Pistenskilauf« als gebräuchlichste Form dieser Wintersportart mit Skifahren gleichsetzt, dann mag diese Einordnung gerechtfertigt sein. Wir konzentrieren uns jedoch auf die klassische Form, den Tourenskilauf, der bis vor wenigen Jahrzehnten *die* alpine Wintersportart war. Noch Anfang dieses Jahrhunderts war Skifahren weder Sportart noch Massenbewegung. Skipionier PAULCKE schrieb etwa 1905: »Abgesehen von seltenen Ausnahmen geht man nicht ins Gebirge, um Ski zu laufen – sondern um Touren zu machen, und man nimmt dabei den Ski nur als bald angenehmes, bald fast entbehrliches Hilfsmittel mit. Der Skilauf ist nicht sportlicher Selbstzweck, sondern Hilfskunst des Alpinismus.« (PAULCKE; zit. nach ULMRICH 1977, S. 9)

In jüngster Zeit ist eine Renaissance des Tourenskilaufs festzustellen. So ist die winterliche Einsamkeit im Gebirge auch abseits der durch Bergbahnen und Lifte erschlossenen Regionen empfindlich bedroht. Dabei lebt das Faszinosum Tourenskilauf von der Stille des Winters und dem unberührten Schnee, der nivellierend den größten Teil der Vegetation verkleidet und melancholische Stimmungen schafft. Die Kälte läßt – speziell im Hochwinter – alles Natürliche erstarren. Ihr wird die Bewegung des Körpers entgegengesetzt, der sich so Wärme verschafft. Die langsame, gleichmäßige Bewegung des Aufsteigens, die geländeangepaßte Spuranlage, das – je nach Können und Schneeverhältnissen – genußvolle oder kämpferische Schwingen während der Abfahrt ermöglichen ein

Erleben des Winters in seiner ursprünglichen Form. Der Tourenskilauf ist der
– ökologisch verträglichere – Kontrast zum schrillen, den Berg als Turngerät
gebrauchenden Pistenskilauf.

Aufgestiegen wird mit Fellen, die an die Laufflächen der Ski geklebt oder
gespannt werden. Die Technik des Aufsteigens ist zumindest in der Grundform
leicht erlernbar. Weit schwieriger gestaltet sich für den Skianfänger das Abfahren in ungespurtem, nicht-präpariertem Schnee. Bevor sich eine Gruppe
von Skianfängern gemeinsam mit ihrem Leiter ins Tourengelände wagen kann,
sind mindestens vier bis sechs Tage intensiver Skiunterricht nötig. Um möglichst viel abfahren und damit große Bewegungserfahrungen sammeln zu können, bietet sich die Benutzung eines Schlepplifts an. Da die objektiven Gefahren der winterlichen Bergwelt im Tourengelände nicht, wie beim Pistenskilauf,
durch professionelle Dienste quasi ausgeschaltet werden, muß die Gruppe entsprechend vorbereitet werden. Eine Einführung in die Schnee- und Lawinenkunde ist ebenso erforderlich wie ein praxisorientiertes Training zum Verhalten während des Aufstiegs und der Abfahrt. Ausreichend Zeit sollte für den
Umgang mit Verschütteten-Suchgeräten verwendet werden, die bei einem – an
sich auszuschließenden – Lawinenunfall die letzte Rettung sein können.

Als Alternative zum lern- und materialintensiven Tourenskilauf, der zudem
ein Know-how erfordert, das nur wenige Erlebnispädagogen mitbringen, sind
Touren mit Langlaufski überlegenswert. Allerdings sind Langlaufski nicht
dafür geschaffen, steilere Anstiege und Abfahrten zu überwinden. Allenfalls
Spezialisten finden hier ein Betätigungsfeld. Hinzu kommt, daß die gut geeigneten Tallagen meist durch Bebauung und Straßen versiegelt sind oder daß die
Umzäunung der Weiden zum permanenten Hindernislauf zwingt. Der nordische Skilauf eignet sich als »erlebnispädagogisches Medium« am besten für
Mittelgebirgslandschaften, wie sie beispielsweise in Skandinavien zu finden
sind. Langlaufen auf gespurten Loipen wird hier ausgeblendet, da der Herausforderungscharakter im ganzheitlichen Sinne weitgehend fehlt.

Aus erlebnispädagogischer Sicht bieten sich zwei verschiedene »Stile« im
Tourenskilauf an: Entweder wird als fester Stützpunkt eine Hütte (möglichst
Selbstversorgung) gewählt, von der aus an mehreren Tagen hintereinander verschiedene Touren unternommen werden, oder es wird im HAHNschen »Expeditionsstil« eine Route gewählt, bei der in unterschiedlichen Quartieren übernachtet wird. Letzteres ist meist spannender, allerdings sind die Rucksäcke
dann größer und schwerer, weil man nicht an jedem Tag zum gleichen Ort
zurückkehrt. Eine Variante zum gemütlichen Matratzenlager einer Hütte sind
Biwaks in Iglus oder Schneehöhlen. Bei ausreichender Schneehöhe kann eine
Gruppe in leeseitigen Mulden oder an Windkolken innerhalb einiger Stunden
– je nach Schneebeschaffenheit – Schneeblöcke aussägen und ein Iglu bauen
oder mit Lawinenschaufeln eine Schneehöhle graben. Eine gründliche Vorbereitung der Teilnehmer ist dann allerdings unerläßlich – nicht nur die Sicherheit muß jederzeit gewährleistet sein, auch die psychischen und sozialen Belastungen einer Biwaknacht im Schnee sollten bedacht werden. Nicht jeder

Skitouren

Teilnehmer und nicht jede Gruppe ist in der Lage, eine derartige, doch recht extreme Situation für sich gewinnbringend zu nutzen. Die Belastungsfähigkeit der Gruppenmitglieder und die Stabilität der Gruppe müssen im Vorfeld abgewogen werden. Biwaks, bei denen die Hälfte der Teilnehmer vorher abspringt und sich die Mutigen anschließend als Helden feiern, sind kontraproduktiv.

Die geradezu ideale Kombination des langsamen, gleichmäßigen Aufsteigens und des auf vielfältige Weise genußreichen und oft spielerisch-riskanten Abfahrens macht den speziellen Reiz des Tourenskilaufs aus. Wie bei kaum einer anderen Natursportart wird, der Zusammenhalt der Gruppe gefordert; da immer in einer Spur aufgestiegen wird ist lässiges Überholen – wie z. B. beim Wandern – kaum möglich. Die Binsenweisheit »Die Gruppe ist so stark wie ihr schwächstes Glied« läßt sich nicht kaschieren. Die Partizipationschancen der Gruppenmitglieder sind besonders bei der Vorbereitung, aber auch bei der Ausgestaltung des täglichen Ablaufs relativ hoch – von der Einteilung der Zeit über die Festlegung täglicher Nahziele bis hin zum gemeinschaftlichen Kochen. Andererseits verlangen die winterlichen alpinen Gefahren, allen voran die Lawinengefahr, in manchen Situationen diszipliniertes Gruppenverhalten: Ob ein Hang als lawinengefährlich einzuschätzen ist oder nicht, kann nicht zur Diskussion gestellt werden. Insofern begrenzen objektive Risiken das Prinzip der Gruppenselbststeuerung.

Das Gütesiegel des »weißen Sports« hat der Skilauf bereits vor Jahren verloren, als nahezu alle Magazine in großem Stil über die Umweltzerstörungen des Wintertourismus berichteten. Es waren vor allem die großflächigen Planierungen, die damals unumgänglich schienen, um Skipisten anzulegen. Die natürliche Vegetationsdecke wurde vernichtet; in höheren Lagen würden mancherorts auch 150 Jahre Ruhe nicht ausreichen, um die »ursprüngliche« Artenvielfalt wiederherzustellen.

Der Tourenskilauf geriet, wie fast alle anderen Natursportarten, erst in jüngster Zeit in die Kritik. Daß einzelne Skibergsteiger rücksichtslos Schonungen durchpflügen, das Niederwild aufscheuchen oder mit den Stahlkanten ihrer Ski die Latschen der Krummholzzone verletzen, mag zutreffen. Der entscheidende Maßstab ist hier allerdings das individuelle Verhalten. Wenn die Spur bei Aufstieg und Abfahrt überlegt gewählt und bei ungenügender Schneelage auf Touren verzichtet wird, kann Skibergsteigen als ökologisch vertretbar eingestuft werden.

Es gibt nur sehr wenige gemeinnützige Organisationen, die Gruppen von Skitourenanfängern eine komplette Ausrüstung zur Verfügung stellen können: Ski mit einer Tourenbindung, die beim Aufstieg die Ferse freigibt, nicht zu harte Skistiefel, Felle, elektronische Verschütteten-Suchgeräte (obligatorisch abseits gesicherter Pisten), Lawinenschaufel etc. Vollständige Ausrüstung kann jedoch nicht das erforderliche Wissen und die Erfahrung ersetzen, die nötig sind, eine Gruppe im winterlichen Gebirge verantwortlich zu führen. Wie beim Klettern sollte der Leiter eine einschlägige Übungsleiter-Ausbildung absolviert haben. Sinnvoll und relativ leicht organisierbar (und auch finanzierbar) ist für den Unkundigen die Zusammenarbeit mit einem Fachmann/einer Fachfrau (z. B. staatlich geprüfter Berg- und Skiführer). Wer hier an der falschen Stelle spart, geht unkalkulierbare Risiken ein.

4.4 Die Vertiefung im Dunkeln – Höhlenbegehung

Höhlen sind dunkel, erscheinen unerforscht und bedrohlich. Jeder kennt die faszinierenden Geschichten von Jugendbüchern, in denen als Spannungsmoment auf irgendeine Weise die Erforschung von dunklen Verliesen, Geheimgängen, Labyrinthen und Höhlen beschrieben wird. Tatsächlich sind alpine Höhlen in erster Linie Entwässerungssysteme, Trinkwasserreservate und sicherlich auch Naturdenkmäler. Für den Menschen und, bis auf wenige Ausnahmen, auch für Tiere, stellen Höhlen mit ihrer Dunkelheit, Feuchte, Nahrungsknappheit und niederen Temperaturen einen sehr feindlichen Lebensraum dar. Grotten, Höhlen und Kavernen haben das Leben unserer Vorfahren geprägt, die sich wie Tiere damals in deren Eingangsbereichen versteckten. Aus dieser Zeit der Frühgeschichte stammen die meisten Felszeichnungen und -ritzungen.

Solche prähistorischen Zeugnisse existieren in den Höhlen, die im Rahmen erlebnispädagogischer Maßnahmen besucht werden, wohl kaum. Dennoch spürt man einen Hauch Ewigkeit – Tropfsteine als steingewordene Zeit – in den Hallen und Gängen, die sich seit Urzeiten kaum verändert haben. Eine in unserer Zivilisation nicht mehr existierende Stille, die allenthalben durch das Tropfen des gurgelnden Wassers unterbrochen wird, wechselt ab mit dem ohrenbetäubenden Lärm der Höhlenbäche. Die Wahrnehmung des Höhlenbesuchers ist so ganz anders gefordert als draußen. Auch mit guten Lampen sind die Räume der Höhle nicht ganz ausleuchtbar, man sieht nur das, wohin man leuchtet. Die visuelle Wahrnehmung gewöhnt sich mit der Zeit an die geringe vorhandene Lichtmenge der mitgebrachten Leuchten. Der optische Reiz der Höhlen besteht nicht in deren Farbigkeit. Die vorhandene Farbpalette eher dezenter Schwarz-, Rot-, Weiß- und Brauntöne wird im weichen Licht der Lampen vereinheitlicht. Dafür sieht jeder Gang, jede Halle völlig anders aus, und ein schier unerschöpflicher Formenreichtum beschäftigt das Auge. Versinterungen und Tropfsteine der verschiedenen Farben und Formen bedürfen einer Erklärung, und ihre Bedeutung wird erst durch das Wissen über Entstehung und Alter nachvollziehbar.

Meist bringen die Teilnehmer einer Höhlentour geringe spezifische Kenntnisse, aber ein hohes Maß an Wißbegierde mit. Hierin besteht auch eine große Chance, die Verletzlichkeit dieses sensiblen Ökosystems und die Bedeutung von Karst und dessen Hydrologie zu erklären. Die unserer Erfahrung nach auftauchenden Fragen zu Entstehungsgeschichte, Fauna und Flora, Geologie u. a.

sollten von den Leiter/innen auch beantwortet werden können. Sind sie dazu in der Lage, so können sie anschaulich naturwissenschaftliches Wissen vermitteln und mit hoher Aufnahmebereitschaft der Teilnehmer rechnen. Die Erfahrung der absoluten Stille und Dunkelheit wirkt auf Wahrnehmung und Bewußtsein. Dabei muß nicht unbedingt in einer Höhle übernachtet werden – wenige Höhlen eignen sich dazu –, auch einige Minuten Schweigen ohne Licht stellen ein ungewohntes Erlebnis dar, vermitteln einen Hauch von Zeitlosigkeit (MICHL 1989). Den Leiter/innen muß dabei bewußt sein, daß eine solche Erfahrung, die wir in unserer Alltagswelt mit ihrer Flut an Reizen nicht mehr machen können, für die Teilnehmer unter Umständen nicht ganz einfach zu bewältigen und zu verarbeiten ist. Das Begehen von Höhlen ist zwangsläufig auch mit einem intensiven Erde-Lehm-Kontakt verbunden. In der Höhle verletzt diese Verlehmung keinerlei gesellschaftliche Tabus. »Draußen« wird ein derart intensiver Erde-Lehm-Kontakt vielleicht nur noch in ritualisierter Form beim Töpfern oder in medizinischen Therapien als Fangopackung praktiziert! Die Fortbewegung in der Höhle kann durchaus als sportlich gelten. Beim Kriechen, Klettern und Spreizen kommt es allerdings weniger auf Körperkraft als auf Geschicklichkeit an. Die Klettertechnik im Berg unterscheidet sich von der an der Oberfläche und muß von den Leitern sicher beherrscht werden. In kurzzeitpädagogischen Maßnahmen kann diese höchstens ansatzweise vermittelt werden. Die Aufgabe der Leiter/innen besteht während der Begehung – abgesehen von der Gewährleistung der Sicherheit – vor allem darin, den Teilnehmern den Erlebnisraum Höhle nahezubringen. Dazu gehört die Sensibilisierung für die Ausstrahlung der so ungewohnten Umgebung, für Gefahren, für das eigene Wohlbefinden und das der anderen, für eine realistische Einschätzung der Leistungsgrenzen und für die relative Unberührtheit der Höhle. Lebt die Spannung des Kajakfahrens von der Dichte und Verdichtung der Wahrnehmung, so macht gerade die Bündelung der Wahrnehmung, Vereinzelung und Entzerrung der sinnlichen Eindrücke, die Stimmung in der Höhle aus.

Die Leiter/innen sollten in der Lage sein, mit den Reaktionen der Teilnehmer, die womöglich auf eine starke psychische Belastung zurückzuführen sind, umgehen zu können. Besonders Engstellen und Labyrinthe bedeuten einen erheblichen Streß. Die Leiter müssen stets binnen kurzem die einzelnen Exkursionsteilnehmer erreichen und intervenieren können. Neben diesen subjektiven Belastungen gibt es, abgesehen von den Risiken des Kletterns, eine Reihe objektiver Gefahren bei Höhlenbegehungen: Abgeschnitten werden durch Wassereinbruch oder Steinbewegungen, Verirren in Labyrinthen, Auskühlung. Hilfsmaßnahmen in Notfällen gestalten sich so aufwendig und langwierig, daß eigentlich nichts passieren darf. Trotzdem sollte ein Alarmplan nicht fehlen: Die Kontaktperson draußen verständigt bei nicht rechtzeitiger Rückmeldung der Gruppe Bergwacht oder besser Höhlenrettung oder zuständigen Höhlenvereins.

Die Konstellation der jeweiligen Gruppe spielt eine große Rolle bei der Höhlenbegehung. Die Leitung prägt das Gruppenklima entscheidend mit: Im

Vordergrund der Exkursion sollten nicht körperliche Leistung, Konkurrenz oder Rivalität stehen. Für entscheidend halten wir die psychodynamischen Vorgänge in der Gruppe und im einzelnen Teilnehmer. Mit therapeutischen Methoden muß das nichts zu tun haben. Die Gruppe hat bei der Begehung einer Höhle eine sehr große Bedeutung: Das Gepäck wird arbeitsteilig transportiert und weitergegeben. In vielen Situationen ist gegenseitige Hilfe wichtig und notwendig. Dabei sind gerade die individuell unterschiedlichen psychischen und physischen Fähigkeiten gefragt. Die Gruppe plant gemeinsam und entscheidet über den eingeschlagenen Weg, Alleingänge sind in den seltensten Fällen sinnvoll. Wie tief in die Höhle vorgedrungen wird, ist zweitrangig. Beachtung verdient der Umstand, daß für den Rückweg ein großer Teil der Kräfte und Energien aufgespart werden muß. Der Rückweg erweist sich meist als schwieriger als das Eindringen in die Höhle! Aufgabe der Leiter/innen bleibt es, diese Gesamtkräfte der Gruppe und die Grundrisiken einzuschätzen, die sich der Kenntnis oder Erfahrung der Teilnehmer entziehen. Die körperlichen Voraussetzungen, die die einzelnen mitbringen sollten, sind in den meisten Fällen mit den für Bergtouren geltenden Anforderungen identisch. Die psychischen Anforderungen jedoch sind ungleich höher! Eine Umkehr mit einem oder mehreren Teilnehmern muß stets möglich sein.

Höhlen sind – wie schon an anderer Stelle bemerkt – höchst sensible Ökosysteme und zudem oft Trinkwasserspeicher: Eine »vergessene« Batterie oder Karbidabfälle wirken in geringster Menge toxisch und gefährden Lebewesen, die sich durch eine Jahrtausende dauernde Evolution an den Lebensraum Höhle angepaßt haben und für die kleinste Veränderungen (Fackelrauch, Karbidreste, andere Hinterlassenschaften) existenzbedrohend sind. Ein abgebrochener Tropfstein braucht einen für menschliches Denken schwer nachvollziehbaren Zeitraum, um nachzuwachsen. Lehm-, Erd- und Knochenlager sind wichtige Forschungsgrundlagen für Paläontologen und Klimaforscher. Aufgeschreckte Fledermäuse verbrauchen ein hohes Maß an Energie für ihre Flucht. Im Winter müssen deshalb Fledermausquartiere wie Höhlen und Stollen, Bunker, Felsenkeller etc. gemieden werden. Ob und in welchem Rahmen sich eine Höhle für einen touristischen Besuch überhaupt eignet, muß vorher genau abgewägt werden. Von unserem Besuch in einer Höhle sollte schließlich nicht mehr übrigbleiben als die Abdrücke unserer Schuhe im Lehm! Nur wenn die Leiter/innen die angedeuteten Zusammenhänge überschauen und eine schonende Behandlung des Ökosystems Höhle garantieren können, halten wir eine touristische Begehung überhaupt für sinnvoll.

4.5 Der Tanz auf dem Wasser – Kajakfahren

Wir stellen hier das Kajakfahren im Wildwasser vor. Es gäbe natürlich noch andere Formen unter dieser Überschrift zu beschreiben: Kajakwandern auf ruhigen Flüssen, Kajakfahren an Meeresküsten... Wildwasser ist laut, bedrohlich und fordert die ganze Konzentration. Eine schnelle Einschätzung von Wasserbewegungen, Geräuschen und eine genaue Vorausschau und Beobachtung werden verlangt. Die Gruppe übt gegenseitige Rücksicht und sichert ab. Erfolg oder Mißerfolg des einzelnen hängen wesentlich von dessen Einsatz und Geschick ab. Hilfestellungen des Leiters bzw. der anderen Teilnehmer erfolgen als Einweisung vor schwierigen Passagen, genaue Fluß- und Streckenwahl oder Absicherung vom Ufer mit dem Wurfsack. Im Gegensatz zu anderen Natursportarten gibt es oftmals »kein Zurück«: Eine einmal gefaßte Entscheidung, den gewählten Fluß zu befahren, muß eingehalten werden, da oft eine Umkehr oder ein Weiterkommen zu Fuß (z. B. in einer Klamm, Schlucht) nicht möglich ist. Bei der Bewältigung schwieriger Passagen ist es unerläßlich, sich vorausschauend zu verhalten und gegebenenfalls eine genaue Einschätzung durch eine Erkundung vom Ufer aus vorzunehmen. Bei der Befahrung selbst muß sich der Kajakfahrer unmittelbar für eine Lösung entscheiden und diese mit aller zur Verfügung stehenden Kraft und Reaktionsfähigkeit ohne Zögern verfolgen. Ein Beispiel: Walzen und Stromschnellen sind oft nur mit sehr schnellen, kräftigen und gezielten Paddelschlägen erfolgreich zu überwinden. Die Schnelligkeit des Bootes garantiert dessen Manövrierfähigkeit und läßt es nicht zum Spielball des Wassers werden. Die Situation fordert von seiten des Teilnehmers Entscheidungsfähigkeit, konsequentes Handeln und ganzen Einsatz. Stromschnellen, Walzen und Verblockungen erfordern einige Überwindung und sollten als Fahrroute überlegt und dosiert gewählt werden. »Alles oder Nichts« heißt es da, der Jugendliche wird zur Entscheidung und zum Handeln gezwungen. Diese »Flucht nach vorne«, glücklich eingesetzt, läßt den einzelnen im gewaltigen Element Wasser gerade durch seinen persönlichen Einsatz Erfolge erleben. Der spielerische Umgang mit der Wassergewalt bedeutet ein intensives Hand-in-Hand-Gehen von kognitiven und motorischen Leistungen: Kehrwasser, Verblockungen, Stufen müssen rechtzeitig gesehen werden, anschwellende Wasserwucht oder Walzen kündigen sich durch starkes Rauschen an, sich ändernde Strömungsverhältnisse sind am Boot geradezu erspürbar. In diesem Spiel zwischen Macht und Möglichkeit werden Boot und Paddel zum verlängerten Körperteil, verschmelzen Wasser, Boot und Mensch zu einer spielerischen Einheit. Die Wahrnehmungen erfordern eine richtige Einordnung und eine angemessene, der enormen Dynamik der Situation entsprechende Reaktion. Schnelligkeit und Dichte der Eindrücke sind maßgeblich für Spannung und Konzentration in schwierigen, nicht notwendigerweise gefährlichen Momenten. Wechseln diese mit der Entspannung in ruhigeren Flußpartien, so verzeiht das Element Wasser innerhalb des für erlebnispädagogische Zwecke gewählten gemäßigten Schwierigkeitsrahmens so manchen Fehler, deutet aber immer seine Gefährlichkeit und Wildheit an. Kajakfahren ist wohl eine der schönsten Arten »baden zu gehen«. Das Erleben von Gemeinschaft bleibt im Vergleich zu anderen Natursportarten bei der Fahrt selbst zweitrangig. Es überwiegt die individualistische Erfahrung mit einem hohen Maß an Selbstverantwortung. Das eigentliche Gruppenerlebnis stellt sich in den Fahrpausen und in den Erzählungen und Erörterungen nach der Fahrt ein. Dem Ersten, der meist in die Strecke einweist, kommt die Rolle eines Vortasters zu, er soll die Ideallinie finden. Diese Person kann auch ein erfahrener Teilnehmer sein. Alle anderen nehmen ihre Aufgaben in einer vorwiegend gleichberechtigten Gruppensituation wahr. Im Falle eines Kenterns beteiligen sich alle an der Bergung von Mann/Frau und Material. Diese gegenseitige Hilfe ist unbedingt notwendig und muß geübt werden, die Absicherung einer ganzen Gruppe kann und soll nicht durch einen oder zwei Leiter/innen alleine geleistet werden. Kajakfahren ohne Gruppenanschluß bedeutet ein erhöhtes Risiko für Leben und Material. Ein »Aussteiger« hat oft nicht mehr die Möglichkeit, »die davonschwimmenden Felle«, also Paddel, Boot und andere Ausrüstungsgegenstände, selber zu retten. Die Gruppe muß aus Sicherheitsgründen klein gehalten werden. Selbst mehrere gekenterte Teilnehmer muß die Gruppe und die Leitung verkraften können.

Die Grundtechniken des Kajakfahrens sind nicht ganz leicht zu erlernen; dies erfordert sehr viel Zeit und Geduld. Zwar fährt das Boot schon nach ein paar Stunden einigermaßen in die vorgesehene Richtung; Paddelschläge, Einstieg in fließendes Wasser oder die Kenterrolle erfordern jedoch viel Übung. Die Bewegungsabläufe beim Kajakfahren sind komplex und können in der Regel nicht aus dem alltäglichen Körpergefühl oder aus anderen Sportarten abgeleitet werden. Unsicherheiten oder Ängste der Teilnehmer, vor allem anfangs, sind: »Kann ich das Boot überhaupt lenken? Was mache ich beim Kentern, komme ich aus dem Kajak heraus? Können die anderen mir überhaupt helfen? Welche Wucht hat das Wasser?« Mit entsprechenden Übungen sind die Ängste leicht abzubauen. Es gibt da eine Menge spielerischer und witziger Möglichkeiten:

– Die häufige, aber angesichts großer Sitzluken unbegründete Angst, aus dem Boot nicht herauszukommen, kann rasch abgebaut werden, wenn die Teilnehmer sich selbst umplumpsen lassen und so das Aussteigen auf ruhigem Wasser ohne Spritzdecke üben. Beim kontrollierten Ausstieg mit Spritzdecke erfahren die Teilnehmer, daß sie über eine ganze Menge Luft verfügen, der Ausstieg selbst nur Sekunden dauert und leicht zu bewältigen ist. Bei den ersten »Fallübungen« steht möglichst ein anderer Teilnehmer daneben, um zu helfen und beim Üben Sicherheit zu vermitteln. Panische Gefühle beim Aussteigen hat in der Regel nur, wer dies nie richtig geübt hat.

– Beim Kajak-Wasserballspiel versuchen zwei Mannschaften von Bootsfahrern den Ball an ein jeweils gegenüberliegendes Ziel zu befördern.

Kajakfahren

– Schwimmen im bewegten Wasser kann – natürlich mit Neoprenanzug, Helm und Schwimmweste – geübt werden und läßt Wildwasser sozusagen aus erster Hand erfahren.

Die Bereitstellung des Materials, komplette Boote mit Auftriebskörpern und Spritzdecken, Paddeln, Schwimmwesten, Helme, Neoprenanzüge und Rettungssack, ist aufwendig. Die Ausrüstung muß auf die Teilnehmer abgestimmt sein (Körpergröße, Erfahrung), spezifische Bedingungen (Wassertemperatur, Schwierigkeitsgrad) müssen berücksichtigt werden. Voraussetzung auf seiten der Beteiligten: gute Schwimmer, gute gesundheitliche Konstitution, Verläßlichkeit, Vertrautheit mit Wasser und den Tücken der Strömung eines Flusses, vorausschauendes Denken und Handeln.

Die Planung der Fahrt erfordert sehr konkrete Strukturen und Vorgaben von seiten der Leitung. Die Teilnehmer sollten bei der Routenwahl und der nötigen Aufgabenteilung mit einbezogen werden: Welche Fahrdistanz wollen wir bewältigen? Welche Schlüsselstellen müssen wir vorher vom Ufer aus sichten? Wie organisieren wir den Transport der Boote? Diese wichtigen Detailprobleme sind nur einige der möglichen Fragen, die in der Gruppe diskutiert werden müssen. Ohne Teilnahme an diesem Prozeß entsteht allzuleicht der trügerische Eindruck, Planung und Vorbereitung seien sekundär.

Die Absicherung und Einschätzung derjenigen realen Gefahren, die zu erkennen schon einige Erfahrung voraussetzt, ist Aufgabe der Leitung. Ihre Erfahrungen sollen weitergegeben werden, um Rahmenbedingungen für eigenes Lernen zu schaffen. In der Tat muß der/die Leiter/in nicht nur technisch souverän sein, sondern auch pädagogische Qualifikationen und Erfahrungen mitbringen. Eine Leitungskraft genügt nur in seltenen Fällen!

Noch vor nicht allzulanger Zeit wurden die nicht sehr zahlreichen Kajakfahrer mit ihrer oft improvisierten Ausrüstung als Exoten belächelt. Seither hat sich das Kajakfahren mit verbesserter Ausrüstung und kommerzieller Vermarktung zu einem Massensport entwickelt. Berechtigterweise wird zunehmend die ökologische Verträglichkeit dieser Sportart diskutiert. Auf einige wenige Flüsse in der niederschlags- und wasserreichen Jahreszeit angewiesen, sind Kajakfahrer vor allem Fischern und Vogelschützern ein Dorn im Auge, obwohl sich gerade die Kajak- und Kanuverbände in regelmäßigen Abständen gegen Gewässerverbauung und -verschmutzung einsetzen. Über die Auswirkungen einer verstärkten Befahrung liegen einige wenige wissenschaftliche Ergebnisse vor. Stein des Anstoßes sind im Kajakbereich besonders die Befahrung der kleinen Kehrwasser und die Häufung größerer Gruppen an einigen wenigen Wochenenden. Auf die Problematik Ökologie und Bootsfahren gehen wir in dem Kapitel 4.6 ein.

4.6 Alle in einem Boot – Schlauchbootfahren/Rafting

Beim Schlauchbootfahren überwiegt das Gruppenerlebnis. Die weniger erfreulichen Seiten werden, wenn es den Teilnehmern »naß hineingeht«, auch mit »wir saßen alle in einem Boot« bezeichnet. Der Spaß der Gruppe überlagert beim Schlauchbootfahren die Möglichkeit nach individueller Leistung und Selbstbestätigung. Eine Rollenverteilung ist notwendig: Die vorne Sitzenden und der Steuermann haben eine herausragende Funktion. Der Einsatz der einzelnen Teilnehmer bedarf einer gewissen Synchronisierung. Fehler des Steuermanns jedoch muß die ganze Gruppe »ausbaden«. Andererseits kompensiert sie einzelne Fehler bzw. unterschiedliche Kraft- oder Geschicklichkeitspotentiale. Die Gruppe gibt dem einzelnen Sicherheit, die Entlastung bedeuten kann. Einerseits wirkt sie integrierend, andererseits mag dies in bestimmten Konstellationen eher unangenehm, erzwungen und einschränkend wirken. Dies mag sich im positiven wie auch negativen Sinne als konfliktträchtig erweisen. Gut zusammenarbeitende Bootsinsassen haben die Chance, in einem Wir-Gefühl eine echte Gemeinschaftsleistung zu erleben. Die grundsätzliche Erfahrung mit dem Element Wasser ist ähnlich wie beim Kajakfahren, wobei das Grundgefühl, wenn es »den Bach runter geht«, im Kajak viel direkter ist. Schlauchbootfahren oder Rafting erfordern wegen des trägen Auftriebs der Luftkörper weniger körperliches Geschick, weniger Körperbeherrschung und weniger technisches Können. Auf langwierige Vorübungen kann verzichtet werden, wenn auch ein paar Techniken und Absprachen vorweg unentbehrlich sind. Das Leistungsgefälle der Gruppe kann größer sein als beim Kajakfahren. Im Gegensatz zum Kajakfahren kann eine Schlauchbootfahrt kurzzeitpädagogisch leichter eingesetzt werden. Die Materialschlacht hält sich in Grenzen, die Grundtechniken und der Umgang mit dem Material sind leicht erlernbar, unverbindlicher als beim Kajakfahren, bei dem man sich wesentlich konsequenter auf das Element Wasser einlassen muß und sich der ganz individuellen Herausforderung nicht entziehen kann. Bei der Einschätzung realer Gefahren mag dies trügerisch sein. Dies sollte auch von den Leiter/innen vermittelt werden. Gefährliche Unfälle passieren mit Schlauchbooten häufiger als mit Kajaks. Rettungstechniken, das Wiederaufrichten eines gekenterten Bootes oder Kehrwasserübungen – notwendig für rechtzeitiges Anlanden – gehören zum Trainingsprogramm vor und während der Fahrt. Im bewegten Wasser bzw. Wildwasser schwimmen – an sorgfältig ausgewählten Flußabschnitten – vermittelt ein realistisches Gefühl für Strömung und Kraft des Wassers und die Möglichkeit, sich im Falle des Kenterns ans Ufer zu retten.

Die Planung der Unternehmungen und die Routenwahl können zu großen Teilen zusammen mit den Beteiligten erfolgen. Die körperlichen und gesundheitlichen Anforderungen sind niedriger anzusetzen als beim Kajakfahren. Die Bewegungsabläufe beim Schlauchbootfahren sind vergleichsweise weniger komplex. Außerdem spielt das Gleichgewicht zum Lenken und Steuern eine geringere Rolle. Das Boot reagiert wesentlich unempfindlicher, aber auch plumper, sowohl auf die Wasserbewegungen als auch auf die Manöver der Bootsfahrer. Kajakfahren ist filigrane Einzelarbeit, Schlauchbootfahren bedeutet Kampf von Gruppe und Boot gegen die Wildheit des Wassers. Der Sicherheitsstandard sollte dem beim Kajakfahren üblichen in etwa angeglichen sein. Ein Großteil der in den letzten Jahren gehäuften Unfälle ist auf Fehleinschätzungen, mangelnde Ausrüstung und Ausbildung zurückzuführen.

Kajak- oder Schlauchbootfahrten bieten die Möglichkeit, auch bei uns noch existierende Urlandschaften mit einer sehr üppigen und artenreichen Flora und Fauna zu erleben. Zum Teil sind diese Flußlandschaften Rückzugsgebiete für Arten, die sich nur noch hier behaupten können. Natursport und Naturschutz miteinander zu versöhnen ist eine schwierige, scheinbar unlösbare Aufgabe. Ökologisches Lernen in der Erlebnispädagogik setzt aber an diesen Fragen an. Eindeutige Antworten stehen im Verdacht der Einseitigkeit. Es ist wohl eine einmalige Chance, den Charakter so unberührter Natur gerade im Gegensatz zur Nutzlandschaft wieder einmal bewußt wahrzunehmen. Die Befahrung von Flüssen stellt einen klaren Eingriff in die Natur dar, auch wenn wir davon augenscheinlich – manche Vogelarten flüchten schon ab einer Distanz von über 100 Metern – nichts bemerken. Brutgebiete müssen unbedingt gemieden werden. Nicht nur um weitere Befahrungsverbote zu verhindern, sondern um der oft einzigartigen Fauna und Flora willen, sollten wir versuchen, den Teilnehmern einen verantwortungsvollen Umgang mit der Natur zu vermitteln. Auch das kann ein erlebnispädagogisches Lernziel sein: bewußtzumachen, daß der handelnde Mensch mehr oder weniger bleibende Spuren in der Natur zurückläßt. Es sollte auch nicht vergessen werden, daß das ökologische Gewissen in den Veranstaltungen kommerzieller Anbieter oft den sportlichen und kaufmännischen Interessen völlig untergeordnet ist. Keinen Müll zu hinterlassen, Zeiten der Brutpflege zu beachten, sollte eine Selbstverständlichkeit sein. Um für einen schonenden Umgang mit der Natur zu sensibilisieren, bieten sich beim Bootfahren trotz der meist halbwegs intakten Urlandschaften mannigfaltige Anlässe an: Erosionserscheinungen an den Steilhängen, Einleitung von Kanalisationsabwässern, unsinnige und naturschädliche Flußbegradigungen, Verbauungen, Aufstauungen. Was liegt näher, als bei der Flußbefahrung vor Ort, statt im Sonderraum Schule, in gewissen Abständen eine biologische Wassergütebestimmung und eine Art Tagebuch über den Zustand des Wassers und die Artenvielfalt am Ufer zu führen!

Ein besonders nachhaltiges Lernfeld für die ökopädagogischen Kajakfahrten ist sicher ein Fluß, auf dem man plötzlich im Boot eine wilde Müllkippe zwischen Kühlschränken und Autoreifen durchqueren kann. Ein herber Kontrast zwischen vermeintlich unberührter und »berührter« Natur, wie er leider noch allzuoft anzutreffen ist. Um Bootsfahrten ökologisch verträglich zu gestalten, müssen Befahrungs- und Anlandeverbote unbedingt eingehalten werden. Aufklärungsarbeit ist zu leisten, um sich in Praxis und Theorie vom Bierboottourismus abzugrenzen, um den Fluß weiterhin als Lernfeld nutzen zu können.

4.7 Land und Leute erfahren – Fahrradtouren

Wir wollen mit einem Lob des Fahrrads beginnen: Es gibt keine Art der mechanischen Fortbewegung mit einer solch optimalen Umsetzung von Kraft in Bewegung. Für kürzere Distanzen eignet es sich im Alltag bestens, in fahrradfreundlichen Großstädten gibt es kein effektiveres Fortbewegungsmittel, das so schonend mit der Umwelt umgeht. Lautlos und ohne Auspuffgase rollen wir dem Ziel entgegen. Neben dem Alltagsgebrauch ist das Fahrrad auch ein festes Element im Ferienangebot vieler Jugendverbände und wird immer öfter als Transportmittel für erlebnispädagogische Reiseprojekte verwendet: Radtouren durch Holland, entlang der Loire, durch Sardinien, an der Donau bis nach Wien oder Budapest. Ähnlich wie beim Wandern wird eine mittlere Kondition vorausgesetzt, der Standard der Fahrräder sollte vergleichbar sein, ihr technischer Zustand in Ordnung. Die Technik des Fahrradfahrens wird vorausgesetzt. Allerdings handelt es sich bei Fahrradtouren mit Jugendlichen in der Regel nicht darum, in möglichst kurzer Zeit möglichst viele Kilometer zu strampeln. Land und Leute sollen erfahren werden. Wer Begleitfahrzeuge mitnimmt, verleitet zur schnellen Resignation bei Konditionsschwächen, Steigungen oder Gegenwind und nimmt der Gruppe Konflikte ab. Zwei Wochen bei Wind und Wetter eine Landschaft sich zu erfahren, ist vor allem eine soziale Herausforderung. Immer wieder muß genauestens entschieden und Rücksicht genommen werden. Das Jugendlichen im Alltag so vertraute Medium Fahrrad führt sie in einer Reise zu neuen Erlebnissen. Gemeinsames Handeln ist ebenso angesagt wie die Artikulation der eigenen Bedürfnisse. Neben den Lernchancen durch Konflikte in und mit der Gruppe bieten sich Natur, Umwelt und Landschaft als Erfahrungsbereiche an. Obwohl die Landschaft an einem vorbeisaust, gibt es genügend Möglichkeiten, Natur »pur« zu erleben: die Kraft des Windes bei Gegen- oder Rückenwind, die glühende Sonne, den Regenguß, den Anstieg, mit dem man sich den Berg erarbeitet, die Abfahrt als Belohnung. Auch haltzumachen in besonders schönen Landstrichen, dortzubleiben – entgegen dem Zeitplan –, die Routenwahl zu ändern, einfach ins »Blaue« zu fahren, Neugier auf die nächste Kurve entwickeln, Situationen am Rande des Weges wahrzunehmen gehören zur Charakteristik einer Fahrradtour.

Im Gegensatz zur konkreten ausgearbeiteten Radtour gibt es Dinge, die nicht planbar sind, die auf die Gruppe zukommen. Das Abenteuer ist nicht planbar, es kommt auf einen zu, wird sich ereignen (Lat.: ad-venire = herankommen, sich ereignen): ein doch nicht vorhandener oder überfüllter Campingplatz, der Regenschauer, der Sturz mit dem Fahrrad, die Panne, das defekte Zelt, mit wenigen Lebensmitteln ein genießbares Abendessen kochen. Solche Unterbrechungen und Störungen sind eine besondere Herausforderung: Raum für Improvisation als pädagogisches Mittel. Je mehr die Teilnehmer in Vorbereitung und Durchführung einbezogen werden, je mehr Verantwortung sie für sich selbst und für die Gruppe übernehmen können, um so nachhaltiger und prägender werden die Erlebnisse sein. Dabei ergeben sich aber auch Grenzen: Besonders im Stadtverkehr und auf gefährlichen Landstraßen haben die Leiter Regeln aufzustellen, am besten in Absprache mit den Teilnehmern, und ihre Einhaltung zu überwachen. Den Leitern wird auch ein Gespür für die sozialen Probleme abverlangt.

Wir haben es schon festgestellt: Beim Fahrradfahren wird unter optimalen ökonomischen und ökologischen Bedingungen mechanische Energie in Bewegung umgesetzt. Es gibt kein ökologisch verträglicheres Fortbewegungsmittel! Auch das ist Jugendlichen verständlich zu machen. Müllvermeidung und -trennung, vernünftige Ernährung und Verzicht auf den üblichen Luxus bei der Fahrt bieten weitere ökologische Lernchancen, die auch auf den Alltag der Teilnehmer übertragbar sind: Luxus und Komfort des Lebensalltags werden exemplarisch in Frage gestellt.

Noch ein Wort zu den Mountain Bikes: Sie sind Risiko und Chance zugleich. Sie erweitern das erlebnispädagogische Spektrum (»Mit dem Mountain Bike auf den Spuren von Hannibal – quer durch die Alpen«) einerseits, andererseits eröffnen sich auch neue Türen des Mißbrauchs. Pädagogische Verantwortung und Vorausschau sind gefordert, nicht plakativer Verzicht!

4.8 »We are sailing...« – Kuttersegeln

Segeln ist das klassische Medium der Erlebnispädagogik, und das war sicher kein Zufall. LAURENCE HOLT, ein Seefahrer und Reeder, gab die entscheidenden Anstöße für die HAHNsche Erlebnistherapie. Die Seefahrt mit ihrer schillernden Tradition, den Forschungs- und Eroberungsreisen eines FRANCIS DRAKE und eines JAMES COOK bietet ein, im buchstäblichen Sinne, unbegrenztes Bewegungs- und Handlungsfeld, voll von Wünschen, Hoffnungen und Sehnsüchten außerhalb einer bodenständigen, geregelten, versiegelten Welt. Dabei stehen die Offenheit und Weite des Meeres in einem scharfen Gegensatz zum Mikrokosmos Schiff, in dem die Normen und Regeln für die Besatzung – aus sachlichen Gründen – relativ starr und einschränkend erlebt werden. Eben dieser Gegensatz schafft jenen Spannungszustand, der gruppendynamische Prozesse so ungemein beschleunigen kann.

Es sind die Langzeittörns mit verhaltensauffälligen Jugendlichen, die gemeinhin für erlebnispädagogisches Segeln stehen. Auf hochseegängigen Barken oder Schonern fährt eine »Stammbesatzung« aus erfahrenen Seeleuten zusammen mit Jugendlichen und Pädagogen mehrmonatige Törns, bei denen viele Seemeilen zurückgelegt werden. An dieser Stelle soll jedoch das Kuttersegeln vorgestellt werden, das sich wegen des geringeren Aufwands an Material und Logistik besonders für kurzzeitpädagogische Unternehmungen eignet.

Die heute gebräuchlichen Segelkutter sind offene Zweimaster mit Fock-,

Groß- und Besansegel. Ursprünglich als Beiboote von Kriegsschiffen genutzt, dienten sie später als sogenannte Marinekutter zur seemännischen Ausbildung. Heute werden die ca. 8m langen Schiffe mit einer Segelfläche von 35qm als Jugendwanderkutter nachgebaut. Die Schiffe sind äußerst spartanisch ausgerüstet. Im Gegensatz zu modernen Jachten, bei denen High-tech und Feinmechanik Muskelkraft weitgehend überflüssig machen, ist die Verbindung zu Segel, Pinne und Schwert hautnah und direkt. Der Kuttersegler hat Wind und Wellen förmlich in den Händen. Da kein Außenbordmotor zur Verfügung steht, können die Schiffe bei Flaute nur unter Riemen (umgangssprachlich »Ruder«) gefahren werden.

Die Segelkutter sind nur dann gut zu manövrieren, wenn mehrere Crew-Mitglieder – am besten die ganze Gruppe – die entsprechenden Handgriffe ausführen. Vor allem bei Anfängern sind alle an Bord mental und physisch gefordert, um Segel zu setzen, eine Wende oder Halse zu fahren oder anzulegen. Die Manöver müssen sowohl in zeitlicher als auch in räumlicher Hinsicht koordiniert und nahezu ständig korrigiert werden, etwa wenn Einzelaktionen fehlerhaft waren oder wenn der Wind auffrischt.

In der Anfangsphase wird der Bootsführer (Skipper) – nach einer ausführlichen Einweisung – höchst direktiv auf seine Besatzung einwirken und die Teilnehmer bei den, zum Teil sehr komplexen, Aufgaben unterstützen. Sukzessive wird er sich, wenn sich die Crew schon etwas eingespielt hat, zurücknehmen können, Teilnehmer an die »Pinne« lassen, Manöver der Crew überlassen und – ganz im (wörtlichen) Sinn der Gruppenselbststeuerung – sich auf sichernde Aufgaben zurückziehen. Im Gegensatz zum klassischen Segelkurs ist das Ziel weniger eine Optimierung der Einzelaktionen oder das perfekte Zusammenspiel der Crew, sondern die Übernahme von Verantwortung – gegenüber den Crewmitgliedern ebenso wie gegenüber dem Schiff. Insofern sind die in der Sportpädagogik gebräuchlichen permanenten Bewegungsanweisungen und Korrekturen hier deplaziert: Wenn ein Crewmitglied im Moment nicht weiß, an welcher Schot wann und wie stark gezogen werden muß, dann soll ihm die Möglichkeit eingeräumt werden, dies auszuprobieren, seine(n) Nebenmann/Nebenfrau zu fragen oder schlichtweg nichts zu tun. Da jedes Crewmitglied ähnliche Voraussetzungen mitbringt, können Fehler zugelassen und auch individuell verarbeitet werden. Es dürfte auch für den Nichtsegler nachvollziehbar sein, daß diese komprimierte Form der Zusammenarbeit gruppendynamische Prozesse intensiviert und beschleunigt.

Der Pädagoge, der auf dem Kutter meist gleichzeitig die Rolle des Skippers einnimmt, ist in bezug auf sein Wahrnehmungsvermögen aufs höchste gefordert und muß sich – quasi nebenbei – noch um sein Schiff kümmern. Intervenieren wird er dann, wenn die Sicherheit nicht mehr gewährleistet ist bzw. wenn es notwendig sein sollte, offene oder verdeckte Konflikte sofort aufzuarbeiten.

Der Materialaufwand ist beim Kuttersegeln höher als bei den meisten anderen Natursportarten. Umfangreiche Vorbereitungsarbeiten und relativ lange

»Rüstzeiten« sind ohne die tatkräftige Mithilfe möglichst vieler Gruppenmitglieder kaum zu bewältigen. In der Tourenplanung sollten verläßliche Eckwerte in bezug auf die technische Ausrüstung, die Kombüse (Schiffsküche) sowie auf die Routenwahl gesammelt und innerhalb der Vorbereitungsarbeiten umgesetzt werden. Erschwerend kommt hinzu, daß bei ungünstigen Wind- und Wetterverhältnissen feste Tagesziele unerreichbar sein können und daß man häufig Lebensmittel nicht beliebig »nachbunkern« kann. Der Stellenwert der Tourenplanung ist außerordentlich hoch, da von ihr das Gelingen der gesamten »Expedition« abhängen kann. Ein Versäumnis bei der Tourenplanung hat oft unmittelbare Folgen, die nicht mehr korrigiert werden können. Die Gruppe muß mit einem Handicap fertig werden (z. B. zu wenig Essen) und erlebt ihren »Fehler« direkt und konkret. Die Vorbereitungsarbeiten fordern Initiative, Planungskompetenz, Kreativität, körperlichen Einsatz und vor allem Konstanz bei den Teilnehmern ein. Kommunikation und Interaktion sind höchst vielschichtig. Die Rollenverteilung für den Törn wird bereits an Land ein Stück weit antizipiert – besonders dann, wenn sich die Teilnehmer vorher nicht kannten.

Das Prinzip der Einfachheit ist mit dem Fortbewegungsmittel Segelkutter in idealer Weise gegeben: Der Kutter ist mit »Duchten« – das sind quer zur Fahrtrichtung eingebaute Holzplanken – »möbliert«. Jedes Crewmitglied hat seine persönliche Ausrüstung in einem Seesack oder – besser – in einer wasserdichten Tonne verstaut. Übernachtet wird an Deck unter einer Persenning (Plane). Die Situation an Bord ist für die Teilnehmer ein scharfer Kontrast zu ihrem Lebensalltag. Die Selbstverständlichkeiten unserer Wohnkultur fehlen ebenso wie Rückzugsmöglichkeiten in private Räume. Da die zivilisatorischen Raster wegfallen, kann, ja muß der einzelne sowohl die Natur (Wasser, Wind, Gewitter, Sonne, Landschaft ...) als auch die Gruppe intensiv und unverstellt wahrnehmen. Die eigene Reaktion in dieser fast archaischen Situation und der Umgang mit den Grundbedürfnissen ist für viele Jugendliche eine neue, weil nie erlebte, Erfahrung. Das Prinzip der Unmittelbarkeit ermöglicht eine Konzentration auf das Wesentliche. Als Gegensatz zum zerstückelten Tagesablauf zu Hause steht Geschlossenheit und Dichte des Erlebens.

Kuttersegeln ist hervorragend geeignet für ökopädagogische Projektarbeit. Gerade die relativ kleinräumige Ostsee mit ihren in das Festland reichenden Förden ist als Segelrevier interessant, aber auch als »laienwissenschaftliches« Forschungsfeld. Mit Hilfe einfacher, vorwiegend physikalischer Methoden können Belastungen des Meerwassers gemessen und interpretiert werden. Die gewonnenen Ergebnisse sind zwar nicht im wissenschaftlichen Sinne verwertbar, weisen jedoch beispielsweise auf Überdüngung oder Schwermetalleintrag hin. Der Einfluß von Landwirtschaft, Industrie, Fremdenverkehr und militärischen Altlasten, die ein sensibles Ökosystem wie die Ostsee gefährden, kann mit recht simplen Mitteln transparent gemacht werden. Ein Erlebnispädagoge mit gutem ökologischen Basiswissen wird sich schnell in die Materie einarbeiten und die Gruppe bei ihren »Forschungen« anleiten und unterstützen können (LIEDL et al. 1992).

Als Crew, die mit einem Segelkutter unterwegs ist, wird man vom Gros der Jachtsegler als aussterbende Spezies angesehen. Nicht selten schwingt ein gewisser Respekt angesichts des unermüdlichen Kreuzens eines nichtmotorisierten Kutters mit, während die Jachtsegler selbst mit niedergeholten Segeln auf Motorkraft »umgeschaltet« haben. Kuttersegeln erfordert ein hohes seglerisches Verständnis und viel Erfahrung. Aus formalen Qualifikationen können nur sehr bedingt brauchbare Kriterien für die Kompetenz des Skippers abgeleitet werden. Ein BR-Schein allein reicht nicht aus, um das Schiff mit einer unerfahrenen Crew jederzeit zu beherrschen. Der mit dem Metier nicht vertraute Pädagoge wird sich im Vorfeld gut beraten lassen müssen, bevor er Schiff und Skipper chartert. Je nach Segelrevier und Verhältnissen wird häufig zusätzlich zu einem oder mehreren Kuttern ein hochseegängiges Begleitschiff eingesetzt, das Sicherungsaufgaben übernimmt.

Ein eigenes Thema ist die Kompetenzverteilung und Abstimmung zwischen Skipper und Pädagoge, wenn die Leitung eines Schiffes bzw. einer Crew doppelt besetzt wird. Es würde den Rahmen sprengen, dies hier besprechen zu wollen.

Segeltörns lassen die Gefühle auf- und abschaukeln wie der Wind das Wasser bei stürmischer See. Es sind nicht so sehr die physischen Kräfte, die herausgefordert und beansprucht werden, sondern vielmehr die psychischen Potentiale. Gemeinsam mit anderen auf einem kleinen Schiff, das nur mit der Kraft aller die gesteckten Ziele erreichen kann...

4.9 Die Einsamkeit erleben – Solo

Erlebnispädagogische Unternehmen sollten – quasi als Kontrast zur äußeren Dominanz von (körperlicher) Bewegung – immer auch kontemplative Phasen beinhalten. Das Solo bietet einen ausgezeichneten Rahmen hierzu. Wandernd, kletternd, paddelnd oder Fahrrad fahrend werden täglich Entfernungen, meist mit Muskelkraft, zurückgelegt, während die Besinnung auf innerpsychische Zustände und Bewegungen weitgehend auf angesagte oder zufällige »Reflexionseinheiten« beschränkt bleibt. Mit dem Solo wird THOREAUS Walden-Experiment als erlebnispädagogische Reise ins Innenleben in die Gegenwart hinübergerettet und – sozusagen in Pillenform – auf kurzzeitpädagogische Maßstäbe zurechtgestutzt.

Soli machen eigentlich nur dann Sinn, wenn sie in eine 1- oder 2-Wochen-Veranstaltung oder in eine noch länger dauernde Maßnahme eingebettet sind. Im Idealfall schließen sie an eine Mehrtagestour an oder sind in diese integriert.

Eine Zeitspanne von 12 bis 36 Stunden, eigentlich immer mindestens eine Nacht mit einschließend, verbringt jeder Teilnehmer alleine an einem zugeteilten oder selbst gesuchten Platz, z. B. in einer gegliederten Buckelwiese, einem

Wäldchen oder am Uferstreifen eines Sees. Sichtkontakte zu den anderen Gruppenmitgliedern, der Gruppenleitung sowie zu nicht-natürlichen Fixpunkten sollen, soweit möglich, ausgeschlossen sein.

Die Ausrüstung reduziert sich auf einige wenige Dinge: knapp bemessenen Proviant, eine Plane und ein paar Schnüre für den Bau eines Regenschutzes, Schlafsack und Ersatzwäsche sowie Papier und Schreibzeug. Uhren, Bücher, Zündhölzer und Genußmittel sind tabu. Mit den Einschränkungen bei der Ausrüstung sollten Ablenkungen »zum Zeitvertreib« vermieden werden. Die unmittelbare Umgebung mit einigen Gräsern, Bäumen, interessanten oder auch lästigen Insekten, dem Spiel der Wellen eines Sees oder Flusses, dem Wetter und dem natürlichen Wechsel des Lichts sollte in ihrer Reizarmut Raum zur Besinnung schaffen. Da zudem auf keine zeitlichen Schnitte reagiert werden muß, sind die Bedingungen für eine störungsfreie Reise ins Innere geradezu ideal.

Natürlich werden sich nicht alle Solisten auf dieses Experiment einlassen wollen. Das kunstvoll konstruierte Regendach zum x-ten Male zu optimieren oder eine originelle Insektenfalle zu bauen erübrigt die Mühen, sich mit sich selbst zu beschäftigen. Wenn auch diese Reize ausgeschöpft sind, kann es dem Anleiter beim täglichen Kontrollgang wie HAMISH MCINTOSH, einem amerikanischen Instructor, gehen: »This solo sucks, man. I'm bored«, war der Kommentar eines Jugendlichen nach den ersten 24 Stunden (MCINTOSH 1991, S. 28). MCINTOSH empfiehlt unter anderem deshalb eine gezielte Vorbereitung auf das Solo, bei der sich die Teilnehmer schon mental auf die sie erwartende Situation einstellen können. Eine weitere Möglichkeit besteht darin, mit der Wahl des Platzes, der ausgegebenen Ausrüstung und einer gezielten Instruktion kreative und handwerklich-technische Aufgabestellungen zu betonen und damit andere Zielsetzungen zu akzentuieren. In der amerikanischen Diskussion wird hier unbefangen von »survival oriented solos« gesprochen (Ebd., S. 30).

Der hiesige Erlebnispädagoge, gestählt und abgebrüht durch die Erfahrungen unzähliger waghalsiger Touren, Treks und Fernreisen, hat mitunter Schwierigkeiten, sich die Ängste und Vorbehalte vorzustellen, die bei Teilnehmern in Erwartung eines Solos auftreten können. Um Überraschungen zu vermeiden und anvisierte Ziele erreichen zu können, ist von seiner Seite ein großes Maß an Einfühlungsvermögen nötig. Er wird die Situation aus der Sicht jedes einzelnen Teilnehmers antizipieren, sie gezielt vorbereiten, Sicherheitsvorkehrungen treffen und Verhaltensmaßregeln ausgeben müssen. Erleichterungen, wie z. B. ein geringerer Abstand zum nächsten Soloplatz, der eine schnelle Erreichbarkeit garantiert, können übermächtige Ängste einzelner Teilnehmer reduzieren. Übergroße Ängste einzelner Teilnehmer, die in einen Boykott münden können, sind so bereits im Vorfeld vermeidbar.

Drei bis sechs Stunden nach Beginn des Solos wird der Pädagoge auf einem »Kontrollgang« alle Teilnehmer besuchen und sich kurz erkundigen, ob alles in Ordnung ist. Bei langen Soli sind tägliche Besuche notwendig – unabhängig davon sollte gewährleistet sein, daß sich jeder Teilnehmer bei einer Gefahrensituation bemerkbar machen kann (z. B. mit einer Signalpfeife).

Aus ökologischer Sicht sind Soli – besonders wenn sie länger als 24 Stunden dauern – nicht ganz unproblematisch. Die Wahl des Platzes sollte in jedem Fall auch aus diesem Blickwinkel bedacht werden. Ein Waldstück ist in aller Regel weniger empfindlich als eine Uferfläche. Vor allem in bezug auf den Bau des Nachtlagers und auf die Entsorgung müssen klare Regeln gelten.

4.10 Im Dickicht der Städte – CITY BOUND[1]

Berlin-Tiergarten: Die Paddel graben kleine Vulkankrater in das graugrüne Wasser des Landwehrkanals. In das gleichmäßige Glucksen der Paddelschläge mischt sich der Verkehrslärm von oben: Es ist Rush-hour. Zehn Ostberliner Jugendliche sind auf grenzüberschreitender Entdeckungsreise und erleben den Westen aus unterschiedlichen Perspektiven. Zum Beispiel von unten: Aus ihren Kanus sind nur die Köpfe und Oberkörper der Fußgänger, die Aufbauten der Lastwagen und natürlich die Doppeldecker-Busse mit den Touristen zu sehen.

Vor drei Tagen trafen sich die Jugendlichen in der Greifswalder Straße mit den Moderatoren von CITY BOUND Berlin e. V., die sie die nächsten Tage begleiten werden. CITY BOUND, das ist das Markenzeichen für ein erlebnispädagogisches Konzept, das nicht die Natur- und Kulturlandschaft, sondern das Dickicht der Stadt als Handlungsfeld und – wenn man so will – als Spielraum begreift.

Das Unternehmen beginnt spektakulär mit der seilgesicherten Besteigung des Ernst-Thälmann-Monuments und einem »teach in« mit Kaffee und Berliner Pfannkuchen zwischen Ohr und Fingern des Arbeiterführers. Politisch ist die Aktion nicht besonders korrekt, zumal man sich in einer ehemaligen Hochburg des Realsozialismus befindet. Was dazu führt, daß die Jugendlichen mit abfälligen Bemerkungen einiger Passanten konfrontiert werden und damit über die Wertekonflikte der Nachwendezeit miteinander ins Gespräch kommen.

Die Kanutour ist Kernstück der Woche. In Kanadiern wird gut 45 Kilometer von Köpenick bis Tegel, also vom Südosten bis zum Nordwesten Berlins gepaddelt. In diese Expedition integriert sind verschiedene Aufgaben, die in Kleingruppen zu lösen sind: Zum Beispiel eine Befragung von Bewohnern einer Wagenburg hinter der »East Side Galery«, in der geschichtsträchtigen Zone zwischen West und Ost, dem ehemaligen »Todesstreifen«. Zweihundert Bauwagen und umgebaute LKW sollen in Kürze geräumt werden. Die Bezirksverwaltung will es so. Die Jugendlichen müssen ihren ganzen Mut zusammennehmen, um in diese fremde, chaotische Welt einzutauchen und Kontakt zu den Menschen am äußersten Rand der Gesellschaft aufzunehmen.

---

[1] Gekürzte Fassung eines Beitrags, der bereits in »deutsche jugend« veröffentlicht wurde: Heckmair B.: Die Stadt erleben. Plädoyer für eine Pädagogik des Urbanen, 1997, 6, S. 257–262

Die erste Nacht verbringt die Gruppe in den etwas angegammelten Räumen eines Kreuzberger Jugendzentrums. So ist die Tour hier auch ein Stück Zeitreise, zurück in die Jugendkultur der 70er Jahre, die selbst im multikulturellen Schmelztiegel von Berlin seltsam fremd und unwirklich erscheint. Am nächsten Tag steht ein Experiment besonderer Art auf dem Programm: Unter dem Motto »Essen ohne Geld« schwärmen die Jugendlichen jeweils zu zweit aus, um Lebensmittel für ein festliches Abendessen zu organisieren – mit legalen Mitteln natürlich. Der Berg an Eßbarem spricht für sich – die Hemmschwellen waren nicht unüberwindbar. Kampiert wird auf einer Insel des Tegeler Sees, wo Stadt und Natur sich wie unversöhnliche Pole gegenüberstehen: In die fast kitschig anmutende Idylle der winzig kleinen Insel schneidet in regelmäßigen Intervallen das Dröhnen der Jets, die am nahen Flughafen landen.

Nach Ende der Kanutour stehen Projekte in verschiedenen Gegenden Berlins an: Etwa eine ganztägige Mithilfe in der Suppenküche der Franziskaner in Pankow, wo vormittags Unmengen von Gemüse geputzt und geschnitten werden, um mittags hungrige Obdachlose versorgen zu können. Oder die schwierige Aufgabe, fünfzig Passanten und drei Hunde am Alexanderplatz zu einem Gruppenfoto mit einer Polaroid-Kamera zusammenzubringen...

Erst am Ende der Woche ist ein wenig Zeit, Luft zu holen und Geschehenes zu verarbeiten. »Soli« in abgelegenen S-Bahnhöfen sollen die entsprechende kontemplative Atmosphäre schaffen. Die Berliner Mädchen und Jungs sitzen einzeln an den Bahnsteigen, die Genehmigung der Berliner Verkehrsbetriebe zum dreistündigen Aufenthalt in den Taschen. Ohne Walkman und Zeitschrift, dafür mit Notizblock und Stift. In immer gleichem Rhythmus fahren Züge ein und spucken Trauben von Fahrgästen aus, die wiederum von dunklen Ausgängen aufgesogen werden.

Für die Auswertung der Woche ist der letzte Nachmittag eingeplant: Es entsteht eine Skulptur, in der die Essenz der Tage mit all den kleinen und großen Erlebnissen und Erfahrungen vergegenständlicht und eingefroren werden soll. Einer der Jugendlichen sieht die Woche als einen Film, in dem er selbst der Akteur ist. Es scheint klar zu sein: Die Erlebnisse wirken als solche in ihrer Direktheit und Authentizität. Natürlich können sie auch interpretiert und kontextual eingeordnet werden. Die Jugendlichen besorgen dies im Berliner Szenejargon auf ihre Weise. Was auf jeden Fall bleibt, ist der Stoff für Erzählungen: von dichten Momenten, von Situationen, die durch starke Gefühle beherrscht sind, von Begegnungen mit Menschen.

Die hier nur bruchstückhaft und oberflächlich skizzierte Dramaturgie einer Woche steht für das »Label« CITY BOUND. Jugendliche aus sozialen Brennpunkten, junge arbeitslose Erwachsene, Migranten, Sozialarbeiter absolvieren Seminare diesen oder ähnlichen Zuschnitts: in Berlin, Leipzig, Jena, München, in Amsterdam, Antwerpen, in New York und in vielen anderen Städten. Konzept und Praxis des Ansatzes wurden in den letzten Jahren ausführlich dokumentiert. In vielen dieser Publikationen wird der Eindruck vermittelt, CITY BOUND sei ein von OUTWARD BOUND neu entwickeltes Produkt – ohne Bezüge zu bewährten Instrumenten, ohne eigene Geschichte. Wir wollen an dieser Stelle – im Widerspruch zu dieser Einschätzung – einige der pädagogischen, aber auch der soziokulturellen Quellen von CITY BOUND offenlegen.

CITY BOUND ist eigentlich mehr als die Aneinanderreihung von Aktivitäten wie die oben beschriebenen. Der Name repräsentiert zugleich einen Typus bzw. eine Variante der urbanen Erlebnispädagogik und steht ebenso wie diese in enger Verwandtschaft zum Ansatz persönlichkeitsbildenden Lernens in der Natur. Wesentliche Prinzipien der »Outdoor-Pädagogik« wie Herausforderung, Aktion und Reflexion, Gruppenselbststeuerung, Vielfalt und Ganzheitlichkeit wurden übernommen. Lediglich das Handlungsfeld wurde verlegt: Aus der Natur wurde die Stadt. Stellt sich die Frage: Sind Leitlinien und Prinzipien eines pädagogischen Ansatzes unter diametral entgegengesetzten Bedingungen noch angemessen? Begeben wir uns auf die Suche nach Parallelen, Analogien und Strukturähnlichkeiten zwischen der städtischen und natur(sportlichen) Form von Pädagogik unter freiem Himmel.

RAINER TREPTOW gebührt das Verdienst, den Begriff der »Bewegung« als Orientierungspunkt einer »ästhetisch-erlebnisorientierten Dimension der Sozialpädagogik« (TREPTOW 1993, S. 6) verortet zu haben. Bewegung ist eines der Leitmotive der Erlebnispädagogik und stützt sich dort im allgemeinen auf ihre organisch-vitale Komponente. Bewegung ist zugleich ein zentraler Archetyp der mechanisch-technischen Welt – wenn auch mit gänzlich anderen Vorzeichen und moralischen Wertkategorien behaftet. TREPTOW bringt beides zusammen und fügt eine weitere Komponente hinzu: die ästhetische – mit Theater, Musik, Tanz etc. Vermeintlich unvereinbare Gegensätze erhalten so eine Klammer, einen gemeinsamen Bezugspunkt. Waren noch die meisten wichtigen Vertreter der Reformpädagogik, aus der sich die Erlebnispädagogik bekanntlich entwickelte, streng darauf bedacht, ihre Zöglinge vom Städtischen fernzuhalten und die pädagogische Provinz als schöpferische Insel zu begreifen – geographisch wie inhaltlich –, so werden nunmehr Pfade von der Natur- zur Kultur- zur Stadtlandschaft gangbar: Hatte LICHTWARK als wichtigster Protagonist der Kunsterziehungsbewegung mit seinem »ästhetischen Dilettantismus« Laien zu subjektiven Landschaftsphotographien ermuntert, so streifen hundert Jahre später Schülerinnen und Schüler in medienpädagogischen Projekten mit selbstkonstruierten Fotowürfeln auf der Suche nach Lernorten durch die Großstadt (TREPTOW 1993, S. 82 ff. u. S. 251 f.). Nichts liegt näher, als Bewegungsgeräte wie Fahrräder, Skate-Boards oder Inline-Skates bei diesen Aktionen zu benutzen: Die ästhetisch-kulturelle und die technisch-praktische Komponente wird ergänzt durch die physisch-dynamische Komponente.

Exemplarisch läßt sich der Zusammenhang – oder besser – der Übergang von Natur- zu Stadterleben im erlebnispädagogischen Kontext an der Person WALTER BENJAMINS nachzeichnen. BENJAMIN war als Schüler von WYNEKEN, dem wohl wichtigsten Ideengeber der Jugendbewegung, von dessen Reden und Schriften fasziniert. Eher widerwillig ertrug er den rigiden Erziehungsstil im Landerziehungsheim, arrangierte sich aber mit den körperlichen Zumutungen des Schulalltags und war auch noch in seinem späteren, städtisch geprägten Leben angetan vom pathetischen Idealismus des »Wandervogel«. Mit dem Blick des Naturforschers, der sich vor allem für Insekten und winzige Pflanzen interessiert, durchstreifte er die Straßen von Berlin. Als Kind hatte er Schwierigkeiten, sich zu orientieren, und auch als Erwachsener fand er es spannender, sich zu verirren als sich zurechtzufinden. Das Ausprobieren, Ausloten eigenen Empfindens und Verhaltens reizten BENJAMIN: »Kein Zweifel jedenfalls, daß ein Gefühl, die Schwelle der eignen Klasse nun zum erstenmal zu überschreiten an der beispiellosen Faszination, auf offener Straße eine Hure anzusprechen, Anteil hatte. Stets war am Anfang dieses Überschreitens einer sozialen Schwelle auch das einer topographischen, dergestalt, daß ganze Straßenzüge so im Zeichen der Prostitution entdeckt wurden. Aber war es wirklich ein Überschreiten, ist es nicht vielmehr eher ein eigensinnig-wollüstiges Verharren auf der Schwelle, ein Zögern, das das triftigste Motiv in dem Umstand hat, daß diese Schwelle ins Nichts führt? Unzählig aber sind in den großen Städten die Stellen, wo man auf der Schwelle ins Nichts steht und die Huren sind gleichsam Laren dieses Kultus des Nichts und stehen in den Haustoren der Mietskasernen und auf dem sanfter schallenden Asphalt der Perrons. So wurden mir auf diesen Irrgängen ganz besonders die Bahnhöfe vertraut, die ihre Weichbilder wie die Städte haben: der Schlesische, der Stettiner, der Görlitzer, Bahnhof Friedrichstraße.« (BENJAMIN 1988, S. 18 f.)

Die Analogien zum oben skizzierten CITY BOUND-Kurs sind frappierend. BENJAMIN sucht auf seinen ziellosen Streifzügen durch die Großstadt als Flaneur das, was – pädagogisch kolonisiert – die Aufgabenstellungen urbaner Kultur- und Erlebnispädagogik ausmacht. Wo in der Jugendkulturarbeit der letzten 25 Jahre »subjektive Stadtpläne« das Lebensumfeld und die wichtigen Bezugspunkte der Beteiligten spiegeln sollen, hatte sich BENJAMIN bereits ein halbes Jahrhundert früher ein Zeichensystem für seine Reviere ausgedacht: »... und auf dem grauen Grund solcher Karten ginge es bunt zu, wenn die Wohnungen meiner Freunde und Freundinnen, die Versammlungsräume der mancherlei Kollektiva von den ›Sprechsälen‹ der Jugendbewegung bis zu den Versammlungsorten der kommunistischen Jugend, (...) die entscheidenden Tiergartenbänke, die Schulwege und die Gräber, deren Füllung ich beiwohnte, die Stellen, an denen Cafés prangten, deren Namen heute verschollen sind... wenn all das dort deutlich unterscheidbar eingetragen würde.« (Ebd., S. 11 f.)

BENJAMIN betrachtet und verarbeitet als sensibler Beobachter die Resultate dessen, was sich aufgrund von politischen, ökonomischen, stadtplanerisch-architektonischen, sozialen und kulturellen Veränderungen so entwickelt hat. Da ist zum ersten die Segmentierung der Lebensräume, die im Laufe des 19. Jahrhunderts in den westlichen Großstädten ihren Anfang nahm (SENNET 1995, S. 398 ff.). In den großen Metropolen sind inzwischen ganze Stadtgebiete voneinander abgeschottet. Der Bewegungsfluß und die soziale Durchlässigkeit ist gestört. Vorurteile, Ängste und Konflikte schaukeln sich auf. Stadtplanerische und vor allem sozial- und bildungspolitische Initiativen kämpfen gegen die

Segmentierungen: CITY BOUND New York führt seit 1987 Kurse für Schülerinnen und Schüler durch, die – meist als Kinder von zugezogenen Migranten – kaum einmal »ihren« Stadtteil verlassen haben. Es sind sozusagen »interkulturelle Expeditionen«, die in unbekannte Räume führen, in denen Menschen anderer Ethnien, Schichtzugehörigkeiten leben oder arbeiten, die meist auch andere Sprachen sprechen.

Zum zweiten bestimmt seit etwa 1850 eine – wie das SENNETT ausdrückt – »neue Geographie der Mobilität« alle Aspekte des Stadtlebens: Das ging bereits damals so weit, daß in Paris für den Frachtverkehr von beladenen Fuhrwerken Schneisen in den Friedhof von Montmartre geschlagen wurden und die Angehörigen der Verstorbenen um den Preis für den entweihten Raum feilschten (Ebd., S. 409). Es waren unter anderem die Verkehrsmittel, die die sozialen Beziehungen der Menschen veränderten: Ab 1840 wurden die Eisenbahnwaggons so gestaltet, daß die Passagiere in Fahrtrichtung sitzen und sich die Blicke in das Gesicht eines Mitreisenden somit reduzierten. Zu den *cafés intimes* der Arbeiterklasse kamen die großen Cafés in den Boulevards, wo die Besucher in Erwartung eintraten, in Ruhe gelassen zu werden (Ebd., S. 424). In diesen Räumen konnte sich zunehmend ein Schutzwall individueller Privatheit herausbilden, der heute das Leben in der Großstadt kennzeichnet.

In CITY-BOUND-Kursen wird die Privatheit des öffentlichen Raums zur Disposition gestellt. Die Mitspieler sind immer wieder gefordert, etwas zu erfragen, zu fordern, zu tun, was im sozialräumlichen Kontext so nicht erwartet wird: die McDonald-Managerin um eine Flasche Salatsauce für das Abendessen anbetteln; den eiligen Geschäftsmann auffordern, in fünf Minuten zum Gruppenbild vor dem Brunnen zu erscheinen, dem »Outlaw« aus der Wagenburg einige Fragen stellen... Gegen den Strich gebürstet ist auch der spielerisch-ironische Umgang mit Bewegung. Im allgemeinen bewegt sich der Mensch in der Großstadt mit hoher Geschwindigkeit fort, wobei der Körper vorwiegend passiv bleibt. In U-Bahnen, Aufzügen, Rolltreppen hält sich die physische Bewegung in engen Grenzen, selbst in einer schnell gefahrenen Kurve auf der Stadtautobahn ist es allenfalls eine kurze Armbewegung und eine gewisse Anspannung der Oberarmmuskulatur beim Halten des Lenkrades, die körperlich abgefordert wird. Der CITY-BOUND-Kurs vermittelt das schiere Gegenteil: In drei Tagen mit Kanadiern und Gepäck in – den städtebaulichen Anforderungen angepaßten – Flüssen und verwinkelten Kanälen nur mit eigener Muskelkraft unterwegs zu sein, das verlangt ausdauerndes Zupacken. CITY BOUND stellt so das vermeintlich Selbstverständliche des Alltags permanent in Frage und schärft damit den Blick für die sozial-räumliche Umwelt, ist in gewisser Weise eine eulenspiegelhafte Kritik an den Banalitäten und Perversitäten des urbanen Alltags.

Der hier vorgestellte Ansatz städtischen Handlungslernens stellt das auf den Kopf, was ERVING GOFFMAN »selektive Reizunterdrückung« nennt: Menschen auf der Straße vergleichen das, was sie im Moment sehen, mit ihrem individuellen Bildrepertoire und positionieren sich dann so, daß sie möglichst keinen direkten Kontakt zu anderen Menschen »riskieren«. Vereinfacht ausgedrückt: Kommt einem auf dem Bürgersteig ein Skin entgegen, wechselt man die Straßenseite. GOFFMAN argumentiert, daß die Existenz dieser Repräsentationskategorien die Komplexität urbaner Erfahrung vermindere (vgl. GOFFMAN 1971). Die Fassaden des Alltäglichen zu durchschauen, die Muster von gesellschaftlichen Ritualen zu interpretieren, die Chiffren des sozialräumlichen Mikrokosmos zu dechiffrieren – all dies sind Grundfiguren und Zielhorizonte einer handlungsorientierten Pädagogik, die zurückreicht bis zu PESTALOZZI, THOREAU und ROUSSEAU. CITY BOUND ist in diesem Zusammenhang keine Erfindung, sondern nur die logische Weiterentwicklung verschiedener Lernmodelle, die sich national wie international aus und nach der Reformpädagogik entwickelt haben.

In der Nachkriegsgeschichte der (west)deutschen Jugendarbeit lassen sich eine ganze Reihe von Modellprojekten und inzwischen etablierten Initiativen aufspüren, die sich die Aneignung von Raum und Zeit in einem soziokulturellen Kontext zum Ziel setzen. Ausschnittshaft seien genannt die »Politische Kundschaft« der Pfadfinder, das Konzept der »Spurensicherung« und »laienwissenschaftlichen Erkundung« (vgl. 1.5) in den Jugendhöfen, reisepädagogische Projekte (»Stattreisen« etc.), das – schon in den 20er Jahren entstandene und wiederentdeckte – »Soziale Wandern« der Naturfreunde (vgl. ISENBERG 1987) und Formen ästhetischer Jugendkulturarbeit in der Stadt (z. B. ZACHARIAS 1995).

CITY BOUND baut ganz wesentlich auf die Wechselwirkung von »Fleisch und Stein« (SENNETT), sprich Körper und Stadt, die Tradition des hedonistischen Flaneurtums (siehe BENJAMIN), die Geschichte des Handlungslernens (siehe DEWEY) und jene ganzheitliche Betrachtung von Bewegung, auf die RAINER TREPTOW so nachhaltig hingewiesen hat. Die besondere Stärke am Ansatz CITY BOUND liegt genau dort, an seiner Vielseitigkeit: Das Organisch-Vitale wird mit dem Technisch-Modernen und dem Ästhetischen verbunden und ist so, wesentlich bedingt durch den experimentellen Charakter des Unerwartet-Deplazierten, ein unverwechselbares, also eigenständiges Konzept. Oder anders ausgedrückt: CITY BOUND ist die zeitgemäße, vielleicht auch »zeitgeistige« Fortschreibung dessen, was in der Reformpädagogik zum einen vornehmlich naturalistisch und zum anderen tendenziell technikkritisch ausgerichtet war.

Körper und Stadt bilden – wie ALEXANDER MITSCHERLICH das ausgedrückt hat – »Psychotope« (1965, S. 14) und sind in ihrem Zusammenspiel ein vernachlässigtes Thema der westlichen Zivilisation. CITY BOUND ist in seiner Sprunghaftigkeit, räumlichen Variabilität und Flüchtigkeit eine mögliche pädagogische Antwort auf die bizarre Vielfalt des Phänomens Großstadt.

4.11 »Spinnennetz«, »Säureteich« und andere Zumutungen – Initiativübungen und Problemlösungsaufgaben

Problemlösungsaufgaben sind die zeitgemäßen Formate einer Pädagogik, die eigentlich auf Einfachheit, Einsamkeit und Langsamkeit setzt. Sie sind Abenteuer in Pillenform: überwiegend kleine, überschaubare, zeitlich begrenzte Aktionen mit überraschenden Anforderungen und hohem Aufforderungscharakter. Ebenso wie die »New Games« erlebten sie in Nordamerika ihre Blüte, bevor sie über den Atlantik auf den alten Kontinent schwappten. Vor allem die Organisationen PROJECT ADVENTURE und OUTWARD BOUND waren es, die über Fortbildungen, Praktika und den Austausch von pädagogischen Fachkräften innovative Spiele und Übungen in den deutschen Sprachraum brachten. Inzwischen haben sie sich verbreitet wie eine Seuche: Kaum eine Veranstaltungsübersicht, die mit Erziehung und Bildung zu tun hat, in der nicht »Kooperative Abenteuerspiele«, »Interaktionsübungen für Gruppen« oder »Problem Solving Tasks« einen vornehmen Platz einnehmen. Der Erfolg kommt nicht von ungefähr: Problemlösungsaufgaben taugen hervorragend für die kurzfristige Inszenierung gruppendynamischer Prozesse und sind so »Mikrowelten« (PETER SENGE), in denen sowohl direkt und unmittelbar, aber auch reflektierend und alltagsweltbezogen gelernt werden kann.

Das »Spinnennetz« ist der Klassiker unter einer Vielzahl unterschiedlichster Spielformen. An ihm wollen wir ansatzweise und exemplarisch zeigen, was diese neuen interaktiven Verfahren auszeichnet und welche Potentiale darin angelegt sind.

Zwischen zwei Bäumen, die etwa vier bis sechs Meter auseinander stehen, wird mit Hilfe von Seilen, Reepschnüren und Karabinern eine Netzkonstruktion gespannt. Das Netz reicht von knapp über dem Boden bis in etwa einer Höhe von zwei Metern. Seile und Schnüre bilden ein Dutzend oder mehr unterschiedlich großer Öffnungen. Die Spieler, in der Regel eine Gruppe von acht bis zwölf Personen, erhalten die Aufgabe, das Netz ohne weitere Hilfsmittel von einer zu der anderen Seite zu durchqueren. Folgende Regeln müssen dabei eingehalten werden: Jede Öffnung darf nur einmal »begangen« werden. Springen und »Hechten« sind nicht erlaubt. Die beiden Bäume und die Netzkonstruktion dürfen nicht berührt werden. Zu keiner Zeit der Übung dürfen Teilnehmer anders als in der eingangs erwähnten Form auf die gegenüberliegende Seite der Netzkonstruktion gelangen. Soweit Konstruktion, Aufgabe und Regeln.

Es ist kein Zufall, daß das »Spinnennetz« sich besonderer Beliebtheit erfreut und zum Klassiker unter den Problemlösungsaufgaben avancierte: Planerisch-organisatorische Kompetenzen, Geschicklichkeit, Beweglichkeit und Kraft werden ebenso eingefordert wie kooperative und kommunikative Potentiale der Gruppe. Die Aufgabenstellung bringt es mit sich, daß alle Mitspieler quasi zwangsläufig an der Lösung beteiligt werden müssen. Eine Fülle von Variationen sind möglich: Der zeitliche Rahmen, die Rollenverteilung der Akteure, die Schwerpunktsetzung, die Sanktionierung von Regelverletzungen... – alles läßt sich auf die jeweilige Gruppe und den entsprechenden Kontext abstimmen. Wie das »Spinnennetz« zielgerichtet »operationalisiert« und auf bestimmte Aspekte der Persönlichkeits- und Teamentwicklung ausgerichtet werden kann, soll im folgenden erläutert werden.

Im Rahmen eines Lehrgangs zur Ausbildung von ehrenamtlichen Jugendgruppenleitern wird mit Hilfe einer praxisbezogenen Lerneinheit das Thema »Leitung von Gruppen« bearbeitet. Die verantwortlichen Referenten entscheiden sich dafür, das »Spinnennetz« als Setting zu verwenden. Aus der Gruppe der zehn angehenden Jugendgruppenleiter werden zwei Freiwillige gesucht. Diese sind während der Problemlösungsaufgabe Leiter »ihrer« Gruppe und als solche sowohl für den Prozeß als auch für das Ergebnis verantwortlich. Sie bekommen die Aufgabe in schriftlicher Form (siehe oben) mit folgenden Zusätzen ausgehändigt:

»Wer die Netzkonstruktion oder einen der Bäume berührt, darf seine Arme fortan nicht mehr als Hilfe einsetzen. Ihr habt jedoch auch die Möglichkeit, statt dessen ein anderes Handicap zu wählen: Jeweils ein frei zu bestimmendes Gruppenmitglied bekommt bei einer Berührung die Augen verbunden. Was als Berührung zu werten ist, bestimmt ihr. Ihr habt dreißig Minuten Zeit zur Lösung der Aufgabe. Besprecht vorher eure Rolle als Leiter und euer Selbstverständnis als Prozeßverantwortliche miteinander und informiert dann die Gruppe über das Gesamtprojekt. Die Zeit, die ihr dafür verwendet, wird nicht angerechnet. Wenn ihr jetzt noch Fragen habt, so werden wir diese – soweit wir das können – beantworten.«

Der Schwerpunkt wird in unserem Beispiel auf das Thema »Leitung von Gruppen« gesetzt. Die beiden Probanden können sich in experimenteller Weise als Leiter praktisch erproben und haben die Gelegenheit, sich schon im Vorfeld auf die Situation einzustellen. Einige Fragen müssen abgeklärt werden. Versetzen wir uns dazu in ihre Lage: Legen wir zu zweit Strategie, Instruktion und Ablauf fest, um die Gruppe dann gut vorzubereiten und die Aufgabe strukturiert »durchzuziehen« (weil bei der Planung »viele Köche den Brei verderben«)? Oder beziehen wir die Gruppe schon bei der Planung mit ein und verstehen uns fortan mehr als »Berater«, die den Überblick behalten sollen und nur bei Bedarf intervenieren?

Auch bei der Durchführung sind die Leiter gefordert, sich immer wieder zu positionieren: Wie geht die Gruppe mit der Wahlmöglichkeit »blind« oder »ohne Arme« um? Wird jemandem, der sich bis dato nicht an der Lösung beteiligen wollte oder konnte, zwangsweise »das Augenlicht geraubt« oder nimmt man den vermeintlich Schuldigen als »Bauernopfer«? Was ist, wenn die Gruppe zwar ihren Spaß hat, dabei jedoch Sorgfalt und Präzision, also die Qualität aus dem Blick gerät? Wie verhalte ich mich (wir uns), wenn zum wiederholten Male eine klare Berührung »übersehen« wird? Eigentlich sind wir ja dafür zuständig, einen Fehler als solchen anzuzeigen. Aber wie reagiert die Gruppe darauf? Werde ich als »kleinkarierter Buchhalter« betrachtet, wenn ich auf Fehler hinweise? ... Und wie geht es mir im Leitungsteam? Setze ich mich mit aller Vehemenz dafür ein, »meine« Strategie durchzusetzen? Wie reagiere ich, wenn die Gruppe ständig den Kollegen fragt und mich als eigentlich gleichwertiges Mitglied des Leitungsteams nicht mehr wahrzunehmen scheint? Toleriere ich die immer barscher werdenden Anweisungen des Kollegen, der – zunehmend unter Zeitdruck – die Gruppe noch »irgendwie durchs Netz puschen« will? ...

Die Fragenkette ließe sich fast beliebig verlängern. Gezeigt werden sollte damit, daß *Initiatives* zu schade sind, als daß man sie – achtlos aneinandergereiht – als leicht konsumierbare Fastfood-Abenteuer verheizt. Problemlösungsaufgaben sind ideale Handlungs- und Lernfelder, um die Innenwelt von Interaktion, Kommunikation und Kooperation zu erkunden, um sich selbst und andere besser verstehen zu lernen, um die verschiedenen Seiten verbaler und nonverbaler Botschaften zu klären. Indes: Nur der kundige und sensibel beobachtende Anleiter wird die ausgebreiteten Selbstkonzepte, Selbst- und Fremdwahrnehmungen der handelnden Personen erkennen. Nur wer entsprechend ausgebildet und erfahren ist, wird eine Auswertung moderieren können, bei der die Dynamik von Sache, Individuen und Gruppe entsprechend aufgearbeitet wird. Denn: Problemlösungsaufgaben sind – anders als zum Beispiel »New Games« – kein Selbstzweck. Entscheidend ist (neben dem Spaß natürlich), daß die Lernerfahrungen für den einzelnen gesichert und auf den Alltag – hier: die Praxis der Jugendgruppenarbeit – übertragen werden können.

Bis vor einigen Jahren waren die nur in Englisch verfügbaren Klassiker KARL ROHNKES (1984 und 1989) die einzig wirklich ergiebigen Fundgruben für den Praktiker zum Thema. Inzwischen gibt es auch deutschsprachige Literatur, die empfehlenswert ist: Allen voran RÜDIGER GILSDORFS und GÜNTER KISTNERS »Kooperative Abenteuerspiele« (1995) sowie ANNETTE REINERS »Praktische Erlebnispädagogik« (1991).

Vor allem in Mittel- und Westeuropa wurden in jüngster Zeit zahlreiche sogenannte Seilgärten (»Ropes Courses«) gebaut: An Bäumen oder an eigens aufgerichteten Masten sind – knapp über dem Boden oder auch in luftiger Höhe – Konstruktionen aus Drahtseilen, Balken, Reifen, Tauen etc. fest installiert. Die »Arrangements« können sowohl für Problemlösungsaufgaben im beschriebenen Sinne als auch für Einzel- bzw. Partnerübungen genutzt werden. »High ropes courses« (hohe Seilgärten) sind für die darin »turnenden« Akteure in ihrer zum Teil spektakulären Exponiertheit besonders attraktiv. Wie beim »Tope-Rope-Klettern« (vgl. Kap. 4.2) soll sich in einer subjektiv als extrem wahrgenommenen Situation ein Vertrauensverhältnis zwischen den balancierenden Akteuren und den sichernden Partnern bzw. der Gruppe entwickeln. Eine emotional aufgeladene, dichte Atmosphäre läßt keinen Beteiligten kalt und fordert jeden einzelnen heraus: Gefragt sind Initiative, Mut und Vertrauen auf der einen sowie Konzentration, Sorgfalt und Verantwortung auf der anderen Seite.

Kletterer der »alten Schule«, die ihre Erfahrungen auf alpinen Touren und nicht in Klettergärten sammelten, begegnen hohen Seilgärten mit Skepsis: Sie sind im Recht! Nur mit einer soliden Ausbildung und viel Erfahrung in der Hinterhand darf man sich an die letztlich hochsensible Materie »Ropes Courses« als Anleiter heranwagen. Es ist ohne Zweifel unverantwortlich, wenn im Schnellverfahren zum »Ropes Course Instructor« ausgebildet wird und wenn Seilgärten im Do-it-yourself-Verfahren hochgezogen werden. WALTER SIEBERT wunderte sich, daß beim »Internationalen Ropes Courses Symposium 1996« nur zwei Europäer vertreten waren. Dabei bestünde angesichts der jüngst bekanntgewordenen Unfälle (SIEBERT 1997, S. 16f.) großer Handlungsbedarf, sich trägerübergreifend auszutauschen und Standards abzustimmen.

Vollends im Dilemma stehen Sozialpädagogen, Lehrer und betriebliche Ausbilder, die mit ihrer Klientel die zweifellos ungemein attraktiven »Ropes-Course«-Angebote nutzen wollen und nicht wissen, wem sie vertrauen können und wem nicht? Denn der Augenschein kann täuschen: Eine aufwendig konstruierte Verankerung und ein als verantwortlich zeichnender DAV-Ausbilder sind noch keine Gütesiegel.

4.12 Zusammenfassung und Synopse

Im Sommer 1989 hat die Jugendbildungsstätte Burg Schwaneck im Rahmen des Ferienangebots »Einmal Isar und zurück« mehrere erlebnispädagogische Aktivitäten verknüpft. Eine Gruppe von Jugendlichen mit Leiter fuhren mit Mountain Bikes isaraufwärts bis zum Oberlauf des Flusses. Dort wurden die Räder zurückgelassen, und eine ausgedehnte Bergtour begann. Wieder zurück, fuhr die Gruppe mit zwei Schlauchbooten über mehrere Tage nach Pullach zur Burg Schwaneck. Ziel der Veranstaltung war, einen Fluß, hier die Isar, von München bis zum Oberlauf und zurück sich zu erfahren. Bei der Begleitung des Flusses bis zur Großstadt München drängen sich ökologische Erkenntnisse geradezu auf: Der Auto- und Bustourismus in die Karwendeltäler als moderne Form des Freizeitverhaltens hat in den letzten Jahren unmäßig zugenommen. Die Belastung der Alpentäler durch Abgase, Lärm und Abwässer ist unübersehbar. Anhand der Wasserproben, der Vegetationsschäden und der Änderung der Tierarten zeigen sich während dieser Abenteuer-Bildungsreise die Veränderungen des Flußbildes: von der Urlandschaft zur Kulturlandschaft. So ganz nebenbei erschließen sich naturkundliche Zusammenhänge wie die Abhängigkeit der Münchner Trinkwasserversorgung von der Schotterebene und den Alpenquellen. Und dies alles mit viel Spaß und vor Ort, ohne Anreise im Auto und ohne Stau. Die Fahrt stellt eine sinnvolle Verbindung erlebnispädagogischer Möglichkeiten im Sinne der HAHNschen Pädagogik dar: Mountain Bike, Bergwandern und Schlauchbootfahren in einem Angebot! Zahlreiche andere

Verbindungen erlebnispädagogischer Natursportarten auch abseits der Alpen und anderer klassischer Erholungsgebiete sind denkbar, dem Ideenreichtum sind keine Grenzen gesetzt. Die isolierte Betrachtung erlebnispädagogischer Aktivitäten, wie wir sie im Vorfeld unternommen haben, stellt kein Plädoyer für den einen oder anderen Natursport dar. Auch die Auswahl basiert lediglich auf den praktischen Erfahrungen der Autoren und bedeutet keine Wertung.

Eine wesentliche Wirkung der erlebnispädagogischen Maßnahmen ergibt sich aus dem weniger offiziellen und alltäglichen Beiprogramm. Tatsächlich sind die weniger spektakulären Erlebnisse, wie zusammen kochen, biwakieren, am Lagerfeuer sitzen, zusammen einkaufen oder über die Erlebnisse während der Fahrt erzählen, wichtig und prägend, was JAGENLAUF (1990) durch seine »Wirkungsanalyse OUTWARD BOUND« mit empirischen Methoden bewiesen hat.

Das »Nichtstun«, z. B. am Lagerfeuer, steht in wohltuendem Kontrast zu einer fordernden Natursportart – ein möglicher Anlaß zur nötigen Reflexion über das am Tag Erfahrene. Erleben, Erinnern und Erzählen stehen in entspannten Phasen, z. B. am Lagerfeuer, im Vordergrund. Diese Ruhephasen und die nötige Reflexion sind allen erlebnispädagogischen Aktivitäten gemein und gehören dazu, wie Anstrengung und der Mut zur Überwindung. Nicht selten wird die Wirkung und die Bedeutung dieser kontemplativen Verarbeitungsphase unterschätzt. Gerade aus diesem Spannungsfeld zwischen sportlichen Anforderungen und der kreativen Pause entstehen aus funktionalen Beziehungen freundschaftliche Bindungen. Jugendliche bringen das Bedürfnis mit, sich an Gleichaltrigen zu »reiben«, zu »flirten«, Geborgenheit zu erleben und Erfahrungen mit der eigenen Standortbestimmung in der Gruppe zu machen. So bedeutet gerade das Übernachten auf einer Hütte, das Biwakieren im Freien und auch schon die Fahrt zum angestrebten Ort – für die Leiter oft Routine –, für die Teilnehmer ein eindrucksvolles Erlebnis, das für sie untrennbar mit den anderen Eindrücken verknüpft ist. Verpflegung, Fahrt, Einkaufen, Biwakieren etc. bergen viele Möglichkeiten, die Selbstorganisation und Selbstverantwortlichkeit der Teilnehmer zu wecken und zu fördern. Für sie ist es meist etwas völlig Neues, draußen zu übernachten oder auf einem offenen Feuer zu kochen, mit weniger Komfort als zu Hause. Den selbstverständlichen Umgang mit den Bequemlichkeiten und Abhängigkeiten der modernen Zivilisation für eine begrenzte Zeit auszublenden, bedeutet für die meisten Jugendlichen schon ein großes Abenteuer. Eine Hängematte aufhängen, ein Feuer zum Brennen bringen, sich geräuschlos durch den Wald bewegen zu lernen und viele andere weit weniger spektakuläre Tätigkeiten draußen machen Kindern und Jugendlichen viel Spaß. Die gemeinsame Freude darf nie zu kurz kommen, und gerade auf Hütten, beim Biwakieren, oder am Lagerfeuer kann ausgiebig gespielt werden. Die Gruppe ist Mittelpunkt und Zentrifuge der täglichen Probleme: Sie bietet Geborgenheit und Diskussionsstoff, sie verteilt Rollen und Positionen, sie ist Ort der Reflexion und Planung. Aufwühlende Erlebnisse können hier aufgearbeitet oder angeglichen werden. Mit dieser Erkenntnis verbindet sich unser Plädoyer, auch für kurzzeitpädagogische Fahrten – direkt proportional zur

Zusammenfassung und Synopse

Dichte der Eindrücke – genügend Zeit für die Verarbeitung des Erlebten einzuplanen.

Wir versuchen unsere Fahrten ökologisch verträglich zu organisieren, gerade weil einige Teilnehmer diese in eigener Regie wiederholen werden. Die von Pädagogen organisierten Unternehmungen sollen Vorbildcharakter haben! So sollte beispielsweise ein Biwakplatz nicht nur so verlassen werden, wie man ihn vorgefunden hat, sondern zu einem späteren Zeitpunkt auch von ehemaligen Teilnehmern und deren Freunden. Jeder von ihnen ist ein potentieller Multiplikator für einen verantwortungsvollen Umgang mit der Natur.

Ein gewisses Maß an Führung in den Natursportarten ist unverzichtbar, um der Verantwortung im Umgang mit den realen Gefahren nachzukommen. Um so wichtiger ist es, daß die Pädagogen sich im Gegenzug zurücknehmen, Führung und Leitung nur dort ausüben, wo es notwendig ist. Anders als bei einer Bootsfahrt, einem Segeltörn oder einer Höhlentour wirken sich Fehler bei der Selbstorganisation des Biwaks, der Verpflegung etc. in der Regel wenig gravierend, bzw. ganz unmittelbar aus (z. B.: Biwakieren in der Nähe eines Ameisenhaufens). Ist für die Beteiligten ein nicht überschaubares Maß an Komplexität gegeben, obliegt es der Einschätzung der Leiter/innen, drohende Unbill oder Gefahren für Leib und Leben zu verhindern oder abzuwenden. Sie geben dann die Rahmenbedingungen vor. Eine weitreichende Selbstorganisation sollte für die Teilnehmer keine Überforderung bedeuten. Auf individuelle Fähigkeiten und Möglichkeiten muß unbedingt Rücksicht genommen werden. Im Sinne einer pädagogischen Konzeption sollten die Leiter/innen die stattfindenden Gruppenprozesse wachsam und kritisch beobachtend begleiten und auf dem Hintergrund ihrer Konzeption immer wieder überprüfen und hinterfragen. Trotz aller Einschränkungen halten wir ein möglichst hohes Maß an Selbstbestimmung der Teilnehmer für ein wesentliches Lernziel: trial and error, Improvisation, Freiraum und Selbstregulation statt pädagogischer Überbetreuung. Eine leicht angebrannte selbstgekochte Suppe schmeckt womöglich besser als ein von den Leiter/innen servierter und vielleicht perfekter Eintopf; gelernt wird dabei allemal mehr.

Die Professionalisierung der Erlebnispädagogik wird logischerweise den Erlebnispädagogen als Beruf zur Folge haben. Durch Ausbildung und Erfahrung wird dieser Berufsstand die Qualität der Angebote steigern, eine hohe Selbständigkeit am »Arbeitsplatz« zur Folge haben, bei vergleichsweise geringen Kontroll- und Eingriffsmöglichkeiten seitens des Arbeitgebers. Chancen und Sackgassen stehen sich also gegenüber! Denn andererseits mindert Routine und Alltag die Begeisterung und führt zu beruflichen Scheuklappen – wer nur noch in den Bergen unterwegs oder auf Schiff ist, verliert leicht den Bezug zum Leben in der Gesellschaft.

4.13 Zu guter Letzt: Noch ein Vergleich ganz anderer Art

Auf die Bedeutung des Vergleichs und die vielfältigen Vergleichsmöglichkeiten in der Erlebnispädagogik haben wir zu Beginn dieses Kapitels hingewiesen. Zum Abschluß möchten wir noch einen Vergleich zwischen einem Erlebnis von REINHOLD MESSNER, einer Szene aus dem Märchen BRUDER LUSTIG und der SÉANCE eines sibirischen Schamanen anbieten. Drei Zugänge zur Sicht der Welt, der religiöse Weg des Schamanen, der Weg der Weisheit des Märchens und das Nachdenken über die Besteigung eines Berges führen zu einem vergleichbaren Ergebnis. Die drei Zitate beschreiben den imaginären Zerfall des Körpers, den der Betroffene entweder als gleichzeitig Außenstehender oder als Novize erlebt. Die Körperteile werden dann wieder zu neuem Leben zusammengefügt.

Aus der ganz subjektiven Perspektive gesehen, kann der jugendliche Teilnehmer an erlebnispädagogischen Aktivitäten die Grenzen des Raum- und Zeitverständnisses spüren, an Grenzen seiner körperlichen und seelischen Belastbarkeit kommen, existentielle Bedrohung verspüren. Die scheinbare Banalität des erlebnispädagogischen Ansatzes ist trügerisch: Erlebnispädagogik kann zu Daseins-Fragen führen, die sich Menschen aus allen Zeiten und Räumen notwendigerweise gestellt haben und die in der Flüchtigkeit und Schnellebigkeit der postmodernen Zeit gerne verdrängt werden.

– »Zu diesem Erlebnis bedarf es einer langen Anstrengung in physischer Askese und geistiger Betrachtung mit dem Ziel, sich selbst als Skelett sehen zu können. Die von RASMUSSEN befragten Schamanen gaben über diese geistige Übung nur ziemlich unbestimmte Auskünfte, welche der berühmte Forscher so zusammenfaßt: Kein Schamane kann das Wie und Warum erklären, doch er ist durch die Kraft, die seinem Denken aus dem Übernatürlichen kommt, imstande, seinen Körper von Fleisch und Blut zu entkleiden, so daß nichts übrigbleibt als die Knochen. Darauf muß er alle Teile seines Körpers nennen und einen jeden Knochen mit Namen aufführen, und zwar darf er sich dazu nicht der gewöhnlichen menschlichen Sprache bedienen, sondern einzig der speziellen heiligen Schamanensprache, die er von seinem Lehrer gelernt hat. Während er sich nun so nackt und von dem vergänglichen ephemeren Fleisch und Blut völlig befreit erblickt, weiht er sich selbst – immer in der heiligen Sprache der Schamanen – durch diesen der Wirkung von Sonne, Wind und Zeit am längsten standhaltenden Teil seines Körpers seiner großen Aufgabe«. (ELIADE 1975, S. 161 ff.)

– »Darauf gingen sie in das königliche Schloß, wo alles in großer Trauer war. Der heilige Petrus aber sagte zu dem König, er wolle die Tochter wieder lebendig machen. Da ward er zu ihr geführt, und dann sprach er: ›Bringt mir einen Kessel mit Wasser‹, und wie der gebracht war, hieß er jedermann hinausgehen, und nur der Bruder Lustig durfte bei ihm bleiben. Darauf schnitt er alle Glieder der Toten los und warf sie ins Wasser, machte Feuer unter den

Kessel und ließ sie kochen. Und wie alles Fleisch von den Knochen herabgefallen war, nahm er das weiße Gebein heraus und legte es auf eine Tafel und reihte und legte es nach seiner natürlichen Ordnung zusammen. Als das geschehen war, trat er davor und sprach dreimal: ›Im Namen der allerheiligsten Dreifaltigkeit, Tote, steh auf‹. Und beim drittenmal erhob sich die Königstochter lebendig, gesund und schön.« (Märchen der Gebr. Grimm 1937, S. 316)

– »Einer, der oft in ähnlicher Weise wie Lammer gepeinigt war vom Gefühl der Ich-Zerstückelung, das war der jüngst zu Tode gekommene Reinhard Karl. In seinen schonungslosen Selbstreflexionen beklagt er immer wieder die ›große Zersplitterung‹, spricht er von der bedrückenden ›Aufteilung meines Ich‹. Geradezu psychoseähnliche Dissoziationserlebnisse hatte Messner vor seiner Ersteigung des Nanga Parbat. Im Zelt liegend, erfaßte ihn plötzlich ein entsetzliches Gefühl: ›Mein Körper ist auseinandergefallen. Es war, als sei ich ein Puzzle, das ich selbst zusammensetzen muß und nicht kann. Dabei erlebte ich alles, als sei ich Beteiligter und Beobachter zugleich‹ ... ›Diese Traumata der Zerstückelung und Zerissenheit ereignen sich niemals während der harten Aktion am Berg‹« (Zit. nach: Aufmuth 1982, S. 135)

Drei vergleichbare Erlebnisse. Von unterschiedlichsten Ausgangspunkten führen sie zum gemeinsamen Knotenpunkt: die Zerstückelung und Zusammensetzung des menschlichen Körpers. Erlebnispädagogik weist in ihrer scheinbaren Banalität weit über sich hinaus, sie ist eine von vielen möglichen Katalysatoren zu bewegenden Fragen. Dahin gelangt man nur durch Erleben und Miteinander-Reden. Nur reden ist Gefasel, nur erinnern ein Gefängnis, nur erleben ein Diktat der Freizeitindustrie. Erst die Verbindung dieser drei Seinsweisen macht Erlebnispädagogik.

Tafel:
Erlebnispädagogische Aktivitäten im Vergleich

Wir haben – das Solo ausgenommen – zehn erlebnispädagogische Aktivitäten an den sechs Kriterien Charakteristik/Anforderung an Ausrüstung, Technik und Teilnehmer/Lern- und Erfahrungsmöglichkeiten/Planung und Mitbestimmungsmöglichkeiten/Anforderungen an die Leitung/Ökologische Verträglichkeit gemessen. Sowohl die Festlegung der Kriterien, als auch die Auswahl der Natursportarten sind willkürlich, weil sie durch unsere subjektiven Erfahrungen bestimmt wurden.

Durch die Tabelle auf den folgenden Seiten wollen wir die Ergebnisse auch visuell zusammenfassen, so daß sie auf einen Blick einsichtig werden. Diese Vergleichsmethode hat sich auch bei Seminaren für Multiplikatoren sehr bewährt, nachdem in einem praktischen Teil mehrere erlebnispädagogische Aktivitäten ausprobiert werden konnten und lediglich noch die Kriterien vorgegeben wurden. Aufgabe der Seminarteilnehmer war es dann, die leeren Kästchen mit ihren Reflexionen zu füllen.

Erlebnispädagogische Aktivitäten im Vergleich

	Charakteristik	Anforderung an Ausrüstung, Technik, Teilnehmer	Lern- und Erfahrungsmöglichkeiten
(Berg-)Wandern	»sich auf die Spitze treiben«; Rhythmus des Gehens; Freiheit überall hingehen zu können	Grundkondition; »Vergessene« Technik des Gehens; Minimale Ausrüstung	einsam und gemeinsam; eigenen Rhythmus finden; Gehen und Meditation; Naturbeobachtung; Zeit und Muße für sich, andere und Natur entwickeln
Klettern und Abseilen	»der Schwerkraft Paroli bieten«, Vertrauen zum sichernden Partner; Widerstände bearbeiten; hohe psychische Herausforderung	nicht besonders aufwendige Ausrüstung; keine Vorkenntnisse notwendig; natürliche Bewegung, Beweglichkeit, Körperspannung	Mut, Vertrauen und Verantwortungsbewußtsein; Muskelspannung; Eigenrhythmus finden; intensive Rückmeldungen der Tast- und Gleichgewichtssinne; Vertrauen in die eigene Leistungsfähigkeit
Skitouren	die Stille des Winters entdecken; langsames, gleichmäßiges Aufsteigen; genußvolles und kämpferisches Abfahren	relativ aufwendige Materialbeschaffung; hohe Anforderungen an technisches Können; mittlere bis gute Kondition	der Kälte die wärmende Bewegung des Körpers entgegensetzen; den eigenen Rhythmus finden; Kampf mit dem Schnee, Genuß an der Bewegung
Höhlenerkundung	»sich im Dunkeln vertiefen«; andere Wahrnehmung, Herausforderung für die Sinne	außer Helme und Lampen keine besondere Ausrüstung (für Höhlen für Anfänger); Trittsicherheit, mittlere Kondition	Gruppe bedeutet Geborgenheit; Schulung der Wahrnehmung; Sinne und Sinnfragen; Erleben und reden über physische und psychische Belastung
Kajak	»spielerische« Einheit zwischen Körper, Boot und Wasser; Entscheidungs- u. Handlungszwang	Vorübungen und Grundkenntnisse notwendig; Gefühl für Wasser; sehr aufwendige Materialbeschaffung	»alles oder nichts«; Flucht nach vorn; vorausschauendes Denken; Wahrnehmung und Handeln eng verbunden; Einzelkämpfer

192

Zusammenfassung und Synopse

Planung und Mitbestimmungsmöglichkeiten	Anforderungen an die Leitung	Ökologische Verträglichkeit
optimale Mitbestimmungs- und Planungsmöglichkeiten	geringer Aufforderungscharakter – pädagogische Herausforderung; Rückzug von Leiterrolle; Reiz des Wanderns erschließt sich langsam	beim Wandern auf »Abwegen« ökologische Gefahren; Bedrohung der Natur ist überall sichtbar und muß bewußtgemacht werden
möglich während der Vorbereitung; in Absprache mit der Leitung auch bei den Aktivitäten; Sicherheitsgründe begrenzen die Selbststeuerung	souveränes fachliches Können; große Erfahrung; Umsichtigkeit und Überblick; ständige Konzentration während der Aktionen	keine erosionsgefährdeten Zugänge benutzen; Störung von Vögeln, besonders während der Brutzeiten, vermeiden; ökologisch verträgliche Ver- und Entsorgung beim Zelten/Biwakieren; Verantwortung für Klettergärten übernehmen
gute Mitbestimmungsmöglichkeiten während der Vorbereitung – während der Touren nur bei ganz sicheren Verhältnissen; Lawinengefahr schränkt Gruppenselbststeuerung ein	genaueste Planung und Gefahrenbeurteilung obligatorisch; Wissen und große Erfahrung unabdingbar; ständige Situationskontrolle; Reflexionsvermögen hinsichtlich subjektiver Einflüsse auf die Gefahrenbeurteilung	Schädigung von Jungwald, Latschen und Matten möglich; besondere Vorsicht in der Krummholzzone; Störung von Niederwild (Rauhfußhühner); prinzipiell nur bei ausreichender Schneelage
sehr begrenzt, da Teilnehmer nicht wissen, worauf sie sich einlassen; Leistungsdruck vermeiden durch offene Gruppenatmosphäre	Empathie; Kenntnis des Höhlensystems; Erfahrungen in der Höhlenbefahrung; Beherrschung von Klettertechnik; Umgang mit psychischen Belastungen	empfindliches Ökosystem Höhle; äußerste Behutsamkeit ist notwendig; Müll vermeiden und fremden Müll mitnehmen
möglich, aber nur in Absprache mit Leitung; Fahrtdistanz, Besichtigung von Schlüsselstellen	genaueste Planung und Berechnung aller Gefahren notwendig; Vetorecht bei allen Entscheidungen	Eingriff in die Flußökologie; Beachtung von Naturschutzgebieten und Brutzeiten; nicht nur Müllvermeidung, sondern aktiver Beitrag durch Müllsammeln ist gefordert; Sensibilisierung für Natur und Naturzerstörung ist Lernziel

Erlebnispädagogische Aktivitäten im Vergleich

	Charakteristik	Anforderung an Ausrüstung, Technik, Teilnehmer	Lern- und Erfahrungsmöglichkeiten
Schlauchboot	alle in einem Boot; »Gruppe und Boot besiegen« die Wildheit des Wassers	weniger Technik, weniger körperliches Geschick und Körperbeherrschung als Kajak; aufwendige Materialbeschaffung; gut für Kurzzeitmaßnahmen	Gemeinschaftsleistung; Rollenverteilung; Flucht nach vorne; Kampf gegen das Element Wasser; Rhythmus zwischen Action und Ausruhen
Fahrradtouren	»Land und Leute erfahren«; Lob des Fahrrads; Einzel- und Gemeinschaftsleistung	Fahrrad hat jeder; guter technischer Zustand wird vorausgesetzt; Grundkondition; Langsamfahren ist schwieriger als zu rasen	Gruppenerfahrung steht im Vordergrund; eine Landschaft kennenlernen; Natur »pur« erleben
Kuttersegeln	»den Wind in den Händen halten«; das Zusammenspiel der Crew; auf engem Raum leben	Beschaffung und Wartung von Schiffen relativ teuer und aufwendig; einfache Technik, die ohne Hilfsmittel auskommt, erfordert zupackende Teilnehmer	Teamwork ist alles; Rollenverteilung; nicht nachgeben – sich Wind und Wetter entgegenstellen; Rücksichtnahme und Toleranz auf engstem Raum
Initiativübungen und Problemlösungsaufgaben	Abenteuer in »Pillenform«; ernsthaft spielend über sich und andere etwas erfahren	ein paar Tücher, Schnüre, Bretter bei einfachen Initiativübungen; komplette Kletterausrüstung bei hohen Seilgärten	sich auf einzelne Sinne konzentrieren, intensiv wahrnehmen (bei einfachen Initiativübungen); unter Streß etwas leisten, Mut zeigen, Verantwortung übernehmen (vor allem bei hohen Seilgärten)
City Bound	im »Dickicht der Städte«; die Stadt neu entdecken, ungewöhnliche Perspektiven eröffnen überraschende Ein- und Ausblicke	Stadtpläne und Fahrkarten für öffentliche Verkehrsmittel; bei natursportlichen Aktivitäten: siehe dort	»was man schon immer mal tun wollte, aber sich noch nie getraut hat«; mit Tabus spielen; die Fassaden des Alltags durchschauen

Zusammenfassung und Synopse

Planung und Mitbestimmungsmöglichkeiten	Anforderungen an die Leitung	Ökologische Verträglichkeit
Teilnehmer können noch mehr in die Planung einbezogen werden (die Gruppe badet alles aus!)	realistische Gefahreneinschätzung notwendig; Rettungstechniken beherrschen und vermitteln	Eingriff in die Flußökologie; Beachtung von Naturschutzgebieten und Brutzeiten; nicht nur Müllvermeidung, sondern aktiver Beitrag durch Müllsammeln ist gefordert; Sensibilisierung für Natur und Naturzerstörung ist Lernziel
gute Mitbestimmungsmöglichkeiten; offen sein für neue Ziele; Konflikte und Pausen; Grenzen liegen in den Gefahren des Autoverkehrs	Grundregeln des Verhaltens mit Teilnehmern aufstellen und auf Einhaltung achten; ansonsten Rückzug von Leiterrolle, so weit wie möglich	Fahrrad als das ökologisch verträglichste Fortbewegungsmittel; Natur und Landschaft als Lernchancen
sehr gute Möglichkeiten der Partizipation; Gruppenselbststeuerung; Planung und Vorbereitung nimmt viel Zeit in Anspruch	genaue Planung; gründlicher Check der Ausrüstung; große Segelerfahrung, Erfahrung im Kuttersegeln; den Überblick haben und Ruhe bewahren; Umgang mit psychischen Belastungen	Versorgung und Entsorgung; umweltverträgliche Ankerplätze; Gewässerökologie; Sensibilisierung für Ökosysteme
wenig Mitbestimmungsmöglichkeiten in bezug auf Regeln und Abläufe; indes hohe Variabilität im Handeln während der Aktionen	spielpädagogische Kompetenz bei den Initiativübungen und Problemlösungsaufgaben; zusätzlich souveränes technisches Können und breite Erfahrung in der Bedienung und Wartung von Seilgärten	i. d. R. sehr gut verträglich; auch in der Stadt umsetzbar; wenn Bäume zur Verankerung einbezogen werden, ist die Anlage von Seilgärten nicht ganz unproblematisch
gute Mitbestimmungsmöglichkeiten; hohe Selbständigkeit bei den Aktionen	das »Dickicht der Stadt« ist gefährlich!; Auffanglinien ziehen, Notrufnummern ausgeben; was der Wurfsack für den Kanuten ist das »Handy« für den Stadtpädagogen	Biotope gibt es auch in den Innenstädten!; umsichtige Entsorgung bei Biwaks

5. Seitenblicke
Vernachlässigte Themen der Erlebnispädagogik

»Boring is beautiful«
WALL STREET JOURNAL
über das Lebensgefühl der Deutschen.

»Nature never gets boring«
MELVIN KONNER, San-Project.

5.1 Auf dem heißen Stuhl – Erlebnispädagogik in der Kritik

Wer sich die Themen und Methoden der Jugendarbeit und Jugendhilfe der letzten 20 Jahre vergegenwärtigt, kann Schwerpunkte feststellen, die durch die gesellschaftlichen Herausforderungen, die Interessen und Sachzwänge der Träger von Jugendarbeit, die Neigungen der Pädagogen geprägt wurden.

Galten die 70er Jahre als das Jahrzehnt der politischen Bildung, so spiegelte sich in den 80er Jahren die ökologische Problematik wider. Seit Mitte der 80er Jahre hat die Erlebnispädagogik Hochkonjunktur. Für die einen ist sie der Königsweg der außerschulischen Jugendarbeit, der wie ein Ariadnefaden aus dem Labyrinth der Irrungen und Wirrungen sozialpädagogischen Denkens und Handelns führen kann. Andere warnen nachhaltig vor dem erlebnispädagogischen Ansatz, verweisen auf seine dubiosen geschichtlichen Wurzeln (EWALD 1989), auf das Problem des Transfers (BÜHLER 1986), sehen in ihr ein unpolitisches Gespenst, das sich durch die sehr beschränkte theoretische Grundlegung KURT HAHNS legitimiert. Ohne Zweifel gibt es ernstzunehmende Argumente gegen die Erlebnispädagogik, zudem birgt der erlebnispädagogische Ansatz in sich selbst zahlreiche Möglichkeiten zur Fehlentwicklung: von der Minimalpädagogik zum Mannbarkeitsritus, von der esoterischen Verschmelzung mit der Natur bis zum Leistungssport, der Natur zum Sportgerät reduziert. Betrachten wir diese Einwände genauer!

Mit Recht stellt THOMAS EWALD fest, daß die Kulturkritiker des ausgehenden 19. Jahrhunderts – vor allem PAUL DE LAGARDE und JULIUS LANGBEHN – als präfaschistische oder zumindest völkische Denker einzuordnen sind. Die Geschichtsschreiber der Reform- und Erlebnispädagogik, hier sind vor allem HERMANN NOHL (1970), WOLFGANG SCHEIBE (1969) und HERMANN RÖHRS (1983) zu nennen, verweisen recht unkritisch auf LANGBEHN und DE LAGARDE. Für EWALD ist das nur ein Beweis seiner Theorie, daß die Erlebnispädagogik nicht nur eine dubiose Vergangenheit hat, die durch KURT HAHNS Erlebnistherapie in gewandelter Form fortgeführt wurde, sondern daß die Erlebnispädagogik der 90er Jahre diese irrationalen Wurzeln wieder aufgreift. Sie leiste einem neuen Antiintellektualismus Vorschub, sei zwar ganzheitlich, aber unpolitisch und stille durch kurzzeitpädagogische Angebote den Erlebnishunger der Jugendlichen und der Pädagogen. Sie stabilisiere somit die gesellschaftlichen Zustände, weil sie Symptome wie Sinnkrise, Erlebnishunger und andere Defizite zu beheben versucht, aber nicht im Sinne von emanzipatorischer Pädagogik als Herausforderung zum Erziehungsziel politischer Mündigkeit aufgreife.

Ist das Unbehagen am politischen Langzeitdiskurs zu Beginn der 80er Jahre in der Diffamierung des Denkens eingemündet, so folgt der These der Erlebnispädagogik nun die Antithese, die, konsequent weitergedacht, zu der Enteignung der Erfahrung führt. Die sicherlich fundierte historische Kritik EWALDS hat jedoch einige Mängel. Neben DE LAGARDE und LANGBEHN sind wesentlich bedeutendere Pädagogen zu nennen: J.-J. ROUSSEAU, H. J. PESTALOZZI, A. S. NEILL, A. S. MAKARENKO, J. KORCZAK u. v. a. m. Wie OELKERS (1989) feststellt, muß zudem die Geschichtsschreibung der Reformpädagogik überdacht werden. Die Bedeutung der Kulturkritik und ihre Auswirkung auf die Reformpädagogik ist bislang maßlos überschätzt worden, die Einteilungen in pädagogische Bewegungen ist bei genauerer Betrachtung nicht mehr zu halten. Die Praktiker der Erlebnispädagogik schließlich haben und werden mit oder ohne dieses Wissen um die Kulturkritik des ausgehenden 19. Jahrhunderts ihre erlebnispädagogischen Aktivitäten als Bildungsmaßnahme, Freizeitpädagogik, in diagnostischer oder therapeutischer Absicht durchführen. Die Qualität ihrer pädagogischen Praxis hängt von diesen historischen Analysen nicht ab.

Die Frage des Transfers wird von EWALD und BÜHLER als die Gretchenfrage an die Erlebnispädagogik herangetragen. BÜHLER argumentiert, daß Kurzzeitpädagogik mit ihrer »Insellage« ein »Ausschalten von Außenbezügen und Einflüssen der Umwelt« bedingen würde (BÜHLER 1986, S. 71). Der Charakter der Erlebnispädagogik wird mit dieser Aussage gänzlich auf den Kopf gestellt. Gerade die vielfältigen Außenbezüge und Umwelteinflüsse sind das Salz in der Suppe jeder erlebnispädagogischen Aktivität; gerade die Komplexität der Aufgaben in einem kontrastierenden Umfeld erzwingt kreative, spontane oder systematische Handlungsstrategien. In ihrer Unmittelbarkeit sind die zu bewältigenden Situationen real existent und insofern konkret faßbar. Das Mißverständnis einer Kritik, die die räumliche und zeitliche Entfernung eines pädagogischen Settings vom Alltagszusammenhang der Lernenden bemängelt, besteht offenbar in der Unterstellung, daß Erfahrungen machen und Probleme lösen außerhalb des individuellen Kontexts des einzelnen Lernenden keine Auswirkungen auf sein Handeln im Alltag hätte. Konsequent weitergedacht müßte das heißen, daß nur Alltagserlebnisse für einen Transfer in den Alltag geeignet seien. Oder anders gedacht: Können nur Brillenträger etwas über Brillenträger aussagen, HIV-Positive etwas über HIV-Positive, Fußballfans etwas über Fußball? Mit der Beantwortung der Frage nach dem Transfer, so scheint es, steht und fällt der erlebnispädagogische Ansatz. Das Transferproblem betrifft aber alle kurzzeitpädagogischen Maßnahmen, letztlich das gesamte pädagogische Handeln. Bei der politischen, kreativen und ökologischen Bildung jedoch wurde diese Maßeinheit für die Legitimation nicht verwendet. Wirkung und Übertragung des Gelernten wurden schlichtweg vorausgesetzt. Die Frage der Wirkung des pädagogischen Handelns in Richtung auf die definierte Zielvorgabe ist sicherlich ein grundlegendes Thema der pädagogischen Wissenschaft und Praxis.

Empirische Beweise für diese pädagogische Hoffnung zu führen, ist allerdings ein schwieriges Unterfangen. Als eine der wenigen außerschulischen Methoden hat sich die Erlebnispädagogik diesem Streß der Beweisführung ausgesetzt. BRESS und JAGENLAUF haben mit einer breitangelegten und datenreichen Evaluationsstudie Pionierarbeit geleistet (JAGENLAUF/BRESS 1990). Kern der Studie waren Befragungen von Teilnehmern, die an zweiwöchigen erlebnispädagogischen Kursen bei OUTWARD BOUND teilnahmen. Im Rahmen einer »Totalerhebung« wurden die Wirkungen bei 2500 Probanden mittels verschiedener empirischer Instrumente (Fragebogen, offene Interviews, teilnehmende Beobachtung u. a.) gemessen. JAGENLAUF wird in dieser Buchreihe demnächst die Ergebnisse dieser Studie in ausführlicher Form vorlegen, deshalb seien an dieser Stelle nur zwei recht allgemeine Resultate genannt. Die mittelfristigen Wirkungen eines erlebnispädagogischen Kurses suchten BRESS und JAGENLAUF durch sechs Monate nach dem Kurs aufgenommene Interviews nachzuweisen. »Über 70 % der Befragten bestätigen einen ›starken‹ Einfluß auf ihre persönliche Entwicklung.« (Ebd., S. 2) Aufschlußreich für die Tiefe der Lerneffekte sind die Ergebnisse einer Befragung ehemaliger Kursteilnehmer. Die Interviewten nahmen 8 bis 23 Jahre vor dem Zeitpunkt des Interviews an einem erlebnispädagogischen Kurs teil. Immerhin »fast die Hälfte... bestätigt aus eigener Sicht einen ›ursächlichen‹ Einfluß... auf das eigene persönlich-individuelle wie persönlich-soziale Verhalten« (Ebd.). Die Ergebnisse lassen in ihrer Gesamtheit den Schluß zu, daß kurzzeitpädagogische Kurse prinzipiell dazu in der Lage sind, die Persönlichkeitsentwicklung der Probanden in nicht unerheblichem Maße zu fördern.

Natürlich müssen sich Forscher, die mit den Instrumenten der empirischen Sozialforschung arbeiten, zahlreichen Kritiken aussetzen. So bemängelt HERMANN (1990) an der Studie von BRESS und JAGENLAUF das interpretative Paradigma des Forschungsdesigns, das die Ergebnisse im Interesse der Wissenschaftler determinieren würde. Spätestens seit HABERMAS' »Erkenntnis und Interesse« müssen solche methodologischen Einwände in grundsätzlicher Weise relativiert werden. Bleibt zu hoffen, daß mit weiteren Evaluationsstudien die Validität dieser ersten großen Untersuchung gesichert wird.

Mit der Kritik an den Transfermöglichkeiten der Erlebnispädagogik wird auch der Vorwurf verbunden, daß die Anwendungssituation im Alltag viel komplexer sei und sich gänzlich von der Lernsituation der kurzzeitpädagogischen Maßnahmen unterscheide (BÜHLER 1986, S. 71), daß das Freizeitgefühl der Teilnehmer die Transfermotivation blockiere. Es ist nichts einzuwenden gegen die Einbeziehung natursportlicher Techniken in den Alltag, in die Berufs- und Lebenswelt von Jugendlichen, wenn Erlebnispädagogik sozusagen von der Methode zur Einstellung wird (vgl. dazu H. G. BAUER in: BEDACHT et al. 1992, S. 43–46). Der Schluß, daß nur Erlebnisse im bekannten Umfeld anzubieten sind, weil sie leichter in den Alltag umsetzbar sind, ist in seiner Ausschließlichkeit trügerisch und widerspricht der klassischen Definition des Bildungsbegriffes, die dem Nützlichkeitsdenken des Neuhumanismus, dem Erziehungsideal des brauchbaren Arbeiters, Handwerkers oder Staatsdieners entgegengesetzt wurde. Der Vorgang der geistigen Formung, wie ihn sich WIL-

HELM VON HUMBOLDT vorstellte, sollte gerade nicht an den geistigen Gehalten der damaligen Lebenswelt entwickelt werden, sondern in ausdrücklicher Distanz zu ihr. Das »Material« der Bildung ist die längst vergessene Welt der Antike, die nicht in den Verdacht geraten konnte, vordergründigen staatspolitischem oder beruflichem Interesse zu dienen (GIESECKE 1972, S. 77 ff.). Diesen archimedischen Punkt nimmt heute die Erlebnispädagogik ein, wenn durch sie die Dimension eines anderen Zeitverständnisses und die Erschließung unbekannter Erlebnisräume ermöglicht werden. Durch neue Perspektiven schärfen wir den Blick auf unseren Alltag; es ist als würde man das Haus, in dem man wohnt, nun von allen Seiten betrachten können. Erlebnispädagogik erschließt also nicht nur ein neues Zeitverständnis und unbekannte (Erlebnis-)Räume, sie verändert im Idealfall die Maßstäbe, mit denen wir unseren Alltag beurteilen oder sie bestätigt sie. Erlebnispädagogik mag pädagogischer Luxus sein, aber wir leben auch sonst in einer Zeit, wo der Luxus als das Salz des Lebens betrachtet wird.

Weit verbreitet, jedoch heute nicht mehr besonders virulent, war noch vor einigen Jahren der Vorwurf, Erlebnispädagogik sei in ihren Strukturen der (para)militärischen Ausbildung verwandt. Es wurde richtig beobachtet, daß Ausbildungskurse oder Lehrgänge der Bundeswehr bzw. Übungen von »Wehrsportgruppen« ebenso wie erlebnispädagogische Veranstaltungen bevorzugt unter freiem Himmel stattfinden. Wenn jedoch Beobachter, sozusagen aus kritischer Distanz, methodische und inhaltliche Parallelen erkennen wollen, dann ignorieren sie, daß Natursport in der Erlebnispädagogik üblicherweise nie Selbstzweck ist. Niemand würde dem Rundfunk als Medium per se vorwerfen, nationalsozialistische Propaganda zu fördern, nur weil GOEBBELS sich dieses Mediums erfolgreich bediente. Entscheidend sind – curricular ausgedrückt – Ziele, Inhalte und Methoden, sowie jenes schwer zu beschreibende, »wertschöpfende« Konstrukt aus Stil, Ästhetik und Atmosphäre.

Festgehalten werden muß allerdings, daß die Natur als Spielwiese vielfältig nutzbar ist und daß dabei für gesellschaftspolitische und soziokulturelle Ausgestaltungen genügend Spielraum bleibt. Das Spektrum reicht von den tendenziell angepaßten, konservativen Aktivitäten der Wandervereine über alternative Organisationsformen (Subkulturen von Kletterern in Mittelgebirgen; Aktionen von ROBIN WOOD), über kommerzielle Programme (Rafting und Canyoning als Wochenendvergnügen für den dicken Geldbeutel) bis hin zu den »Räuber-und-Gendarm-Spielen« rechter Cliquen (»Nahkampftraining«; Gefechte, bei denen mit Farbpatronen auf Mitspieler geschossen wird, usw.).

Da Alpinismus und Seefahrt als die klassischen Medien der Erlebnispädagogik in ihren Traditionen hierarchisch, patriarchalisch und verengt leistungsorientiert verhaftet sind, ordnet der – häufig nicht eingeweihte – Kritiker jedes alpine oder maritime Projekt in ebendiese Schublade ein. Für ihn sind es dann »bewußt herbeigeführte Zwangssituationen und Methoden der Ertüchtigung, die man für Jugendliche... eigentlich schon vergessen glaubte« (KADEL 1989, S. 822) und »Extremsituationen,... die ja immer wieder per

Erlebnispädagogik in der Kritik

Ideologie gesucht« würden (ebd.). In Kapitel 4 dieses Bandes haben wir exemplarisch aufgezeigt, daß Natursportarten unter der Verwendung der Prinzipien Partizipation, Gruppenselbststeuerung und Transparenz als pädagogische Medien bestens genutzt werden können.

Ein Grund dafür, daß heute Erlebnispädagogik nur mehr selten mit den Kategorien Stärke, Härte und Gehorsam oder – drastischer – mit dem Spruch »Maßhalten – Durchhalten – Maulhalten« erfaßt werden kann, liegt in der seit den 80er Jahren veränderten Körper- und Bewegungskultur. Die (sozial)politischen Bewegungen nach 68 haben trotz eines anderslautenden Anspruchs das Lernen entsinnlicht. RUMPF nennt es eine »Annullierung des Körpers« (RUMPF 1981, S. 121), wenn Lernen, wie in den 70er Jahren üblich, beinahe ausschließlich über den Kopf erfolgte. Besonders betroffen von dieser Entwicklung war die sozialpädagogische Ausbildung. Lernen hatte per Definition beinahe ausschließlich in geschlossenen Räumen stattzufinden. Wer Sport trieb, galt in intellektuellen Kreisen als reaktionär (vgl. HECKMAIR 1990, S. 158 ff.). Erst als neue körperbetonte Bewegungsformen wie New Games, Jonglier-Workshops, Drachenfliegerbau, Tanz- und Theaterprojekte in den pädagogischen Alltag einsickerten und als der Marathonlauf und das Fußballspiel durch Film und Literatur gesellschaftsfähig gemacht wurden, ja sogar als Medium der Meditation und Selbsterfahrung entdeckt wurden, erholte sich die Erlebnispädagogik von ihrem schlechten Ruf.

Ein weiterer Vorwurf: Die Erlebnispädagogik ist unheilbar unpolitisch. Sie ist eine Freizeitpädagogik »just for fun« und geht am wichtigsten Erziehungsauftrag, der Erziehung zur politischen Mündigkeit, vorbei. Die eigentlichen Probleme, die die Jugendlichen betreffen, wie Wohnungsnot, Arbeitslosigkeit, Schule, Elternhaus, Partnersuche u. a., werden inklusive ihrer Lernchancen im Sinne politischer Bildung ausgeklammert. Gegen diese Herabsetzung der Freizeitpädagogik ist zunächst einiges einzuwenden, vor allem aber, daß sie letztlich einen Wert in sich hat. Das zeigt schon die alljährlich hohe Nachfrage nach den ferienpädagogischen Angeboten der Jugendverbände, Kreisjugendringe und freien Verbände. Es gibt eben keine besseren oder schlechteren Felder der außerschulischen Erziehung. Im übrigen spielen die Techniken der Natursportarten bei vielen ökologischen Aktionen eine wichtige Rolle. Die »RAINBOW WARRIOR« von GREENPEACE kann ohne seemännische Ausbildung nicht gesteuert werden und die Mitglieder von ROBIN WOOD können sich nicht ohne alpine Ausbildung und Erfahrung vom Kühlturm eines Kernkraftwerkes abseilen. In der politischen Bildung der 90er Jahre werden sich vor allem jene Formen durchsetzen können, die sich das »Learning by Doing« auf die Fahne geschrieben haben. Anstelle des politischen Frühschoppens mit Kommunalpolitikern nun durch das bedrohte Feuchtbiotop zu wandern, statt Endlosdiskussionen über die NS-Zeit, die historische Spurensuche aufnehmen, statt der Demo mit Sit-in, die gezielte politische Aktion durchführen – das sind die zukünftigen Formen politischer Bildung.

Nächstes Kontra-Argument: Erlebnisse sind eine absolut subjektive Kategorie. Wir planen Ereignisse und hoffen auf eine entsprechende Wirkung auf das Innenleben des Kindes oder Jugendlichen. Kontroll- oder beweisbar ist dieser Zusammenhang nicht. Wenn 10 000 Menschen ein Fußballspiel sehen, dann gibt es 5 000 Interpretationen, so der Soziologe GERHARD SCHULZE (1992). Wenn 15 Jugendliche klettern, dann mögen sie diese Eindrücke 15mal verschieden zu Erlebnissen verarbeiten. Ist damit der pädagogische Auftrag zunichte gemacht? Im Gegenteil! Erleben und reden muß die Devise lauten, und wenn die Jugendlichen der Überzeugung sind, daß durch das Klettern, Segeln, Radfahren neue Dimensionen des Lernens für sie erschlossen werden, dann beginnt mit der Pause, der Entspannung, ja oft mit dem Ende der kurzzeitpädagogischen Aktivität der wichtigere Teil des pädagogischen Auftrages.

Hände weg von der Natur, so lautet ein weiterer Einwand! Der Mensch hat in der unberührten Natur nichts mehr zu suchen, denn immer dann, wenn er in diese Lebenswelt eingedrungen ist, folgte die Zerstörung. Das ist die radikale Kritik fundamentalistischer Ökologen. Erlebnispädagogik ist eine Fehlentwicklung, die zu stoppen ist. Information über die Natur, Erlebnisse in der Natur müssen aus zweiter Hand, durch Medien vermittelt werden. Dagegen steht: Der Mensch ist Teil der Natur und wird nur überleben, wenn er mit den Gesetzen der Natur konform geht. Kindern und Jugendlichen sind nicht nur die ökologischen Zusammenhänge kognitiv zu vermitteln, sondern auch die Achtung und der Respekt vor der Natur. Nur wer sie schätzt, schützt sie auch. Weder der Traum von der ländlichen Idylle, noch der Rückzug in die städtische Utopie sind gangbare Wege in die Zukunft.

Bei der Kritik an der Erlebnispädagogik überschlagen sich Gemeinplätze, Vor- und Pauschalurteile, Unwissenheit und selbsternanntes Spezialistentum. Außer JÜRGEN OELKERS, dem gescheiten Pädagogikprofessor, und der fundierten Kritik HARTMUT VON HENTIGS an KURT HAHN fällt hier letztlich niemand inhaltlich auf. Freilich sind den Insidern noch andere Namen bekannt: FRANK DÜCHTING (1994) zum Beispiel, der es geschafft hat, seinen Beitrag »Alles was lebt, erlebt was« ohne wesentliche Veränderungen, auch ohne Querverweise, in mindestens acht pädagogischen Fachzeitschriften unterzubringen. Oder JÜRGEN SCHIEDECK und MARTIN STAHLMANN (1994), die mit ihrem Titel (»Tarzan-Pädagogik oder »Der thrill als pädagogische Maßeinheit«) Tarzan und die Pädagogik gleichermaßen verunstalten, bewußt *thrill* mit Spannung verwechseln und *thrill* als pädagogische Möglichkeit gänzlich ausschließen, so als könne man Crash-kids, S-Bahn-Surfer und Stage-Diver durch Makramee-Kurse, Bonsai-Züchten oder therapeutisierte Interaktionsspiele faszinieren. Schon im Titel spielen sie also äußerst virtuos mit jener »Tastatur der Emotionen« (ebd., S. 400), die sie HECKMAIR/MICHL zuschreiben. Der Vorwurf an uns kann also schon nach dem ersten Satz den beiden Autoren zurückgereicht werden. Allgemein kann gesagt werden: DÜCHTING und SCHIEDECK/STAHLMANN wiederholen formelhaft bereits bekannte Vorurteile. Wiederholung schadet der Wahrheit nicht, sie zaubert sie aber auch nicht herbei. Und so lauten dann die Beschwörungen:

Die Geschichte der Erlebnispädagogik zeige ihre Wundmale auf. Verdächtig sei sie, weil ihre Methoden erfolgreich von der Hitlerjugend übernommen wurden. KURT HAHN, ein Nationalkonservativer und Prinzenerzieher, habe eine schmalbrüstige Theorie geschaffen. Die Theorie des erz- bis nationalkonservativen KURT HAHN sei nicht nur rettungslos romantisch, sie ist einfach auch zu schmalbrüstig, um ernst genommen zu werden. Im übrigen zeige sich schon bei HAHN der frauenfeindliche Ansatz, der in der modernen Erlebnispädagogik latent vorhanden sei oder offen zutage trete. Was können Großstadtkids, Punker, Skins, Ravers und Hip-Hopper eigentlich von der saftig blühenden Almwiese, der verregneten Nacht im Freien, dem Segeltörn im versifften Meer lernen? (SCHIEDECK/STAHLMANN 1994, S. 398) Kurzum: die Erlebensräume der Erlebnispädagogik haben mit der Lebenswelt der Jugendlichen im ausgehenden 20. Jahrhundert absolut nichts zu tun. Ein Transfer sei daher nicht möglich, und von einem erlebnispädagogischen Wochenende irgendwelche pädagogischen Wirkungen zu erwarten, grenze an Wunderglauben. Schließlich ändern das Kletterwochenende, die Kajaktour, der kleine Segeltörn nichts an den Ursachen der Benachteiligung oder an sonstigen Verrücktheiten der Postmoderne. Erlebnispädagogik ist modern, weil sie die Erlebnisgeilheit der Erlebnisgesellschaft auch pädagogisch legitimiert. Der Nebeneffekt: Die sonst so benachteiligten Sozialpädagoginnen und Sozialpädagogen, deren Klagen zwischen schlechter Bezahlung und drohendem burn-out hin und her pendeln, können durch die Erlebnispädagogik ihrer Reise- und Abenteuerlust frönen. In schwierigen Situationen dürfen sie endlich ihrer Führungsrolle nachkommen – die Legitimation zum sozialpädagogischen Coming-Out.

Ist also die Erlebnispädagogik eher eine kleine Erholungspause, vergleichbar dem täglichen Hofgang eines lebenslänglich Verurteilten? Wäre man tiefenpsychologisch geprägt, so müßte man bei der Durchsicht dieser Kritikpunkte auf einen tiefen Neidkomplex der Kritiker schließen. Fragen und Thesen dazu: Warum eigentlich mußte der angeblich nationalkonservative KURT HAHN 1933 Deutschland verlassen? Warum arbeitete MINNA SPECHT, Schülerin von ROSA LUXEMBURG und engagierte Vertreterin einer sozialistischen Pädagogik, mit diesem so konservativen KURT HAHN zusammen? Die Kulturkritiker des ausgehenden 19. Jahrhunderts als Vordenker der Erlebnispädagogik zu bezeichnen, ist mehr als gewagt. Könnte es sein, daß die Geschichtsschreiber der Pädagogik nicht selten die Geschichten voneinander abschreiben, ebenso wie jene Zeitgenossen, die die Geschichte der Erlebnispädagogik wiederzuentdecken glauben?

Die moderne Variante, so ein weiterer Vorwurf, wiederhole nun die alten Fehler: Männliche und konservative Werte dominieren und der rationale Diskurs werde durch rationale Bewegung ersetzt. Die Feststellung DÜCHTINGS (1994, S. 408f.), daß die Geschichte der Erlebnispädagogik von Männern geprägt wurde, trifft die Realität nur zum Teil. Das 1920 gegründete Internat Salem, mit dem untrennbar der Name KURT HAHN und der Begriff der Erlebnistherapie verbunden ist, hatte das Prinzip der Koedukation von Beginn an eingeführt (PIELORZ 1991, S. 204ff.). Es ist auch kaum bekannt, daß die

Pädagogin MINNA SPECHT und die Psychotherapeutin RUTH COHN ganz wesentlich zur Philosophie der modernen Erlebnispädagogik beigetragen haben. Der Vorwurf von DÜCHTING, daß die Kurse der »Kurzschulen« (so bezeichnete man die Bildungsstätten von OUTWARD BOUND damals) nur Männern vorbehalten waren und Frauen erst nach dem Krieg zugelassen worden seien, ist schon insofern ziemlich falsch, als die erste »Kurzschule« in Deutschland 1952 gegründet wurde.

Geht es den Pädagoginnen und Pädagogen heute in der Erlebnispädagogik tatsächlich um Härte, Leistung, Kampf und Thrill? Sicher nicht! In der Erlebnispädagogik werden vor allem Natursportarten als Medien genutzt, um die Persönlichkeitsentwicklung zu unterstützen. Eine gewisse Leistungsfähigkeit, ein Wille zur körperlichen Ertüchtigung, Mut und Neugier, sich natursportlichen Herausforderungen zu stellen, sind damit logischerweise verbunden. Unbestritten ist, daß daraus ein männlicher Lehrplan werden kann.

Wirkungen seien nicht bewiesen und der Transfer fraglich nach dem Motto: »Jugendliche aus Großstädten (können) mit den Erlebnissen auf See oder auf der Alm vielfach wenig anfangen.« (SCHIEDECK/STAHLMANN 1994, S. 398). Dazu in aller Kürze (vgl. dazu MICHL 1996): Wir nehmen natürlich einerseits an, daß die Wahrheit dieser Aussagen auf fundierten empirischen Forschungen, hermeneutischen Studien und historischen Analysen aufbaut. Und wir nehmen selbstverständlich an, daß die von Kritikern favorisierten anderen methodischen Ansätze einer empirischen Prüfung bereits standgehalten haben. Andererseits geben wir gerne zu, daß erlebnispädagogische Aktivitäten bislang viel zu wenig empirisch untersucht wurden und daß viele Behauptungen und Thesen auf tönernen Füßen stehen. Trotz aller Auseinandersetzungen darf man aber sicher sein, daß in der Praxis das wirkt, worauf vor 25 Jahren viele Theoretiker gesetzt haben: die normative Kraft des Faktischen. Ob und wie Erlebnisse auf der Almwiese, auf hoher See oder im Dunkeln einer Höhle wirken, läßt sich vermutlich ebenso schwierig beweisen wie der pädagogische Wert von Kinder- und Jugendbüchern, von Holzspielzeug und Legosteinen, von selbst geschöpftem Papier und selbstgedrehten Dokumentarfilmen, von Selbsterfahrungsübungen und Phantasiereisen. Der Umkehrschluß dieser Kritik müßte lauten: Pädagogisches Handeln soll nur in der Lebenswelt der Jugendlichen und in deren Alltag stattfinden. Überspitzt formuliert: Wer schon im Sumpf lebt, der soll ihn auch ordentlich kennenlernen. Eine solche Pädagogik würde den Horizont des Lernens beschränken, das Spezialistentum fördern, die soziale Atomisierung unterstützen und keine Perspektiven außerhalb dieser Lebenswelt zulassen. Erlebnispädagogik ist so gesehen ein Luxus. »Non scholae sed vitae discimus« – die alten Römer, die Lateinlehrer und die Lehrer wurden nicht müde, die Alltagstauglichkeit schulischer Lerninhalte zu betonen. Andererseits sollte man keinem Pädagogen über den Weg trauen, der exakte Verhaltensänderungen garantiert.

Zugestehen muß man aber auch, daß die Zeit der ersten Euphorie in Sachen Erlebnispädagogik dahin ist. Die Erlebnispädagogik hat ihre Unschuld verloren. Kritische Fernsehberichte haben überzeugend bewiesen, daß als Erlebnispädagogik betitelte Reiseprojekte und Standprojekte im Ausland weit unter einem verantwortbaren pädagogischen Niveau durchgeführt wurden. Fachdiskussionen zeigten, daß das Thema Sicherheit auf die leichte Schulter genommen wird. Legt jemand eine empirische Studie vor, so ist sie schnell zerfleischt – Daten und klare Aussagen sind eben eine bessere Beute als Aphorismen, erlebnispädagogische Plaudereien und Erlebnisaufsätze. Zugegeben: Wir sind (HECKMAIR/MICHL 1994) in manchen Punkten zu überzeugt gewesen, das zeigen auch die Zitate von SCHIEDECK/STAHLMANN, durch die wir mit der Distanz von zwei Jahren unsere Äußerungen wieder lesen konnten. Die Erlebnispädagogik wird sich wie »Einstein und die Amöbe« (POPPER 1995, S. 26f.) durch Versuch und Irrtum weiterentwickeln. Dem Boom in der Praxis brandete schon immer eine Welle des Mißtrauens oder der ungeprüften Ablehnung in universitären oder Fachhochschulkreisen entgegen. Der erfolgreichen Praxis folgt die engagierte Theorie, nicht umgekehrt. Wahre Risiken führen zu riskanten Wahrheiten.

5.2 Lust auf Verwilderung – Gefahren und Chancen, Selbst- und Fremdbilder

Neben diesen Argumenten gegen die Erlebnispädagogik birgt diese Disziplin eine Reihe von möglichen Fehlentwicklungen, die mit den Entwürfen der Selbst- und Fremdbilder der Pädagogen nicht selten zusammenhängen. Dazu gehört das Spiel von Macht und Minderwertigkeit. Der versierte Segler, der geschulte Alpinist, der Kajaklehrer, der erfahrene Höhlenforscher – sie alle haben in der Regel gegenüber ihren Teilnehmern einen mächtigen Vorsprung an technischem Können, an körperlicher Kraft und Kondition, an Erfahrungen in gefährlichen Situationen. Sie suchen womöglich den Kampf mit der Natur, die Auseinandersetzung mit der Gefahr, die Höchstleistung im Natursport und brauchen diverse Herausforderungen für ihr seelisches Gleichgewicht oder dafür, ihre Pubertät nachzuholen. Erlebnispädagogik hat aber ihren Zweck in der Regel nicht alleine in der Leistung oder in der Angstüberwindung oder im Erlernen einer Natursporttechnik. Sie ist keine Pädagogik der Härte, in der Muskelkrämpfe, physische und psychische Zusammenbrüche zum Standardprogramm gehören. Wer die Erlebnisberichte sorgfältig studiert, stößt gelegentlich auf solche Legitimationen autoritären Verhaltens. Der Pädagoge X »muß« bei der Wildwasserfahrt sein Boot vor dem Kentern bewahren und die Jugendlichen mit körperlicher Gewalt zur Mitarbeit zwingen, um sie vor schlimmerem Schaden zu bewahren. Die Wildwasserfahrt wird so zum Männlichkeitsritual der Pädagogen, Schläge werden scheinbar logisch begründet. Der Pädagoge wird einer, der auszieht, den anderen das Fürchten zu lernen.

Vernachlässigte Themen der Erlebnispädagogik

Ein zweiter gefährlicher Trend macht sich beim Einsatz erlebnispädagogischer Methoden in der sozialen Arbeit breit: Immer mehr Pädagogen lassen sich auf Situationen ein, die sie nicht mehr beherrschen können. Begründet wird dies mit der Ideologie, daß Pädagoge und Jugendlicher gleichzeitig angesichts der krisenhaften Situation über sich hinauswachsen und sie so bewältigen. »Hard Skills« – die technischen Fertigkeiten – seien nur hinderlich für die Erziehungsarbeit des Pädagogen, würden ein Ungleichgewicht, eine hierarchische Beziehung begründen. So sind z. B. in Höhlen immer mehr Gruppen zu finden, die weder die selbstverständlichen Standards der Ausrüstung erfüllen (Helm und Stirnlampe, Bergschuhe, warme und wasserdichte Kleidung u. a.) noch die fachlichen Voraussetzungen. Diese Leiter haben ganz offensichtlich keine Erfahrungen in der Höhlenforschung, kennen das Höhlensystem nicht, beherrschen nicht die Techniken der Höhlenbefahrung und der Höhlenrettung. In Berlin steigen junge Sozialpädagogen mit ihren Jugendlichen in Abwasserschächte ohne Kenntnis des Systems und ohne Information darüber, wann diese Schächte und in welcher Zeitspanne sie vollaufen. Dies nur ein Beispiel unter vielen. Die nächste, dann wirklich selbstverschuldete Katastrophe kann erwartet werden. Der entsetzte Blick der Öffentlichkeit wird dann gewissenhafte und unseriöse Träger erlebnispädagogischer Maßnahmen in gleicher Weise treffen. Hier ist ein dringender Handlungsbedarf gegeben, durch den Standards der Ausbildung und Durchführung festgelegt werden. Die Fachhochschulen für Sozialpädagogik müssen sich hier ebenso angesprochen fühlen wie die etablierten Träger.

Gegen diese harten bzw. verantwortungslosen Spielarten der Erlebnispädagogik mutet die erlebnispädagogisch verbrämte Wanderung über die Wildblumenwiese schon sehr harmlos an. Wir führen unseren Partner mit verbundenen Augen durch Wald und Wiese, lassen ihn tasten und riechen. Wir erfreuen uns am Gänseblümchen, für das wir uns bislang noch nicht besonders interessiert haben, und merken, daß es doch auch bei dieser so bescheidenen Blume viel Neues zu entdecken gibt. Wir zeichnen Baumwurzeln, und im Zeichnen werden uns die unendliche Vielfalt und die feinen Muster bewußt. Die sinnliche Erfahrung von Natur ist unbestritten als ein wertvoller Ansatz in der außerschulischen Bildungsarbeit zu bewerten, aber ist das – wenn es nur bei dieser sinnlichen Erfahrung bleibt – notwendigerweise Erlebnispädagogik? Haben diese Aktionen nicht einen Wert an sich, auch wenn sie nicht der Erlebnispädagogik zugerechnet werden – obgleich sie immer auch ein Bestandteil davon sein können? ANNETTE REINERS (1991) hat unter dem Titel »Praktische Erlebnispädagogik« eine Reihe spannender Interaktionsspiele gesammelt. Sie können zwar eine Bereicherung erlebnispädagogischer Aktivitäten sein, aber nicht an ihre Stelle treten. Zur Charakteristik von erlebnispädagogischen Aktivitäten gehört neben dem Verbund von Aktion, Spiel, Übung, Projekt u. a. die physische, psychische und kognitive Auseinandersetzung mit der Natur, die Erschließung von Erlebnis- und Lernräumen, und damit ist eine gewisse Ernstsituation verbunden, in der spielerische Ansätze und Übungen vorübergehend

Gefahren und Chancen, Selbst- und Fremdbilder

keinen Platz haben. Das Erlebnis ist schließlich die grundlegende Kategorie jeglicher außerschulischer Bildungsarbeit. Erlebt wird etwa beim Sonnenkollektorbau in der Ökopädagogik, erlebt wird der Gruppenprozeß im Rahmen von psychosozialen Seminaren, das Töpfern oder Batiken in der kreativen Bildung, die historische Spurensuche in der politischen Bildung. Erlebnispädagogik ist es aber nicht, auch wenn hier erlebnisorientierte Methoden eingesetzt werden.

Noch ein letztes Mißverständnis: Das Erlebnis allein reicht nicht. Der pädagogische Auftrag läßt sich nicht – Ausnahmen bestätigen da die Regel – auf die Technik des Schlauchbootfahrens und die Hoffnung, daß es schon wirken werde, reduzieren. Diese Minimalpädagogik muß, wenn auf sie gesetzt wird, begründet werden. Freilich haben besondere Erlebnisse etwas mit Prägung zu tun, sie graben sich ein in die Erinnerung und gehören zu den Dingen, die niemals vergessen werden. Die Eindrücke sind oft so überwältigend, daß die Sprache bei der Beschreibung der inneren Vorgänge zu versagen scheint. War das Ziel vieler außerschulischer Themen der 70er Jahre zunächst, ein Gefühl der Betroffenheit zu erzeugen, so scheint das Ziel von erlebnispädagogischen Aktionen nicht selten darin zu liegen, Ergriffenheit zu ermöglichen. Aus dieser Eindruckstheorie, die eine gewisse Sprachlosigkeit mit sich bringt, kann aber keine Berechtigung zu einer Minimalpädagogik abgeleitet werden. Diese würde sich auch wohl kaum vom Angebot einer Sportfirma abheben. Jeder Pädagoge hat sein Handeln zu hinterfragen: Warum arbeite ich mit dieser Zielgruppe, welche Ziele soll ich mir stecken, mit welchen Methoden können diese Ziele am besten erreicht werden. Nur so, eingebettet in eine pädagogische Konzeption besteht die Chance, daß aus einem Erlebnis in der Natur ein erzieherisches Handeln wird.

Was treibt den Bergsteiger in die Höhe, den Kajakfahrer ins Wasser, den Höhlenforscher in die Tiefe, den Segler aufs Meer? Und warum geht er das Risiko und die Mühsal ein, diese Leidenschaft Jugendlichen vermitteln zu wollen? Welcher Typus von Pädagoge wird von den Natursportarten angezogen und warum meint er, daß diese »grande passion« pädagogisch nutzbringend anzuwenden ist?

Die Zeiten für die Praktiker der Erlebnispädagogik waren schon schlechter! Wer vor 10 Jahren als Leiter eines Jugendzentrums die VW-Busse vollpackte und die Kajaks am Dach festzurrte, wurde nicht selten geheim beobachtet. Für den Geschäftsführer hatte dieser sonst so engagierte Mitarbeiter einen spätpubertären Spleen, bei dem man einfach ein Auge zudrücken müsse. Die Reise führte in den sonnigen Süden, also waren südliche Atmosphäre und Erholung auf dem Wasser angesagt. Ärgerlicher war es schon, daß aus dem zweiwöchigen Kajak- und Höhlentrip eine Menge Überstunden resultieren sollten. Das Jugendzentrum würde man anschließend für eine Woche zusperren müssen, um diese Arbeitsaltlasten abzubauen. Auch die Sekretärinnen feixten neidisch: Man wisse schon, daß bezahlter Urlaub die schönste Art des Geldverdienens sei. Die pädagogischen Kollegen waren so gar nicht einverstanden mit solchen unpolitischen Unternehmungen, die mit dem Tarifrecht nicht vereinbar waren.

Wer sich jemals in solche erlebnis- oder ferienpädagogische Unternehmungen eingelassen hat, weiß aber zu berichten, daß es sich um eine pädagogische Intensivstation handelt, weniger für die Jugendlichen, mehr für die Pädagogen. Es gibt unzählige Lernchancen für beide Teile. Gefordert ist immer die ganze Person des Pädagogen, nicht Anteile von ihr. Die Gesamtheit dieser Person wird widergespiegelt von der ganzen Gruppe der Jugendlichen und von einzelnen Jugendlichen. Die gewohnten Rollenzuschreibungen funktionieren nicht mehr so gut: Man geht gemeinsam im gleichen Regen, schläft gemeinsam in der Heuhütte, bereitet das Essen zu, sitzt am Lagerfeuer, genießt und leidet gemeinsam.

Empirische Unternehmungen über diese Spezies des Pädagogen liegen nicht vor, daher im folgenden einige idealtypische Beschreibungen als ein Weg, zu einigen Hypothesen über das Selbst- und Freundbild der Erlebnispädagogik zu kommen. Wir treten als Erlebnispädagogen gerne aus der eigenen Zivilisation heraus und versenken uns in die Natur bzw. nehmen die Herausforderungen der Natur an. Vielleicht ist es eine Art Zivilisationsmüdigkeit, die hier durchbricht. Sie ist aber letztlich nicht durchzuhalten, und der Weg zurück in die Kultur ist vorgezeichnet. Mit zunehmender Verstädterung ist der Aufforderungscharakter der Natur gewachsen. Erlebnissucht und Naturgenuß sind Gemütsregungen des städtischen Menschen, der gleichsam zwischen den Welten pendelt, der in den Bergen, in den Schluchten und Höhlen ebenso zu Hause ist wie in der städtischen Eigentumswohnung. Die Verwilderungswünsche werden kultiviert, wie bei einem Ethnologen, der zwischen den Kulturen wandert. Um diese Situation genauer zu bezeichnen, wurde ein treffender Ausdruck geschaffen, der »marginal men« (STAGL 1974, S. 67).

Worin liegt die Anziehungskraft der lebensfeindlichen Bereiche, die der Erlebnispädagoge mit seinen Jugendlichen aufsucht? Steine, Eis und Wasser, Feuchtigkeit, Dreck und Kälte – es sind Regionen, die der Mensch in früheren Zeiten gemieden hat, der Sitz der Götter und Dämonen, Orte, die Verderben und Tod bringen. Der moderne erlebnissüchtige Mensch wird magnetisch angezogen von diesen Herausforderungen, von dieser Antithese des Lebens, weil sie uns unausweichlich dazu zwingen, unser alltägliches Leben aufzugeben und möglicherweise zu überdenken. Zur traditionellen Erlebnispädagogik gehört die Abgeschiedenheit und Einsamkeit. Wer kraft des eigenen Körpers in diese oft feindlichen Lebensräume eindringt, verspürt ein Gefühl der Exklusivität. Dazu gehört Lust an der Leistung und Freude am einfachen Leben, das den Umgang mit den Elementen voraussetzt. Der unternehmungslustige Pädagoge verläßt die gewohnten Orte der Bequemlichkeit und des Luxus und nimmt die Folgen des einfachen Lebens auf sich. Ein Rest von Flucht, von unverdauter Gesellschaftskritik, von der Suche nach dem verlorenen Glück ist in diese erlebnispädagogischen Fahrten vermischt, ein Hauch von jugendlicher Romantik. Kein Wunder, daß die Praxis der Erlebnispädagogik eher die Generation der jungen Pädagogen anspricht, die diesem jugendlichen Lebensgefühl noch nahestehen.

5.3 Das »schwache« Geschlecht? – Frauen und Erlebnispädagogik[1]

Während viele Themen der Erlebnispädagogik heiß diskutiert werden, hat eine Auseinandersetzung über die Tatsache, daß Erlebnispädagogik immer noch weitgehend eine Männerdomäne darstellt, noch gar nicht angefangen. Woher kommt das? Wie läßt sich diese Situation verändern? Diesen zwei Fragen möchte ich im folgenden nachgehen. Meine Ausführungen sind in zwei Teile gegliedert. Der erste Teil befaßt sich mit jenen, die sich der Erlebnispädagogik theoretisch und praktisch nähern, d. h. die, die handeln und über ihr Handeln schreiben. Der zweite Teil untersucht die Konsumenten, das Klientel der Erlebnispädagogik, und versucht deutlich zu machen, daß ein geschlechtsspezifischer Ansatz nötig und wichtig ist. Meine Kenntnisse beziehen sich auf Erlebnispädagogik als Methode und Maßnahme in der Jugendhilfe bzw. -pflege. Seit drei Jahren leite ich Fortbildungsmaßnahmen für Multiplikatoren und Multiplikatorinnen, die mit Kindern und Jugendlichen arbeiten. Die Erfahrungen und der Austausch mit meinen männlichen Kollegen haben nicht unerheblich dazu beigetragen, daß ich auf die o. a. Fragestellungen Antworten finden konnte. Sie sind nicht unbedingt übertragbar auf andere Zielgruppen, obwohl ich der Ansicht bin, daß in dem Bereich Outdoor Training (so wird Erlebnispädagogik für Fach- und Führungskräfte aus Betrieben genannt) die Abwesenheit von Frauen sich nachhaltig auf bestimmte Lernprozesse auswirkt.

Die Macher haben die Macht

Bei den Veröffentlichungen und Berichten über Erlebnispädagogik sind Autorinnen kaum zu finden. Meines Erachtens ist das darauf zurückzuführen, daß in den gängigen Darstellungen eine starke Betonung auf Aktion, Abenteuer und Leistung, weniger aber auf die pädagogischen Zielsetzungen wie Förderung der sozialen Kompetenz und Identitäts- und Persönlichkeitsstärkung liegt. Ein zweiter Grund mag darin liegen, daß diejenigen, die über Erlebnispädagogik schreiben, sie auch praktizieren, und das sind eben größtenteils Männer. Es ist daher verständlich, daß Frauen bei der Darstellung von Aktivitäten kaum vor-

---

[1] Der erste Teil dieses Kapitels – bis: Vom männlichen und weiblichen Erleben – wurde von CHRISTINA CROWTHER verfaßt.

kommen, wenn sie daran nur geringfügig beteiligt sind. Es wäre sicherlich falsch, die Behauptung aufzustellen, daß Frauen sich nur oder eher für die pädagogischen Aspekte der Erlebnispädagogik interessieren. Ich glaube, eine Erklärung dafür liegt darin, daß Frauen in sozialpädagogischen Berufsfeldern – und um die geht es ja zum größten Teil – weniger gewohnt sind, ihre Aktivitäten zu präsentieren und darzustellen und deswegen das Feld der Öffentlichkeit den Männern überlassen. In einer Gesellschaft, die von der Wirksamkeit von miteinander immer stärker konkurrierenden Präsentationen beeinflußt wird, ist Bescheidenheit an dieser Stelle fehl am Platz.

Wie ich oben angedeutet habe, ist es nicht zufällig, daß die Darstellung der Erlebnispädagogik in Männerhand liegt, sie machen's ja auch! Die zwei klassischen »Räume« der Erlebnispädagogik in der Bundesrepublik sind Gewässer und Gebirge. Um hier professionell mit Gruppen agieren zu dürfen, ist mehr als Begeisterung und Begabung erforderlich. Dafür bedarf es einer bestimmten beruflichen Qualifikation, die gegenwärtig wesentlich mehr Männer als Frauen vorzuweisen haben, z. B. kommen in Deutschland auf 400 Bergführer lediglich zwei Bergführerinnen! Auf dem Segeltörn gibt es den Skipper, im Schlauchboot den Raftguide und in der Kletterwand den Bergführer bzw. Übungsleiter. Bei erlebnispädagogischen Aktivitäten, die in Form von Projekten durchgeführt werden, z. B. die Konstruktion einer Skateboardanlage oder einer Indoor-Kletterwand, ist technisches Know-how gefragt, über das wiederum Männer eher verfügen.

Und wie steht es mit dem Stellenwert der Pädagogik bei der Erlebnispädagogik? An dieser Stelle ist möglicherweise eine Verdeutlichung nötig. Bei der Erlebnispädagogik lassen sich nicht so einfach die zwei Teile auseinanderhalten. Erlebnisse finden in einem pädagogisch durchdachten Setting statt, die Inszenierung von Erlebnissen ist kein Selbstzweck, sondern soll Lernprozesse auslösen. Sichtbar allerdings sind häufig nur die, die Regie führen. Die pädagogischen Aspekte sind nicht so schillernd und spielen eine untergeordnete Rolle. Bis jetzt waren Frauen viel zuwenig involviert in die Diskussion, wenn es um die Art der Inszenierung von Erlebnissen gegangen ist. Dadurch sind auch die Aktivitäten, die stattfinden, einseitig ausgewählt. Der ganze Fragenkomplex, in dem es um frauenspezifische Ansätze in der Erlebnispädagogik geht, inklusive der Fragestellung, ob es so etwas geben muß, ist noch offen, weil Frauen sich hierfür bisher wenig engagiert haben und so gut wie keine Erfahrungswerte vorhanden sind.

Idealerweise sollte die Balance zwischen männlichen und weiblichen Eigenschaften im pädagogischen wie auch im Erlebnisbereich gegeben sein. Wie kann das in der Praxis aussehen? Die Lösung kann meiner Meinung nach nicht darin liegen, daß Frauen es den Männern einfach nachzumachen versuchen. Zunächst müssen sie eine Entscheidung treffen, ob sie im Outdoorbereich eine Qualifikation anstreben wollen, die es ihnen ermöglicht, »gleichberechtigt« mit ihren Kollegen am Berg bzw. auf dem Wasser zu agieren. Eine Alternative dazu wäre die Erschließung von anderen Räumen, z. B. im Flachland oder in urbaner Umgebung, in denen eine Allroundkompetenz eher gefragt ist als eine bestimmte sportliche Qualifikation. Eine dritte Möglichkeit bietet die Kooperation mit qualifizierten Partnern, bei der Zuständigkeiten und Rollenverteilung eindeutig untereinander und für die jeweilige Gruppe geklärt sind, damit die Frauen nicht nur eine Alibifunktion erfüllen und sich dementsprechend vorkommen. Diese Alternative ist wahrscheinlich die realistische Lösung für Frauen, die aus sozialpädagogischen und erzieherischen Berufen kommen, während Sportpädagoginnen sich leichter für die erste Alternative entscheiden könnten. Abgesehen von der Qualifikationsfrage besteht gegenwärtig das größte Problem darin, daß Erlebnispädagogik mit wenig Ausnahmen eine Männerdomäne ist, zu der Frauen noch keinen Zugang gefunden haben. Ich bin mir sicher, daß die Erlebnispädagogen nicht der gleichen Ansicht sind wie ihre Geschlechtsgenossen bei der Bergwacht (»Wir brauchen keine Frauen, wir haben genügend Leute«). Nichtsdestotrotz bedeutet Monopolaufgabe immer Veränderung und Auseinandersetzung. Die Erlebnispädagogikszene kann davon nur profitieren.

Schweiß und Schminke – (k)ein Gegensatz?

Wenn man die Zielgruppen anschaut, die erlebnispädagogische Maßnahmen in Anspruch nehmen, kann man sie grob in drei Hauptgruppen aufteilen:

– die freizeitorientierten Gruppen aus Kinder- und Jugendarbeit
– Jugendliche in betrieblicher Ausbildung
– therapeutisch orientierte Gruppen aus Heimen und heilpädagogischen Einrichtungen, sowohl stationär wie auch ambulant.

Meines Wissens ist der Großteil der angebotenen Maßnahmen grundsätzlich koedukativ; es gibt innerhalb der dritten Zielgruppe Maßnahmen, die aufgrund der Einrichtungsstruktur nur mit Mädchen bzw. Jungen durchgeführt werden. Geschlechtshomogene Gruppen kommen deswegen zusammen und nicht aus der Überlegung heraus, daß es pädagogisch erforderlich oder effektiver wäre, in bestimmten Fällen die Geschlechter zu trennen. Am Anfang dieser Überlegungen müssen grundsätzliche Fragen beantwortet werden: Sind solche geschlechtsspezifischen Gruppen nötig, was können sie für eine Zielsetzung haben? In einer Datenanalyse von koedukativen Kursen an deutschen OUTWARD-BOUND-Schulen unter dem Aspekt ihrer geschlechtsspezifischen Wirkungsweise sind folgende Aussagen von Mädchen gemacht worden: Sie fühlen sich »eher zuständig für Harmonie und Zusammenarbeit in der Gruppe, führen häufiger und früher Gespräche über Erlebtes (auch über Angstsituationen) und fühlen sich bei Unstimmigkeiten direkter verantwortlich« (PETRING 1990, S. 12). Dazu schreibt UTA PETRING (ebd.): »Daher resümiere ich, daß bisherige koedukative Maßnahmen von den überwiegend sozial ausgerichteten Fähigkeiten der Mädchen zugunsten der auf Aktivität und Leistung ausgerichteten Fähigkeiten der Jungen profitieren.« Eine wichtige Zielsetzung der emanzipatorischen Kinder- und Jugendarbeit der 70er Jahre war, die Gleichberechtigung zwischen Jungen und Mädchen zu fördern. Erfahrungen in diesem Feld haben gezeigt, daß Mädchenarbeit erforderlich ist, um stereotypes Rollenverhalten bewußt zu machen und verändern zu können. Eine zweite Zielsetzung war, den Mädchen die Chance zu geben, in bestimmten Bereichen – dazu zählen manche technisch-handwerklichen Bereiche sowie andere, in denen körperliche Leistung erforderlich ist, Lernprozesse ohne die Konkurrenz von Jungen zu machen. Bei der Erlebnispädagogik wird manches Verhalten schneller sichtbar, weil die angebotenen Aktivitäten vordergründig diejenigen begünstigen, die auf Aktion, Abenteuer und Leistung aus sind. Mädchen laufen Gefahr, ihre altgewohnten Rollen wieder aufzunehmen. »Diese typische Aufteilung verharrt in der geschlechtsspezifischen Rollenverteilung und beschneidet die Möglichkeiten zur Entfaltung der Persönlichkeit besonders für Mädchen, aber auch für Jungen.« (Ebd.) Der Nachsatz erscheint mir von besonderer Bedeutung, weil er verhindert, daß der Eindruck entsteht, immer müßten nur die Mädchen was dazulernen. Es sind verschiedene Lernprozesse nötig. Während die Mädchen aufgrund ihrer stärker ausgeprägten sozialen Kompetenz den Jungen eher behilflich sein können, sind die Jungen, was die Stärkung der Selbstsicherheit und des Durchsetzungsvermögens der Mädchen betrifft, eher hinderlich. In der Erlebnispädagogik sind deshalb Vorbilder beiderlei Geschlechts wichtig.

Das folgende Beispiel zeigt, daß die Umkehrung gewohnter Rollen nicht nur in getrennten Gruppen stattfinden kann. Auf einer Fortbildung für Muliplikatoren der Jugendhilfe ist mit dieser Zielsetzung vom Leiterteam (3 Männer und eine Frau) folgendes ausprobiert worden: Die Gruppe wurde aufgeteilt in Männer- und Frauengruppen. Die Frauengruppen bekamen die Aufgabe, die Männergruppen mittels Funk und Landkarte zu einem bestimmten Treffpunkt auf einem Berg zu führen. Bei der anschließenden Reflexion in den Kleingruppen waren die Frauen über ihre eigenen anfänglichen Selbstzweifel und Unsicherheiten überrascht. Alle meinten, es wäre eine sehr ungewohnte Rollenverteilung, im Alltag würden sie sich auch fast immer auf Männer verlassen, wenn es um Planung bzw. Orientierung ginge. Sie waren der Meinung, daß diese Art von Lernprozeß nicht nur für sie selber, sondern insbesondere für ihre Zielgruppen wichtig wäre. Die männlichen Teilnehmer gaben sich wesentlich zugeknöpfter mit Ausnahme einzelner, die zugaben, sie täten sich schwer, sich »bei solchen Aufgaben« auf Frauen zu verlassen (gemeint waren Aufgaben, bei denen Frauen führen und technisches Know-how vorweisen mußten). Sie zeigten jedoch wenig Bereitschaft, darüber miteinander zu reden, wie solche Frauenbilder entstehen und ob und wie sie, zunächst bei sich selbst sowie bei den Zielgruppen, mit denen man arbeitet, zu verändern sind.

Das Beispiel zeigt, daß es Möglichkeiten gibt, innerhalb gemischter Gruppen Alltagsrollen aufzuzeigen, zu variieren und zu reflektieren. In der Jugendarbeit sind ausreichend Kenntnisse und Erfahrungen gesammelt worden, die

Hinweise liefern können, unter welchen Umständen der bloße Rollentausch nicht ausreicht. Im Umgang mit dem Computer war es z. B. oft nötig, daß Mädchen die Gelegenheit bekamen, eine Grundkompetenz und dadurch ein gewisses Selbstvertrauen zu erwerben. Ohne Jungen lief es problemlos, mit ihnen ließen sie sich immer abdrängen und entmutigen. In eigenen Gruppen konnten sie ohne Konkurrenz und ohne Angst, sich zu blamieren, sich mit der Technik und der Bedienung solcher Geräte anfreunden, um danach mit den Jungen zusammen daran zu arbeiten und zu spielen.

In Heimen und heilpädagogischen Einrichtungen, in denen Kinder und Jugendliche mit schweren emotionalen und sozialen Defiziten zu finden sind, muß je nach Zielgruppe entschieden werden, ob geschlechtsgetrennte oder koedukative Gruppen für die speziellen Lernbedürfnisse adäquater sind. Mädchen mit Problemen, die sich primär körperlich manifestieren (z. B. Magersucht), sowie diejenigen mit Gewalterfahrung werden kaum für gemischte Gruppen in Frage kommen. In solchen Fällen wird eine wesentliche Zielsetzung sein, die Beziehung zum eigenen Körper wiederherzustellen und das Selbstwertgefühl zu stärken. Erlebnispädagogische Maßnahmen müssen in das Konzept eines gesamttherapeutischen Rahmens eingepaßt werden. Im Hinblick auf die Körpererfahrung von Mädchen muß folgendes berücksichtigt werden: Obwohl es in der Pubertät eine breite Palette von individuellen Frauenbildern gibt – zwischen hübsch und hilflos bis hin zu kühl und kämpferisch – ist es für sie sehr schwierig, die passende Identität zu finden. Eine bestimmte Identität zu leben kann für sie bedeuten, zeitweilig Anerkennung und Zuneigung von männlichen Altersgenossen einbüßen zu müssen. Aus diesem Grunde halte ich es für unerläßlich, daß Mädchen einen Freiraum bekommen, in dem sie ihre körperliche Kraft und Leistungsfähigkeit ungestört erfahren und ausprobieren können.

Sag mir, wo die Frauen sind

Zusammenfassend möchte ich auf die Fragestellung, die ich eingangs formuliert habe, zurückkommen: Was muß sich verändern, damit mehr Frauen sich aktiv und mitbestimmend in die Erlebnispädagogik einmischen? Zum einen muß deutlicher werden, daß für Erlebnispädagogik eine pädagogische Qualifikation erforderlich ist. Das Image der Erlebnispädagogik als reines Abenteuer- und Survivaltraining hängt mit bestimmten Phantasien bei den Abnehmern, aber auch mit dem Bild des Erlebnispädagogen zusammen. Dabei sollen nicht der besondere Reiz und die Spannung, die die Qualität der Erlebnispädagogik ausmacht, verlorengehen. Grenzerfahrung und Angstüberwindung gehören dazu, aber dort, wo das Bild von Kräftemessen und Gipfelstürmerei vorherrscht, haben vermutlich nur die wenigsten Frauen Interesse, sich zu engagieren. Zum zweiten: Wie in jedem anderen Berufsfeld, in dem die Anzahl der Männer überwiegt, müssen Frauen sich trauen, etwas Neues auszuprobieren, sie müssen sich qualifizieren und Erfahrungen sammeln. Dafür müssen sie Aus- und Fortbildungsangebote nützen und dort, wo es keine gibt, sie einfordern. Verändern tut sich erst dann etwas, wenn Frauen auch dort ihre Fähigkeiten suchen, wo Männer sie längst gefunden – aber nicht gepachtet – haben.

Vom weiblichen und männlichen Erleben

Gibt es weibliche Räume und männliche Zeiten? Gibt es männliche Räume und weibliche Zeiten? Gibt es männliches und weibliches Erleben? Unter welchen Voraussetzungen kann Erlebnispädagogik zur konstruktiven Auseinandersetzung der Geschlechter beitragen, kann sie Mädchen und Frauen dabei helfen, ihre Benachteiligungen zu definieren und den männlichen Geschlechtsgenossen dabei ihre Sinne für die offenen und versteckten, bewußten und unbewußten Formen dieser Unterdrückung zu schärfen? Kann sie, wie es der § 9 des Sozialgesetzbuches (SGB) VIII formuliert, »die unterschiedlichen Lebenslagen von Mädchen und Jungen berücksichtigen«, kann sie dazu beitragen, »diese Benachteiligungen abzubauen und die Gleichberechtigung von Mädchen und Jungen zu fördern«? Mehrere Autorinnen haben sich diesem Thema genähert und geprüft, ob der Männerdisziplin Erlebnispädagogik emanzipatorische Impulse abzuringen sind (GROSSSTESSNER 1989, PETRING 1990, CROWTHER/SCHRÖDER 1992). Gleich im vorweg: Es gibt weibliche und männliche Zeiten, Zeitdefinitionen auf kultureller Basis. Das zeigt der Vergleich von Kulturen bzw. eine historische Analyse und es gibt Zeitdefinitionen aufgrund der biologischen Grundlagen. Mehr als Männer werden Frauen durch biologische Abläufe geprägt: die erste Menstruation, die »Tage«, die Schwangerschaft, die Geburt, die Phase des Stillens, das Klimakterium ... Dagegen erscheint männliche Zeit offen, wenig strukturiert durch biologische Vorgänge, stark strukturiert durch gesellschaftliche Ansprüche. Die weiblichen Räume müssen den weiblichen Zeiten zugeordnet werden. Kinder, Küche und Kirche waren es früher, heute ist der weibliche Radius weiter geworden. Immer noch nicht weit genug! Die Räume der Öffentlichkeit sind die Räume der Männer, das läßt sich mehr oder weniger ausgeprägt über alle Kulturen hinweg betrachten. Wenn sich männliches und weibliches Zeit- und Raumgefühl unterscheiden, dann wohl auch männliches und weibliches Erleben. Welche Auswege aus dem vermeidbaren und aus dem unvermeidbaren Konflikt der Geschlechter kann die Erlebnispädagogik aufzeigen? Hier einige Gedanken.

(1) Aktionen in geschlechtshomogenen Gruppen:

– Auf einmal sind keine Männer mehr da, die sagen, wo es langgeht, die organisieren, reparieren, entscheiden, befehlen. Auf einmal sind Mädchen und Frauen auf sich alleine gestellt und merken, daß überall mit Wasser gekocht wird. Aus Fehlern kann man in der Tat lernen, und zudem bringt die Leiterin genügend Know-how mit. Auch handwerkliche und kraftraubende Aufgaben werden gelöst, denn fast nie kommt es auf Kraft und Gewalt an, sondern auf Geschick, Kreativität und Zusammenarbeit.

- Diese gemeinsame freie Zeit wird zur Frauenzeit, in der weibliche Probleme und Themen im Mittelpunkt stehen. Ein Freiraum, in dem die selbst eingebrachten Themen dominieren, in dem das Gespräch von Frau zu Frau stattfindet.

- Die sonst so männliche Aneigung von Wirklichkeit, von Räumen durch Natursport gelingt weiblichen Gruppen mindestens genausogut. Das Spektakuläre war immer schon männlich, die Jagd, der Krieg, die religiöse Zeremonie. Die weibliche Handlung dagegen war immer effektiver. Erst das Sammeln garantierte durch Kontinuität und systematisch erarbeiteten Erfolg die menschliche Familie, das von Männern erjagte Fleisch war lediglich eine begehrte Dreingabe. Dabei sind bei Frauen die spektakulären Ereignisse biologisch vorgeprägt, das besondere Erlebnis gliedert das weibliche Leben in charakteristische Abschnitte. Wer z. B. als Mann bei einer Geburt dabei war, gerät über die These ins Nachdenken, ob Männer spektakuläre Erlebnisse nicht zum Ausgleich ihrer reduzierten körperlichen Möglichkeiten nötig haben.

- Zeitwohlstand ist für moderne Frauen nicht die Regel. Zwischen Kinderwunsch und Berufszielen zerschellt nicht selten die selbstbestimmte Freizeit. Diese Freiheiten können sich Mädchen und Frauen im Rahmen erlebnispädagogischer Aktivitäten (wieder heraus-)nehmen. Mehr als Männer haben sie es nötig, Langsamkeit und Muße zu entdecken.

- Gleichgeschlechtliche Gruppen in der Erlebnispädagogik können einiges kompensieren: selbst handeln und entscheiden lernen, Herausforderungen selbstbestimmt annehmen, sich Räume erschließen, den Alltag meistern, zu den bewegenden Themen vorstoßen und – auch das ist wichtig – sichtbare Erfolge verbuchen.

(2) Aktionen in gemischtgeschlechtlichen Gruppen:

- Nehmen wir an, die Leitung übergibt bewußt das Know-how zur Führung der Gruppe den weiblichen Mitgliedern, so wie es CHRISTINA CROWTHER einige Seiten vorher darstellte. Nicht die Jungen, die jetzt faulenzen dürfen oder nebensächliche Jobs übernehmen müssen, lernen auf dem Segelboot das Segel zu setzen, zu steuern, die Navigation zu übernehmen, sondern die Mädchen. Der Rollenkonflikt wäre vorgezeichnet, und die Diskussion, in konstruktive Bahnen geführt, könnte verhärtete Rollenzuschreibungen aufbrechen und in Frage stellen.

- Wissenschaftliche Untersuchungen haben gezeigt, daß gemischtgeschlechtliche Gruppen bei den meisten Aufgaben erfolgreicher sind als geschlechtshomogene Gruppen. Dies läßt sich, wenngleich nicht beweisen, so doch bei erlebnispädagogischen Aktivitäten nachvollziehen.

– Ebenso wichtig wie gleichgeschlechtliche sind gemischtgeschlechtliche Gruppen, weil in ihnen am Modell das Verhalten zu dem anderen Geschlecht gelernt wird. Auch Mädchen aus Mädchenheimen, die mit Männern nicht selten schreckliche Erfahrungen gemacht haben, müssen irgendwann wieder auf das andere Geschlecht behutsam zugeführt werden, denn die Welt besteht eben aus Frauen und Männern. Bei diesem sensiblen Prozeß können handlungsorientierte Felder, bei denen der Effekt der Annäherung an das andere Geschlecht ein Nebenprodukt ist, durchaus behilflich sein.

– Das Eigene und das Fremde: Beides gehört zusammen und definiert sich aus dem anderen. Die Auseinandersetzung, der Vergleich mit dem Fremden, Unbekannten, gehört zur Pädagogik und zum Leben, und hier kann die Erlebnispädagogik wesentliches beitragen.

5.4 Eine »unvermeidbare Schuld«? – Ökologie und Erlebnispädagogik

»Wildwasser-Rafting – Erlebnissport für Abenteurer auf einem der letzten unverbrauchten Alpenflüsse«. »New Age im Schnee – Eintauchen in eine neue Dimension«. »Mountain Biking im Paradies – mit dem Bergradl über Stock und Stein«: Die Marketing-Strategen in der Tourismus- und Sportartikel-Branche haben längst erkannt, daß mit den neuen und auch mit den wiederentdeckten Natursportarten in der postmodernen Konsumgesellschaft profitabel gewirtschaftet werden kann. Squash- und Aerobicwelle sind ausgereizt – nicht mehr die Sporthalle, sondern die »unberührte Natur« dient als Spielfeld für den dynamischen Zeitgenossen. Nach einer Phase der Intensivierung und Konzentration mit Hochrüstungen von Skigebieten in den Alpen, Sportparks im Mittelgebirge und Segelzentren an der See wird nunmehr extensiviert: Sportkletterer erschließen sich neue Areale außerhalb frequentierter Gebiete und Routen; Kajaksportler stürzen sich Bäche und Wasserfälle hinunter, die noch vor wenigen Jahren als unbefahrbar galten; Alpinisten schlagen sich kletternd, abseilend, schwimmend durch – normalerweise unzugängliche – Schluchten und taufen die neue Disziplin Canyoning.

Der Mensch als Störfaktor

Angesichts dieser rasanten Entwicklung verwundert es nicht, daß die Presse ein neues Thema gefunden hat, das die abflauende Naturschutzdiskussion wie-

Ökologie und Erlebnispädagogik

der in Gang bringen sollte: Natur- und Umweltzerstörungen der »neuen Modesportarten«. Der Bergsteiger, Wanderkanute und Fahrtensegler alter Prägung wurde gleich mit in den Topf geworfen und sieht sich nun einem – meist wenig differenzierten – Tribunal ausgesetzt, das zusätzlich von den »Hardlinern« unter den Naturschützern angeheizt wird.

Trotz aller Unterschiede zum kommerziellen oder auch individualistischen Treiben in der Natur- oder besser, Kulturlandschaft (vgl. BÄTZING 1988), gerät auch die Erlebnispädagogik ins Visier der Kritiker. Es ist in erster Linie der organisierte Naturschutz, der – motiviert durch einschlägige Presseberichte – Vorwürfe formuliert. Aber auch Teile der pädagogischen Fachwelt beteiligen sich als Ankläger: Auf dem Berliner Freizeit- und Breitensportsymposium 1988 etwa forderten Erziehungswissenschaftler der TU Berlin, Kindern und Jugendlichen Tierfilme zu zeigen und die Natur in Ruhe zu lassen, um auf diese Weise ökologisches Bewußtsein zu schaffen. Daß das der falsche Weg sein dürfte, ist zumindest für die Vordenker in der Erlebnis- und Ökopädagogik evident. WILFRIED DEWALD ist vorbehaltlos zuzustimmen, wenn er sagt: »Gegen Naturferne hilft nur Naturnähe.« (DEWALD 1990, S. 13) Auf der anderen Seite droht die Erlebnispädagogik immer weiter in den Strudel von aneinandergereihten, möglichst spektakulären Einzelaktionen hinabgerissen zu werden. Nach Klettern und Abseilen in speziell eingerichteten Routen folgt ein 8-Meter-Sprung in eine Gumpe, anschließend wird in das bereitstehende Raft gestiegen. Die Auftraggeber und die Adressaten erlebnispädagogischer Kurse heizen dieses »Action Hopping« weiter an – die Natur degeneriert zur auswechselbaren Kulisse; sie ist nicht viel mehr als ein billig beschaffbares Vehikel für den individuellen oder kollektiven »Kick«.

Es sind nicht nur die kommerziellen Veranstalter in der boomenden Nische der »Outdoor«-Sportarten, die im Verdacht stehen, Natur als einen kostenneutralen Produktionsfaktor und als nichts weiter anzusehen. Bedenklich stimmt die Entwicklung in der Fachdiskussion erlebnispädagogischer Praktiker. Ist es Zufall, daß auf der großen Fachtagung »Erlebnispädagogik. Mode, Methode oder mehr?« 1991 in Baad/Kleinwalsertal der Workshop »Erlebnispädagogik und Ökologie« unter sieben weiteren Angeboten am schlechtesten besucht war? Wurde das Thema »ökologische Verträglichkeit« in den Selbstdarstellungen der Anbieter (siehe Kap. 3.9) nur vergessen, oder ist es symptomatisch für die Ignoranz vieler Träger, das Thema derart auszublenden?

Es sind einige kleinere und mittelgroße Träger, wie beispielsweise einige Jugendverbände, von denen man annehmen kann, daß sie in bezug auf Umweltverträglichkeit eine »weiße Weste« haben. Alpenvereins-, Naturschutz- und B.U.N.D.-Jugend integrierten die ökopädagogische und ebenso die umweltpolitische Dimension in ihre Programme, auch wenn gelegentliche Widersprüchlichkeiten das Gesamtbild trüben. Demgegenüber scheinen die Erlebnispädagogikspezialisten – meist ganz fixiert auf die Weiterentwicklung ihrer inhaltlichen und methodischen Instrumente – hier ihre großen Defizite zu haben: OUTWARD BOUND Deutschland betrieb noch vor nicht allzu langer Zeit an

Bildungsstätten mit knapp hundert Teilnehmerplätzen Fuhrparks mit bis zu sechs Fahrzeugen, um keine Zeit zu vergeuden und möglichst schnell in die »Aktionszonen« zu gelangen. Angetrieben von den Kooperationspartnern, die perfekte Organisation auch in der Transportlogistik erwarten, werden Prinzipien der Einfachheit und Umweltverträglichkeit schon mal über Bord geworfen. Dabei müßte gerade in den sogenannten Reinluftgebieten, deren Vegetation besonders stark geschädigt ist, alles dafür getan werden, den Ausstoß an Stickoxyden zu reduzieren. Mittelfristig muß wohl der Offenbarungseid geleistet werden. Dann wird sich zeigen, ob genug Phantasie und Willen vorhanden sind, um Lösungen zu finden, die einem zentralen Problem unserer Welt – gerade in einer besonders sensiblen Region – gerecht werden können.

Werfen wir noch einmal einen Blick auf Natursportarten, die sich abseits abgetretener Wege wie Pistenskilauf oder Wanderungen nach dem Führer »Die 100 schönsten...« bewegen. Beim Bergsteigen außerhalb der Wintermonate sind weniger die Begehungen von nicht markierten, teilweise nur Pfadspuren folgenden Routen problematisch. Als empfindlicher Bereich müssen Übernachtungen in Zelten oder Biwaks unter freiem Himmel angesehen werden. Auch eine optimale Vor- und Nachsorge nach dem Indianerprinzip »keine Spuren hinterlassen« läßt viele Fragen offen: Darf man ein Lagerfeuer machen und dafür ein sonst sich selbst überlassenes Biotop verändern? Was geschieht mit den Exkrementen, auch wenn sie vergraben werden? (Bei einem amerikanischen Veranstalter werden diese übrigens in Plastiksäcken wieder mit nach Hause genommen!)

Mountain Biker gelten nach unsachlichen Presseartikeln (DER SPIEGEL: »... Hohlweg-Hooligans, die rücksichtslos in Wandergruppen rasen...«) als die Buhmänner unter den Natursportlern. Dabei ist es in erster Linie die soziale Komponente, die hier zuschlägt, jedoch mit der ökologischen verwechselt wird. Das Bergrad ist in jedem Fall ein äußerst umweltverträgliches Verkehrsmittel und Sportgerät. Verzichtet werden kann auf Anfahrten mit Pkws, da bereits im Tal Wirtschafts- und Feldwege lustvoll genutzt werden können. In den Bergen steht das ausgebaute Netz von Forst-, Wirtschafts- und Zufahrtsstraßen zur Verfügung, auf denen sich der ambitionierte Wanderer nur langweilen würde. Die Wege und Pfade der Wanderer sind kein geeignetes Terrain für den Biker, da mehr als 30° Steigung auch vom trainierten Sportler mit optimaler Untersetzung nicht befahren werden können. Letztlich sichert erst das Verhalten des einzelnen bzw. das der Gruppe die ökologische und vor allem soziale Verträglichkeit (vgl. Merkblatt für Bergradler des DAV, o. J.).

Als exemplarisch für eine extensive Nutzung der Kulturlandschaft Alpen kann der Tourenskilauf angesehen werden. Vergleichsweise wenige Skibergsteiger nutzen – in Relation etwa zu den Pistenskifahrern, die sich in den eigens geformten Skigebieten konzentrieren – großräumige Areale. Störungen betreffen vor allem den Jungwald in Schonungen und die besonders sensible Krummholzregion oberhalb von etwa 1 900 Metern, die durch die Stahlkanten unvorsichtiger oder auch rücksichtsloser Skifahrer geschädigt werden. Gefährdet ist weiter das Niederwild, das bei der Flucht vor dem Tourengeher wertvolle Energiereserven verbraucht. Bislang fehlen wissenschaftliche Untersuchungen mit ausreichendem Datenmaterial, wie sie für die Veränderungen durch Pistenskilauf vorliegen. Verglichen mit dem Pisten-, Varianten- oder Helikopter-Skilauf ist der Tourenskilauf aufgrund seiner niedrigen Frequenzen (normalerweise ein Aufstieg und eine Abfahrt pro Person und Tag) wesentlich verträglicher (vgl. HECKMAIR 1988, S. 82 ff.).

Die kommerzielle Form des Rafting beschränkt sich meist auf einige wenige, besonders interessante Abschnitte einzelner Flüsse. In der Imster Schlucht des Tiroler Inntals etwa werden an Samstagen und Sonntagen nicht selten 500 oder mehr Schlauchboote gezählt. Da Rafting ausschließlich in den natürlichen oder naturnahen Oberläufen von Flüssen praktiziert wird, muß man eine Störung verschiedener Vogelarten in ihren angestammten Brut- und Nahrungsbiotopen annehmen. Ornithologen stufen Rafting als problematisch ein (Referat Natur- und Umweltschutz das DAV 1989, S. 36 ff.). Die zuständigen Stellen in Österreich haben, allerdings aus wirtschaftlichen Überlegungen heraus, das Raften ausländischer Veranstalter reglementiert. Die Folge ist, daß auch gemeinnützige Träger und Organisationen mit ihren Schlauchbooten an den Grenzen abgewiesen werden, wenn sie keine Lizenz vorlegen können.

Wandertouren mit Kajaks oder Kanadier im »Flachwasser« sind aus erlebnispädagogischer Sicht vor allem in jenen Regionen interessant, wo die touristische Infrastruktur fehlt. So war es bis 1991 noch ohne weiteres erlaubt, an den Flüssen Schleswig-Holsteins oder Mecklenburg-Vorpommerns für eine Nacht zu zelten. Inzwischen werden Novellierungen der Naturschutzgesetze in diesen beiden Ländern vorbereitet, die zumindest das Zelten verbieten. Sowohl ökologisch als auch juristisch unproblematischer ist das Kuttersegeln oder Seekajakfahren auf Nord- und Ostsee, wenn für die Übernachtungen Marinas (kleine Seehäfen mit entsprechender Müllentsorgung) genutzt werden. Anderenfalls muß die Entsorgung, je nach den vor Ort vorhandenen Bedingungen, entsprechend organisiert werden.

Schuld oder Verantwortung

Die erfolgreiche Jagd war in Sammler- und Jägergesellschaften einerseits ein Grund zur Freude, denn Fleisch galt immer als begehrtes Nahrungsmittel, andererseits mußte sich der geschickte Jäger einem Ritual der Reinigung unterziehen, weil er sich schuldig gemacht hatte. Abgesondert vom Dorf verbrachte er einige Tage in einer einsamen Hütte, setzte sich einem Rauchritual aus und wurde so in seiner Bedrängnis von einem Schamanen begleitet. Dieser beruhigte den Jäger und versuchte ihm sein Schuldgefühl zu nehmen: »Was du geschossen hast, war kein Bär, sondern ein verkleideter Waldgeist, und was vor uns liegt, ist nur eine wertlose Hülle, seine Seele lebt weiter.« oder: »Der Tag war so schön, da hast du einfach Lust bekommen, den Bogen zu spannen und den Pfeil abzuschießen. Da ist zufällig der Bär aus dem Wald gerannt und der Pfeil hat ihn getroffen. Dich trifft dabei keine Schuld.« (MICHL 1982, S. 46 ff.) Mit der Jagd, dem Töten, um leben zu können, greift der Mensch als Teil der Natur in Ökosysteme ein, und die Sammler- und Jägervölker dieser Erde haben dies als Schuldempfinden in vielen Ritualen, Gebeten und Gesängen zu begleichen versucht. Aus heutiger Sicht erscheint es sinnvoller, von »unvermeidbarer Verantwortung« zu sprechen[1]. Wer Berge besteigt, Flußläufen folgt, ja Wüsten durchquert, kommt nicht umhin, sich der Verantwortung zu stellen und sein Handeln am Maßstab der ökologischen Verträglichkeit auszurichten. Das gilt insbesondere für die Fortbewegung vor, nach und während der Unternehmungen. Hier vor allem kommt es zur Nagelprobe, ob sich erlebnispädagogische und ökopädagogische Ziele decken und ob es gelingt, eine »Philosophie« des ökologischen Lernens zu entwickeln.

Alltagsökologie, Ökopädagogik und ökologisches Lernen

Die alltagsökologische Verantwortung in der Kurzzeitpädagogik, und auch bei längeren Projekten nach den Hilfen zur Erziehung, beginnt mit der Planung der Aktion. Mit welchem Verkehrsmittel bewegen wir uns fort? Gerade bei den großen Reiseprojekten im Rahmen der Intensiven Sozialpädagogischen Einzelmaßnahmen nach § 35 KJHG sind öffentliche Verkehrsmittel vorzuziehen. Sie schaffen viel eher den beabsichtigten Kontakt zu Land und Leuten. Ist dagegen die Zeit knapp, so sollte man Ziele aussuchen, die zu Fuß, mit dem Rad oder mit der Bahn erreichbar sind. Es ist immer das ökologisch verträglichere Verkehrsmittel vorzuziehen: das Fahrrad dem Zug, der Zug dem Reisebus, der Reisebus dem Kleinbus, der Kleinbus dem Personenauto. Es ist schließlich keine Nebensache, mit welchen Verkehrsmitteln man sich dem Ziel nähert, sondern es ist schon Teil der pädagogischen Konzeption. Es ist eben ein Unterschied, ob ein Berg zu Fuß erklettert wird oder ob man per Seilbahn an die Spitze kommt. Bei den Fahrten in die Türkei, die der Kreisjugendring München-Land im Rahmen seiner internationalen Jugendbegegnung angeboten hat, wurden alle Verkehrsmittel vom Flugzeug bis zum Kleinbus im Laufe der Jahre ausprobiert. Das Ergebnis war eindeutig: Die Anreise mit dem Zug war nicht nur ökologisch verträglicher, sie hatte auch zur Folge, daß sich während der Zeit der Anreise die Jugendlichen zunächst als Gruppe fanden, und daß sie ihre Erwartungshaltung auf die Reise viel besser thematisieren konnten. Unter dem Stichwort des sanften Reisens sind in den letzten Jahren eine ganze Reihe von alltagsökologischen Merkmalen zusammengestellt worden. Dazu gehört auch die Ernährung. Sich bei Reiseprojekten aus den Nahrungsmittelressourcen des Landes zu ernähren ist selbstverständlich; eine gesunde Ernährung ist

---

[1] Wir integrieren an dieser Stelle die Kritik von HUBERT KÖLSCH: Die in den früheren Auflagen verwandte Formel »unvermeidbare Schuld« kann in der Tat mit der Betonung des Sittlich-Moralischen als mitunter einschränkend und zwanghaft empfunden werden (KÖLSCH 1995).

aber auch bei mehrtägigen Aufenthalten in der Natur möglich. In vielen Unternehmungen wurde bewiesen, daß man auf Konserven und Fertigmenüs weitgehend verzichten kann. Dies hat nicht nur eine gesündere Ernährung zur Folge, sondern auch eine Minimierung des Abfalls. Daß der mitgebrachte und hier produzierte Müll wieder mitgenommen und entsorgt werden muß, ist zwar ein ökologisches Axiom, für Jugendliche aber nicht immer einsichtbar. Am effektivsten ist das Lernen dann, wenn die Folgen eines umweltschädigenden Verhaltens unmittelbar spürbar werden. Neben diesen alltagsökologischen Fragen des sanften Reisens, der vernünftigen Ernährung, der Müllproblematik ist auch noch entscheidend, wie man sich als Gruppe in einem fremden Land oder in der natürlichen Umgebung verhält. Beim Reisen, Wandern, Klettern, Radfahren, Segeln können wir uns in die Gegebenheiten der Natur einfügen und mit ihnen unser Ziel erreichen oder sehr bald zum Störfaktor werden, der gegen die Natur kämpft.

Neben der Beachtung dieser selbstverständlichen alltagsökologischen Ziele können sich erlebnispädagogische Aktionen aber unmittelbar decken mit ökologischen Zielen. Dies ist z. B. bei GREENPEACE und ROBIN WOOD der Fall, aber auch die Jugend des Deutschen Alpenvereins hat sich hier durch mehrere Projekte hervorgetan. Zum Beispiel durch das Projekt »Wegabschneider«, bei dem Bergwanderer darauf hingewiesen werden, welche ökologischen Schäden das Abschneiden des Wanderweges quer durch die Bergwelt zur Folge hat. Jugendliche haben sich intensiv mit den ökologischen Folgen beschäftigt, die Erosionsschäden beseitigt, haben Material zusammengestellt, es in die gefährdeten Gebiete getragen und hier in mühseliger Kleinarbeit die Tafeln angebracht. Ein weiteres Projekt der Jugend des Deutschen Alpenvereins sind Umweltbaustellen, z. B. das Hangschutzprojekt am Grünten im Allgäu. Ein solches Projekt geht über die übliche Natur- und Umweltschutzarbeit, die sich auf Müllsammelaktionen, Kampf gegen Forststraßen und Liftbau etc. beschränkt hatte, weit hinaus (DEWALD in: BEDACHT u. a. 1992, S. 161 ff.). Die Umweltbaustelle Hangschutz wurde 1985 aus der Taufe gehoben, und eine Fülle weiterer Maßnahmen war die Folge dieses Projekts im Oberallgäu. Im Nordhang des Grünten, der in diesem Bereich eine Steilheit von ca. 45° aufweist, ist der dortige Schutzwald in seiner Funktion zunehmend gefährdet. Er ist durch Sauren Regen und durch Emissionen stark geschädigt. Die am Fuße des Grünten liegende Gemeinde Wagneritz ist dadurch bedroht. Ziel der Umweltbaustelle war, einen Beitrag zur Sicherung und Sanierung des Grünten-Nordhangs durch Bepflanzung von Jungwald zu leisten. Dabei arbeitete die Jugendbildungsstätte des DAV mit dem zuständigen Forstamt und dem Wasserwirtschaftsamt Kempten zusammen. Wie DEWALD (Ebd.) berichtet, war die Tätigkeit am Grünten sehr mühsam und anstrengend. Die Gruppe von Jugendlichen, die sich zunächst für eine Woche in der Jugendbildungsstätte des DAV zusammengefunden hatte, mußte jeden Tag ungefähr eine Stunde im steilen Wald aufsteigen, bevor die Arbeit beginnen konnte. Alle notwendigen Geräte mußten hochgetragen werden. Die Arbeit in dem steilen Gelände war durchaus gefährlich, da sich die Grasflanken bei Regen in gefährliche Rutschbahnen verwandelten. Die Teilnehmerzahl mußte dabei auf 15 Jugendliche festgelegt werden, um Überschaubarkeit und Sicherheit zu gewährleisten. Ohne die alpine Erfahrung der Kursleiter und ohne verantwortungsbewußtes Vorgehen wäre die Umweltbaustelle Hangschutz nicht zu meistern gewesen. Trotz eines starken Wildverbisses in der ersten Zeit konnten über 8000 Bäumchen im Bergwald wachsen. Mindestens ebenso wirksam wie die ökopädagogische Aktion vor Ort war aber, so DEWALD (Ebd. S. 166), die intensive Auseinandersetzung mit Ursachen, Folgen und Wirkungen des Baumsterbens, die bei vielen jugendlichen Teilnehmern ein erstaunliches gesellschaftspolitisches Engagement freisetzte. Obwohl die Umweltbaustelle Hangschutz eindeutig zu den kurzzeitpädagogischen Projekten zu zählen ist, hatten die Jugendlichen einen engen Bezug zu »ihrem« Berg gefunden, schrieben die Jugendbildungsstätte immer wieder an oder riefen sie an, kamen wieder und erkundigten sich nach dem Gelingen ihrer Arbeit. »Die Jugend des Deutschen Alpenvereins wird aufgrund dieser positiven Erfahrungen am Konzept der Umweltbaustellen festhalten und versuchen, es in anderen Problembereichen weiterzuentwickeln.« (Ebd.)

Ökologisches Lernen hat Alltagspädagogik und Ökopädagogik zur Voraussetzung. Eine glaubhafte Philosophie des ökologischen Lernens ist nicht entwickelbar, wenn nicht bewußt mit der Umwelt umgegangen wird und wenn nicht ökologisches und politisches Engagement zusammenstimmen. Erst auf der Basis dieser ökologischen Säulen kann eine Achtung vor der Natur entwickelt werden. Jugendliche sollen sich als Teil der Natur begreifen. Ein Ziel des ökologischen Lernens liegt sicherlich darin, die Tatsache zu vermitteln, daß man im Rahmen von Natursport mit der Natur zusammenarbeiten muß. Klettern ist eigentlich nicht die Bekämpfung des Felsens, sondern die Anpassung des Menschen an die natürlichen Gegebenheiten im Fels. Wer sich als Teil einer Landschaft empfindet, der durchwandert sie nicht nur, sondern er durchlebt sie. Der Interessenskonflikt zwischen Naturschutz und Naturnutz hat dann gute Chancen, ad acta gelegt zu werden. Solche Identifikation, solches Verschmelzen mit der Natur kann auch durch Übungen und Spiele unterstützt werden: Das gemeinsame Schweigen in der Höhle, der Schweigemarsch, Befühlen von natürlichen Gegenständen wie Sand, Schlamm, Bäume etc., Gehen und Meditieren, Stimmungen in der Natur bewußt machen. Werden in der Alltagsökologie Regeln aufgestellt, in der Ökopädagogik Ziele, dann sollte ökologisches Lernen sozusagen der Grundtenor, der Charakter in einer erlebnispädagogischen Aktivität sein.

Forderungen

Auf der Baader Fachtagung »Erlebnispädagogik – Mode, Methode oder mehr« wurden im Workshop »Erlebnispädagogik und Ökologie« folgende Forderungen aufgestellt (DEWALD, GRAM in: BEDACHT et al. 1992, S. 143 f.):

- Die Natur zu achten ist oberstes Gebot.
- Belastungen der Natur innerhalb erlebnispädagogischer Aktivitäten müssen bei Erlebnispädagogen und Teilnehmern thematisiert werden.
- Ökologisch sensible Gebiete sind zu meiden.
- Verzicht auf ökologisch bedenkliche Aktivitäten (Abgrenzung schwierig).
- Verknüpfung von ökologischen und erlebnispädagogischen Inhalten.
- Innerhalb der Erlebnispädagogik verfolgen ökologische Inhalte primär affektive und psychomotorische Ziele.
- Erlebnispädagogik muß im ökologischen Kontext gesellschaftspolitisch Position beziehen (auf Mißstände hinweisen, Lobbyarbeit betreiben).

5.5 Erlebnispädagogik im wiedervereinigten Deutschland

Zwei Jugendstudien erregten Aufsehen 1997: die Shell-Studie '97 und die Arbeit des Soziologen GERHARD SCHMIDTCHEN. Sie brachten Licht in ein Gewirr von Vermutungen und Phantasien. Vor allem zur Jugend in ostdeutschen Bundesländern kursierten durchaus plausible Thesen, die aber weitgehend entkräftet wurden. So wurde vermutet, daß sich die Jugend im Osten in einem Wertevakuum befände, daß sie durch Krippen- und Kindergartenerziehung nachhaltig in ihrer Beziehungsfähigkeit geschädigt wurde, daß sie unpolitisch, hedonistisch und gewaltbereit sei. Die Wirklichkeit sieht nach den Ergebnissen von SCHMIDTCHEN ganz anders aus, viel undramatischer und mit wenig Trennschärfe zwischen Ost und West. Das Bedürfnis nach Werten ist in Ost und West gleich groß. Die These eines ideologischen Vakuums konnte nicht bestätigt werden. Die Bereitschaft zum politischen, ökologischen oder sozialen Engagement ist allerorten gesunken, wie die Shell-Studie feststellt. Sprach die Shell-Studie 92 noch von desengagierten Optimisten – sie meinte Jugendliche, die ihre Zukunft positiv sehen, sich aber nicht sozial engagieren möchten – so muß man angesichts der Ergebnisse der beiden Studien von desengagierten Pessimisten sprechen. »Die gesellschaftliche Krise hat die Jugend erreicht«, so lautet ein Fazit der Shell-Studie (1997, S. 13). Es gibt 1997 weniger Schonraum für Jugendliche; ihre Alltagssorgen sind nicht mehr die klassischen Jugendthemen wie Selbstverwirklichung und Identitätsfindung, sondern eingebildete, drohende oder tatsächliche Arbeitslosigkeit. Die Gewaltbereitschaft ist allerdings im Osten deutlich höher als im Westen. SCHMIDTCHEN sieht keine Lösung in sozialpädagogischen Projekten, sondern fordert eine geistige Auseinandersetzung mit dem Phänomen Jugend und Gewalt. Gewaltphantasien steigen mit Ohnmachtsgefühlen; Ohnmachtsgefühle wachsen durch gesellschaftliche Unübersichtlichkeit, Arbeitslosigkeit, triste Plattenbauten und finanzielle Nöte. Neben der »rein« geistigen Auseinandersetzung, die SCHMIDTCHEN fordert, müssen soziale Defizite analysiert und behoben werden, will man sie in den Griff kriegen. 90 Millionen DM in den Jahren 1992–97 für ein »Aktionsprogramm gegen Aggression und Gewalt« und 130 geförderte sozialpädagogische Projekte sind in der Tat nur ein Tropfen auf den heißen Stein. Angesichts dieser Summen verwundert es nicht, wenn von Politikverdrossenheit gesprochen wird, es scheint sich aber eher um eine Jugendverdrossenheit der Politiker zu handeln.

Ein sozialpädagogisches Konzept für die neuen Bundesländer, das diese Defizite sieht und dabei immer noch reichliche Ressourcen vermutet, wird an handlungsorientierten Ansätzen nicht vorbeikommen. Erlebnispädagogik muß hier mehrfachen Zwecken dienen. Sie kann zunächst als nichts anderes als sinnvolle Freizeitbeschäftigung verstanden werden. Wenn es gelingt, daß Jugendliche die tristen Plattenbauten verlassen, daß sie die drückende Atmosphäre der Arbeitslosigkeit kurzzeitig vergessen, die Unübersichtlichkeit und Resignation verdrängen, dann ist schon einiges gewonnen. Dabei braucht es sicherlich Pädagogen, die zu eigenen Werten stehen, auch wenn sie sich von denen der Jugendlichen unterscheiden. Dies würde trotzdem die Sehnsucht nach Werthaltungen eher befriedigen als falsch verstandene Toleranz. Gezielte erlebnispädagogische Programme zum Abbau von Gewaltbereitschaft, als Therapie von Straftätern, z. B. im Rahmen Sozialer Trainingskurse, sind bereits bestens erprobt. Ob Anti-Gewalt-Trainings mit Kampfsport, American Football und Gewichte stemmen nachhaltige Wirkungen erzielen können, läßt sich derzeit noch nicht halbwegs valide beurteilen. Die Berichte indes klingen vielversprechend. Wo es an finanzieller Ausstattung mangelt, entstehen oft die besten Ideen: In Brandenburg bauten Jugendliche aus sozialen Brennpunkten Unterkünfte für Asylbewerber, um künftig mit diesen in einem »Friedensdorf« zusammenzuleben. Das Projekt ist langfristig angelegt und wird unter anderem über das Arbeitsförderungsgesetz mit Mitteln ausgestattet. Glaubt man den Berichten, dann scheint das Vorhaben zu gelingen. In recht unkonventioneller Manier wird so das HAHNsche Element Dienst wiederbelebt. Es scheint sich einmal mehr zu beweisen, daß Resignation, Vorurteile und emotionale Barrieren abgebaut werden können, wenn man Jugendlichen die Gelegenheit gibt, Verantwortung zu übernehmen und sich sozial zu engagieren.

Die knappen personellen Ressourcen und der Kostendruck auf die öffentlichen Kassen beschränken natürlich und erzeugen auch viel Frust bei den Verantwortlichen. Aber jeder Mangel und jede Krise birgt auch Chancen: Schlecht beraten wären die Strategen der Jugendhilfe in Ostdeutschland, wenn sie – wie noch mancherorts der Fall – weiter nur auf die im Westen erprobten Konzepte setzen würden. Straßensozialarbeit und Erlebnispädagogik im herkömmlichen Sinne waren die Renner nach der Wende. Allerdings müssen sie jetzt umgeformt und weiterentwickelt werden, um nicht abzuschmieren im Strudel mangelnder Beschäftigung und Perspektive. Risikobereitschaft und der Mut, auch unkonventionelle Wege zu gehen, sind jedenfalls unerläßlich. Die Erlebnispädagogik als Verfahren, Methode oder was immer sich aus ihr entwickeln wird, sollte sich jedenfalls nicht auf die Freizeitschiene festlegen lassen, will sie mittel- und langfristig Wirkung erzielen. Mit breiter und tiefer dimensionierten Projekten, die auch den Wohn- und Arbeitskontext der Beteiligten umfassen, dürften in jedem Falle größere Reichweiten erzielt werden. Die Erlebnispädagogik würde so zwar auf ihre Prinzipien abgespeckt, verlöre damit vielleicht auch ihren Namen, nicht jedoch ihre Substanz. Sie wäre, so gesehen, auch nicht mehr nur Pädagogik, sondern auch und vor allem Lebensform.

Eine engagierte Pädagogik braucht die geistige Auseinandersetzung, die SCHMIDTCHEN fordert, aber auch die finanzielle Ausstattung, um aus der Analyse der geistigen Situation der Jugendlichen die notwendigen pädagogischen Konsequenzen zu ziehen. Daß sich der doppelte Aufwand lohnen könnte, dazu ermutigt uns SCHMIDTCHEN in seinem etwas pathetischen Fazit (1997, S. 367): »Wenn man den psychischen Tendenzen junger Menschen nachspürt, die in ihren kritischen Äußerungen erkennbar werden, erscheint Deutschland als Metapher für die erstrebenswerte Heimat. Es soll eine Kultur der Gerechtigkeit, der Aufklärung, der Offenheit sein, ein Land, in dem Freiheit und Ordnung keine Widersprüche sind. In ein Deutschland, das seine geistigen humanistischen Traditionen aufnimmt, Lebensformen der Kreativität bietet, würden Jugendliche gern aufbrechen.« Zu diesem Aufbruch können findige Erlebnispädagogen einiges beitragen!

5.6 Der »Quality Circle« in einer Person – Was muß der Erlebnispädagoge können?

Wenn Praktiker einer bestimmten Branche zu einer Tagung oder einem Kongreß zusammenkommen, dann wird das Auditorium in der Regel relativ homogen zusammengesetzt sein. Auch wenn es unterschiedliche Schulen, Richtungen und Strömungen geben sollte, so handelt es sich meist doch – zumindest von außen betrachtet – um Menschen mit ähnlichen Einstellungen, vergleichbaren Selbstverständnissen und gemeinsamen Orientierungen. Auf erlebnispädagogischen Fachtagungen dagegen kommt es mitunter vor, daß Welten aufeinandertreffen: Die Sozialpädagogin, die eine Floßfahrt mit Jugendlichen ihres Erziehungsheimes begleitet, trifft auf den staatlich geprüften Bergführer, der seit zwanzig Jahren erlebnisorientierte Kurse für Schüler und Auszubildende leitet; der Seemann mit Kapitänspatent, der Segeltörns für ehemalige Drogenabhängige anbietet, hat es zu tun mit der Erzieherin, die heilpädagogisches Reiten für behinderte Jugendliche durchführt. Die Zugänge zur Erlebnispädagogik, das sollte an diesen – etwas klischeehaften – Beispielen aufgezeigt werden, sind so vielschichtig und uneinheitlich wie die Erlebnispädagogik und ihre Geschichte selbst.

Wenn man Entwicklungslinien in der Erlebnispädagogik nachzeichnet, dann fällt auf, daß die Fäden meist aneinander vorbeilaufen, ohne sich zu berühren. Es fehlen die Verknüpfungen, die theoriebildend sein könnten. Die HAHNsche Erlebnistherapie war jahrzehntelang in den Bildungsstätten von OUTWARD BOUND von der sozialpädagogischen Fachdiskussion so gut wie abgeschottet. In der Sozialpädagogik selbst wurden erlebnisorientierte Ansätze in die Kategorie anspruchsloser Minimalpädagogik abgedrängt. Die Sportpädagogik ignoriert den Begriff fast vollkommen (AMESBERGER 1992, S. 6). Die Jugendverbandsarbeit und die Offene Jugendarbeit, in denen sicher interessante Ansätze zu finden wären, wurden von den theoriebildenden Instanzen in und rund um die Hochschulen kaum wahrgenommen. Die Jugendhilfe stieß mit ihren Segelprojekten nicht durch systematische Auswertung von (pädagogischen) Quellen, sondern durch Zufall auf ein Potential, das zur rechten Zeit am rechten Ort das richtige Konzept sein sollte (vgl. dazu: ROELOFFS/REITER 1990). Schließlich wird mit dem Outdoor Training ein Ansatz in die deutsche Betriebspädagogik eingeführt, das in den angelsächsischen Ländern schon seit vielen Jahren zum Standardrepertoire der Weiterbildung zählt.

Vor diesem äußerst vielschichtigen Hintergrund verwundert es nicht, daß auch noch nicht annähernd ein allgemein akzeptiertes Berufsbild des Erlebnispädagogen entwickelt wurde. Die Zugänge sind zu unterschiedlich, als daß ein generalisierbares Anforderungsprofil aus der Addition der einzelnen Arbeitsfelder abzuleiten wäre.

Das Thema Aus- und Fortbildung wurde auf den bereits erwähnten erlebnispädagogischen Fachtagungen der Jahre 1991 und 1992 im Rahmen von Arbeitskreisen und Workshops behandelt. Die Ergebnisse waren – wie beispielsweise in Malente – recht abstrakter Art: Der Typus eines »Neuen Pädagogen« sollte sein Handwerk verstehen, kontakt- und beziehungsfähig sein, neue Wege ausprobieren, flexibel sein und sich im pädagogischen Prozeß reflektieren können (MAASS 1992, S. 161). Das nicht näher beschriebene Handwerk steht zwar an erster Stelle, aber die weitere Auflistung eher fachfremder, etwas vager Kompetenzen, erscheint beliebig und ließe sich auch auf alle anderen pädagogischen Disziplinen übertragen. Es entsteht der Eindruck, als genüge eine prinzipielle Offenheit für Innovationen, gepaart mit einer soliden sozialpädagogischen Ausbildung, um erlebnispädagogisch arbeiten zu können.

NICKOLAI präsentierte auf der Baader Tagung ein differenzierteres Statement: Erlebnispädagogen »müssen Experten sein für das Medium, das sie anbieten, sie bedürfen einer pädagogischen Qualifikation, deren Umfang und Intensität davon abhängt, mit welchem Personenkreis sie arbeiten ... Je schwieriger das Klientel, um so qualifizierter die Ausbildung« (NICKOLAI/HARDER 1992, S. 136).

Auf der gleichen Veranstaltung entwickelte HARDER ein professionelles Profil des Erlebnispädagogen: Einerseits soll er pädagogische und psychologische Kompetenz, andererseits fachlich-sportliche Fähigkeiten mitbringen. Eine wesentliche Voraussetzung ist darüber hinaus ein hohes Maß an Reflexionsvermögen sowie die Bereitschaft, sich zurücknehmen zu können. Der »gekonnte Umgang mit Ski, Paddel und Rigg« verführe nicht selten zu »narzißtischer Selbstdarstellung und überzogenem Leistungsdenken« (Ebd., S. 138). Gefragt sind deshalb Persönlichkeiten, die sich – so könnte HARDERS Warnung interpretiert werden – weniger als alleskönnende Animateure denn als sensible Moderatoren verstehen.

Die Verantwortung gegenüber der Gruppe und dem Individuum, die außergewöhnlichen emotionalen Spannungen ausgesetzt sind, steht für die österreichischen Sportwissenschaftler AMESBERGER und SOBOTKA (1991) im Mittelpunkt. Neben der alpinistischen Führungskompetenz sind es vor allem Reflexions- und Interventionsmethoden, die ihrer Auffassung nach von den Anleitern beherrscht werden sollten (Ebd., S. 103). Die tiefenpsychologische Orientierung wird offenbar, wenn Selbsterfahrung und Supervision zu den obligatorischen Bestandteilen in der Ausbildung bzw. Praxisbegleitung von Erlebnispädagogen gezählt werden. AMESBERGER und seine Kollegen haben vielen amtierenden und selbsternannten Fachleuten im deutschen Sprachraum voraus, sich wirklich intensiv mit den theoretischen Zugängen zur Erlebnispädagogik, auch was die amerikanische Theorie anbelangt, beschäftigt zu haben. So sind die Querverweise in den Veröffentlichungen (AMESBERGER/ SOBOTKA 1991, AMESBERGER 1992) meist lohnender und ergiebiger als die vorliegenden Bibliographien zur Erlebnispädagogik.

HANS-PETER HUFENUS legte auf der Züricher Tagung 1991 einen vergleichsweise dicken Katalog von Anforderungen an den Erlebnispädagogen vor. Die Leiter erlebnispädagogischer Maßnahmen sollten über »eine integrierte Handlungskompetenz verfügen, welche sich aus Wissen, Können und Haltung zusammensetzt« (HUFENUS 1991, S. 84). Insbesondere brauchten sie:

– Wissen um die Wirkungszusammenhänge in der Erlebnispädagogik
– Wissen um die spezifischen gruppendynamischen Faktoren
– Wissen über den betreffenden erlebnispädagogischen Raum
– Wissen und Können im Bereich Reiseorganisation
– Erfahrung und Fähigkeiten bezüglich Krisenmanagement
– Fähigkeiten zum Selbstmanagement unter extremen Bedingungen
– projektspezifisches praktisches Können
– Führungsfähigkeiten in partnerschaftlichen Strukturen
– Positive Haltung gegenüber Land, Natur und Einheimischen
– Starke und eindeutige, aber einfühlsame Haltung gegenüber Jugendlichen
– Identifikation mit dem pädagogischen Auftrag
– natürliche Autorität. (Ebd., S. 85).

Die Auflistung kann erst dann richtig eingeordnet werden, wenn das bevorzugte Aktionsfeld des Schweizer Autors ins Spiel gebracht wird: Es ist die »Wildnis im engeren Sinne«, die in Europa kaum mehr irgendwo anzutreffen ist. HUFENUS siedelt nicht nur die Kurse für Jugendliche, sondern auch den

Hauptteil einer erlebnispädagogischen Zusatzausbildung, die die Wildnisschule Mörschwil seit 1987 anbietet, in einem schwer zugänglichen Gebiet Kanadas an, das Teilnehmer und Pädagogen nur mit einem Wasserflugzeug erreichen können. HUFENUS' Verständnis von Erlebnispädagogik baut ganz wesentlich auf der Bewältigung extremer Situationen auf, die positiv nur mit der Kenntnis von Survival-Techniken »ausgestanden« werden können. Notwendigerweise müssen diese Techniken zum Repertoire des Erlebnispädagogen gehören.

Parallelen zu HUFENUS' Ansatz finden wir in Ausbildungskonzepten amerikanischer Träger. Als Beispiel sei hier die »Wilderness Education Association« (WEA) genannt, die 1978 ein »National Standard Program for Outdoor Leadership Certification« ins Leben rief (COCKRELL/LAFOLLETTE 1985, S. 42). Stärker noch als bei HUFENUS wird auf die Entwicklung technischer Qualifikationen Wert gelegt:

1. Teach others to use and enjoy the wilderness with minimum impact *(Lehre die anderen, die Natur zu nutzen und zu genießen, ohne sie zu schädigen.)*;
2. Safely lead others in the wild outdoors *(Führe sie sicher in der freien Natur.)*;
3. Exercise good judgement in a variety of outdoor environments and conditions *(Übe das Urteilsvermögen in verschiedenen Umwelten unter wechselnden Bedingungen.)*;
4. Demonstrate a basic standard of outdoor knowledge and experience. *(Zeige Grundlagen von Umweltwissen und -erfahrung auf.)* (Ebd.)

Die Entwicklung einer (sozial-)pädagogischen und psychologischen Fachlichkeit wurde erst später in die Programme eingefügt.

SIMON PRIEST hat in einer Übersicht die Anforderungen für »Outdoor Leadership« zusammengestellt und dabei fachlich-technische, pädagogisch-psychologische und persönlichkeitsbezogene Kriterien aufgeführt: Technical Activity Skills, Safety Skills, Organizational Skills, Environmental Skills, Instructional Skills, Group Management Skills, Problem-Solving and Decision-Making Skills; Motivational Philosophy and Interest, Physical Fitness, Healthy Self-Concept and Ego, Awareness and Empathy for Others, Personable Traits and Behavior, Flexible Leadership Style, Judgment Based on Experience; Analytical Problem-Solving, Decision-Making and Creative Problem-Solving.[1]

Wenn an PRIESTS Anforderungsprofil klassische sozialpädagogische Maßstäbe angelegt würden, dann müßte man sein Modell als zu technokratisch

---
[1] PRIEST 1990, S. 213ff. Instrumentell-technische Fertigkeiten, Sicherheitstechniken, Organisationskompetenz, Verhalten in der Natur, Anleitungstechniken, Gruppenleitungsverhalten, Problemlösungsfähigkeit und Entscheidungsvermögen; die Fähigkeit zu motivieren und zu interessieren, körperliche Fitness, ausgewogene Selbsteinschätzung – Selbstbewußtsein, Einfühlungsvermögen, Charakterstärke und entsprechendes Verhalten, flexibler Führungsstil, Urteilsfähigkeit auf der Basis von Erfahrung, analytisches Problemlösen, Entscheidungsvermögen und kreatives Problemlösen.

abqualifizieren. Bekannterweise firmiert die Erlebnispädagogik in der (deutschen) Sozialpädagogik meist als Beziehungsarbeit, die in ein Setting von Abenteuer und Erlebnis eingebettet ist. Der Erlebnispädagoge sollte sich nach diesem Verständnis in erster Linie »einbringen« können und offen sein für Situationen, die für ihn und die ihm anvertrauten Jugendlichen abenteuerlich sind (vgl. dazu: MAASS 1992). Vereinzelt wird zudem noch an der Disziplin kritisiert, daß die Erlebnisse entwertet würden, wenn man sie »pädagogisiert« (vgl. HINTE 1992). Konsequenterweise würde ein Ansatz, der die Beziehung zwischen dem Pädagogen und dem Jugendlichen als paradigmatische Grundlage versteht, Fertigkeiten in der Organisation, im Problemlösen, Urteilen und Entscheiden nur am Rande vorkommen lassen. Fertigkeiten, Verhaltensweisen und Attribute wie die bei PRIEST aufgeführten finden wir allerdings en masse in der Betriebspädagogik unter der Rubrik Schlüsselqualifikationen.

Die amerikanische Schule des »Adventure-based Experiential Learnings« mit ihren Ansprüchen auf eine hohe, nicht originär pädagogische Fachlichkeit steht also einer deutschen bzw. mitteleuropäischen Erlebnispädagogik mit sozialpädagogischen Wurzeln gegenüber, die sich nicht sicher ist, ob sie überfachliche Handlungskompetenz von ihren Apologeten einfordern kann. In den USA und in Kanada, in denen viele behavioristische Lerntheorien (THORNDIKE, PAWLOW, SKINNER) ebenso ihre Ursprünge haben wie Ansätze des Handlungslernens (DEWEY, KILPATRICK), werden wesentlich unbefangener Lernziele formuliert und daraus Anforderungen an Pädagogen abgeleitet, als das bei uns vorstellbar wäre. GASS, GOLDMANN und der bereits zitierte PRIEST haben – allerdings bezogen auf das Feld der Betriebspädagogik – den Transfer als die zentrale pädagogische Kategorie in drei Bereiche eingeteilt (GASS et al. 1992, S. 38f.). Wenn man unterstellt, daß das erste Ziel des Erlebnispädagogen sein müßte, Lernerfahrungen in den Alltag zu transportieren, dann sollte es sich lohnen, die amerikanische Kategorisierung auch für die Kriterien der Erlebnispädagogik-Qualifizierung zu betrachten.

GASS et al. sprechen vom spezifischen, nicht-spezifischen und metaphorischen Transfer (Specific, Non-specific and Metaphoric Transfer; ebd.). Unter spezifischem Transfer werden direkte Lerneffekte verstanden, also z. B. ein Kajak fahren, eine topographische Karte lesen, Schäden an einem Baum feststellen zu können. Nicht-spezifischer Transfer liegt demgegenüber vor, wenn beispielsweise bestimmte Methoden, Problemlösungsaufgaben zu bewältigen, oder Techniken, eine Entscheidung in einer festgefahrenen Situation zu fällen, gelernt und übertragen werden. Der interessanteste Bereich ist der metaphorische Transfer, den die Autoren von BACON übernommen haben (1983): »Metaphoric transfer occurs when parallel processes in one learning situation become analogous to learning in another different, yet similar situation.«[1] Die Idee der Metaphorik korrespondiert mit dem bereits vorgestellten Verständnis einer Erlebnispädago-

---

[1] GASS a. a. O., 1992, S. 38 f. Ein metaphorischer Transfer kommt zustande, wenn ein Lernprozeß in einer Situation analog zu einem Lernprozeß in einer anderen, vergleichbaren Situation verläuft.

gik, die keine »Insellage« einnehmen will, sondern ein kontrastierendes Umfeld aufsucht, in dem Lernerfahrungen gesammelt werden, die später im Alltagsleben Chancen zu Verhaltensänderungen eröffnen. Die Herausforderung für den Erlebnispädagogen besteht in erster Linie darin, analoge Situationen zu suchen bzw. konkreter die Projekte bezüglich der Aktivitäten, Ziele, Methoden und Umfelder auszuwählen und zu gestalten (vgl. 2.4: BACONS Beispiel einer »Ropes-Course«-Übung für drogenabhängige Jugendliche). Hier wäre nun, folgen wir dem Schema des Autorenteams, die metaphorische Kompetenz des Anleiters gefordert.

Zusammenfassend läßt sich feststellen, daß drei tragende Säulen von Fachlichkeit beinahe in allen Modellen zur Qualifikation des Erlebnispädagogen vorkommen:

– die technisch-instrumentelle Kompetenz,
– die sozialpädagogische Kompetenz,
– die Persönlichkeit.

Unterschiedlich ist jedoch die Gewichtung dieser drei Säulen. Während in der deutschsprachigen Theoriediskussion besonders auf die sozialpädagogischen Qualifikationen und auf die Persönlichkeit gesetzt wird, konzentrieren sich amerikanische Autoren auf ein anderes Standbein: Gestützt auf die Tradition ihrer Lern- und Handlungstheorien präsentierten sie einen Katalog außerfachlicher Kompetenzen, die man hierzulande als »Schlüsselqualifikationen« bezeichnen würde.

Zusatzausbildungen im deutschen Sprachraum

Inzwischen hat sich die Szene in Mitteleuropa enorm weiterentwickelt: Gab es Anfang der 90er Jahre nur einzelne Fortbildungsveranstaltungen, meist ohne Zusammenhang und weit entfernt vom Anspruch, beruflich qualifizieren zu wollen, so verzeichnet jetzt eine Tabelle in der Zeitschrift »erleben und lernen« (KÜTHE/REHM 1997) allein neun berufs- bzw. studienbegleitende Zusatzausbildungen und 16 weitere Anbieter von Fortbildungen zur Erlebnispädagogik. Angetrieben durch eine rege Nachfrage und eine Qualitätsdebatte, die in allen Feldern der Sozialen Arbeit aufgeflammt ist, hat sich ein regelrechter Markt herausbilden können. Der Endverbraucher hat zwar Schwierigkeiten, sich im Dickicht der konkurrierenden Programme zurechtzufinden, profitiert jedoch letztlich durch den Wettbewerb der Anbieter und ihrer Konzepte. Fünf der Träger und ihrer »Qualifizierungspakete« möchten wir an dieser Stelle kurz vorstellen.

Die Schweizer *Wildnisschule*, Schloß Wartensee, verfügt von den vorgestellten Trägern wohl über die meisten Erfahrungen in der Weiterbildung. Seit vielen Jahren wird Multiplikatoren eine breite Palette meist offener Kurse angeboten. Unter dem Titel »Kreativ-rituelle Prozeßgestaltung« wurde im

Frühjahr 1997 eine Qualifizierungsreihe gestartet. In insgesamt zehn Modulen mit insgesamt 40 Tagen Dauer und weiteren Bausteinen selbstorganisierten Lernens werden die praktischen und theoretischen Grundlagen zur Planung und Leitung von erfahrungsorientierten Bildungsangeboten vermittelt.

Die österreichische *Initiative Outdoor-Aktivitäten*, Wien, bildet zum »Gruppentrainer Outdoor-Aktivitäten« aus. Bei der insgesamt ca. 35 Tage dauernden Reihe können die Teilnehmer sich entweder zum »sport- und bewegungsbezogenen« oder zum »gruppenpsychologischen und -pädagogischen Leiter« qualifizieren. Vor bzw. parallel zur Ausbildung müssen technisch-instrumentelle Kenntnisse erworben sowie Zeiten der Selbsterfahrung bei anerkannten Trägern nachgewiesen werden.

Ein *Trägerverbund* aus bayerischen Institutionen der Jugendarbeit, dem *Bayerischen Kanu-Verband* und dem *Verband der Höhlen- und Karstforscher* führt ebenfalls seit Frühjahr 1997 eine insgesamt 34tägige »Zusatzqualifikation Erlebnispädagogik« durch. Vorläufer dieses Projekts war die vom *Deutschen Alpenverein*, München, in Zusammenarbeit mit dem *Institut für Jugendarbeit des Bayerischen Jugendrings*, Gauting, seit 1995 angebotene Ausbildungsreihe mit alpiner Schwerpunktsetzung. Die Teilnehmer können wählen zwischen den Themen »Alpin«, »Wasser« und »Höhle«.

Die *Fachhochschule Frankfurt* schreibt seit 1995 eine berufsbegleitende Weiterbildung »Erlebnispädagogik in der sozialen Arbeit« aus. Die Teilnehmer werden in 480 Stunden – angelehnt an die Standards der jeweiligen Übungsleiterausbildungen – in Sportklettern, Alpintouren, Kanu- und Kajaksport, Kuttersegeln und Fahrradfahren / Mountainbiking sowie in der Theorie der Erlebnispädagogik ausgebildet. Als Absolventen sollen sie dann über die notwendigen pädagogischen und praktischen Qualifikationen verfügen, um selbst Konzeptionen zu erstellen und erlebnispädagogische Maßnahmen durchzuführen.

OUTWARD BOUND *Deutschland*, München, war der erste Anbieter einer berufsbegleitenden Zusatzausbildung (»ZAB«) in Mitteleuropa. Die 57tägige Reihe beinhaltet unter anderem einen längeren Selbsterfahrungsteil, Theorie und Praxis – bezogen auf unterschiedliche Medien (Kanu, Bergwandern, Fahrrad, Stadt, Winter...) und Handlungsfelder (Berufliche Bildung, Jugendhilfe, Schule...), eine Co-Leitung eines Kurses von OUTWARD BOUND sowie ein externes Praktikum. Nach der dreiwöchigen Grundausbildung sind die Termine frei wählbar, so daß die Ausbildung auch auf mehrere Jahre gestreckt werden kann. 1997 wurden insgesamt 28 Lehrgänge angeboten.

Die hier skizzierten Zusatzausbildungen sind in ihren Konzeptionen sehr unterschiedlich, was für den Endverbraucher von Vorteil ist, da er die für ihn »richtige« Ausbildung wählen kann. Aus unserer Sicht, die sich natürlich aus subjektiven Eindrücken zusammensetzt und keinen Anspruch auf Objektivität erhebt, können die Konzepte so charakterisiert werden: Die *Wildnisschule* setzt ihre inhaltlichen Schwerpunkte unter anderem auf »Rituale, Kreativprozesse, Chaostheorie und systemisches Handeln«. Ein hoher Selbsterfahrungsanteil kennzeichnet sowohl das Konzept der Wildnisschule/Schloß Wartensee als auch das der Wiener *Initiative Outdoor-Aktivitäten.* Bei letzterer ist Einzel- bzw. Gruppensupervision fester Bestandteil. Der *Trägerverbund* wendet sich in erster Linie an bayerische Teilnehmer, die bereits Vorkenntnisse im Bergsteigen, Kanufahren bzw. Höhlenbefahrung vorweisen können und sich technisch-instrumentell wie pädagogisch weiterqualifizieren wollen. Den Typus »Allround-Sportler« sollte das Konzept der *Fachhochschule Frankfurt* ansprechen: vom Sportklettern bis zum Wildwasser-Kajakfahren, vom Mountainbiken bis zum Kuttersegeln – ein breites Spektrum wird innerhalb der Ausbildung abgedeckt. Auch das natursportliche Angebot von OUTWARD BOUND umfaßt eine große Bandbreite. Allerdings muß der Teilnehmer unter einzelnen »Medien«, sprich Natursportarten wählen. Der Akzent liegt dabei nicht in der Vermittlung technisch-instrumenteller Fertigkeiten, sondern in der Förderung der »soft skills« und »meta skills« (vgl. KÜTHE/HECKMAIR 1993).

Die Konzeptionen spiegeln die unterschiedlichen Ausprägungen und Strömungen in der Erlebnispädagogik wider und werfen ein buntes, schillerndes Licht auf die Vielfalt der Szene. Jene Stimmen, die noch vor nicht allzu langer Zeit staatlich kontrollierte Ausbildungsgänge gefordert haben, sind weitgehend verschwunden, auch die europäische Qualitätsnorm ISO 9000 spielt keine Rolle mehr in den Überlegungen der Anbieter. Wohl aber ist die Diskussion um Qualität generell voll entbrannt: So trafen sich im Juli 1997 so gut wie alle wichtigen »Ropes-Course«-Betreiber erstmals, um gemeinsam Standards für die Errichtung, Wartung und den Betrieb von Seilgärten festzulegen. Es ist das Gebot der Stunde, sich auszutauschen und voneinander zu lernen, nicht nur in bezug auf die Technik.

5.7 Safety First – Rechtsfragen, Sicherheitsstandards und -maßnahmen

Fahrer von Notarzt- und Rettungswagen behaupten von sich, während ihrer Einsätze mit einem Bein im Krankenhaus, mit dem anderen im Gefängnis zu stehen. Erlebnispädagogen denken im allgemeinen weder an das eine noch an das andere, dabei bergen viele Aktivitäten objektive Gefahren, die nur dann weitgehend ausgeschlossen werden können, wenn die sicherheitstechnischen Vorkehrungen optimal getroffen werden. Hinzu kommt die Möglichkeit individuellen Fehlverhaltens, das auch unter professionellen Bedingungen vorkommen kann. Jeder Veranstalter sollte bestrebt sein, die objektiven wie subjektiven Gefahren zu minimieren. Völlig auszuschließen sind Unfälle jedoch nie.

Aus Platzgründen müssen wir uns darauf beschränken, exemplarisch verschiedene sicherheitstechnisch und zum Teil auch juristisch relevante Situationen zu beschreiben und Anhaltspunkte für das adäquate Verhalten in ihnen aufzuzeigen. Neben allgemeinen Sicherheitsfragen und den möglichen zivilrechtlichen bzw. strafrechtlichen Konsequenzen eines Unfalls soll auch die Frage der formalen technisch-instrumentellen Qualifikation zur Leitung von Gruppen in einer Natursportart besprochen werden. Schließlich sind es naturschutzrechtliche Bestimmungen, die – meist aus guten Gründen erlassen – mehr und mehr Einschränkungen für erlebnispädagogische Aktionen bringen. Auch auf sie soll kurz eingegangen werden.

Prinzipiell sollte sich jeder Träger, jede Initiative und jeder Mitarbeiter der Verantwortung bewußt sein, die mit natursportlichen Aktionen und vielen körper- und bewegungsbezogenen Übungen verbunden ist. In besonderem Maße gilt dies in bezug auf Jugendliche, die an den Projekten teilnehmen. Institutionen und Individuen sind moralisch wie rechtlich verpflichtet, alles dafür zu tun, um Schäden am ihnen anvertrauten Klientel abzuwenden.

Beginnen wir mit der Vorsorge. Im wesentlichen sind es fünf Bedingungen, die zu erfüllen sind:

– Die technisch-instrumentelle Kompetenz der Mitarbeiter muß gegeben sein.
– Die Ausrüstung muß den in Fachkreisen geltenden Kriterien entsprechen.
– Während einer sorgfältigen Tourenplanung und -vorbereitung sollten alle sicherheitsrelevanten Fragen abgeklärt werden.
– Die pädagogischen und psychologischen Fähigkeiten der Leitung sollten die »seelische Sicherheit« der Teilnehmer garantieren.
– Die Teilnehmer sollten in der Lage sein, die physischen und psychischen Anforderungen zu bewältigen.
(Vgl. dazu: UMBACH 1991, S. 134ff.)

Vor allem die ersten drei Punkte werden von den Trägern erlebnispädagogischer Projekte recht unterschiedlich interpretiert. Sie sind es auch, die bei einem juristischen »Nachspiel«, etwa bei einem Unfall, von Sachverständigen und Gericht besonders gewürdigt werden.

So orientieren sich manche Träger, beispielsweise bei alpinen Unternehmungen, an den Ländergesetzen für professionelle Führer. Im Vorarlberger und Salzburger Bergführergesetz heißt es dazu, daß nur staatlich geprüfte Bergführer Gruppen in alpinem Gelände führen dürfen. Allerdings bezieht sich das Gesetz ausdrücklich auf entgeltliche Kurse zur Ausbildung selbständiger Bergsteiger, was für erlebnispädagogische Projekte ohne Zweifel nicht zutrifft. Insofern ist eine Anlehnung an Sicherheitsstandards des entsprechenden Ländergesetzes hier eine selbstauferlegte, freiwillige Maßnahme, die den hohen Sicherheitsstandard der Institution, die sich diesen Kriterien unterwirft, dokumentieren soll.

Als entgegengesetztes Extrem drängen immer mehr erlebnispädagogische Veranstalter in die Klettergärten der Mittelgebirge und in die Felsregionen der Alpen, ohne daß sie eine entsprechende Ausbildung der Pädagogen gewährleisten können. Kletterer, die noch vor kurzer Zeit selbst als Novizen ihre ersten Erfahrungen im Fels sammelten, leiten als angeheuerte »Experten« Kletter- und Abseilaktionen in absturzgefährdetem Gelände. Hier wird ohne Zweifel fahrlässig gehandelt – sowohl der Träger als auch der Anleiter riskieren juristische Konsequenzen.

Das Qualifikationsniveau des verantwortlichen Pädagogen oder Anleiters bemißt sich natürlich auch nach den jeweiligen Anforderungen und Schwierigkeiten einer Unternehmung. Während der sicherheitstechnisch Verantwortliche beispielsweise bei einer Wildwasser-Abfahrt auf den Oberläufen von Saalach, Tiroler Ache oder Lech eine einschlägige Übungsleiter-Ausbildung oder ähnliches absolviert haben sollte, würden bei einer Kanadiertour im Flachwasser der Eider, Treene oder Ücker ausreichende Erfahrungen im Kanusport und ein Rettungsschwimmer-Lehrgang bei der Wasserwacht des Deutschen Roten Kreuzes (DRK) oder bei der Deutschen Lebens-Rettungs-Gesellschaft (DLRG) ausreichen.

Die Beschaffung der (technischen) Ausrüstung ist vor allem für kleine Träger oftmals ein Problem. Wenn aus Kostengründen auf veraltete oder nicht mehr voll funktionsfähige Teile zurückgegriffen wird, riskiert der Veranstalter nicht nur Leib und Leben der ihm anvertrauten Klientel, sondern auch den Gang vor den Kadi. Beim Klettern in absturzgefährdetem Gelände sollte beispielsweise die Ausrüstung den DIN-Normen bzw. den Empfehlungen des Sicherheitskreises des Deutschen Alpenvereins entsprechen. Sachverständige orientieren sich bei der Beurteilung eines Unfalls an ihnen. Bei Kletteraktionen sind beispielsweise Bergsteiger-Schutzhelme zu tragen, die der Norm entsprechen. Wenn bei einer erlebnispädagogischen Maßnahme, wie 1991 geschehen, ein mit einem Industriehelm ausgerüsteter Teilnehmer nach einem Unfall an den erlittenen Kopfverletzungen stirbt, sind die juristischen – und natürlich auch moralischen – Konsequenzen absehbar. In letzter Zeit werden immer mehr Gruppen gesichtet, die, unter »erlebnispädagogischer Flagge«, vollkommen unzureichend angeleitet und ausgerüstet, Wagnisse eingehen, die für sie nicht mehr kontrollierbar sind. Eine ganze »Branche« kann damit in Verruf kommen.

Bei der Tourenplanung und -vorbereitung sollen möglichst alle der zu erwartenden Risiken einkalkuliert werden. So sind die Teilnehmer zum Beispiel vor einem Segeltörn in die Sicherheits- und Rettungsmaßnahmen einzuweisen. Ferner muß die Ausstattung und Ausrüstung der Schiffe überprüft werden. Aktuelle Daten wie Wetter- und Windprognose müssen eingeholt, subjektive Faktoren wie Können und Belastbarkeit der Teilnehmer, Gruppengröße etc. darüber hinaus berücksichtigt werden.

Ein Veranstalter, der erlebnispädagogische Programme anbietet, wird nicht umhin kommen, Sicherheitsstandards festzulegen und konzeptionell zu untermauern. Manuale, die möglichst detailliert Materialien, Verantwortlichkeiten und Vorgehensweisen beschreiben, helfen, eine »Sicherheitskultur« zu entwickeln und – sowohl nach innen als auch nach außen – Verläßlichkeit und Transparenz zu schaffen. Im Idealfall wird das Sicherheitskonzept von den für Bildung, Jugend- bzw. Sozialarbeit zuständigen Länderministerien formell mitgetragen oder zumindest mit Fachverbänden abgestimmt, die auf die jeweiligen Arbeits- und Handlungsfelder spezialisiert sind.

Der Alptraum aller Verantwortlichen ist ein Unfall mit schwerwiegenden Folgen. Wir behandeln an dieser Stelle ausschließlich die rechtliche Dimension. Juristisch wird zwischen der strafrechtlichen und der zivilrechtlichen Seite unterschieden. Wichtigste Tatbestände im Strafrecht sind in diesem Zusammenhang fahrlässige Körperverletzung und fahrlässige Tötung. Je nach Beurteilung der Sachlage wird »von Amts wegen« vom jeweiligen Staat – in Deutschland durch die Staatsanwaltschaft – geprüft, ob Anklage erhoben wird. Zur Beurteilung des Sachverhalts zieht die Anwaltschaft bzw. das Gericht häufig einen Sachverständigen als Gutachter hinzu. Falls Anklage erhoben wird, ist entscheidend, ob dem verantwortlichen Leiter schuldhaftes Verhalten nachgewiesen werden kann. Geld- oder sogar Freiheitsstrafen können dann ausgesprochen werden (vgl. dazu: RATHGE o. J., S. 8 ff.).

Im Zivilrecht geht es um die Anerkennung von Schadensansprüchen des oder der Geschädigten. Es sind Arbeitgeber, Krankenkassen, Rentenversicherungsträger oder der Geschädigte selbst, die Schadensersatzansprüche geltend machen können (vgl. UMBACH 1991, S. 136). Der Geschädigte muß den Beweis erbringen, daß der Beschuldigte seine Sorgfaltspflichten verletzt hat. Wenn das Zivilgericht fahrlässiges und schuldhaftes Verhalten feststellt, werden in der Regel Geldforderungen erhoben.

Bei minderjährigen Jugendlichen besteht für den verantwortlichen Pädagogen zusätzlich eine Aufsichtspflicht, die gewährleisten soll, daß dem Jugendlichen selbst oder einem dritten kein Schaden zugefügt wird. Die Aufsichtspflicht wird allgemein in drei Kategorien bzw. Abstufungen eingeteilt:

– Belehrung und Warnung
– Überwachung
– Eingreifen von Fall zu Fall (vgl. KWIATKOWSKI 1992, S. 17).

Je nach Umständen (Einsicht, Urteilsfähigkeit und Verhaltensmuster der Jugendlichen, potentielle oder unmittelbare Gefahrenmomente etc.) wird der Pädagoge die jeweils adäquaten Maßnahmen ergreifen müssen. Versäumt er dies, so hat er im Schadensfall wiederum mit zivilrechtlichen Konsequenzen zu rechnen.

Eine vom Erziehungsberechtigten unterschriebene Einverständniserklärung entbindet den Pädagogen nicht von seiner Aufsichts- und Sorgfaltspflicht. Eltern bzw. Vormund können mit dieser Erklärung lediglich über die Aktivitäten, die im Rahmen eines erlebnispädagogischen Projektes geplant sind, informiert werden.

Unfälle und Schäden, die eine juristische Auseinandersetzung zur Folge haben, sind im erlebnispädagogischen Arbeitsfeld ausgesprochen selten. Wesentlich häufiger wird der Praktiker mit Einreise- und Visabestimmungen, dem Zoll, der Straßenverkehrs-Zulassungsordnung (wenn wieder einmal neun statt acht Jugendliche im Kleinbus sitzen), oder dem Naturschutzgesetz bzw. einer sich daran anschließenden Verordnung konfrontiert.

Naturschutzgesetze verbieten das Zelten und Feuermachen in vielen Nationalparks und Naturschutzgebieten und begrenzen Natursportarten wie Mountain-Biken und Gleitschirmfliegen. Sperrungen von Klettergärten, Verschluß von Höhlen, Befahrungsverbote bestimmter Bäche und Flüsse sowie Beschränkungen beim Anlanden mit Segelschiffen stützen sich ebenfalls auf eine – in Deutschland in den letzten Jahren verschärfte – Naturschutzgesetzgebung, die von Land zu Land unterschiedlich streng ausgelegt ist. Auch im benachbarten Ausland werden, nicht immer aus Gründen des Naturschutzes, Sperrungen und Beschränkungen vorgenommen. Im Extremfall kann die geplante Schlauchboot-Abfahrt auf einem österreichischen Fluß bereits während der Anfahrt mit dem Kleinbus an der Grenze zu Ende sein. Angesichts der Boote auf dem Anhänger fragen die Grenzbeamten im ungünstigen Fall nach der »naturschutzrechtlichen Unbedenklichkeitserklärung«, die im Land Vorarlberg (Österreich) von Rafting-Veranstaltern verlangt wird. Der unbedarfte Erlebnispädagoge wird sie wohl kaum parat haben. Es empfiehlt sich also, bei der Planung genaue Erkundigungen einzuholen und – speziell im Ausland – nachzuforschen, was erlaubt und was möglich ist.

Angesichts des Ernstcharakters, den die meisten Maßnahmen – besonders in bezug auf die physische und psychische Unversehrtheit der Teilnehmer – haben, müssen Fragen der Sicherheit und des Rechts sowohl in der Organisationsentwicklung eines Trägers als auch bei der unmittelbaren Planung und Vorbereitung von Projekten möglichst umfassend bedacht werden. Dies scheint bislang nicht bei jeder Unternehmung der Fall zu sein. Wir plädieren deshalb für eine intensive und offene Diskussion im Sinne eines antizipierenden, präventiven Sicherheitsbewußtseins.

5.8 Zwischen Einstimmung und Ausklang – Ein Blick in die Praxis

Warming-up nennt man die Kennenlernphase eines Seminars an einer Bildungsstätte, als Feedback wird die Schlußrunde bezeichnet. Die deutsche Sprache bietet jedoch weit treffendere Wörter für diese sensiblen Phasen der Kurzzeitpädagogik. Die Einstimmung dient nicht nur dem Kennenlernen, der Abklärung der Erwartungen, der Vorstellung der Veranstaltungsinhalte, sondern eben auch der Einstimmung der Teilnehmer, einer ersten Berührung mit dem Thema. So wie ein Orchester die Instrumente stimmt, damit sie zusammenklingen, so sind die Erwartungen der Teilnehmer, die Planungen der Veranstalter, die Anforderungen des Themas und die Persönlichkeiten aller Beteiligten zu einem Gleichklang zu bringen, der eine fruchtbare Arbeitsatmosphäre erwarten läßt. Der Ausklang einer kurzzeitpädagogischen Aktivität soll nicht nur die Möglichkeit einer Aussprache, von Kritik, Lob und Verbesserungsvorschlägen beinhalten, sondern auch Akzente setzen, die bei den Teilnehmern weiterwirken.

Das Gesagte gilt selbstverständlich für alle pädagogischen Prozesse, für die Gruppenstunde im Jugendverband, für die zwei Wochen dauernde Internationale Jugendbegegnung, für das mehrmonatige Reiseprojekt und eben auch für erlebnispädagogische Aktionen. Bleiben wir bei dem Bild der Einstimmung! Sie kann mit dem für viele Beethoven-Symphonien so bekannten Paukenschlag beginnen, der nichts anderes als einen Einschnitt in den alltäglichen Ablauf darstellen soll: Jetzt beginnt die Welt der Beethovenschen Musik, nichts anderes zählt mehr. Die Einstimmung kann aber auch beginnen wie eine Symphonie von Gustav Mahler, die zögerlich, mit wenigen leisen Tönen einsetzt und allmählich in eine Welt der Musik entführt. Wird z. B. im Rahmen eines Sozialen Trainingskurses mit straffälligen Jugendlichen eine erlebnispädagogische Woche durchgeführt, so muß eher der Paukenschlag gewählt werden. Weg von der Zivilisation, rein in die Höhle, los mit dem Schlauchboot, die Segel gehißt. Der »Step into the wilderness« muß schnell gehen, die Brücken zurück in die Zivilisation sollen »zerschlagen« werden. Die natursportlichen Pole Einsamkeit – Gemeinsamkeit, Ruhe – Bewegung, Action – Entspannung, Verzicht – Genuß, Gefahr – Sicherheit u. a. kommen erst später zum Tragen. Soziale Trainingskurse wenden sich an gefährdete und straffällige Jugendliche, die den Versuchungen und Reizen der modernen Zivilisation nicht widerstehen können. Zum einen muß ihnen eine Welt der Spannung und des Abenteuers geboten werden, in der sie ihr Bedürfnis nach starken Erlebnissen ausleben können, zum anderen wird ihnen so die Einsicht vermittelt, daß sie dieses Erlebnis durch ihren Willen, durch ihre Leistung, ihr Durchhaltevermögen erreichen können. Dabei zeigt sich, daß alle Möglichkeiten zum Aufgeben und alle Ablenkungen von den Jugendlichen genutzt werden. Um einen zu schnellen Abbruch und einen Ausstieg zu verhindern, empfiehlt sich der hier beschriebene Einstieg. Ein ganz anderer Einstieg kann im Rahmen eines mittelschicht-orientierten Seminars gewählt werden: ruhige Anfahrt, erste Nacht im Schlafsack im Freien, Gespräche am Lagerfeuer, Einsatz kreativer Techniken. Bei Multiplikatoren der Jugendarbeit kann durch Collagen (»Ein Erlebnis, das mich geprägt hat«), Brainstorming oder Impulsreferat der Seminarprozeß in Gang gesetzt werden. Die Wahl der jeweiligen Übung oder des Spiels setzt aber die Erfahrung mit diesem Spiel voraus, die richtige Einschätzung der Teilnehmer und ihrer derzeitigen Befindlichkeit. Die falsche Übung zum falschen Zeitpunkt bewirkt das Gegenteil einer Einstimmung, das Gegenteil der Aufwärmphase, nämlich ein »cooling down«.

Während der erlebnispädagogischen Aktion steht der Einsatz von Übungen und Spielen, die ja meistens als Ergänzung, Vertiefung und Erweiterung des Themas zu verstehen sind, in einem umgekehrt proportionalen Verhältnis zum Ernstcharakter. Spielerische Übungen wurden aber und werden mit größtem Erfolg in der erlebnispädagogischen Arbeit mit Kindern (UMBACH 1991, SCHLEHUFER in: MICHL 1992) eingesetzt. Sie eignen sich als vorzügliches Instrumentarium, um Multiplikatoren in Jugendarbeit und Jugendhilfe die »Idee« der Erlebnispädagogik näherzubringen. Als Entspannung und Vertiefung sind der Einsatz von Kimspielen, New Games, gestalttherapeutische Übungen und meditative Techniken (es gilt: Nur wer damit umgehen kann!), Rollen- und Entscheidungsspielen ein Fundus, der jedem Pädagogen zur Verfügung stehen sollte. Es ist letztlich keine Frage der Zielgruppe, sondern nur eine Frage des zeitlichen Einsatzes und der Persönlichkeit des Pädagogen, der zu seinen Angeboten stehen muß.

Durch zwei Praxisbeispiele werden im folgenden zwei sehr unterschiedliche Ansätze in der erlebnispädagogischen Arbeit vor Ort dargestellt. Das erste Beispiel beschreibt eine Fortbildung für Mitarbeiter/innen in der Heimerziehung, das zweite gibt einen Überblick über den Verlauf eines Segeltörns mit Jugendlichen.

Im Herbst 92 fand für Erzieher/innen der Arbeitsgemeinschaft Heim- und Heilpädagogik eine Fortbildung mit dem Thema »Sich in Höhlen vertiefen – Einführung in die Erlebnispädagogik« in der Fränkischen Schweiz statt, aus der wir im folgenden den Einsatz von Spielen und Übungen herausheben wollen. Der Einstieg ins Thema begann nach Mittagessen, Zimmerverteilung, Begrüßung und Programmvorstellung mit einem Gruppenbild zu dem Thema »Ein Erlebnis, das mich geprägt hat«. Auf einer etwa vier qm großen Papierfläche suchte sich jeder Teilnehmer einen Platz und hatte ca. 30 Minuten Zeit, dieses Thema mit Wachsmalkreiden, Fingerfarben, Wasserfarben oder auch durch Collage zu bearbeiten. Dazu wurde ein entspannendes Musikstück gespielt. Jeder Teilnehmer stellte sich dann mit seinem Bild vor und versuchte, sein Verständnis des Begriffes Erlebnis darzustellen. Die Ergebnisse wurden von den Seminarleitern auf einer Wandtafel festgehalten.
   Am Nachmittag folgte eine Einführung in die Praxis der Erlebnispädagogik, bei der vier kleinere Höhlen erforscht wurden. Am Eingang der ersten Höhle gaben wir einige Hinweise zum Verhalten in Höhlen, wurde auf die ökologische Bedeutung von Höhlensystemen hingewiesen und über Fauna und Flora in Höhlen gesprochen. Für jeden Teilnehmer war ein Zitat zum Stichwort »erleben« aus Literatur oder Philosophie auf einer Karteikarte vorbereitet worden. Diese Zitate wurden verteilt. Die Teilnehmer wurden aufgefordert, sie zu lesen, sie für sich zu behalten und sie auf sich wirken zu lassen. Jeder Teilnehmer konnte im Lauf der nächsten Tage sein Zitat der Gruppe mitteilen und dazu seine Assoziationen, seine Gedanken, seine Stellungnahme. Die Oswaldhöhle ist eine Durchgangshöhle von etwa 100 m Länge. Den Aufstieg zu den Höhlen nützten wir zu ersten Gesprächen: Was bewegt sie alle, in Höhlen zu gehen, in diese dunklen, feuchten, schlammigen, schmutzigen Löcher? Die erste allgemeine Antwort lautete: Weil es halt Spaß macht! Doch ist es das alleine? Viele lockte das Unbekannte, denn für fast alle war es das erste Mal, daß sie in eine unbefestigte Höhle gingen. An die eigenen Grenzen gelangen, wie weit schaffe ich es noch? Auch das trieb einige ins Erdinnere und endlich auch sich selbst zu beweisen, daß man noch etwas anderes tun kann, etwas Außergewöhnliches und daß man fähig ist, sich auf etwas Neues einzulassen, vielleicht einen neuen Gang zu entdecken, den noch nie zuvor ein Mensch gegangen ist, wieder die Abenteuer- und Entdeckerlust in sich zu verspüren. Nach

der Oswaldhöhle näherten wir uns der Doktorshöhle. Einen Höhleneingang zu finden ist, bzw. wird zu einem Geheimnis, das wir unseren Teilnehmern nicht nehmen wollten. Etwa 500 Meter vor dem Eingang in die Doktorshöhle deuteten wir nur die ungefähre Richtung des Höhleneingangs an und schickten die Teilnehmer auf eine etwa 30minütige Suche. Nach etwa 20 Minuten gellten die Rufe von einigen erfolgreichen Teilnehmern durch den Wald. Wir versammeln uns vor dem dunklen Loch der Doktorshöhle. Ebenso wie sich jetzt viele Teilnehmer von dieser dunklen Öffnung magnetisch angezogen fühlen, werden sie später froh sein, von der Höhle wieder ausgespuckt zu werden. Der Rucksack ist gepackt, Stirnlampen sind kontrolliert, trockene Kleidung am Höhleneingang deponiert. Zur Einstimmung wird vor dem Eingang in die Höhle noch ein kurzer Abschnitt aus den »Hymnen an die Nacht« von NOVALIS gelesen: »Abwärts wende ich mich zu der heiligen, unaussprechlichen, geheimnisvollen Nacht. Fernab liegt die Welt – in eine tiefe Gruft versenkt –... Wie arm und kindisch dünkt mir das Licht nun, wie erfreulich und gesegnet des Tages Abschied.« Nach der Erforschung der Doktorshöhle hatten wir fünf Arbeitsaufträge parat. Sie sind auf Karteikarten verfaßt:

(1) Umweltverträglichkeit und Erlebnispädagogik
(2) Führung und Sicherheit in der Erlebnispädagogik
(3) Bewertung der Übungen, Vorschläge, Tips, Anregungen
(4) Bedeutung der Erlebnispädagogik für die Heimerziehung
(5) Gruppenprozesse in der Erlebnispädagogik

Je drei Teilnehmer konnten sich für ein Thema entscheiden. Sie hatten das Thema während der nächsten drei Tage zu bearbeiten und sollten die Ergebnisse dann vortragen. Außerdem baten wir die Teilnehmer ihre Eindrücke in einem Gruppentagebuch schriftlich festzuhalten. Ein Teilnehmer, erklärte sich schließlich bereit, dafür zu sorgen, daß das Tagebuch an alle Teilnehmer weitergereicht wird.

Wir gingen weiter zur nahe gelegenen Witzenhöhle. Diese Höhle stand nun ganz unter dem Thema des Erforschens. Wir muteten den Teilnehmern erste enge Gänge zu, Schlufe (Engstellen), die sich in engen Windungen tief in die Erde schlängeln, oft in Sackgassen münden, manchmal aber auch wieder in große Räume. Wir teilen uns in zwei Gruppen auf, und die beiden Gruppen trafen sich am Ende der Höhle. Dort ist Musik vorbereitet, mit der eine Schweigeviertelstunde begonnen werden soll. Diese Schweigeviertelstunde begannen wir sanft mit ausgesuchter Musik – Tangerine Dream, Meditationsmusik oder auch Klassik eignet sich dazu. Noch besser die Romantiker, schließlich waren es die Romantiker, die uns die Geheimnisse der Dämmerung und der Nacht literarisch und musikalisch nahegebracht haben. Dann wurden alle Stirnlampen abgeschaltet. Es ist so dunkel, daß man die Hand vor dem Gesicht nicht mehr sieht. Alles konzentriert sich aufs Hören und lauscht mit äußerem und innerem Ohr, bemerkt einen Rhythmus des Tropfens, wird gestört oder ermutigt durch das Räkeln oder Räuspern eines anderen Teilnehmers – alle Teilnehmer haben sich in der weiten Halle verteilt – ; man vermeint Stimmen zu hören, schweift ab in die Erinnerungen, jetzt hat man Zeit dafür, wartet auf das Ende der Schweigestunde und befürchtet es zugleich. Während beim Begehen, Klettern und Kriechen mit der Stirnlampe ganz die visuelle Wahrnehmung im Mittelpunkt stand, ist es nun der Gehörsinn. Danach finden wir uns wieder in der Mitte der Halle ohne Licht, nur mit dem Tastsinn, schweigend. Wie erbärmlich erscheinen wir dem Dunkel der Höhle ausgeliefert, und doch finden alle zur Mitte. Sich finden, sich berühren und sich mitteilen über das durch das Sehen, Hören und Tasten Erlebte. Dabei kocht das Teewasser und spendet nach langer Zeit erstes Licht und Wärme. Während des Teeschlürfens ist dann Zeit zum Nachdenken und Reden. Seit Urzeiten sind Höhlen ein Ort zwischen Geborgenheit und Gruft, zwischen Bedrohung und Behausung, so wie der Mensch vor der Geburt im dunklen Paradies des mütterlichen Bauches lebt und nach seinem Tod dem Dunkel der Erde übergeben wird. Die Mythen vieler Völker berichten von Unterweltfahrten, um einen Toten ins Leben zurückzuholen, ein Geheimnis zu erfahren, einen Schatz zu gewinnen, ein Heilmittel zu bekommen. »Sesam öffne dich!« – Wenn man nun die Tür zum Miteinander-Reden aufgetan hat, dann wird die Höhle zur Metapher des Lebens, mit Sackgassen, Schlammgängen, Hindernissen, unverhofften Ausgängen, Labyrinthen, weiten Hallen, Licht und Dunkel. Auch lyrische Impulse kann man geben! So z. B. das Gedicht »Die Höhle« des türkischen Lyrikers und Politikers BÜLENT ECEVIT. Weitere Gedichte, die die Ambivalenz der Gefühle, der Ergriffenheit und der Sinnlichkeit in Worte und Sätze verdichtet haben, können den Teilnehmern vorgelegt werden. Gedichte von PAUL CELAN z. B. zum Thema Nacht (»Nachts, wenn das Pendel der Liebe schwingt zwischen immer und nie...«) oder Zeit (»An den langen Tischen der Zeit...«), von GOTTFRIED BENN über Einsamkeit (»Einsamer nie als im August...«). Auch eine neue Form von Höhlenmalerei ist möglich: Mit geeigneten Farben können kleine Steine bemalt werden. Dabei muß freilich das Biotop Höhle geschützt werden. Es wird auf einer Plastikunterlage gemalt, die bemalten Steine werden mitgenommen. Nach der Rückkehr ins Seminarhaus, nach Abendessen und Duschen treffen wir uns noch für zwei Stunden im Gruppenraum. Die ersten Eindrücke werden besprochen, einige Teilnehmer stellen ihre Zitate vor. Wir vertiefen unsere erlebnispädagogischen Schlüsselwörter.

Am nächsten Tag sind weitere vier Höhlen angesagt. In der Rosenmüllerhöhle, einer ehemaligen Schauhöhle, bei der eine Treppe mit Kerzen zu einer Art Balustrade führt, üben wir mit der Gruppe einen längeren Kanon ein. Nach dem Besuch legen wir bei der Brotzeit unseren Teilnehmern ein Bild aus der Höhle von LASCAUX vor, der »Sixtinischen Kapelle der Urzeit«. (Vgl. dazu Kap. 3.3.) Vor der nächsten Höhle, der Kleinen-Ludwig-Wunder-Höhle, baten wir die Teilnehmer um Geduld. Wir beiden Leiter versteckten nun in dieser ungefährlichen Höhle zwölf Naschereien und zwei Sektflaschen. Nach etwa zehn Minuten bitten wir die Teilnehmer in die Höhle und stellen ihnen die Aufgabe, diese Gegenstände zu finden. Eine solche Höhlenrallye macht nicht nur Kin-

Blick in die Praxis

dern Spaß. Der ganze Nachmittag dieses Tages war dann der Schönsteinhöhle gewidmet, eine der größten und schönsten Höhlen der Fränkischen Schweiz. In zwei Gruppen führten wir die Teilnehmer bis zum Endpunkt. Alle hatten nun Höhlenerfahrung, und alle Teilnehmer schafften die Anforderungen, die an ihren Mut, an ihre Kondition und an ihre Klettertechnik gestellt wurden. Nach der Rückkehr, dem Abendessen und dem Duschen ließen wir unsere Teilnehmer einen subjektiven Höhlenplan der Schönsteinhöhle zeichnen. Die einzelnen Gänge, Hallen, Sackgassen und Labyrinthe sollten mit Phantasienamen bezeichnet werden. Immer zwei Teilnehmer fertigten einen solchen subjektiven Höhlenplan an, den wir anschließend besprachen.

Am dritten Tag erforschten wir das ausgedehnte und labyrinthische System der »Höhle ohne Namen«. Alle Teilnehmer – diese Höhle können wir guten Gewissens als Anfängerhöhle bezeichnen – gelangen an die Grenzen ihrer physischen und psychischen Belastbarkeit. Nach der Rückkehr wird das Material gereinigt und abgegeben, nach dem Abendessen herrscht große Müdigkeit, so daß wir nur mehr einige Zitate durchbesprechen.

Der letzte Tag ist der Verarbeitung der Erlebnisse gewidmet. Zunächst teilen die fünf Arbeitsgruppen die Ergebnisse ihrer Arbeitsaufträge mit. Anschließend findet eine Diskussion pro und contra Erlebnispädagogik statt und zwar im amerikanischen Verfahren: Die Teilnehmer sitzen sich in zwei Stuhlreihen gegenüber. Die linke Stuhlreihe ist Pro, die rechte Contra. Im Zickzackkurs werden Pro- und Contra-Argumente ausgetauscht. Nach einer Pause wird in einem Kurzreferat ein Überblick über Theorien und Geschichte der Erlebnispädagogik gegeben. Nun beginnt die Schlußphase des Seminars. Auf einer weißen Papierfläche können die Teilnehmer mit einem dicken Filzstift ihre Eindrücke noch einmal festhalten. In einem Kreisgespräch werden die besonderen wichtigen Eindrücke, ungeklärte Fragen, Kritik und Anregungen diskutiert. Das Seminarprogramm und andere Unterlagen bekommen alle Teilnehmer im Nachhinein zugesandt.

Kommen wir zu unserem zweiten Beispiel:

Auf der Grundlage von Tagebuchnotizen wollen wir einen 8tägigen Kurs bei OUTWARD BOUND Königsburg/Schlei (Schleswig-Holstein) rekonstruieren. An diesem Kurs nahmen Jugendliche teil, die im Rahmen einer einjährigen Berufsvorbereitungs-Maßnahme einen qualifizierten Schulabschluß nachholen sollten. Als vorrangige Ziele wurden die Stärkung des Selbstvertrauens, die Entwicklung von Konstanz und Beharrlichkeit im persönlichen Verhalten sowie die Förderung der kommunikativen und kooperativen Kompetenz angestrebt. Die Jugendlichen im Alter von 16 bis 22 Jahren trafen erst unmittelbar vor dem Kurs das erste Mal zusammen.

Die acht Kursteilnehmer kommen am späten Nachmittag am Bahnhof Rieseby an. Sie werden von den OUTWARD-BOUND-Mitarbeitern, die wir im folgenden Begleiter nennen, bereits erwartet. Nach kurzer Begrüßung wird ihr Gepäck in einen Kleinbus verladen, sie bekommen eine Landkarte in die Hand gedrückt und dürfen einige Kilometer zur Königsburg zu Fuß zurücklegen. Es ist ein erstes Kontrasterlebnis, das hügelige Agrarland zu durchwandern und winzige Orte zu passieren, in denen es weder einen Kiosk noch eine Kneipe gibt.

Angekommen auf der Königsburg, werden die Teilnehmer nach Zimmerverteilung, Abendessen und einigen organisatorischen Hinweisen mit Kontakt- und Vertrauensübungen im waldreichen Umfeld der Königsburg »konfrontiert«. Auf spielerische Weise sollen Berührungsängste abgebaut werden; den Begleitern geht es vor allem darum, das distanzierte, von Mißtrauen geprägte Verhalten untereinander abzubauen und den Gruppenbildungsprozeß anzuregen.

Ein 50 x 50 cm großes Podest bietet Platz genug für alle Jugendliche – wenn man zusammenarbeitet: Auf einem Baumstamm, der als Wippe auf einem dicken Ast – höchst instabil – ruht, soll die Gruppe ihre Balance finden; mit verbundenen Augen werden die Jugendlichen von ihren Partner, durch das unwegsame Gelände geführt. Schließlich ist eine Schlange zu bilden, die sich ebenfalls durch das Unterholz schlägt: Alle außer dem vorangehenden Jugendlichen haben ihre Augen verbunden. Informationen über die zu bewältigenden Hindernisse werden vom »Kopf« der Schlange nach hinten weitergegeben. Da sich während der ersten Übungen noch kein ausreichendes Maß an Vertrauen herausbilden konnte, wird auf den Vertrauensfall verzichtet: Bei dieser Übung läßt man sich, auf einem ca. 1,30 cm hohen Pflock stehend, rückwärts in die Arme der bereitstehenden Gruppenmitglieder fallen.

Es folgt eine kurze Nachbesprechung der Aktionen sowie – mittels Metaplan-Technik – eine Sammlung der Erwartungen und Befürchtungen, die die Jugendlichen im Hinblick auf die zwei Wochen mitbringen. Da die Fähigkeit, Gefühle zu verbalisieren, bei den Jugendlichen nicht besonders ausgeprägt ist, werden zusätzlich auf Wandzeitungen Begriffe assoziiert. Schließlich legen Begleiter und Jugendliche einige Grundregeln fest, die für die kommenden zwei Wochen gelten sollen (kein Alkohol, keine Drogen, Beachten von Anweisungen in sicherheitsrelevanten Situationen etc.). Es ist schon spät geworden, als die Begleiter den Kursablauf in groben Zügen vorstellen können.

Der nächste Morgen wird mit »Run and dip« begonnen. Nach einem viertelstündigen Lauf und etwas Stretching tauchen die Mutigen zur Abkühlung kurz in die Schlei. Man hätte auch die Möglichkeit gehabt, den Tag mit Yoga zu beginnen. Sie wählen jedoch das für sie »kleinere Übel«. Nach dem Frühstück werden die kommenden fünf Tage auf dem Segelkutter geplant und vorbereitet. Aus den »Stores« werden Segeljacken, -hosen, Gummistiefel, Schwimmwesten und eine Menge technischer Ausrüstung ausgegeben. Den Speiseplan müssen die Jugendlichen selbsändig entwerfen – Fertiggerichte in Dosen sind tabu. Mit Fahrrädern erreichen die Teilnehmer das 17 Kilometer entfernte Eckernförde, um einen Teil des Tourenproviants einzukaufen. Die persönliche Ausrüstung wird in wasserdichte Tonnen verstaut; zusammen mit der technischen Ausrüstung und dem Proviant muß alles unter den »Duchten« (Holzplanken) eines offenen Segelkutters untergebracht werden. Angesichts

Blick in die Praxis

der geringen Größe des Schiffes erscheint dies den Jugendlichen im ersten Moment als unmöglich – zum Teil reagieren sie frustriert, zum Teil apathisch. Die Begleiter sind in dieser Anfangsphase nicht nur beim Zusammenstellen und Verpacken der Ausrüstung gefordert, sie müssen darüberhinaus die Jugendlichen motivieren, »am Ball zu bleiben«, nicht aufzugeben.

Spätnachmittags wird – nach einer kurzen Einweisung in die Segeltheorie – abgelegt. Die Schlei, eine Förde mit Mündung in die Ostsee, ist ein ideales Revier für Segelanfänger. Mit Riemen (umgangssprachlich: Ruder) wird zuerst in den Windschatten einer nahen Insel »gepullt« (gerudert); dort werden die Segel gemeinsam ausgepackt. Der Schiffsführer (einer der beiden Begleiter) erklärt die Ausstattung des Schiffes und die jeweiligen Funktionen und gibt Hinweise zur Bedienung. Die Jugendlichen werden darauf vorbereitet, daß sie das nächste Segelsetzen selbständig durchzuführen hätten. Das Prinzip der »Gruppenselbststeuerung« soll nach und nach eingeführt werden. Die Begleiter werden anfangs noch viele Instruktionen geben müssen, sich später jedoch sukzessive zurücknehmen können.

Es ist schon beinahe dunkel, als in einer kleinen Bucht vor Anker gegangen wird. Den Jugendlichen wird noch das Abspannen der Persenning (eine stabile Plane) erklärt, die als Schutz vor Regen über das Schiff gezogen und fixiert wird. Es wird nur noch kalt gegessen – die meisten der Gruppe suchen sich einen Platz am Ufer, um unter freiem Himmel zu schlafen. Der Rest richtet sich auf dem Kutter einen Schlafplatz zurecht.

Am nächsten Morgen wird bei trübem Wetter und mäßigem Wind Kurs in Richtung Ostsee genommen. Bei achterlichem Wind kommt das Schiff gut voran. Die Crew trainiert verschiedene Manöver, wobei jeder in der Gruppe bestimmte Aufgaben zu erfüllen hat. Von der umliegenden Landschaft wird nicht besonders viel wahrgenommen, da die Steuerung des Schiffes die Sinne voll beschäftigt. Der Bootsführer läßt bereits jetzt einzelne Jugendliche an die »Pinne« (Hebelarm am Steuerruder); auch die Navigation wird – unter Anleitung und Beratung durch den Skipper – von den Teilnehmern besorgt. Bei drei bis vier Windstärken, »halb am Wind« gerät der Kutter gegen Mittag beträchtlich in Schräglage, was von den Jugendlichen mit Jubel und anfeuernden Sprüchen kommentiert wird.

Am Nachmittag flaut der Wind nach und nach ab. Es beginnt zu regnen. Die Stimmung sinkt auf den Nullpunkt. Da der Hafen von Arnis längst passiert wurde und Kappeln als Übernachtungsplatz ungeeignet wäre, muß das Maasholmer Noor mit Muskelkraft erreicht werden. Da es keine Alternative zum – bereits anvisierten – Tagesziel gibt, »pullen« jeweils sechs Crewmitglieder eher mürrisch als engagiert Richtung Schleimünde; der Rest löst die Kollegen im Halb-Stunden-Rhythmus ab. Gegen sieben Uhr wird das Schiff am Ufer festgemacht. Da es inzwischen aufgehört hat zu regnen, beschließt die Gruppe, an Land zu kochen. Nach dem Essen setzen die Begleiter eine Nachbesprechung an. Im Mittelpunkt der Aussprache, in der jeder Teilnehmer einen Kommentar zu Phasen des Tages abgeben soll, steht die Frage, wie der einzelne mit belastenden Situationen umgeht. Die Jugendlichen beteiligen sich nur widerwillig an der Tagesauswertung. Keiner ist bereit, nach zwei Tagen etwas Persönliches von sich preiszugeben. Die Runde löst sich nach einer halben Stunde auf. Da es inzwischen aufgeklart hat, verzichtet sie nach kurzer Beratung darauf, die Persenning als Schutz vor Regen aufzuziehen.

Am nächsten Morgen verstreicht wieder – wie bereits am Tag zuvor – viel Zeit, bis nach dem Frühstück alles im Schiff verstaut ist. Einige der Jugendlichen haben Schwierigkeiten, ihre persönliche Ausrüstung funktionstüchtig zu halten. Vollends überfordert sind sie mit der Gruppenausrüstung. So herrschen bereits am dritten Tag chaotische Zustände an Bord. Die zu Beginn des Törns verteilten Rollen und Zuständigkeiten für Material und Jobs werden nicht eingehalten. Die Begleiter sprechen vor dem Auslaufen noch einmal alle Zuständigkeiten mit den Jugendlichen durch und verteilen diese zum Teil neu.

Bei strahlend schönem Wetter und nordöstlichem Wind wird abgelegt. Ziel ist der nahe Jachthafen von Maasholm, wo die »Weißenhaus«, ein umgebauter Fischkutter, erwartet wird. Sie wird den Segelkutter auf der Ostsee begleiten und Sicherungsaufgaben wahrnehmen. Bei Flaute kann sie den Segelkutter in Schlepp nehmen. Normalerweise ist das Sicherungsschiff für zwei oder drei Segelkutter zuständig, die im Flottenverband unterwegs sind.

Die Schlei wird verlassen, außerhalb der Landabdeckung bläst gleichmäßiger Wind. Auch wenn die Ostsee als sogenanntes Brackwassermeer nicht zu vergleichen ist mit der Weite des Atlantiks oder Pazifiks, so ist der Moment, wo die Schleimünde verlassen wird, doch eindrucksvoll für die Besatzung. Der auch bei drei Windstärken für Landratten ungewohnte Seegang schaukelt das kleine Schiff über die Wellen. Bereits nach einer halben Stunde haben zwei Jugendliche mit Übelkeit zu kämpfen, während sich der Rest der Crew – übermütig und wenig Anteil nehmend – mehr Wind und höhere Wellen wünscht.

Angesteuert wird das Ostende der dänischen Insel Æroe. Bei idealer Windstärke und -richtung erreichen Segelkutter und Sicherungsschiff bereits am späten Nachmittag den kleinen Hafen Marstal. Es bleibt noch ausreichend Zeit zu Landgang und Einkauf. Die Jugendlichen betreten voller Stolz über die vollbrachte Leistung den Anlegesteg. Es wird vereinbart, jeweils zu zweit oder zu dritt die Stadt zu erkunden und verschiedene Lebensmittel einzukaufen. Eines der Mädchen setzt sich jedoch – wie sich später herausstellt – alleine ab und nutzt die Gelegenheit, sich Alkohol zu beschaffen. Zum vereinbarten Zeitpunkt ist kein Jugendlicher zurück an Bord. Erst am späten Abend sind schließlich alle eingetroffen. Die Begleiter nehmen das Nichteinhalten der Absprachen zum Anlaß, die Verbindlichkeit des zu Beginn des Kurses geschlossenen Kontrakts herauszustellen. Im Laufe einer längeren Auseinandersetzung gelingt es, auf einer gemeinsamen Basis übereinzustimmen. Die Jugendlichen erklären sich bereit, die beschlossenen Regeln einzuhalten. Die gespannte Atmosphäre hat sich aufgelöst; Begleiter und Teilnehmer spannen den Bogen zu Anforderungen des Alltags und problematisieren eingeübte Verhaltensweisen.

Am nunmehr fünften Tag segelt die Crew, begleitet vom Sicherungsschiff, um die Insel Æroe herum, jetzt in nordwestlicher Richtung nach Avernakø, einer weiteren, allerdings unbewohnten Insel. Bei dichter Bewölkung weht nur wenig Wind – zeitweise wird der Segelkutter in Schlepp genommen. Die zu erledigenden Aufgaben werden nach dem Anlegen und Festmachen der Schiffe arbeitsteilig erledigt. Die meisten packen mit an, da sie wissen, daß es dann schneller Essen gibt. Anschließend bringt ein Begleiter ein kleines Akkordeon zum Lagerfeuer. Gemeinsam werden Shantys (Seemannslieder) gesungen. Es entsteht das erste Mal ein starkes Gemeinschaftsgefühl. In der Nacht müssen vier der Jugendlichen auf dem Sicherungsschiff, das vor Anker liegt, Wache »schieben«, da nie vollkommen ausgeschlossen werden kann, daß sich bei aufkommendem Wind der Anker löst.

Am nächsten Tag wird der – geographische – Wendepunkt des Törns, die Nordwestspitze von Avernakø, passiert. Es ist weiter bedeckt, zeitweise regnet es. Trotzdem ist die Stimmung gut. Erst spät am Abend erreichen die Schiffe einen kleinen Nothafen bei Schleimünde. Die vergleichsweise spartanischen Sanitäreinrichtungen im Hafen werden als der reinste Luxus empfunden.

Eineinhalb Tage später machen die Schiffe gegen Mittag am Anleger der Königsburg fest. Den ganzen Nachmittag ist die Crew beschäftigt, um alles auszuräumen, zu warten und wieder in die Stores einzuräumen sowie die Boote zu säubern. Einzelnen fällt es schwer, nach der Rückkunft und dem Gefühl, es geschafft zu haben, noch einmal mit anzupacken. Am Abend mischen sich die Teilnehmer mit einer anderen Gruppe, die sich auf der Königsburg aufhält, und erzählen von Stürmen, Regenschauern und der »Galeeren-Arbeit«, die sie »überlebt« hätten.

Am nächsten Morgen trifft sich die Gruppe zur Auswertung des Kurses. Während jeden Abends, zum Teil auch untertags, wurden »Reflexionseinheiten« angesetzt. Die meisten der Jugendlichen steigerten von Tag zu Tag ihre Bereitschaft, sich mitzuteilen. Während man das Ritual anfangs noch widerwillig über sich ergehen ließ, ist das Gros der Teilnehmer gegen Ende des Törns bereit, offen über Probleme zu sprechen. So ist die Schlußauswertung aufschlußreich für alle Beteiligten, vor allem auch deshalb, weil nonverbale feedback-Methoden eingesetzt wurden (Gruppenskulptur, -gemälde), mit denen sich einige der Teilnehmer besser ausdrücken können als mit Worten.

Briefe der Teilnehmer, die die Begleiter Wochen und Monate nach dem Kurs erreichen, sowie Telefongespräche mit der begleitenden Sozialpädagogin können kein verläßliches Bild über die Wirkungen abgeben. Zwei der acht Jugendlichen haben den Berufsvorbereitungs-Kurs abgebrochen. Die sechs verbleibenden hätten jedoch nach Aussage der Pädagogin im Vergleich zu denjenigen, die nicht am Kurs teilgenommen haben, insgesamt mehr Selbstvertrauen und eine höhere Kooperationsfähigkeit erworben.

Natürlich müssen solche Aussagen mit großer Vorsicht gehandhabt werden. Es sind dies alles andere als gesicherte Ergebnisse. Den Kooperationspartner von OUTWARD BOUND schien das Konzept jedoch überzeugt zu haben: Die Teilnahme am hier vorgestellten Kurs wurde im folgenden Jahr als obligatorischer Bestandteil in die Berufsvorbereitungs-Maßnahme integriert.

6. Ausblicke
Von Wiederentdeckungen,
Wucherungen und Visionen

What a trag it is getting old.
ROLLING STONES

Too old for Rock'n Roll, too young to die.
JETHRO TULL

... for the times, they are a changin.
BOB DYLAN.

6.1 Wiederbelebung: Bewegung, Körper und Geschlecht[1]

Das »allmähliche Verschwinden der Wirklichkeit« beklagten vor ziemlich genau zehn Jahren Erziehungswissenschaftler und meinten damit das Zurückdrängen der gegenständlichen, greif- und faßbaren Wirklichkeit zugunsten einer medial vermittelten Wirklichkeit aus zweiter Hand. Die Angriffe dieser audio-visuellen Welten sind heftiger und stärker geworden seither. Sie provozieren jedoch auch Gegenbewegungen, die antreten gegen die permanenten Überflutungen der Sinne. Handeln und Erleben haben sich als leitende Prinzipien in einigen pädagogischen Feldern festsetzen können und sind dabei, Gegenpole zu bilden, wider eine schulisch inspirierte Wissensmast, wider eine konturlose und beliebige Sozialpädagogisierung. Die erlebnispädagogische Bewegung hat in der Pädagogik als Wissenschaft und Praxis eine Menge von Impulsen ausgelöst. Die neuen Themen in der pädagogischen Fachwelt, wie die Wiederentdeckung der Körperlichkeit und der Pubertät, die neue Diskussion um Führung und Verantwortung, die Suche nach Beziehung durch eine gemeinsame Leidenschaft – oder sollten wir sagen: durch eine »grande passion«? –, die Renaissance des Handlungs- und Erfahrungslernens, die Neubewertung des Projektlernens, all dies und mehr ist unter anderem auf die Konjunktur der Erlebnispädagogik zurückzuführen. Dabei ist sie sicher nicht der Königsweg pädagogischen Handelns, sondern eine Methode unter vielen. Es geht ja primär nicht darum, welche theoretischen Dissonanzen, historischen Verschuldungen oder Möglichkeiten des Mißbrauchs hinter einer pädagogischen Praxis stehen, sondern vielmehr um Betreuung, Begleitung, Bildung, Erziehung in konkreten Situationen. Und die Dimension dieser Praxis wird zunächst von theoretischen Implikationen kaum tangiert. SCHLEIERMACHER hat das so ausgedrückt: »Die Dignität der Praxis ist unabhängig von der Theorie; die Praxis wird nur mit der Theorie eine bewußtere.« Damit wird die von vielen Praktikern oft geschmähte Theorie nicht in die zweite Reihe gedrängt. Im Gegenteil: »Es gibt nichts Praktischeres als eine gute Theorie.« (KURT LEWIN)

Blinder Aktionismus, action hopping und die Suche nach dem Außergewöhnlichen und Spektakulären führen genauso schnell in die Sackgassse wie eine praxisblinde Theorie. Zweifellos baut die Erlebnispädagogik auf die Intensität des Augenblicks, der sozusagen das Salz in der Suppe ist. Dies hat aber mit der oft erwähnten Mixtur aus thrill, action und Risiko nichts zu tun. Der handelnde Pädagoge muß es verstehen, behutsam mit der anvertrauten Klientel und den kleinen Abenteuern umzugehen, die sorgsam aufzuarbeiten sind.

---
[1] Überarbeitetes Einleitungskapitel des Buches von Heckmair/Michl/Walser, Alling 1995

Ausblick

Und er hat für die nötige Sicherheit zu sorgen: physisch, psychisch und ökologisch. Erlebnisse aber sind in der Pädagogik genauso wenig gut- oder bösartig, wie das Leben oder die Umwelt es sind. Die modernen Vertreter dieser Methode verstehen diese eben nicht als eine Tarzan- oder Inselpädagogik, als ein temporäres Reservat für positives Erleben, sondern als in ihren Strukturen ähnlich – »isomorph« – mit den fraglosen Gewißheiten des Alltags.

RAINER TREPTOW liefert vielleicht einen Schlüssel, warum erlebnispädagogische Angebote so erfolgreich sind. Er hat in einer historischen Analyse der Angebote der Jugendarbeit herausgearbeitet, daß Bewegung erleben und gestalten zu den wichtigsten Interessen jugendlicher Selbstbehauptung gehört. Bewegung ist für TREPTOW die grundlegende Kategorie, die die ereignisgebundene Gestaltung von Aktivitäten zentral erfaßt und bezeichnet. Jugendliche Bewegungskultur tritt in verschiedenen Erscheinungsformen auf. Neben den körperbezogenen Aspekten jugendkultureller Ausdrucksweisen spielen erlebnispädagogische Angebote eine größer werdende Rolle. Die wissenschaftliche Fremdthematisierung der Jugendarbeit, so stellt TREPTOW fest, hat sich nur implizit auf die Rolle der Bewegungssouveränität eingelassen, obwohl die Dimensionen Raum und Zeit, in die alle Bewegung eingefaßt ist, in vielfacher Weise Thema wurden. In den erlebnispädagogischen Angeboten der jugendarbeiterischen Praxis geht es stets darum, »ein Phänomen einzufassen, für das die Begriffe Raum und Zeit zwar die äußeren, formalen Dimensionen angeben, Bewegung aber diejenige Kategorie darstellt, die die jugendpädagogische, ereignisgebundene Gestaltung von Ereignissen bezeichnet« (TREPTOW 1993, S. 236). TREPTOWs Bezugspunkt ist die Jugendkulturarbeit. Von dieser Stelle aus schlägt er die Brücke zur Erlebnispädagogik. Verbindungen lassen sich unter dem Stichwort »neue Bewegungskultur« zwischen Sport und jugendkulturellen Bewegungsweisen wie z. B. Skateboardfahren, aber auch zwischen Sport und musisch-ästhetischen Bewegungsweisen herstellen. Der Ansatz von Erlebnispädagogik kann sein, die für Jugendliche interessanten Möglichkeiten sportlicher Bewegungsweisen aus dem »verstaubten Milieu« der Sportvereine herauszuholen und den Jugendlichen wieder zugänglich zu machen.

Der Erfolg erlebnispädagogischer Angebote wird vielfach vor dem Hintergrund der Risiko- und Erlebnisarmut der Lebenswelt Jugendlicher erklärt. Es sind aber insbesondere die männlichen Jugendlichen, die zudem der Unterschicht angehören, die auf diese, ›Action‹ und Abenteuer versprechenden Angebote positiv reagieren. Gerade Unterschichtjugendliche zeigen oft das Bedürfnis, sich körperlich auszuagieren und sich in Alltagssituationen riskant zu verhalten. Dieses Phänomen ist zunächst so zu konstatieren, die Bedeutung für die Jugendlichen ist damit noch nicht verstehbar. KOCH (1992) interpretiert etwa gewalttätiges Verhalten Jugendlicher als den Versuch, sich selbst zu spüren und Nähe zu erleben. Unter einer bewußten geschlechtsspezifischen Perspektive stellt sich die Frage, ob dieses Bedürfnis männlicher Jugendlicher durch erlebnispädagogische Angebote befriedigt werden soll oder vielmehr hinterfragt und pädagogisch in eine andere Richtung gelenkt werden muß. Aber gerade unter einer geschlechtsspezifischen Perspektive können erlebnispädagogische Angebote einen Ersatz für das Bestehen von Risikosituationen und Mutproben bieten, für die in unserer heutigen Gesellschaft kein Raum mehr besteht. GILMORE (1991) stellt den Bezug zu Initiationsriten schriftloser Kulturen her, wo der Weg vom Jungen zum Mann aus zu bewältigenden Mut- und Kraftproben, Herausforderungen und Beweisen der körperlichen Geschicklichkeit besteht. Es soll hier nicht der Verdacht genährt werden, daß das traditionelle Modell von Männlichkeit wiederbelebt werden soll, das sich durch die Industriegesellschaft überlebt hat. Muskelkraft hat ihre Relevanz in der Lebensbewältigung erheblich eingebüßt. BLY (1991) macht in seinem Buch »Eisenhans« deutlich, wobei er Bezug auf das Grimmsche Märchen gleichen Titels nimmt, daß die Männer, wollen sie zu lebendigen und lebenspendenden Wesen werden, mit ihren »wilden Anteilen« und Energien in Kontakt kommen müssen. Männlichkeit kommt nicht nur vom Haferflockenessen. Die geringe Attraktivität des »Softies« – sowohl bei Männern als auch bei Frauen – weist genau auf diesen Aspekt hin. Die Möglichkeiten erlebnispädagogischer Angebote können deshalb einen wichtigen Beitrag zur Entwicklung geschlechtsspezifischer Identität leisten. Diese Möglichkeiten sind noch nicht ausgelotet und umgesetzt.

Immer wieder wird Erlebnispädagogik auf den heimlichen Lehrplan, auf die implizit vermittelten Werte und Normen, thematisiert bzw. kritisch hinterfragt. Im Zentrum steht die Infragestellung eines an Hochleistung orientierten Abenteurertums und der damit verbundenen Vorstellung von männlichen Jugendlichen als »wagemutige, leistungsstarke Jünglinge«. Die erlebnispädagogischen Angebote sind in der Praxis inzwischen weitaus differenzierter, als dies vielleicht zur Kenntnis genommen wird. Dennoch wird es noch stärker notwendig sein, kritische Aufklärungsarbeit zu leisten, um einseitige und letztendlich falsche Verortungen von Erlebnispädagogik zu verhindern. Diese wird vor allem darin bestehen, die Deckungsgleichheit der Inhalte erlebnispädagogischer Angebote mit denen traditioneller männlicher Sozialisation zu überprüfen. Die kritische Reflexion dieser geschlechtsspezifischen Dimension ermöglicht es auch, der Frage nachzugehen, warum die Frauen in der Erlebnispädagogik bisher nur eher randständig vertreten sind. Dabei darf es nicht bleiben. Vielmehr besteht die Chance, die Dominanz männlicher Werte in der erlebnispädagogischen Praxis zu reflektieren, diese weiterzuentwickeln und geschlechtsspezifisch zu differenzieren. Dies kann auch im Kontext einer bewußten Jungenarbeit erfolgen. In den (ersten) Ansätzen für eine emanzipatorische Jungenarbeit (vgl. SCHENK 1991, BÖHNISCH/WINTER 1993) wird als zentrales Problem männlicher Sozialisation die »Körperlosigkeit« formuliert. Gemeint ist damit die für Männer typische Abspaltung von Gefühlen und Körperempfindungen und die Reduzierung auf einen gepanzerten und funktionalisierenden Körper. Eine bewußt gestaltete Erlebnispädagogik muß hierauf den Fokus legen und neben äußeren Handlungs- und Aktionsmustern auch die innere, psychische Erlebnisverarbeitung und die körperlich-sinnliche Erfahrung einbeziehen und als wertvolles Lernfeld eröffnen. Der Erlebnispädagogik sollte es damit gelingen, sich nicht auf die reduzierte Palette traditionell männlich geprägter Verhaltens- und Erlebnisweisen zu beschränken, sondern mit einer differenzierten Praxis sowohl für Mädchen wie auch Jungen spezifische handlungs- und erlebnisorientierte Lernräume zur Verfügung zu stellen. Ein Problem für die Weiterentwicklung erlebnispädagogischer Ansätze scheint die starke Fixierung auf Natursportarten zu sein. Die Körperlichkeit läßt sich dabei nicht nur über (sportliche) Aktionen und Bewegung und die Erfahrung von Mut, Kraft und Grenzüberschreitung wiedergewinnen oder herstellen, sondern auch im Aufspüren bisher nicht beachteter körperlicher und emotionaler Regungen, dem Innehalten und Gewahrwerden emotionaler und sozialer Prozesse. Damit lassen sich unter der Überschreitung alter, selbstauferlegter Grenzen von Erlebnispädagogik neue Dimensionen erlebnisbezogen erfahrbar machen.

6.2 Wiederentdeckung: Erlebnispädagogik als moderne pädagogische Konzeption

Betrachtet man diese Überschrift als Programm, dann sollte man sich zunächst mit den einzelnen Begriffen beschäftigen: Was heißt modern? Welche Aufgaben haben Konzepte? Im Alltagsgebrauch unserer Sprache verstehen wir unter modern zum einen modisch, dem Zeitgeschmack entsprechend; was nicht modern ist, gilt dann als veraltet. Zum anderen meint modern auch, den drängenden und neuen Problemen angepaßt, nicht antiquiert, auf dem neuesten Stand des Wissens. Beide Sichtweisen sind in der Pädagogik und in der Jugendarbeit zu finden. Der modische Sozialarbeiter hat vor zehn Jahren eine Ausbildung als Gestalttherapeut begonnen, selbstverständlich ganzheitlich gedacht, seine Weltreise unternommen, denn man lebt ja nur einmal, ist vom ganzheitlichen ins systemische Denklager übergewechselt, hat mit Begeisterung und Pathos der Reihe nach den PAPALAGI von E. SCHEUERMANN gelesen – dem späteren Hofdichter HITLERS –, die eigentlich niemals gehaltene Rede des Häuptling SEATTLE, die Lehren und Lügen des DON JUAN von CARLOS CASTANEDA und ist heute ein überzeugter Anhänger der Erlebnispädagogik.

In keinem Feld der Erziehung ist gänzlich Neuartiges zu entdecken. Erziehung ist eine anthropologische Konstante: man kann nicht nicht erziehen. Betrachtet man das unüberschaubare Ausmaß von Erziehungsformen in Raum und Zeit, von der Steinzeit bis zur Postmoderne, von der Erziehung bei den Sammlern und Jägern der Kalahari (MICHL 1982) bis zur Jugendgang in Chicago, bis zur »street corner society« (WHITE 1943), so wird klar, daß moderne Formen der Erziehung nichts anderes sein können als die Entdeckung und Belebung vergessener, verdrängter, alter Erziehungsmethoden. Vor erfahrenen Jugendleitern und Jugendpflegern, deren Wurzeln womöglich noch in die Jugendbewegung reichen, über moderne Konzeptionen zu reden, das ist für einen

Erlebnispädagogik als moderne pädagogische Konzeption

jungen Sozialpädagogen ein Schritt in die rhetorische Folterkammer. Man kann Wetten abschließen über den Zeitpunkt, an dem der Satz angemerkt wird: »Ach, das ist doch nicht neu! Das haben wir schon als Jungen gemacht!« Das Neue ist in der Tat nichts anderes als die Wiederbelebung des Alten zum rechten Augenblick. Denn daß gerade zu diesem Zeitpunkt genau diese Methode, genau dieses Verständnis von Jugend und Jugendarbeit aktuell wird, ist das Moderne daran. Nichts ist schließlich unbezähmbarer als eine Idee, deren Zeitpunkt gekommen ist. Eine zweite Tatsache kommt hinzu, sie erschließt sich aus der Deduktion oder aus dem zweiten genaueren Hinsehen: Geschichte wiederholt sich nicht, auch nicht Erziehungsgeschichte. Die alte Methode bewegt sich auf der aktuellen Zeitspirale und verändert sich so in wichtigen Nuancen. Der manchmal romantische Rückzug in die Natur hat sicherlich erstaunliche Parallelen mit der Wandervogelzeit, aber er ist keinesfalls eine Wiederholung. Die wiederentdeckten pädagogischen Konzepte werden modern, wenn sie Jugendliche dazu befähigen, auf die Gestaltung ihrer Umwelt einzuwirken, wenn sie zum Prinzip Hoffnung anstiften, wenn sie den Mangel an sozialer Erziehung ausgleichen – um nur einige Punkte zu nennen. Im übrigen ist der Punkt erreicht, an dem wir, wenn sie eine Funktion in der aktuellen historischen Situation erfüllen, uns mit dem Stellenwert von Konzepten beschäftigen sollten.

Die großen Theorien haben wir längst aufgegeben, die Welt ist fast nicht mehr zweigeteilt in Kapitalismus und Sozialismus, und auch die »middle range theories« sind in ihrer Reichweite kaum mehr abschätzbar. Sollten wir nicht gänzlich auf Theorien verzichten, uns zurückziehen auf eine Minimalpädagogik, die auf die prägende Wirkung von Settings, von Architektur, von Medien etc. hofft? Aber auch dahinter stehen Konzepte. Nichts ist eben so praktisch wie ein gutes Konzept. Die Praxis der Erziehung, und dazu gehören die Jugendarbeit, Jugendsozialarbeit und die Hilfen zur Erziehung, kommt letztlich ohne mehr oder weniger bewußte, systematische oder wissenschaftliche Konzepte nicht aus.

Konzepte sind vergleichbar mit Entwürfen, Plänen, Programmen oder Leitlinien, die zu einem vorgegebenen Ziel führen. Sie sind nicht mehr Theorie und noch nicht Praxis. Erfolgreiche Konzepte haben eine realistische Analyse der Wirklichkeit als Voraussetzung und eine bodenständige Theorie, aus der sich Zielvorstellungen entwickeln lassen, als Bedingung. Die Sozial- und Jugendarbeit, die sich in dieser Grauzone zwischen Theorie und Praxis, zwischen Wissenschaft und Wirklichkeit bewegt, ist notwendigerweise auf Konzepte angewiesen. Nichts ist so praktisch wie klare Konzepte, sie sind für die Sozialarbeit unverzichtbar. Da Konzepte aber nicht im luftleeren Raum entstehen, ist immer nach dem erkenntnisleitenden Interesse zu fragen: Wer will oder macht Konzepte für wen, warum und wofür? Die Schnittstelle zwischen Theorie und Praxis wird also sehr bald noch von der Geraden der Jugendpolitik gekreuzt. Konzepte in Jugendarbeit und Jugendhilfe sind relativ kurzlebig – das verwundert nicht –, denn sie versuchen aktuelle Antworten auf Fragen und Probleme der Jugend zu finden. Der Achte Jugendbericht zeigt deutlich die stark

Ausblick

veränderten Lebenslagen von Kindheit und Jugend in den 90er Jahren auf. Konzepte müssen also festgeschrieben, ergänzt, umgeändert und umgeworfen werden. Sie verlangen geistige Mobilität und auch die Freiheit, von ihnen Abstand nehmen zu können, wenn ihre Zeit vorbei ist. Dies läßt sich gut beschreiben am Jugendarbeitslosigkeitsprojekt Ökomobil, dessen Konzeption (MICHL 1992) 1983 verfaßt wurde. Heute herrschen ganz andere Rahmenbedingungen, und das Projekt Ökomobil wurde im Rahmen der Jugendarbeit beendet. Kurzum, Konzeptionen, die nach 10 Jahren oder mehr nicht fortgeschrieben wurden, sind verdächtig. Immer muß überprüft werden, ob sie sich noch auf einen aktuellen Entwicklungsstand beziehen, ob noch die ursprünglichen Ziele gelten, ob der Weg dahin, die pädagogische Methode, noch der richtige ist, ob die Konzeption noch zeitgemäß ist. Eine gute Konzeption erfüllt ein Bündel von Anforderungen. Sie knüpft an der Situation und an den Bedürfnissen Jugendlicher an, zieht Verständigungslinien zu den ehren- oder hauptamtlichen Mitarbeitern und führt die Fäden weiter zur Legitimation der pädagogischen Praxis durch die Öffentlichkeit. Dabei ist nicht die Notwendigkeit zur Legitimation, sondern vielmehr die Notwendigkeit zur Öffentlichkeitsarbeit gemeint. Arbeitsfelder und Berufsbilder, Hindernisse und Hürden, Probleme und Prozesse, Behinderungen und Benachteiligungen müssen für die Öffentlichkeit beschrieben werden.

Bei der Entwicklung von Konzepten schließlich müssen alle beteiligten Interessengruppen einbezogen oder wenigstens mitbedacht werden. Aus der zunächst geraden Linie zwischen Wirklichkeit und Wissenschaft, zwischen Praxis und Theorie wird dann ein Mäander aus Kompromissen. Die jugendpolitischen Interessen deformieren notwendigerweise die konzeptionelle Linie zum Ziel. Konzeptionsarbeit ist nicht Voraussetzung von Praxis, sondern Bestandteil, sie gehört zum Aufgabenkatalog der Mitarbeiter. Dafür muß von seiten der Arbeitgeber Zeit und Raum gegeben werden, ausgiebig und regelmäßig. Konzeptionen sind wiederkehrende Suchbewegungen, die vor Ort konkretisiert werden.

Was macht Erlebnispädagogik zu einer modernen, zukunftsweisenden Konzeption? Einige Charakteristika, die an anderen Stellen dieses Buches schon genannt wurden, seien kurz skizziert.

Erlebnispädagogik ist eine handlungsorientierte Methode, der es stets um mehr geht als um Ergebnisse. Der Prozeß ist wichtig, das Unterwegssein, die Suche. Eine Methode also, die in die Zukunft weist und einen kleinen Anteil von Zukunft als gestaltbar ansieht. Die Selbstverwirklichung des einzelnen und die Beziehungen in der Gruppe werden nicht an rhetorischen Fähigkeiten gemessen, sondern am Verhalten. Zwischen Reden und Tun, das wissen wir besonders aus der Ökopädagogik, besteht nicht selten eine grundlegende Diskrepanz, die im Handeln oft sichtbar wird. Erst das Tun setzt sittliche Maßstäbe, erst durch seine Taten wird ein Mensch, eine Gruppe, eine Gesellschaft ethisch bewertbar.»Learning by Doing« bedeutet im Sinne von KURT HAHN auch handwerkliche Bildung. Damit wollte und will Erlebnispädagogik nicht nur die

Erlebnispädagogik als moderne pädagogische Konzeption

pädagogische Wirkkraft des Handwerks verdeutlichen, sondern auch Brücken zwischen den Schichten bauen, zwischen der geistigen und der körperlichen Arbeit.

- Lernen durch Kopf, Herz und Hand: Durch diese Vorgabe hat KURT HAHN die Erlebnispädagogik mit einem Menschenbild versehen (vgl. dazu: WEIS in: BEDACHT et al. 1992 S. 49ff.), das mit dem vielstrapazierten Begriff der Ganzheitlichkeit umschrieben werden kann. Dieser Terminus geht zum einen davon aus, daß das Ganze mehr als die Summe seiner Teile ist, daß es also Phänomene gibt, die nicht als Folge eines Teilbereichs erklärbar sind. Neben dieser Ursachenfrage folgt aus dem Begriff der Ganzheitlichkeit aber auch die Forderung, daß der Mensch als ganze Person und auf allen Ebenen – seelisch, geistig und körperlich – anzusprechen sei. Erlebnispädagogik geht also schon durch diese Definition über die reine Aktion hinaus.

- Lernen durch die Sinne: In der Erlebnispädagogik wird die Vielfalt aller Sinne angesprochen, es ist unmittelbares Lernen, das die Erfahrungen aus zweiter und dritter Hand, den Verlust der natürlichen Umwelt kompensieren will. Sie fördert die sinnliche Auseinandersetzung mit der Natur und ihre Wiederaneignung durch Sehen, Hören, Riechen, Tasten, Schmecken. Für den durch kognitive Prozesse geprägten Erwachsenen stellt dies eine erlaubte Regression dar, die - das zeigt die Praxis – nach ersten Widerständen gerne angenommen wird.

- Lernen durch Muße: Wenn, wie der Physiker PETER KAFKA (mündliche Mitteilung) betont, daß die immer stärkere Beschleunigung gesellschaftlicher und technologischer Prozesse ein Grundübel unserer Zeit ist, dann haben Konzepte die Aufgabe, die Langsamkeit zu entdecken, der schöpferischen Pause Raum zu geben, den Rhythmus zwischen Raserei und Ruhe zu finden, die Entschleunigung also in die pädagogische Praxis einzubauen. Die Erlebnispädagogik kann dazu beitragen, ein neues Zeitgefühl zu entdecken.

- Lernen am Beispiel: Mit der Frage des Transfers haben wir uns schon ausführlich beschäftigt. Erlebnispädagogik reduziert die komplizierten Parameter der Wirklichkeit auf in der Regel kontrollierbare Variablen. So wird den Jugendlichen in der erlebnispädagogischen Aktion der Zusammenhang von Handeln und Wirkung, von Verhalten und Erfolg, von Herausforderungen der Gegenwart und gestaltbarer Zukunft erfahrbar. Wer die Wirklichkeit wie im Planspiel reduziert, hat zunächst die Pflicht, darauf hinzuweisen, und dann den Auftrag, die Ergebnisse in den Alltag einzubinden.

- Lernen durch Erleben: Es ist pädagogisches Axiom, daß durch Erlebnisse besser gelernt wird, daß das Gelernte sich tief in die Persönlichkeit eingräbt und so leicht nicht vergessen wird. Das mag mit einem gewissen Prägungscharakter zu tun haben. In schriftlosen Kulturen hat man z. B. erkannt, daß die Jugend eine sehr sensible Phase der menschlichen Entwicklung ist, und daß in diesem Lebensalter die entscheidenden Weichen für das Erwachsenendasein gestellt werden. In keiner Altersphase – mit Ausnahme der Säuglingszeit – finden wir in Stammesgesellschaften solch ausgeprägte pädagogische Bemühungen wie in der Pubertät. Lernen durch Erleben ist in außereuropäischen Gesellschaften ein unumstrittenes und letztlich sehr erfolgreiches Prinzip, ein Prinzip, das auch die Erlebnispädagogik mit Erfolg vertritt.

– Lernen und Heilen: Sich in der Natur zu bewegen, in ihr zu ruhen oder zu meditieren ist immer schon als heilsam betrachtet worden. Erlebnispädagogik kann also auch systematisch für die Heilung psychischer Störungen eingesetzt werden. Der erlebnispädagogische Kontext ist vergleichbar mit dem therapeutischen Prozeß. (Über-)Identifikation mit dem Pädagogen oder Therapeuten, Widerstände und deren Überwindung, unverhoffte Lösungen, Durchhalteappelle – körperliche und psychische Leistungen korrelieren miteinander. Warum sollte man sie nicht gleichschalten? Die Reise in die Natur wird nicht selten auch zu einer Reise in die Kindheit der Phylo- und Ontogenese. Die Bergtour, die Schlauchbootfahrt, die Höhlenerkundung, der Segeltörn sind dann Aufbruch im doppelten Sinn: Hier können auch psychische Verhärtungen, lang verdrängte Kränkungen, schmerzliche Erinnerungen aufbrechen. Viele Individuen unserer Gesellschaft haben therapeutische Räume nötig. Auch deshalb ist Erlebnispädagogik eine moderne pädagogische Konzeption.

6.3 Wucherungen: Die Erlebnispädagogik boomt nicht mehr, sie wuchert

Die Erlebnispädagogik steht auf ihrem Zenit und gleichzeitig am Scheideweg. Innerhalb von zehn Jahren hat sich der Stellenwert der Erlebnispädagogik in der bundesrepublikanischen Diskussion gänzlich verändert: von der mißachteten Methode spätpubertärer Sozialpädagogen zum finalen Rettungsring für Jugendliche, an denen jegliche pädagogisch-therapeutische Versuche gescheitert sind, vom Jubel um den Königsweg und den archimedischen Punkt in der Pädagogik – wir schließen uns da nicht ganz aus – bis zur ernüchternden Einschätzung der vorhandenen, aber doch beschränkten Möglichkeiten. Das Gespräch um die Erlebnispädagogik ist sehr häufig in ein Geschwätz übergegangen. Ist das die Kehrseite der Akzeptanz? Nur wenige Fachakademien und Fachhochschulen für Sozialwesen haben dieses Thema nicht in ihren Vorlesungskanon aufgenommen und auch die Pädagogischen Institute der Universitäten nehmen sich gnädig dieser Aufgabe an. Im Rahmen des Internationalen Kongresses »Erleben und Lernen« im Rahmen der BiCom 1997 in

Augsburg trafen sich 25 Vertreter von Fachhochschulen und Universitäten und gründeten das »Hochschulforum Erlebnispädagogik«. Wer einen Blick in die sozialpädagogischen Fachzeitschriften und Verlage wirft, wird allenthalben dem Stichwort Erlebnispädagogik begegnen. Vor zehn Jahren war im Schnitt etwa ein Beitrag zu diesem Thema zu finden, heute sind es jährlich mindestens 40 Publikationen. Und wer die sozialpädagogische Praxis nach ihren erlebnispädagogischen Aktivitäten befragt, wird als Antwort erhalten: »Haben wir schon immer gemacht!« Alles also nur alter Wein in neuen Schläuchen? Alles nur gute Pädagogik, wie FRIDOLIN HERZOG im Rahmen einer Fachtagung an der Wildnisschule/Schweiz 1995 die Erlebnispädagogik definierte? Überflüssig, wie jede Bindestrichpädagogik, so jedenfalls die Meinung des Leiters des Bayerischen Landesjugendamtes! Von der Mode zum Boom, vom Boom zur Wucherung, so könnte man sarkastisch den Werdegang der Erlebnispädagogik charakterisieren. Von der Wucherung zum Wachstum, so könnte eine optimistische Prognose lauten.

Das Überflüssige übersteigt das Überdauernde. Es haben sich Rituale und Tabus eingeprägt, an denen Fürsprecher und Gegner, Herausgeber und Autoren, Veranstalter von Tagungen und Ringvorlesungen nicht mehr vorbeigehen können, wenn sie den Vorwurf der pädagogischen Charakterlosigkeit vermeiden wollen. Zum guten Ton der »pedagogical correctness« gehört neben dem großen »I« auch, daß Frauen über Mädchen und Frauen in der Erlebnispädagogik schreiben, und Männer über Jungen und Männer (... und Brillenträger über Brillenträger...). Die pädagogische Tugendpolizei greift auch sofort ein, wenn nicht mindestens ein Artikel oder Vortrag sich dem Thema Ökologie widmet. Kurzum, es könnten Preise für Wiederholungen, gutes oder schlechtes Abschreiben und vermeintlich heiße Tips aus der Praxis vergeben werden. Im Gewirr der Stimmen jedoch ist auch eine neue Fachlichkeit zu vernehmen, finden sich Innovationen in und aus der Praxis (z. B.: GILSDORF, KISTNER 1995) und Fortentwicklungen in der Theorie (z. B.: KRAUS/SCHWIERISCH 1996), werden neue Zielgruppen (MICHL/RIEHL 1996) und Medien, wie Fotografie (BECKER/KOCH/VIETH 1995), CD-Rom (EINWANGER/MICHL 1998) entdeckt und die fruchtbare Begegnung zwischen Management-Training und handlungsorientiertem Lernen unter freiem Himmel (HECKMAIR/WAGNER 1997) beschrieben.

Derzeit befindet sich die Erlebnispädagogik in riskanter Position zwischen Professionalität und Profil einerseits und dem Verschwinden in den Belanglosigkeiten der (sozial-)pädagogischen Praxis und Theorie andererseits. Das Abseilen aus dem Elfenbeinturm der universitären bzw. Fachhochschulexotik könnte schnell zum Orientierungs- und Identitätsverlust führen. Erlebnispädagogik, verstanden als gute Pädagogik, ist überall präsent: Von der Schwangerschaft beginnend über den Prozeß des Erwachsenwerdens bis zur Erlebnistour für ältere Menschen. Es wird unablässig erlebt, reflektiert, gebildet und erzogen. Die Durchdringung des Alltags durch das erlebnispädagogische Prinzip könnte aber auch zeitweilig zum Verschwinden dieser Methode

Ausblick

beitragen; man könnte auch sagen zum Aufgehen des erlebnispädagogischen Prinzips in der Wirklichkeit. Dazu bieten sich vier Erklärungsansätze an. Erstens: Erleben und Lernen wird zu einer solchen Selbstverständlichkeit, daß schon die Erwähnung dieses Prinzips nachhaltiges Gähnen über die Banalität der Aussage auslöst. Zweitens: Die akademische Pädagogik und Sozialpädagogik sitzen meist immer noch im Elfenbeinturm ihrer Universitäten und Fachhochschulen. Alle möglichen Themen werden dort verhandelt, untersucht und diskutiert, am allerwenigsten aber der Alltag von Erziehung und Bildung. Erlebnispädagogik war verschrien, weil sie zu praktisch ist. Jetzt kann sie vereinnahmt, untersucht und seziert werden, jenseits von Wirkung, Transfer, Effizienz und Effektivität, aber diesseits von (Sozial-)Pädagogik als Wissenschaft. Schließlich gibt es drittens immer noch Vertreter der pädagogischen Disziplin, die marktschreierisch das »Ende der Erziehung«, »Das Ende der Kindheit« ankündigen oder mit der Frage »Wozu noch Jugendarbeit?« eine ganze Säule der modernen Pädagogik einreißen wollen. Vom Ende der Erlebnispädagogik zu sprechen, klingt auch nicht schlecht. Viertens: Eine verläßliche, manchmal jedoch auch eine verführerische Meßlatte der Pädagogik ist die Erfahrung der eigenen Erziehung, die man durch Eltern und Verwandte, Schule und Lehrer, Jugendverband und Jugendarbeit genossen hat. Verführerisch deswegen, weil wir in der Erinnerung an unsere Kindheit und Jugend vieles verklären (»wie schön ist doch die Jugendzeit«), vereinfachen (»das hat mir auch nicht geschadet«), oft vergeblich verdrängen (»das vergesse ich nie«) und vergessen (»ist mir das wirklich passiert?«). Und wo so große Orientierungslosigkeit vorherrscht, neigen wir sehr leicht zu Vereinfachungen, die der Komplexität unserer Welt nicht gerecht werden. Praktische Pädagogik kämpft immer gegen private Praxis, so lassen sich wohl die zahllosen Fluchten in die (sozial-)pädagogische Theorie auch erklären.

Wie kann aus Wucherung wieder Wachstum werden? Dazu einige Gedanken. Wenn alles Erlebnispädagogik ist und alle Pädagogen sie schon immer angewandt haben, ist der Begriff in der Tat überflüssig. Das Ringen um Definitionen gehört zu den vergeblichen und doch notwendigen Aufgaben der Geistes- und Sozialwissenschaften. Zukünftig sollte man daher von einer engen Definition von Erlebnispädagogik ausgehen. Sie ist eine unter vielen wirksamen Methoden einer handlungsorientierten Pädagogik. Das neu erweckte Interesse der Fachhochschulen und Universitäten an der Erlebnispädagogik hat hoffentlich eine Fülle von empirischen Untersuchungen zur Folge, mit quantitativen und qualitativen Methoden. Im Vergleich zum angelsächsischen und amerikanischen Raum haben die deutschsprachigen Länder einen gewaltigen Aufholbedarf. Was wissenschaftlich erforscht wird, steigt im gesellschaftlichen Ansehen. Für unkritische Befürworter und hämische Kritiker könnte wissenschaftliche Forschung korrigierend wirken und sie beide auf den Weg von der Wucherung zum Wachstum bringen. Schließlich hat die erlebnispädagogische Praxis Wünsche nach Weiterbildung ausgelöst. Solvente Träger bieten seit einiger Zeit Zusatzausbildungen an und tragen zur Professionalisierung bei.

Darüber hinaus wächst die Zahl der Fachleute mit einer natursportlichen und pädagogischen Qualifikation.

Die Globalisierung und die Informationsgesellschaft können den Informationsgau zur Folge haben, wenn nicht aus Information selektiv Wissen geformt wird und dem Wissen Erfahrung folgt – und umgekehrt. Global denken, lokal handeln – diese Forderung der ökologischen Bildung muß im Informationszeitalter mehr denn je in die erlebnispädagogische Praxis und Theoriebildung umgesetzt werden: Kommunikation und Kooperation über Internet, Videokonferenzen, Wissenschaftsnetz, virtuelle und reale Begegnungen von Jugendlichen und pädagogischen Fachkräften aus aller Welt: Das Jamboree mutiert zum kontinuierlichen Ereignis. Es geht nicht mehr um die Möglichkeit, mit Fachleuten aus aller Welt unmittelbar zu kommunizieren, es geht – wie schon immer – um die Qualität des Gesagten. Hier öffnen sich Tore in neue Dimensionen des globalen Lernens oder in Informationslabyrinthe ohne Ausgang; aber das ist eben nach ULRICH BECK ein Signum der Risikogesellschaft.

6.4 Visionen: Vier Szenarien und zehn Provokationen zur Jahrtausendwende

Wie soll man sich den Stellenwert von Abenteuer und Erlebnis nach der Jahrtausendwende vorstellen? Mit vier Szenarien und zehn Provokationen beenden wir unseren Einstieg in die Erlebnispädagogik.

Vier Szenarien – vier mögliche Entwicklungen

Szenario 1: Erlebnisgesellschaft 2000

Erlebnis total ist heute schon angesagt: Beruf und Partner werden nach ihrem Erlebniswert beurteilt, im Erlebnishaus wird eingekauft, am Freitagabend beginnt das Wochenendabenteuer, und die sechs Wochen Urlaub im Jahr müssen zur schönsten Zeit werden, zum Konzentrat des Lebens schlechthin. Das Abenteuer lockt allenthalben für den, der es sich leisten kann und will. Nimmt man eine lineare Entwicklung an, dann wird sich in wenigen Jahrzehnten fast jeder und zu aller Zeit am »Projekt des glücklichen Lebens« (SCHULZE 1992, S. 35) beteiligen wollen und können. Je sinnentleerter und bedeutungsloser der berufliche Alltag erlebt wird, um so mehr wird in die wachsende Freizeit projiziert. Arbeit ist nötig, um Freizeit und Erleben verbinden und finanzieren zu können: den Jet nach Kanada, den Trip durch den Sinai, den SUMMIT-CLUB-Gipfel im Himalaya, den Segeltörn in der Karibik, den Tauchkurs im Roten Meer. Natur, Disneyland und Erlebniscenter werden als Mittel zu einmaligen

Erlebnisssen gebraucht. Ihr kleinster gemeinsamer Nenner ist das spannende, schöne, beeindruckende, intensive Erlebnis. Auf der Berghütte treffen sich Paraglider, Mountainbiker, Kletterer, Jogger und Bergwanderer. Danach entspannt man sich in der Sauna, im Solarium, im Wellen- oder Dampfbad und beendet den Tag schließlich im Gourmet-Restaurant. Das Leben wird zum totalen Erlebnisprojekt: Wenn nicht das Leben, sondern sein Sinn bedroht ist, beginnt eine Beurteilung des Lebens nach seinem Erlebniswert, eine hedonistische Innenorientierung, die nach der Utopie des persönlichen Glücks sucht. Werden sich die wohlhabenden Industrienationen, wie NEILL POSTMAN meint, zu Tode amüsieren? Und welchen Anteil wird die Erlebnispädagogik daran haben?

Szenario 2: Ästhetisierung versus Existenzkampf

Der Zugang zu Erlebnisräumen wird gesellschaftlich und ökonomisch geregelt. Während die Zweidrittelgesellschaft über die finanziellen Ressourcen verfügt, sich in der Natur, in fremden Ländern, aber auch im urbanen Umfeld, in Sport- und Vergnügungsstätten ihren Traum von Selbstinszenierung und Ästhetisierung zu verwirklichen, ist das dritte Drittel davon ausgeschlossen.

Wer sich im täglichen Kampf um eine bezahlbare Wohnung und um einen Job, der halbwegs erträglich ist, aufreiben muß, der verliert das Bedürfnis nach stilsicherer Befriedigung. Auf zynische Weise erfährt ein kleiner Teil der mitteleuropäischen Bevölkerung »schon« heute, was echte Erlebnisse ausmachen: Wenn Stadtstreicher mitten im Wohngebiet unter einer Brücke ein erbärmliches Quartier aufgeschlagen haben und vom Hochwasser überrascht werden, steht für sie nicht viel mehr auf dem Spiel als das nackte Überleben. Für sie ist das, was in erlebnispädagogischen Arrangements kunstvoll inszeniert wird, alltägliche Wirklichkeit – allerdings mit negativem Vorzeichen.

Prickelnd-riskante Situationen sind nicht etwa Anlässe für die Pflege und Erweiterung des zivilisierten Ichs, sondern unvermeidliche Begleitumstände im Kampf um die Sicherung der puren Existenz. Diese auf legale Weise abzusichern ist nicht nur anstrengend und zermürbend, sondern auch unendlich langweilig. Nicht zufällig lockt das bizarre Umfeld von Diebstahl, Hehlerei, Drogenhandel und Prostitution mit Erlebnisqualitäten ganz anderer Art. In ihren Strukturen jedoch sind diese in gewisser Weise vergleichbar mit den legalen und gesellschaftlich sanktionierten Erlebnissen.

Ist das beschriebene Szenario für Mitteleuropa (noch?) befremdlich und überzeichnet, so steht in vielen Teilen dieser Welt der Existenzkampf recht selbstverständlich auf der Tagesordnung. Angesichts der Kriege, Hungersnöte, Naturkatastrophen und vom Menschen verursachten Umweltzerstörungen erscheint die Suche nach dem echten, authentischen, direkten Erlebnis einerseits zynisch, andererseits grotesk.

Szenario 3: Erlebnisreservate

Die Marketing-Strategen verwenden den Begriff »Erlebnis« schon seit langem als vielseitiges Signum für alles, was »promotet« werden soll: die »Erlebniskneipe«, die »Erlebnismeile«, der »Erlebnis-Shop«... Vergleichsweise banale Verrichtungen, wie ein Bier in einer Gaststätte trinken oder Einkaufen, werden hochstilisiert zu einem – in hohem Maß emotional besetzten – Ereignis.

Auf der anderen Seite werden »Erlebnisreservate« geschaffen, die für das alltägliche Leben entbehrlich wären, die sich vollkommen auf die Dienstleistung »Vermittlung von Erlebnissen« konzentrieren. Am Rande der Stadt wird ein Kran aufgestellt, der mutigen Menschen zum ultimativen Erlebnis »Bungee Jump« verhelfen soll. Im Naherholungsgebiet sorgt die Sommerrodelbahn für den familienfreundlichen Nervenkitzel. Die Schwimmbäder alten Stils haben längst ausgedient. An ihre Stelle treten »Erlebnisbäder« mit Wellenmaschinen und kunstvoll gebauten Röhren-Wasserrutschen. Ein »Euro-Disneyland« ist schließlich zuständig für das totale Erlebnis. Wer bereit und in der Lage ist, den Preis zu zahlen, hat die Auswahl zwischen unzähligen, TÜV-geprüften Erlebniswelten.

Während der erholungsuchende Bürger in früheren Zeiten – je nach persönlicher Neigung – Naturlandschaften, Kulturlandschaften, aber auch Stadtlandschaften aufsuchte, um sich auf seine Art zu regenerieren oder auch herauszufordern, steht ihm heute ein vollkommen künstliches, zu keinem anderen Zweck erbautes Erlebnisreservat zur Verfügung.

Die neue, künstliche Erlebniswelt wird zur »zweiten Wirklichkeit«, die ebenso existent, ebenso real ist wie die erste. Nach und nach wird sie umbaut, in Räume verlegt. Es sind zu viele Störungen, die vom eigentlichen Zweck, den Erlebnissen, ablenken würden. Es sind nicht nur klimatische Faktoren, die ausgeschlossen werden sollen, sondern auch selbstverursachte: Die Benzol-, Stickoxyd- und Ozonwerte sind zu hoch, die ultraviolette Strahlung ist zu stark, als daß man sich gefahrlos im Freien bewegen könnte: Erlebnisreservate werden zu dreidimensional eingegrenzten Erlebnisstätten.

Szenario 4: Das Abenteuer im künstlichen Raum

In WOODY ALLENS Film »The Purple Rose of Cairo« steigt der Held aus der Leinwand und tritt somit in die Wirklichkeit. Die kindliche Spielwelt vollzieht den umgekehrten Weg. Das technische Angebot wird sich in Vielfalt und Raffinesse erweitern und Kinder und Jugendliche werden (zunächst) spielerisch in künstliche Welten einsteigen. Verlockend sind sie deshalb, weil sie die Welt der wirklichen Abenteuer nicht nur perfekt im künstlichen Raum imitieren, sondern weil dieses Abenteuer jederzeit gewagt und wiederholt werden kann. Der Erfinder des erfolgreichsten Spiels der letzten Jahre, des Super-Mario-Land von Nintendo, äußerte in einem Interview im »ZEIT MAGAZIN« (20.11.1992, S. 68f.): »Das Spiel muß etwas von dem Gefühl vermitteln, das ein Kind hat, wenn es alleine eine Höhle betritt... Wenn man hineingeht, muß man die kalte Luft um sich herum spüren, eine Abzweigung entdecken und sich dann entscheiden, ob man sie erforschen will oder nicht.« Die Faszination, von der Kinder bei diesen Game-boy-Spielen gepackt werden, ist erstaunlich und erschreckend zugleich. Dabei stehen wir erst am Anfang der Entwicklung von technischen Spielen, in die wir als Spielende einsteigen und auf einmal in einer zweiten Wirklichkeit sind, die der ersten täuschend ähnlich ist und damit in der Tat verwechselt werden kann. Die Entführung aller Sinne in diese künstlichen Welten wird bereits durch CYBERSPACE vollzogen. Wird die Versuchung der künstlichen Abenteuer so groß werden, daß die von Pädagogen angebotenen unmittelbaren Abenteuer schlichtweg abgelehnt oder nur mehr aus Mitleid gespielt werden? Kann Erlebnispädagogik diesen technischen Reizen etwas entgegensetzen? Oder wird durch die technische Welt der Abenteuer das Bedürfnis nach Bewährung, Spannung und Risiko gänzlich gestillt werden?

Zehn Provokationen: Get Your Kicks On Route Sixty-Six

Was ist eigentlich dran an diesem vermeintlich ungleichen Liebespaar »Erleben und Lernen«, das es zu einer Schriftenreihe, einem Buchtitel, einer Zeitschrift und zu einem »Internationalen Kongreß« gebracht hat? Haussiert der Markt genauso wie im Sommer 97 die Aktienbörse, um irgendwann zu crashen, angetrieben durch Negativschlagzeilen im SPIEGEL, Totschlag-Beiträgen in den privaten TV-Magazinen und durch eilfertige Behörden, die nach dem ersten schweren Unfall alles verbieten, was so oder so ähnlich firmiert. Oder eröffnet die europäische Bildungsministerin im Jahre 2010 eine internationale Messe virtuellen Zuschnitts zum »Adventure Programming«, an der einige hunderttausend Fachleute via »Planet-System-Net« verbunden sind?

Wir wollen Entwicklungspotentiale, aber auch mögliche Sollbruchstellen der Erlebnispädagogik aufzeichnen und so eine kleine Bilanz mit Prognosen zur Zukunft vermischen. Dies könnte Kriterien liefern zur Unterscheidung von gangbaren Wegen und offensichtlichen Sackgassen. Unsere Ausführungen decken sich nicht immer mit der in Pädagogenkreisen grassierenden Harmoniesehnsucht; einige Argumente sind holzschnittartig – um nicht zu sagen einseitig – und manchmal auch polemisch zugespitzt.

1. Die Kicks kann man auf der Route Sixty-Six bekommen, im Dreier-Looping der Oktoberfest-Achterbahn, auf dem Motorrad, beim Bungee Jump, bei der neuen Hatha-Yoga-Übung, bei der Pflege des Tamagotchi oder bei der Love-Parade. Dazu braucht es die Erlebnispädagogik nicht. Und wer behauptet, daß Erlebnispädagogik nur alter Wein in alten Schläuchen ist, weil er vor 20 oder 40 Jahren auch schon mit Jugendlichen gemeinsam im Schlauchboot saß, hat wenig verstanden und sollte sich weiterhin ruhig im Schlauchboot treiben lassen. So ist er immerhin in frischer Luft. Wer von den Praktikern und Theoretikern weiß eigentlich, wovon er redet, wenn er den Begriff Erlebnispädagogik in den Mund nimmt? Strategie eins: einfach weiterreden – das ist eine weit verbreitete pädagogische (Un-)Tugend. Strategie zwei: weil in der Pädagogik immer etwas erlebt wird, ist alles – und gleichzeitig nichts – Erlebnispädagogik. Strategie drei: Definitionsversuche. Wir haben vier Anläufe gemacht. Damit sind wir angreifbar und for-

dern alle Kritiker auf, diese Definition weiterzuentwickeln oder eine diskutable neue vorzulegen.

2. ROUSSEAU, PESTALOZZI und KURT HAHN interessieren die meisten praktizierenden Erlebnispädagogen ebensowenig wie Definitionen, metaphorische Modelle, isomorphe Verfahren oder die Integration von gestaltpädagogischen Methoden in die Arbeit unter freiem Himmel. Eine kleine Gruppe von zum Teil abgehobenen und fern jeder Praxis diskutierenden Theoretikern produziert Publikation um Publikation (wie auch die vorliegende), jettet von Tagung zu Tagung (nach der Tagung an der Wildnisschule/ Schweiz folgten der Internationale Kongreß »Erleben und Lernen« 1997 in Augsburg, dann Perth/Australien, ein Kongreß in Tampere/Finnland und zum Jahresabschluß die AEE-Tagung in North Carolina/USA) und bleibt damit weitgehend unter ihresgleichen. Die Praktiker sind gutwillig, aber theorieresistent, machen ihr Ding, lassen sehr oft die Berge für sich selbst sprechen (»The Mountains speak for Themselves« – ein heiß diskutiertes Reflexionsmodell, das, genau betrachtet, keines ist) und kümmern sich nicht weiter um ein paar Spinner, die selbstverliebt philosophierend an maßgeschneiderten Settings für eine nicht vorhandene Klientel basteln. Die Erlebnispädagogik ist eine junge Disziplin und sehr verschieden, so könnte man in Anlehnung an die Shell-Studie 1992 sagen. Festzustellen sind zunehmende und mehrfache Polarisierungen. Zum einen, wie beschrieben, eine Kluft zwischen Theorie und Praxis. Die erstere hat sich eine eigene Sprache zugelegt mit Codes, Chiffren und Chimären, während letztere entweder natursportlich-vitalistisch oder / und klassisch sozialpädagogisch denkt und handelt. Andererseits steigen die Chancen einer reflektierten Praxis und einer pragmatischen Theorie der Erlebnispädagogik durch jene wenigen (Sozial-)Pädagogen/innen mit einer fundierten natursportlichen Ausbildung und langjähriger natursportlicher Praxis.

3. Inzwischen nehmen sich auch Fachhochschulen und Universitäten der Erlebnispädagogik an. Mit welchem Gewinn, das wird sich zeigen. Die Frage ist, ob die Fachhochschulen, die vor kurzem ihr 25jähriges Jubiläum gefeiert haben, nun wirklich zur Professionalisierung der Erlebnispädagogik beitragen werden oder ob es weiterhin gute Erlebnispädagoginnen und Sozialpädagogen nicht wegen, sondern trotz der Fachhochschulen für Soziale Arbeit geben wird. Das gleiche gilt, vielleicht noch verstärkt, für die heiligen Hallen der pädagogischen Institute an den Universitäten. Allemal aber könnte die Verknüpfung von Erleben und Lernen als didaktisches Prinzip die nicht selten marode Lehre befruchten. Aus der Erlebnispädagogik jedenfalls gäbe es zahlreiche Impulse zur Verbesserung der Lehre. Man braucht nur den Mut dazu, aber der fehlt nicht wenigen Lehrbeamten. Der Beitrag zu angewandter Forschung im Bereich der Erlebnispädagogik ist denkbar gering, ebenso wie das Interesse der Professorinnen und Professoren am Verhältnis von Praxis zu Theorie. In der Regel

Ausblick

wissen die Hochgelehrten nichts über dieses Feld der Pädagogik, um so blumiger wuchern Phantasie, Gerüchte und Vorurteile.

4. Der allgegenwärtige Erlebnisbegriff der 90er Jahre bildete sich einerseits in den Variationen zur Erlebnispädagogik ab; das soziale Management und das windige Surfen durch die Informationsinseln der Belanglosigkeiten im Internet und die neue Medienlandschaft dominieren andererseits die neueste Themenpalette. Und wenn sie sich noch so abstrampeln, die rührigen Erlebnispädagogen, die flirrende Faszination der multimedialen Glitzerwelt werden sie nie erreichen können und auch nicht die coole Professionalität der Outdoor-Trainings. Mit nichtentfetteten Wollsocken und Birkenstockschuhen lassen sich weder die Managementgilde überzeugen, noch die multimedial geprägte Jugendgeneration im ausgehenden Jahrtausend. Und schon gar nicht mit der oft dahinterstehenden pädagogischen Wurstigkeit, die sich aufgrund von Ziellosigkeit bestenfalls auf Beziehungsarbeit zurückzieht. Genau betrachtet, öffnet sich die Schere zwischen pädagogischer Praxis und Professionalisierung immer mehr. Das Negativbild des Leiters eines Jugendzentrums – sozusagen des Jungschen Schattens – in den 70er Jahren war der Hausmeister, in den 80er Jahren der Müsli- und Mülltrennungs-Freak; in den 90er Jahren verzichtet der Manager des Jugendcenters gnädig auf die Krawatte, kennt sich aus im Konfliktmanagement, kultiviert seine Schlüsselqualifikationen, widmet sich der Konzeptentwicklung und dem Controlling, überlegt sich das Outsourcing und diskutiert im Quality Circle die neuesten Organisationsmodelle. Da bleibt im Time-Planer logischerweise wenig Zeit für die praktische Arbeit mit den Jugendlichen und für die Reflexion dieser Arbeit übrig.

5. Die Erlebnispädagogik würde sich leichter tun, wenn sie einen anderen Namen hätte, denn es geht ihr nicht um das Erlebnis an sich. Selbst renommierte Wissenschaftler verwechseln bisweilen Inhalt und Ziel, wenn sie über sie referieren. Ein Schweizer Hochschullehrer sagte einmal auf einer Podiumsdiskussion, daß Erlebnispädagogik einfach gute Pädagogik sei, und stieß dabei als an sich fachkundiger Protegé ins gleiche Horn wie deren Kritiker. Nur: Die schärfsten Kritiker unterstellen mit schöner Regelmäßigkeit der Erlebnispädagogik, daß diese mit dem Ziel antritt, Erlebnisse zu produzieren. Starke Gefühle, dichte Momente, intensive Empfindungen sind natürlich – und insofern haben diese Stimmen recht – der humusreiche Nährboden für Wachstum und Entwicklung. Sie sind Nährboden, ja, aber eben weder vordergründiges Ziel noch Selbstzweck wie unterstellt – ob leichtfertig oder böswillig ist einerlei.»Handlungsorientiertes Lernen unter freiem Himmel« ist elend lang, spröde und letztlich unbrauchbar als Begriff. Vorerst ist keine Alternative in Sicht.

6. In der Tat aber hat die Erlebnispädagogik mehr mit Erziehung, Lernen und Bildung zu tun als mit guten oder schlechten Erlebnissen. Insofern

kommt ihr eine bedeutende Rolle zu: »Die Antwort auf unsere behauptete oder tatsächliche Orientierungslosigkeit ist Bildung – nicht Wissenschaft, nicht Information, nicht die Kommunikationsgesellschaft, nicht moralische Aufrüstung, nicht der Ordnungsstaat.« (Hentig 1996, S. 11). Worin zeigt sich, ob ein Mensch gebildet ist? Von Hentig (ebd., S. 75) nennt sechs Maßstäbe: »Abscheu und Abwehr von Unmenschlichkeit; die Wahrnehmung von Glück; die Fähigkeit und den Willen, sich zu verständigen; ein Bewußtsein von der Geschichtlichkeit der eigenen Existenz; Wachheit für letzte Fragen; und... die Bereitschaft zu Selbstverantwortung und Verantwortung in der res publica.« All dies läßt sich bestens mit erlebnispädagogischen Ansätzen verwirklichen. Darüber hinaus liegt ein Verdienst der Erlebnispädagogik in der Wiederentdeckung oder Wiederbelebung pädagogischer Prinzipien: Führung und Verantwortung, Kognition-Emotion-Körper, Learning by Doing, die Renaissance der Spielebewegung, eine neue Kultur der Reflexion, entdeckendes Lernen... um nur einige Beispiele zu nennen.

7. Scheinbar ist das Ende der Erlebnispädagogik angesagt, obwohl ihre Prinzipien zeitlos sind und sie zu den (pädagogischen) Grundsatzfragen dieser Zeit paßt wie der Schlüssel zum Schloß. Braucht eine mit Vorurteilen und Verurteilungen belastete Methode erst den Todesstoß, um dann in neuem Gewande wie Phoenix aus der Asche wiederauferstehen zu können? Vieles deutet darauf hin, daß wir jetzt, zum Ende des Jahrtausends, an der Schwelle zu einer erneuten Sozialpädagogisierung der Gesellschaft stehen – national wie international. Immer mehr Pädagogen haben es mit immer weniger Kindern und Jugendlichen zu tun, aber die Kosten für diese pädagogischen Leistungen steigen in unbezahlbare Höhen. Die Pflegesätze in der Heimerziehung sind den letzten 20 Jahren zum Teil um 200–300 % gestiegen, und das Berufsfeld Soziale Arbeit hat in diesem Zeitraum einen unfaßbaren Zuwachs an Stellen erfahren. Nach dem Absolventenreport 7/94 des Bundesministeriums für Bildung und Wissenschaft »lag die Zuwachsrate bei Sozialarbeitern und Sozialpädagogen« zwischen 1976 und 1987 »bei 122 %« (Minks/Filaretow 1994, S. 5). Zum Vergleich: Bei Ingenieuren, Ärzten und Apothekern stiegt sie im gleichen Zeitraum um etwa 25 % an (ebd.). Das seit über einem Jahr in den Bestsellerlisten der absoluten Verkaufszahlen ganz vorne stehende Buch »Emotionale Intelligenz« (Goleman 1996) ist Beleg für eine Renaissance sozialer Kompetenz. Wenn auch die »Shareholder-Value-Philosophie« der Unternehmen inklusive permanenter Freisetzung von Arbeitskräften in eine vollkommen andere Richtung zielt: Quer durch alle gesellschaftlichen Bereiche wird die Persönlichkeit des einzelnen und der stimmige Umgang mit den Mitmenschen zur Leitwährung im gesellschaftlichen Leben. Die Erlebnispädagogik, oder das was einmal aus ihr hervorgegangen sein wird, stellt in idealer Weise die Lernfelder für das Miteinander in unbekannten, manchmal

mit Angst besetzten, meistens aber lustvollen Situationen bereit: Komplexe, indes nach außen abgeschottete, deshalb übersichtliche und geschützte Mikrowelten sind solche Lernwelten, Trainings- und Fitnesszentren für das »richtige Leben«, für die Zukunft.

8. Erlebnispädagogik war stets ohne klare Position, sozusagen zwischen den pädagogischen Welten pendelnd: zwischen Beziehung und Erziehung in der Jugendhilfe, zwischen Freizeitbeschäftigung und Kurzzeitpädagogik in der Jugendarbeit, zwischen Abenteuerprogrammen und Persönlichkeitsentwicklung in der Bildungsarbeit, zwischen Incentive und Survival-Training in der Betriebspädagogik. Sie wird sich auch künftig nicht festmachen lassen, sondern frei oszillieren zwischen Polen, die ebenfalls ihre Form und Lage verändern. Sie wird vielleicht in einer wesentlich breiter angelegten Ästhetik münden, wo Bewegung nicht nur auf den Körper reduziert, sondern offener begriffen wird, verbunden mit Musik, Tanz, Theater, Film, Multimedia, wodurch der Vorrang des Organisch-Vitalen durch eine urbane Komponente zurückgedrängt wird.

9. Erlebnispädagogik wird sich in mehrfacher Hinsicht ausfächern. Urbaner wird sie in jedem Fall werden. Überall schießen künstliche Klettergärten und »Ropes Courses« hoch, erprobt man typisch städtische Formen handlungs- und erfahrungsorientierten Lernens (Stichwort CITY BOUND). Zweitens wird sie – ob das die Praktiker interessiert oder nicht – internationaler: Europa, Arbeitsmigration, Inländer – Ausländer, Globalisierung sind Themen, welche die Soziale Arbeit längst erreicht, ja in Beschlag genommen haben. Und damit auch die Erlebnispädagogik. Drittens geht die Welle der Individualisierung auch an der Erlebnispädagogik nicht spurlos vorüber. Nicht nur die berühmt-berüchtigten intensivpädagogischen Einzelmaßnahmen nach § 35 KJHG zeigen diesen Trend an, auch die neuen erlebnistherapeutischen Ansätze und die Arbeit mit Metaphern führen zu einer stärkeren Betrachtung des Individuums, seiner Defizite und Schwächen, seiner Stärken und Ressourcen.

10. Den wohl größten Einfluß auf dem weiteren Weg oder dem Absterben der Erlebnispädagogik hat wohl das Thema Sicherheit. Die britische Anbieter-Szene hat sich von einem schweren Seekajak-Unfall mit mehreren toten Jugendlichen und Betreuern nie mehr richtig erholt. Wenn erst der Gesetzgeber, angefeuert von einer aggressiven Medienlandschaft, geltende Gesetze und Verordnungen verschärft und Akkreditierungsverfahren einführt, sind die Träger im Zugzwang, können nicht mehr agieren, sondern nur noch reagieren. Die Zukunft der Erlebnispädagogik liegt also zuallererst an ihrer Fähigkeit, mit den anvertrauten Menschen und sich selbst verantwortungsvoll umzugehen. Dies ist die Voraussetzung für pädagogische und therapeutische Arbeit in diesem sensiblen Feld. Alles andere baut auf diesem Fundament auf.

Literatur

Aktion Jugendschutz (Hrsg.): Erlebnispädagogik in der Stadt. München o. J. (Eigenverlag)
ALBERTER, P.: Agadir, Atlas, Außenwohngruppe. Der lange Weg von der Jugendpsychiatrie in die Hilfen zur Erziehung. In: e&l. Erleben und Lernen. Zeitschrift für handlungsorientierte Pädagogik, 1997, 5, S. 4–10
ALDEBERT, U.: Spiele unterwegs für kleine und große Bergsteiger. München 1990
ALLERBECK, K., HOAG, W.: Jugend ohne Zukunft. Frankfurt/Main 1985
AMESBERGER, G., FASCHING, H., SIEBERT, W. (Hrsg.): Plattform Outdoor-Aktivitäten: Chancen und Perspektiven. Wien 1992
AMESBERGER, G., SIEBERT, W.: Psychogene und technologische Aspekte von Sicherheitskonzepten. In: e&l. Erleben und Lernen. Zeitschrift für handlungsorientierte Pädagogik, 1994, 2, S. 4–8
AMESBERGER, G., SOBOTKA, R.: Outdoor-Activities: Arbeit mit Randgruppen. In: Spectrum der Sportwissenschaften (Innsbruck, Österreich), 1991, 2, S. 67–108
Arbeitsgruppe Erlebnispädagogik des Landeswohlfahrtsverbandes Baden: Erlebnispädagogik in der Heimerziehung – Eine Arbeitshilfe. In: Zeitschrift für Erlebnispädagogik, Lüneburg 1990, 4, S. 1–28
AUFMUTH, U.: Die Lust am Aufstieg. Weingarten 1984
AUFMUTH, U.: Übergänge – Rhythmen – Glück. Was mir das Bergsteigen wertvoll macht. In: Deutscher Alpenverein, Österreichischer Alpenverein, Alpenverein Südtirol (Hrsg.): Berg '89. Alpenvereinsjahrbuch, München, Innsbruck, Bozen 1989, S. 125–134

BACON S.: The Conscious Use of Metaphor in Outward Bound. Denver 1983
BACON S.: The Evolution of the Outward Bound Process. Greenwich 1987
BÄTZING, W.: Die Alpen. Naturbearbeitung und Umweltzerstörung. Frankfurt/M. 1988
BAUER, H. G.: Erlebnis- und Abenteuerpädagogik. Eine Literaturstudie. München 1985
BAUER, H. G.: Statement zur Podiumsdiskussion. In: Bedacht, A., Dewald W., Heckmair, B., Michl, W., Weis, K.: Erlebnispädagogik: Mode, Methode oder mehr? München 1992, S. 43–46
BAUER, H. G, HUFENUS, H.-P.: Internationale Fachtagung zur Erlebnispädagogik auf Schloß Wartensee 1993. Lüneburg 1993
BAUMGARTEN, H. H.: Bibliographie »Abenteuer- und Erlebnispädagogik«. Riehen 1992

Literatur

Bayerischer Jugendring (Hrsg.): Jugendarbeit in Bayern. München 1985
BECK, H.: Handlungsorientierung des Unterrichts. Anspruch und Wirklichkeit im betriebswirtschaftlichen Unterricht. Darmstadt 1996
BECK, U.: Risikogesellschaft. Auf dem Weg in eine andere Moderne. Frankfurt/Main 1986
BECKER, P., KOCH, J., VIETH, J.: Mit Kopf, Herz und Hand. An-Sichten einer Sozialarbeit mit Jugendlichen. Butzbach-Griedel 1995
BECKER, P.: Offene Zukunft und riskante Entscheidungen. Gesellschaftliche und pädagogische Aspekte des Umgangs mit Unsicherheiten der Moderne. In: Neue Praxis 3/94, S. 203–216
BEDACHT, A., MICHL, W.: Erlebnispädagogische Aktivitäten im Vergleich. In: Zeitschrift für Erlebnispädagogik, Lüneburg 1991, 8, S. 31–54
BEDACHT, A., DEWALD, W., HECKMAIR, B., MICHL, W., WEIS, K. (Hrsg.): Erlebnispädagogik – Mode, Methode oder mehr? München 1992
BEDACHT, A, WAGNER, F.-J.: Erlebnispädagogik mit Behinderten. Schwerpunktthema in: e&l. Erleben und Lernen. Zeitschrift für handlungsorientierte Pädagogik, 94, 2
BENJAMIN, W.: Berliner Chronik. Frankfurt/Main 1988 (1. Aufl. d. revidierten Ausg.)
BIENZEISLER, R.: Leben – Erleben – Handeln. Das pädagogische Anliegen des Bremer Volksschullehrers Fritz Gansberg. Lüneburg 1987
BLÄTTNER, F.: Geschichte der Pädagogik. 13. Aufl. Heidelberg 1968
BLY, R.: Eisenhans. München 1991
BMW AG (Hrsg.): BMW-Lernstatt. Organisationsentwicklung im Unternehmen. München 1987
BÖHNISCH, L., GÄNGLER, H., RAUSCHENBACH, T. (Hrsg.): Handbuch Jugendverbände. Weinheim und München 1991
BÖHNISCH, L./WINTER, R.: Männliche Sozialisation. Bewältigungsprobleme männlicher Geschlechtsidentität im Lebenslauf. Weinheim/München 1993
BÖNSCH, M.: Handlungsorientierte Ansätze in der Schule. In: e&l. Erleben und Lernen. Zeitschrift für handlungsorientierte Pädagogik. 1994, 3–4, S. 8–12
BOURLIAGET, L.: Puck und seine Wölfe. Stuttgart 1957
BRENNER, G.: Erlebnispädagogik – ein Rettungsring für die Jugendarbeit? In: deutsche jugend 1993, 10, S. 428–459
BRESS H.: Outward Bound in USA – Bericht über einen OB-Kurs an der Hurrican-Island-Outward-Bound-School (HIOBS) in Maine/USA. In: Deutsche Gesellschaft für Europäische Erziehung (Hrsg.): Berichte und Materialien 2/86
BROOKS, CH.: Erleben durch die Sinne. München 1991
BRUCKNER, K.: Die Strolche von Neapel. Wien 1964
BSCHOR, F.: Sahara Sans Guide. Gruppenreisen mit Suizidgefährdeten in der Wüste. In: Bauer, H. G., Nickolai, W.: Erlebnispädagogik in der sozialen Arbeit. Lüneburg 1989, S. 51–71
bsj (Hrsg.): Abenteuer – Ein Weg zur Jugend. Frankfurt a. M. 1993 (Eigenverlag)

BÜHLER, J.: Das Problem des Transfers. Kritisches zur erlebnisorientierten Kurzzeitpädagogik. In: deutsche jugend, 1986, 2, S. 71–76
Bundesminister für Jugend, Familie, Frauen und Gesundheit: Achter Jugendbericht. Bonn 1990

CELAN, P.: Ausgewählte Gedichte. Frankfurt a. Main 1970
CHARGAFF, E.: Interview in: »DIE ZEIT« vom 18. 5. 1988, S. 40
COCKRELL D., LAFOLLETTE, J.: A National Standard for Outdoor Leadership Certification. In: Parks & Recreation. June 1985, S. 40–43
CORNELL, J. B.: Mit Kindern die Natur erleben. Soyen 1979
Council on Outdoor Education Position Statement: Outdoor Education – Definition and Philosophy. In: Journal of Outdoor Education, Recreation and Dance, 1989, Febr., S. 31–34
CSIKSZENTMIHALYI, M.: Das Flow-Erlebnis. Stuttgart 1987
v. CUBE, F.: Gefährliche Sicherheit. München 1990

DAMM, H.: Treffpunkt mürrischer Löwe. Bamberg 1957
DEGEN, S.: HERMANN LIETZ – Ein Wegbereiter der modernen Erlebnispädagogik? Lüneburg 1988
DELAY, R.: Forming knowledge. Constructivist learning and experiential education. In: Journal of Experiential Education, 1996, 19, 2, S. 76–81
Deutscher Alpenverein e. V. (Hrsg.): Mit Kindern auf Hütten. München o. J.
Deutscher Alpenverein (Hrsg.): Naturschutz-Info. München 1989
DEWALD, W.: »Beim nächsten Mal voll ›reinhauen‹«? Zur Verknüpfung von erlebnispädagogischen und ökologischen Ansätzen. In: Jugendschutz heute 1990, 2, S. 12–14
DEWEY, J.: Demokratie und Erziehung. Eine Einleitung in die philosophische Pädagogik. Weinheim/Basel 1993
Diakonisches Werk der Ev. Landeskirche: Aus der Dunkelheit ans Licht. Erlebnispädagogisches Projekt des Diak. Werkes. Karlsruhe 1991 (Eigenverlag)
DÖTZ, E., BORETTY, R.: Methoden der Ausbildung an die beabsichtigte Qualifizierungsentwicklung anpassen. Planen, Beobachten und Rückmeldung in der »Projekt- und transferorientierten Ausbildung« (PETRA). In: Technische Innovationen und Berufliche Bildung 1988, 2
Drägerwerk AG: Ganzheitlich orientierte Ausbildung im Betrieb durch Integration von Maßnahmen zur Persönlichkeitsentwicklung in die Berufsausbildung. In: Bundesinstitut für Berufsbildung (Hrsg.): Kreative Aufgaben zur Förderung der Motivation und Selbständigkeit. Bonn o. J., S. 47–61
DÜCHTING, F.: Alles was lebt, erlebt was. In: Neue Praxis, 1994, 5, S. 407–415
DÜRR, W.: Betriebspädagogik. In: Lenzen, D.: Pädagogische Grundbegriffe. Reinbek 1989, S. 191–195

EICHINGER, W.: City Bound. Erlebnispädagogik in der Stadt. München 1995

271

EINWANGER, J., MICHL, W.: Leben im Griff. Das Projekt Cinque Torre. Alling 1998 (CD-ROM)
ELIADE, M.: Schamanismus und archaische Ekstasetechnik. Frankfurt/Main 1975
ENDE, M.: Momo. Stuttgart 1973
Evangelischer Erziehungsverband in Bayern e. V.: Erlebnispädagogik. Nürnberg 1989
EWALD, TH.: Kritisches zur Erlebnispädagogik. Die geschichtlichen Wurzeln gegenwärtiger Irrationalismen. In: deutsche jugend, 1989, 12, S. 536–41
FAHR, H.: Der Trend hält an. Studie zur Angebotssituation in Deutschland. In: e&l. Erleben und Lernen. Zeitschrift für handlungsorientierte Pädagogik, 1997, 2, S. 14–15
FARIN, K., SEIDEL-PIELEN, E.: Krieg in den Städten. Jugendgangs in Deutschland. 3. Aufl. Berlin 1991
FEHRLEN, B., SCHUBERT, U.: Die westdeutsche Jugendverbandsarbeit in der Nachkriegszeit. In: Böhnisch, L., Gängler, H., Rauschenbach, T. (Hrsg.): Handbuch Jugendverbände. Weinheim und München 1991, S. 67–78
FISCHER, D., KLAWE, W., THIESEN, H.-J. (Hrsg.): (Er-)Leben statt reden. Erlebnispädagogik in der offenen Jugendarbeit. Weinheim und München 1985
FLITNER, W.: Theorie des pädagogischen Weges. Weinheim 1968
FLÜCKIGER, M.: Die Wildnis in mir. Mit Drogenabhängigen in den Wäldern Kanadas. Alling 1998
FRANK, G., MICHL, W. (Hrsg.): Stellenbeschreibungen. Eine Einführung in die berufliche Praxis sozialer Arbeit. Nürnberg 1996
FRANK, L.: Die Räuberbande. München 1975
FRANZKOWIAK, P.: Risikoverhalten als Entwicklungsaufgabe im Jugendalter. In: AJS Forum 1/89, S. 1–4
FREUD, S.: Wir und der Tod. Vortrag, gehalten in der Sitzung der Gesellschaft »Wien« am 16. 2. 1915. Zit. nach: »Die Zeit«, Nr. 30, 20. 7. 1990, S. 47f.
FUHRMANN, R.: Schwarzwald-Eskimos. Ottersberg 1981
GASS, M.: Enhancing metaphor development in adventure therapy programs. In: Journal of Experiential Education 1991, 14, S. 7–13
GASS, M.: Book of Metaphors. Dubuque 1995
GASS, M., GOLDMANN K., PRIEST, S.: Constructing Effective Corporate Adventure Training Programs. In: The Journal of Experiential Education. 1992, May
GIERER, F.: CITY BOUND in Europa und in den USA. In: e&l. Erleben und Lernen. Zeitschrift für handlungsorientierte Pädagogik, 1993, 1, S. 4–9
GIESECKE, H.: Einführung in die Pädagogik. 4. Aufl. München 1972
GIFFEI, H.: Martin Luserke. Ein Wegbereiter der Erlebnispädagogik? Lüneburg 1987
GILMORE, D.: Mythos Mann. München 1991.
GILSDORF, R.: Erlebnispädagogik auf dem Weg zurück in die Schule. In: HOMFELDT, H. G.: Erlebnispädagogik. Baltmannsweiler 1993, S. 101–113
GILSDORF, R.: Erlebnispädagogik und Gestalttherapie – eine gedankliche

Begegnung zweier erfahrungsorientierter Ansätze. In: e&l. Erleben und Lernen. Zeitschrift für handlungsorientierte Pädagogik, 1997, 3–4, S. 16–22

GILSDORF, R., KISTNER, G.: Kooperative Abenteuerspiele. Praxishilfe für Schule und Jugendarbeit. Seelze-Velber 1995

GILSDORF, R., SEEGER, S.: Lehrer seilen sich ab – Prävention als Thema einer Lehrerfortbildung. In: e&l. Erleben und Lernen. Zeitschrift für handlungsorientierte Pädagogik, 1993, 4, S. 22–25

GINTZEL, U., SCHRAPPER, CHR.: Intensive sozialpädagogische Einzelbetreuung. Münster 1991

GOFFMAN, E.: Relations in Public: Microstudies of the Public Order. New York 1971. zitiert nach Sennett, R., a.a.O.

GOLEMAN, D.: Emotionale Intelligenz. München/Wien 1996

GORKI, M.: Meine Kindheit. Frankfurt a. M. 1959

GOTTLIEB-DUTTWEILER-INSTITUT (Hrsg.).: Erlebnispädagogik. Entwicklungen, Modelle, Kritik. Dokumentation der Fachtagung 8.–9. April 1991 in Zürich/Rüschlikon. Rüschlikon 1991

V. D. GRÜN, M.: Vorstadtkrokodile. München 1976

HÄNDEL, U.: Variationen zum Thema Erlebnispädagogik. In: Kölsch, H. (Hrsg.): Wege moderner Erlebnispädagogik. München 1995, S. 5–33

HAHN, K.: Erziehung zur Verantwortung. Stuttgart 1958

HANDKE, P.: Die Abwesenheit. Frankfurt a. M. 1987

HANDKE, P. in einem Interview mit A. MÜLLER. In: »DIE ZEIT« vom 3. 3. 1989

HANSEN-SCHABERG, I.: Die erlebnis- und erfahrungsbezogene Pädagogik Minna Specht. Lüneburg 1992

HARDER, W. (Hrsg.): Minna Specht. Berichte aus der Odenwaldschule. Heft 15. Okt. 1993. Odenwaldschule (Eigenverlag)

HECKMAIR, B.: Zur Qualifizierung ehrenamtlicher Jugendgruppenleiter beim Deutschen Alpenverein. München 1986 (erschienen im Selbstverlag)

HECKMAIR, B.: Gefährdung der Umwelt durch Wintersport. In: Naturschutzjugend im DBV (Hrsg.): Freizeit und Umwelt, Stuttgart 1988, S. 82–90

HECKMAIR, B.: OUTWARD BOUND – Lernen durch Handeln. In: Sandmann, J. (Hrsg.): Innovation statt Resignation. München 1990, S. 157–175

HECKMAIR, B.: OUTWARD BOUND Deutschland. In: Protokolldienst 34/94 der Ev. Akad. Bad Boll: »Erlebnis oder Pädagogik«. Bad Boll 1994, S. 32–34

HECKMAIR, B.: Die Stadt erleben. Plädoyer für eine Pädagogik des Urbanen. In: deutsche jugend, 1997, 6, S. 257–262

HECKMAIR, B., HOLTROP, J., VAN DER VOORT, C.: »City Bound«: Sich bewähren im Dickicht der Großstadt. In: Bedacht, A., Dewald, W., Heckmair, B., Michl, W., Weis, K. (Hrsg.): Erlebnispädagogik: Mode, Methode oder mehr? München 1992, S. 186–190

HECKMAIR, B., MICHL, W., WALSER, F. (Hrsg.): Die Wiederentdeckung der Wirklichkeit – Erlebnis im gesellschaftlichen Diskurs und in der pädagogischen Praxis. Alling 1995

HECKMAIR, B., WAGNER, F.-J.: Lernmodelle und Programmtypen – Neues zur erlebnispädagogischen Methodik. In: e&l. Erleben und Lernen. Zeitschrift für handlungsorientierte Pädagogik, 1995, 1, S. 4–7
HECKMAIR, B., WAGNER, F.-J.: Outdoor-Training. Schwerpunktthema in e&l. Erleben und Lernen. Zeitschrift für handlungsorientierte Pädagogik, 1997, 2
HELD, K.: Die rote Zora und ihre Bande. München 1951
HENTIG, H. VON: Kurt Hahn und die Pädagogik. In: Röhrs, H. (Hrsg.): Bildung als Wagnis und Bewährung. Heidelberg 1966, S. 41–82
HENTIG, H. VON: Die Menschen stärken, die Sachen klären. Stuttgart 1985
HENTIG, H. VON: Bildung. München/Wien 1996
HERMANN, J.: Probleme empirischer Forschung in der Erlebnispädagogik. In: Zeitschrift f. Erlebnispädagogik, 1991, 11, S. 23–41
HINTE, W.: Erlebnis oder Pädagogik. Zum Dilemma professioneller Beziehungen in pädagogischen Arbeitsfeldern. In: Maaß, V. (Hrsg.): Erlebnispädagogik in der Erziehungshilfe. Dokumentation der Fachtagung in Malente (25.–27.5. 1992). Rendsburg 1992, S. 20–35 (Eigenverlag)
HOFMANN, Chr.: Das Kurt-Hahn-Diplom. Bildungsoffensive mit Breitenwirkung oder exklusives Jugendprogramm? In: e&l. Erleben und Lernen. Zeitschrift für handlungsorientierte Pädagogik 1994, 3–4, S. 29–33
HOVELYNCK, J.: A Dutch reading of the metaphorical model. In: FRANK, L. (Hrsg.): Seeds for change: AEE 23rd international conference proceedings. Boulder 1995
HOVELYNCK, J.: Facilitating experiential learning as a process of metaphor development (erscheint voraussichtlich in: Journal of Experiential Education, 1998, 1)
HUFENUS, H.-P.: Weiterbildung Erlebnispädagogik. In: Erlebnispädagogik. Entwicklungen – Modelle – Kritik. Dokumentation der Fachtagung 8.–9. April 1991 in Zürich/Rüschlikon. Rüschlikon 1991, S. 83–87 (Eigenverlag)

ISENBERG, W.: Spontane Erforschung regionaler Lebenswirklichkeit. Konjunkturen, Kennzeichen, Arbeitswesen und Defizite »lokaler Forschung«. In: Thomas-Morus-Akademie Bensberg (Hrsg.): Wege in den Alltag. Umwelterkundung in Freizeit und Weiterbildung. Perspektiven für die Geographie? (Bensberger Protokolle, 54) o. J., S. 11–29
ISENBERG, W.: Geographie ohne Geographen. Laienwissenschaftliche Erkundungen, Interpretationen und Analysen der räumlichen Umwelt in Jugendarbeit, Erwachsenenwelt und Tourismus. Osnabrück 1987

JAGENLAUF, M., BRESS, H.: Wirkungsanalyse Outward Bound. Kurzbericht 1990. In: OUTWARD BOUND (Hrsg.): Erlebnispädagogik, Berichte und Materialien. München 1990, Heft 8
JAGENLAUF, M., BRESS, H.: Erlebnispädagogik und OUTWARD BOUND. Bibliographie. In: OUTWARD BOUND (Hrsg.): Berichte und Materialien. München, 7/89
JAGENLAUF, M.: Wirkungsanalyse Outward Bound – Ein empirischer Beitrag zur

Wirklichkeit und Wirksamkeit der erlebnispädagogischen Kursangebote von Outward Bound Deutschland. In: Bedacht, A., Dewald, W., Heckmair, B., Michl, W., Weis, K. (Hrsg.): Erlebnispädagogik – Mode, Methode oder mehr? München 1992, S. 72–95

JAMES, W.: Was ist Pragmatismus? Weinheim 1994

JAMES, W: Das pluralistische Universum. Darmstadt 1994

JÖST, S., GEIST, M.: Laß mich doch auch mal! Tagebuch eines erlebnispädagogischen Reiseprojektes. Kiel 1996

JÜNGER, E.: In Stahlgewittern. Berlin 1926

JÜNGER, E.: Siebzig verweht. Stuttgart 1980

Jugendschutz heute: Lernen durch Handeln – Welche Chancen bietet Erlebnispädagogik für Prävention. München 1990, 2

Jugendstiftung Baden-Württemberg (Hrsg.): Erlebnispädagogik. Münster 1995[2]

Jugendwerk der Deutschen Shell (Hrsg.): Jugend '97: Zukunftsperspektiven, Gesellschaftliches Engagement, Politische Orientierungen. Opladen 1997

JURGOVSKY, M.: Gedichte. In: Durchblick – Inform. a. d. Arb. d. KJF München u. Freising, 4/1992

KADEL, P.: Kritische Beurteilung notwendig. In: Personalführung 1989, 8, S. 821–823

KÄSTNER, E.: Das fliegende Klassenzimmer. Berlin 1975

KAFKA, F.: Brief an den Vater. Stuttgart 1995

KARL, A.: Das Spektrum differenzierter Hilfen für behinderte Menschen – dargestellt anhand von Beispielen aus dem Betreuungszentrum Steinhöring. In: Durchblick – Informationen a. d. Arb. der KJF München und Freising, 1/1991, S. 4–16

KERN, H., SCHUMANN, M.: Das Ende der Arbeitsteilung? Rationalisierung in der industriellen Produktion. München 1986

KILPATRICK, W. H., DEWEY, J.: Der Projekt-Plan. Grundlegung und Praxis. Weimar 1935

KLING, A.: Der Rollstuhl bleibt an Land. In: Zeitschrift für Erlebnispädagogik, Lüneburg 1989, 10, S. 16–21

KLUMPJAHN, H.-D., KLUMPJAHN, O.: Thoreau. Reinbek 1986

KNOLL, M. (Hrsg.): Kurt Hahn – Erziehung und die Krise der Demokratie. Stuttgart 1986

KOCH, J.: Gewalt als Nähekonzept. In: Sportjugend Hessen: Jugend und Gewalt. Materialband Anstöße, Frankfurter Materialien zur Sportentwicklung und Jugendpolitik, Band 4. Frankfurt am Main 1992

KÖLBLINGER, M.: Outdoor Trainings in der Management-Entwicklung. Entstehung und Formen. In: Zeitschrift für Erlebnispädagogik, Lüneburg 1992, 6, S. 3–18

KÖLSCH, H. (Hrsg.): Wege moderner Erlebnispädagogik. Alling 1995

KÖLSCH, H.: Natur als Kultur. Spurensuche nach einem erweiterten Naturbegriff. In: ders. (Hrsg.): Wege moderner Erlebnispädagogik. München 1995, S. 222–235

KÖNIG, H.; Erlebnispädagogik (Teil II). In: Pfadfinden 1989, 4, S. 11

KÖSTERKE, A:, STÖCKLE, G.: Neue Bewegungskultur als Anregung für die Jugendarbeit. In: deutsche jugend, 1989, 11, S. 477–484

KOWALSKY, D.: Eine Welt für Alle – Der Martins-Paß. In: Zeitschrift für Erlebnispädagogik, 1989, 8, S. 47 f.

KRAFELD, F.-J.: Geschichte der Jugendarbeit. Von den Anfängen bis zur Gegenwart. Weinheim und Basel 1984

KRAIKER, CHR., PETER, B.: Psychotherapieführer. München 1988

KRAUS, L., SCHWIERSCH, M.: Die Sprache der Berge – Handbuch der alpinen Erlebnispädagogik. Alling 1996

KRECKL, F.: Miteinander etwas tun – sozialpsychologische Hinweise zur Erlebnispädagogik. In: Jugendschutz heute, 1990, 2, S. 19–25

KRESZMEIER, A.: Das Schiff Noah. Dokumente einer therapeutischen Reise. Weitra 1993

KRESZMEIER, A.: Wenn Götter und Göttinnen tagen. e&l. Erleben und Lernen. Zeitschrift für handlungsorientierte Pädagogik – spezial, 1995

KÜTHE, I., HECKMAIR, B.: Qualifikationsprofil Erlebnispädagoge – Versuch einer Standortbestimmung. In: e&l. Erleben und Lernen. Zeitschrift für handlungsorientierte Pädagogik, 1993, 2–3, S. 21–24

KÜTHE, I., REHM, M.: Überblick über verschiedene Weiterbildungs- und Qualifizierungsmöglichkeiten im Bereich Erlebnispädagogik. In: e&l. Erleben und Lernen. Zeitschrift für handlungsorientierte Pädagogik, 1997, 3–4, S. 62–63

KUNZMANN, P., BURKARD, F.-P./WIEDEMANN, F.: dtv-Atlas zur Philosophie. München 1991

KWIATKOWSKI, T.: Die Rechte und Pflichten der ehrenamtlichen Jugendleiter/Innen. Kreisjugendring München-Land (Hrsg.). Pullach 1992 (Eigenverlag)

LABOV, W.: Sprache im sozialen Kontext. Band 1 und Band 2. Kronsberg 1976 (1978)

LANG, TH.: Kinder brauchen Abenteuer. München 1992

LAQUEUR, W.: Die Jugendbewegung. Köln 1978

LECHNER, M.: The AAE's New Draft Mission Statement. In: The AEE Horizon Newsletter, 1990, 2, S. 3

LEE, R. B., DE VORE, I.: Man, the Hunter. New York 1968

LEHMANN, C. R.: Die Jugendbande von Dakota. Mainz 1960

LENZEN, D. (Hrsg.): Pädagogische Grundbegriffe. Reinbek 1989

LEWIS, E. F.: Schanghai 41. Freiburg i. Breisgau 1959

LEYHAUSEN, P.: Das Verhältnis von Trieb und Wille in seiner Bedeutung für die Pädagogik. In: Lorenz, K., Leyhausen, P.: Antriebe tierischen und menschlichen Verhaltens. München 1968, S. 54–76

LIEDL, F., WEBER, K.-M., WITTE, U.: Die Ostsee. Meeresnatur im ökologischen Notstand. Göttingen 1992

LUCKMANN, C.: Defining experiential education. In: Journal of Experiential Education 1996, 19, S. 6–7
LÜCK, G.: Erlebnispädagogik – Neue Wege in der Heimerziehung. In: Caritas 90 – Jahrbuch des Deutschen Caritasverbandes. Freiburg 1990, S. 244–50

MAIER, H.: Jean-Jacques Rousseau 1712–1778. In: Rausch, H. (Hrsg.): Politische Denker II. 6. Aufl. München 1987, S. 47–65
Management & Seminar, 92, 7/8, S. 42–43
Märchen der Gebrüder Grimm, Berlin 1937
MCINTOSH, H.: Re-Thinking the Solo Experience. In: Journal of Experiential Education, 1989, 3, S. 28–32
MCINTOSH, H.: Experiential education – Gedanken zum »Solo«. In: e&l. Erleben und Lernen. Zeitschrift für handlungsorientierte Pädagogik, 1993, 2–3, S. 35–38
Merkblatt für Bergradler des DAV: Bezug über Deutscher Alpenverein, von-Kahr-Str. 2–8, 80997 München
MICHEL, K., M., SPENGLER, T.: Kursbuch: Deutsche Jugend. Berlin 1993. Heft 113, Sept. 1993
MICHL, W.: Erziehung und Lebenswelt bei den Buschleuten der Kalahari. Saarbrücken/Fort Lauderdale 1982
MICHL, W.: Der Beitrag der Kinderspielgruppe zu Erziehung und Sozialisation in afrikanischen Stammesgesellschaften, München 1986
MICHL, W.: Höhlentour. Zur Integration von Körpererfahrung, Erlebnispädagogik und kultureller Praxis. In: deutsche jugend, 1989, 11, S. 485–9
MICHL, W.: Abenteuer als pädagogisches Programm? – Literatursichtung zum Thema Erlebnispädagogik. In: Pädagogischer Rundbrief, 40. Jg., Nr. 3/4, Landesverband kath. Einr. d. Heim- und Heilpäd. in Bayern, München 1990, 16 S.
MICHL, W.: Alfred Adler – ein Wegbereiter der Erlebnispädagogik. Lüneburg 1991 [Wegbereiter der Erlebnispädagogik, Bd. 17]
MICHL, W.: Praxis der ökologischen Bildung in der Jugendarbeit. Lüneburg 1992
MICHL, W.: Die Wiederentdeckung der Erlebnispädagogik. Anstiftung zum pädagogischen Paradigmenwechsel. In: 5 bis 10. Schulmagazin, 1994, Dezember, (Teil 1) S. 76–85
MICHL, W.: Die Wiederentdeckung der Erlebnispädagogik. Anstiftung zum pädagogischen Paradigmenwechsel. In: 5 bis 10. Schulmagazin, 1995, Juli/August, (Teil 2) S. 82–87
MICHL, W.: Erlebnispädagogik. Von riskanten Wahrheiten und wahren Risiken. In: GdWZ. Grundlagen der Weiterbildung, 1996, 3, S. 128–132
MICHL, W., RIEHL, J. (Hrsg.): Leben gewinnen. Beiträge der Erlebnispädagogik zur Begleitung von Jugendlichen mit mehrfacher Behinderung. Alling 1996 (Buch und Video)
MIEDZINSKI, K.: Bewegungserlebnisse vermitteln – auch in der Turnhalle. In: Zeitschrift für Erlebnispädagogik, 1990, 5–6, S. 40–48

MILES, J. C., PRIEST, S.: Adventure Education. Pennsylvania 1990
MINER, JOSHUA L.: Die OUTWARD BOUND-Bewegung in den USA. In: Röhrs, H. (Hrsg.): Bildung als Wagnis und Bewährung. Heidelberg 1966
MINKS, K.-H., FILARETOW, B.: Absolventenreport Sozialwesen. BMBW (Hrsg.). Bonn 1994
MITSCHERLICH, A.: Die Unwirtlichkeit unserer Städte. Anstiftung zum Unfrieden. Frankfurt/Main 1965
MUCHOW, H. H.: Flegeljahre. Ravensburg 1963
MÜNCHMEIER, R.: Die Vergesellschaftung der Jugendverbände. In: Böhnisch, L., Gängler, H., Rauschenbach, T. (Hrsg.): Handbuch Jugendverbände. Weinheim und München 1991, S. 86–92

NEGT. O.: Soziologische Phantasie und exemplarisches Lernen. 6. Aufl. Frankfurt/M. 1975
NEUBAUER, G., MELZER, W., HURRELMANN, K.: Jugend im deutsch-deutschen Vergleich. Die Lebenslage der jungen Generation im Jahr der Vereinigung. Neuwied; Kriftel; Berlin 1992
NEUHÄUSLER, A.: Grundbegriffe der philosophischen Sprache. 2. Aufl. München 1967
NICKOLAI, W., HARDER, G.: Qualifikation und Ausbildung von Erlebnispädagogen. In: Bedacht, A., Dewald, W., Heckmair, B., Michl, W., Weis, K. (Hrsg.): Erlebnispädagogik: Mode, Methode oder mehr? München 1992, S. 131–139
NIETZSCHE, F.: Menschliches, Allzumenschliches. München 1962
NOHL, H.: Die pädagogische Bewegung und ihre Theorie. 7. Aufl. Frankfurt/Main 1970

OELKERS, J.: Reformpädagogik. Eine kritische Dogmengeschichte. Weinheim/München 1989
OELKERS, J.: Unmittelbarkeit als Programm: Zur Aktualität der Reformpädagogik. In: Bedacht, Dewald, Heckmair, Michl, Weis: Erlebnispädagogik: Mode, Methode oder mehr? München 1992, S. 96–116
OELKERS, J.: Dewey in Deutschland – ein Mißverständnis. Nachwort in: Dewey, J., a. a. O.
OMTRAC (Hrsg.): Management Development Outdoors. Market Sector Report. London 1990
OSO-Hefte (Hrsg.): Minna Specht. Heppenheim 1993. Berichte aus der Odenwaldschule. Neue Folge: 15

PAASCHE, H.: Die Forschungsreise des Afrikaners Lukanga Mukara ins innerste Deutschlands. Berlin 1976 (Erstausgabe 1919)
PERGAUD, L.: Der Krieg der Knöpfe. Reinbek 1964
PETRING, U.: Frauen in der Erlebnispädagogik. In: Jugendschutz heute, Nr. 2, 1990, S. 11–12

PIELORZ, A.: Werte und Wege der Erlebnispädagogik, Schule Schloß Salem. Neuwied 1991
PONGRATZ, J. (Hrsg.): Handbuch der Psychologie. Band 8.; 1. Halbband. Göttingen 1977
POPERT, H.: Helmut Harringa. 7. Aufl. Dresden 1911
POPPER. K. R.: Alles Leben ist Problemlösen. 3. Aufl. München 1995.
PRIEST, S.: Funneling, Frontloading and Framing. Unveröffentlichtes Arbeitspapier – vorgelegt im Rahmen eines Workshops auf der Internationalen OUTWARD BOUND-Konferenz in Hong Kong 1994
PRIEST, S., GASS, M.: Trends & Issues Keynotes, o.O, o. J. (noch nicht veröffentlichtes Manuskript, vorgetragen auf dem Internationalen Kongreß »erleben & lernen« – 5./6. Juni 1997 in Augsburg)
Project Adventure (Hrsg.): Islands of Healing. Adventure based Counseling. Hamilton 1988
Projektbüro Schule, Nürnberg (Hrsg.): Lernen in der Einen Welt. In: e&l. Erleben und Lernen. Zeitschrift für handlungsorientierte Pädagogik. 1994, 1, S. 21 und 1994, 3/4, S. 46
Pro Juventute: Wer sein Kind liebt, erzieht es nicht. Zürich 1982 (4)
PUTNAM, R.: A Rationale for Outward Bound. Rugby 1985

RAHTGE, R.: Rechtsfragen in der Jugendarbeit des DAV. In: Handbuch für die Jugendarbeit im Alpenverein. Bozen/München/Innsbruck o. J., S. 1–31
RAUSCHENBACH, T.: Jugendverbände im Spiegel der Statistik. In: Böhnisch, L., Gängler, H., Rauschenbach, T. (Hrsg.): Handbuch Jugendverbände. Weinheim und München 1991, S. 115–131
REINERS, A.: Praktische Erlebnispädagogik. München 1991
RICHTER, G., MÜNCH, H.: Kurzschule und Charakterbildung. München 1960
ROELOFFS, N., REITER, R.: Projekte im evangelischen Jugenddorf Rendsburg – Rückblick, Gedanken, Perspektiven, Kritik. In: Zeitschrift für Erlebnispädagogik, Lüneburg 1990, 2/3, S. 1–138
ROHNKE, K.: Silver Bullets. A Guide to Initiative Problems, Adventure Games and Trust Activities. Massachusetts 1984
ROHNKE, K.: Project Adventure. A Wide Used Generic Product. In: Journal for Outdoor Education, Recreation and Dance. 1986, May/June, S. 68–69
ROHNKE, K.: Cowstails and Cobras II. A Guide to Games, Initiatives, Ropes Courses & Adventure Curriculum. Massachusetts 1989
RÖHRS, H.: Bildung als Wagnis und Bewährung. Heidelberg 1966
RÖHRS, H. (Hrsg.): Die Reformpädagogik. 2. Auflage. Hannover 1983
ROUSSEAU, J.-J.: Emil oder über die Erziehung. 3. Aufl. Paderborn 1975
RUMPF, H.: Die übergangene Sinnlichkeit. München 1981

SALZMANN, H., GRAF, R. u. a.: Wald erleben – Wald verstehen. Praktikumsvorschläge für Lehrer, Ideen für Jugendgruppenleiter, Anregungen für Eltern. Umwelterziehung des WWF (SZU) und Bundesamtes für Forstwesen. Zofingen 1982

SCHAD, N.: Erleben und miteinander reden – Reflexionsmodelle in der Erlebnispädagogik. In: e&l. Erleben und Lernen. Zeitschrift für handlungsorientierte Pädagogik, 1993, 2–3, S. 49–53

SCHÄFFEL, M.: Rund um den Globus ersetzen Parcours die freie Wildbahn. In: Management & Seminar, 92, 7/8, S. 44–46

SCHEIBE, W.: Die reformpädagogische Bewegung. Weinheim/Berlin/Basel 1969

SCHENK, M.: Emanzipatorische Jungenarbeit im Freizeitheim. In: Winter, R., Willems, H. (Hrsg.): Was fehlt, sind Männer! Männer/Material, Band 2. Tübingen 1991

SCHERF, W.: Die Kinder- und Jugendbande. In: Jugendliteratur, 1963, 4, S. 146–68

SCHERF, W.: Die Jugendbande stirbt aus: In: Jugend in der Gesellschaft. Ein Symposium. München 1975, S. 154–78

SCHEUERMANN, E.: Der Pagalagi. Zürich 1979

SCHIEDECK, J./ STAHLMANN, M.: »Tarzan-Pädagogik« oder Der »thrill« als pädagogische Maßeinheit. In: Neue Praxis, 1994, 5, S. 397–406

SCHLEHUFER, A./ KREUZINGER, S.: Natur, Erlebnis, Ferien. Handbuch für die Gestaltung ökopädagogischer Kinder- und Jugendfreizeiten. Alling 1997

SCHLESKE, W.: Abenteuer – Wagnis – Risiko im Sport. Schorndorf 1977

SCHLESKE, W.: Laufen in die meditative Dimension. In: Allgemeiner Deutscher Hochschulsportverband (Hrsg.): Körpererfahrung: »Neue« Wege – »Alte« Erfahrungen. Berlin 1988 (Arbeitsunterlagen zum Freizeit- und Breitensport Symposium 1988)

SCHMIDTCHEN, G.: Wie weit ist der Weg nach Deutschland? Sozialpsychologie der Jugend in der postsozialistischen Welt. Opladen 1997

SCHÖDLBAUER, C.: Metaphern. Ein Beitrag zur erlebnispädagogischen Methodik, Ethik und Ästhetik. In: e&l. Erleben und Lernen. Zeitschrift für handlungsorientierte Pädagogik, 1997, 3–4, S. 39–49

SCHULZE, G.: Die Erlebnisgesellschaft. Frankfurt/New York 1992

SCHULZE, H.: Das Prinzip Handeln in der Psychotherapie. Stuttgart 1971

SCHULZ VON THUN, F.: Miteinander reden 2. Stile, Werte und Persönlichkeitsentwicklung. Reinbek 1989

SCHURTZ, H.: Altersklassen und Männerbünde. Berlin 1902

SCHWARZ, K.: Die Kurzschulen Kurt Hahns. Ihre pädagogische Theorie und Praxis. Ratingen 1968

SCHWIERSCH, M.: Erlebnispädagogische Aktionen als Chance zur Persönlichkeitsentwicklung. In: Jugendschutz heute, 1990, S. 7–10

SCHWIERSCH, M.: Wirkt Erlebnispädagogik? Wirkfaktoren und Wirkmodelle in der Erlebnispädagogik. In: Kölsch (Hrsg.): Wege moderner Erlebnispädagogik. Alling 1995. S. 139–183

SEIDELMANN, K.: Bund und Gruppe als Lebensform deutscher Jugend. München 1955

SENGE, P.: Die fünfte Diszplin. Kunst und Praxis der lernenden Organisation. Stuttgart 1996

SENNETT, R.: Fleisch und Stein. Der Körper und die Stadt in der westlichen Zivilisation. Berlin 1995
SIEBERT, W.: Wie sicher ist sicher genug? – Sicherheit im Outdoor-Training. In: e&l. Erleben und Lernen. Zeitschrift für handlungsorientierte Pädagogik, 1997, 2, S. 16–17
SIEMENS AG (Hrsg.): Mitarbeiter im Unternehmen. München 1992
SKINNER, B. F.: Walden Two. Chicago 1948
SOMMERFELD, P.: Erlebnispädagogisches Handeln. Ein Beitrag zur Erforschung konkreter pädagogischer Felder und ihrer Dynamik. Weinheim/München 1993
SPECHT, M.: Gesinnungswandel. Rochester/Kent 1943
SPERBER, M.: Alfred Adler oder das Elend der Psychologie. Wien – München – Zürich 1970
SPÖTTL, M.: Tatort Alpen. Göttingen 1988
Sportjugend Nordrhein-Westfalen (Hrsg.): Sportabenteuer – Abenteuersport. 2. Aufl. Düsseldorf 1991 (Eigenverlag)
SPRANGER, E.: Zur Psychologie des Jugendalters. 28. Aufl. Heidelberg 1966
STAGL, J.: Kulturanthropologie und Gesellschaft. München 1974
STERN, H.: Der Mann aus Apulien. München 1986
STIEMERT, S., GMÜR, W.: Wirkungen erlebnispädagogischer Segeltörns. In: Bayerisches Landesjugendamt: Erlebnispädagogik in der Jugendhilfe. München 1989 (Protokoll einer Fachtagung), S. 72–115
STÖSSEL, H.: Schlüsselqualifikationen. In: Lernfeld Betrieb 1989, S. 44–47
STURM, G., ZINTL, F.: Alpin-Lehrplan 1 – Bergwandern. München – Wien – Zürich 1989
Suffolk County Council Education Development (Hrsg.): Adventure Opportunities – A Directory of Opportunities in Outdoor Education and Recreation 1990/91. o.O.

THIERSCH, H.: Abenteuer als Exempel der Erlebnispädagogik. in: Homfeldt H. G. (Hrsg.): Erlebnispädagogik. Geschichtliches – Räume – Facetten – Kritisches. Hohengehren 1993, S. 38–54
THOREAU, D.: Über die Pflicht zum Ungehorsam gegen den Staat. Zürich 1968
THOREAU, D.: Walden oder Leben in den Wäldern. Zürich 1971
THRASHER, F., M.: The Gang. Chicago 1960
TISCHNER, H.: Völkerkunde. Freiburg i. B. 1959
Training & Development Journal. 1991, March, S. 63–65
TREBELS, A. (Hrsg.): Spielen und Bewegen an Geräten. Reinbek 1983
TREPTOW, R.: Bewegung als Erlebnis und Gestaltung. Zum Wandel jugendlicher Selbstbehauptung und Prinzipien moderner Jugendkulturarbeit. Weinheim/München 1993.

ULMRICH, E.: Die Entwicklung der Probleme im modernen Skisport. In: Deutscher Skiverband (Hrsg.): Skisport als Freizeitsport – Wird der Boom zum Bumerang? o.O. 1977

UMBACH, K. (Hrsg.): Mit Kindern und Jugendlichen im Gebirge. DJH-Wegweiser des Deutschen Wanderverlags. Ostfildern 1991
UMBACH, K. (Hrsg.): ... rund um Alpenvereinshütten. Stuttgart 1994

VOLKSWAGEN AG (Hrsg.): Ein Qualifizierungskonzept für Auszubildende der Volkswagen AG. Wolfsburg o. J.

WAGNER, F.-J.: Begrenzungen gemeinsam überwinden. Erlebnispädagogik mit behinderten Menschen. In: KÖLSCH (Hrsg.): Wege moderner Erlebnispädagogik. München 1995. S. 307–323
WEBER, H., ZIEGENSPECK, J.: Die deutschen Kurzschulen. Weinheim und Basel 1983
WEBER, M.: Wirtschaft und Gesellschaft. 5. Aufl. Tübingen 1972
WEISCHEDEL, W.: Die philosophische Hintertreppe. 4. Aufl. München 1974
WELZENIS, I. VAN: City Bound. Die Großstadt als Lernfeld für sozial gefährdete Jugendliche. In: Abenteuer – ein Weg zur Jugend? Tagungsdokumentation. Marburg 1992
WENZEL, K.: Lernen für das, was wichtig ist im Leben. In: e&l. Erleben und Lernen. Zeitschrift für handlungsorientierte Pädagogik. 1994, 3–4, S. 47–48
WHITE, W. F.: Street Corner Society. Chicago 1943
WILHELMI, J.: Schule: Protokoll eines Notstands. Bestandsaufnahme – Kritik – Perspektiven. Zürich/Köln 1992

ZACHARIAS, W.: Umwelt als Lernraum. Die pädagogische Kolonisation des Raums. In: HECKMAIR, B., MICHL, W., WALSER, F. (Hrsg.): Die Wiederentdeckung der Wirklichkeit – Erlebnis im gesellschaftlichen Diskurs und in der pädagogischen Praxis. Alling 1995, S. 89–112
ZIEGENSPECK, J.: Lernen für's Leben – Lernen mit Herz und Hand. Lüneburg 1986
ZIEGENSPECK, J.: Plädoyer für einen erlebnispädagogischen Dachverband. In: Zeitschrift für Erlebnispädagogik, Lüneburg 1992, 6, S. 19–33
ZULLIGER, H.: Horde – Bande – Gemeinschaft. Stuttgart 1961
ZÜNDORF, L., GRUNT, M.: Hierarchie in Wirtschaftsunternehmen. Frankfurt und New York 1980
ZWILLING, J.: Der städtische Freiraum als Ort des Spielens. In: Int. Arbeitskreis Sport- und Freizeiteinrichtungen e. V. (Hrsg.): Kind und Umgebung. Köln 1979, S. 6–14